Regina Pacca Costa

CIÊNCIAS do AMBIENTE

Copyright © 2021 Oficina de Textos

Grafia atualizada conforme o Acordo Ortográfico da Língua Portuguesa de 1990, em vigor no Brasil desde 2009.

Conselho editorial Cylon Gonçalves da Silva; Doris C. C. K. Kowaltowski; José Galizia Tundisi; Luis Enrique Sánchez; Paulo Helene; Rozely Ferreira dos Santos; Teresa Gallotti Florenzano;

CAPA E PROJETO GRÁFICO Malu Vallim
DIAGRAMAÇÃO Malu Vallim
PREPARAÇÃO DE TEXTO Hélio Hideki Iraha
REVISÃO DE TEXTO Ana Paula Ribeiro
IMPRESSÃO E ACABAMENTO BMF gráfica e editora

Dados Internacionais de Catalogação na Publicação (CIP)
(Câmara Brasileira do Livro, SP, Brasil)

Costa, Regina Pacca
　　Ciências do ambiente / Regina Pacca Costa. -- 1. ed. -- São Paulo : Oficina de Textos, 2021.

Bibliografia
ISBN 978-65-86235-27-2

1. Ciências - Estudo e ensino I. Título.

21-73340　　　　　　　　　　　　　　　CDD-507

Índices para catálogo sistemático:
　　1. Ciências : Estudo e ensino 507
　　　　　　Aline Graziele Benitez - Bibliotecária - CRB-1/3129

Todos os direitos reservados à Editora **Oficina de Textos**
Rua Cubatão, 798
CEP 04013-003 São Paulo SP
tel. (11) 3085 7933
www.ofitexto.com.br
atend@ofitexto.com.br

Sumário

Introdução..5

1 Educação ambiental..7
    1.1 Educação e cultura × educação ambiental...7
    1.2 Histórico mundial das discussões e ações ambientais 8
    1.3 Histórico nacional das discussões e ações ambientais...................................16
    1.4 Órgãos fiscalizadores ambientais...16
    1.5 Educação ambiental no Brasil..22
    1.6 Educação ambiental e desenvolvimento sustentável....................................27

2 Ecologia geral...31
    2.1 Ecologia e civilização 31
    2.2 Introdução ao conceito de ecossistema 32
    2.3 Controle biológico do ambiente e interações entre organismos..................37
    2.4 Conectividade e fragmentação...41
    2.5 Ciclos biogeoquímicos 42
    2.6 Principais ecossistemas brasileiros 47
    2.7 Implicações práticas 51
          Referências bibliográficas 51

3 Água: elemento primordial à vida...53
    3.1 Ciclo hidrológico 54
    3.2 Disponibilidade hídrica 56
    3.3 Gestão das águas no Brasil..65
    3.4 Usos das águas...68
    3.5 Qualidade da água 75
    3.6 Impurezas presentes nas águas 84
    3.7 Abastecimento de água..88
    3.8 Sistema de abastecimento de água 92

4 Esgoto.. 101
    4.1 Definição de esgoto sanitário 102
    4.2 Sistema de esgotamento sanitário 104
    4.3 Tratamento de esgoto sanitário 106
    4.4 Tratamento terciário ou avançado 132
    4.5 Reúso 139

5 Drenagem urbana 141
    5.1 Impactos causados por sistema de drenagem inadequado ou inexistente.....................142
    5.2 Classificação dos sistemas de drenagem 144
    5.3 Gestão básica de um sistema de drenagem urbana....................................145
    5.4 Projeto do sistema de drenagem urbana 146
    5.5 Medidas de controle de enchentes...153

6 Resíduos sólidos urbanos 159
    6.1 Geração de resíduos e reflexos sociais, econômicos e ambientais 159
    6.2 Conceitos e práticas voltados à sustentabilidade 161
    6.3 Classificação dos resíduos sólidos 165
    6.4 Gestão dos resíduos sólidos 170
    6.5 Tratamento e disposição final dos resíduos sólidos (lixo) 174
    6.6 Novo marco legal do saneamento 184
    6.7 Considerações finais 189

7 Poluentes atmosféricos 193
    7.1 Composição do ar 194
    7.2 Poluição do ar 194
    7.3 Classificação dos poluentes do ar 215
    7.4 Problemas causados pela queima de combustíveis 228
    7.5 Padrões da qualidade do ar 231
    7.6 Controle de poluição do ar 232

Referências bibliográficas 241

Introdução

O desenvolvimento planejado é uma meta mundial, em que se busca a junção da implementação de projeto com a tecnologia e o controle ambiental, promovendo uma forma de favorecer a qualidade de vida junto com o desenvolvimento, fazendo com que todas as ações que buscam o conforto e o interesse humano tenham contexto sustentável, como, por exemplo, a industrialização de produtos, sua comercialização, seu consumo e seu consequente descarte.

Para tanto, é necessário o estudo das Ciências Ambientais, promovendo a gestão das ações através de meios e projetos a serem implementados com a devida análise de impactos e ações planejadas para sua gestão, buscando propor e promover a sustentabilidade. Assim, de forma planejada, a gestão ambiental apresenta soluções tecnologicamente viáveis e ambientalmente corretas, ou seja, promove o *desenvolvimento planejado*.

Com a necessidade do ser humano em organizar as suas atividades produtivas de modo a evitar ou minimizar os diversos impactos ambientais causados como reflexo do constante crescimento econômico e social, a gestão ambiental vem se destacando como uma atividade imprescindível ao controle da evolução tecnológica, nos parâmetros industrial, comercial, social ou político, que reflete instantaneamente a educação da população na qualidade de vida do ser humano.

Esse paradigma vem acompanhado do conceito de *desenvolvimento planejado*, ou seja, a implementação das tecnologias atuais e futuras fundamentadas dentro de um programa de sustentabilidade.

Diante da crescente globalização dos mercados, o conhecimento das Ciências Ambientais para a aplicação na gestão ambiental é um fator estratégico de competitividade para as organizações que pretendem se manter ativas, competitivas e com uma boa imagem internacional.

Para se proporem projetos e técnicas que busquem a manutenção do equilíbrio ambiental, é necessário o estudo de alternativas de atividades de forma integrada com as novas tecnologias e em sintonia com o meio ambiente, propondo os cuidados desde a extração da matéria-prima, seu beneficiamento e sua industrialização até a venda, o consumo e o descarte dos produtos. Essa gestão inovadora com responsabilidade socioambiental, que leva em consideração a preservação ambiental e a melhoria contínua da qualidade de vida, deve também andar de mãos dadas com a educação ambiental e o apoio administrativo e político.

A educação ambiental viabiliza e potencializa o envolvimento de toda a população nos conceitos de sustentabilidade. O seu enfoque deve buscar uma perspectiva de ação que relacione o homem, a natureza e o universo, tendo como referência que os recursos naturais se esgotam e que o principal responsável pela sua degradação é o ser humano.

Atualmente, por ser considerado um assunto mundialmente relevante, vem se tornando imprescindível que seja discutido em todas as áreas e níveis educacionais, desde o ensino fundamental até a formação de profissionais multidisciplinares.

A proposta deste livro é apresentar um compilado dos assuntos de interesse para a formação do profissional que irá atuar no mercado junto à gestão ambiental, ou seja, atuar no campo de estudo da administração das atividades econômicas e sociais de forma a utilizar de maneira racional os recursos naturais, visando à sustentabilidade.

O gestor ambiental é um profissional atento à relação do ser humano com o meio ambiente e é o responsável por organizar, dirigir e controlar as atividades relativas ao meio ambiente, tendo como responsabilidade e dever ser ético para administrar os recursos naturais e propor técnicas científicas para minimizar os impactos ambientais provocados pelas ações humanas.

1 Educação ambiental

1.1 Educação e cultura × educação ambiental

O termo *educação* está intrinsecamente ligado à cultura local, ou seja, de acordo com o entendimento e o desenvolvimento social se caracteriza o reflexo educacional na sociedade, definindo conceitos administrativos, políticos e econômicos, personalizando, portanto, a qualidade e a forma comportamental de cada indivíduo de uma determinada população.

A cultura de uma região define sua identidade, que por sua vez destaca sua capacidade intelectual e o reflexo no meio social, econômico, político, financeiro e tecnológico. Ela é passada de geração para geração como um processo contínuo, podendo ou não ser alterada de acordo com a interação e a complementação de novos conceitos.

É possível dizer que uma população sem educação, desde o ensino básico até o profissional, encontra-se escrava da ignorância e, portanto, à mercê da cultura retrógrada local. Como solução, o único cenário é a construção da intelectualidade, ou seja, a implementação da educação progressiva na sociedade e, por consequência, a melhoria da qualidade de vida populacional.

Dentro desse conceito, é notório que a população precisa de educação na construção básica cultural, sendo ela responsável por proporcionar boa qualidade de vida, reconhecimento social, responsabilidade administrativa/política e crescimento monetário e tecnológico.

Quando se discute a importância da cultura na sociedade, encontra-se uma diversidade de conceitos que envolvem valores, religião, crenças, arte, hábitos, comportamentos e costumes, entre outras características de reconhecimentos populacionais que definem uma sociedade.

Objetivamente isso quer dizer que o reflexo cultural de uma região caracteriza sua qualidade de vida de acordo com a valorização desses parâmetros, sendo dessa forma mais ou menos esclarecida e, por consequência, desenvolvida, em função de sua potencialidade intelectual.

Os valores básicos de uma sociedade refletem na estrutura dos processos internos e no modo de pensar e agir das pessoas que a integram, perpetuando a característica de uma população em relação a seus valores, conhecimentos e ações junto à sociedade. Esse reflexo pode ser produtivo ou retrógrado ao crescimento e ao desenvolvimento intelectual, com efeitos culturais, econômicos e políticos.

As instituições de ensino são as grandes responsáveis pelo processo de socialização dos indivíduos, de forma a dar condições à população para enfrentar os desafios de adequações pessoais, profissionais e mercadológicos.

1.1.1 Educação ambiental

> A maioria dos problemas ambientais tem suas raízes em fatores sociais, econômicos e culturais e não podem, portanto, ser previstos ou resolvidos por meios puramente tecnológicos; nós sabemos que devemos agir primeiramente sobre os valores, atitudes e comportamento dos indivíduos e grupos, em relação ao seu meio ambiente. (Dias, 1992).

Considerando que a educação, conforme colocado anteriormente, é uma forma de compreensão que gera valores e atitudes em uma população, conclui-se que *educação ambiental* deve ser entendida como essa mesma prática aplicada aos conceitos de preservação e importância ambiental.

Segundo a Política Nacional de Educação Ambiental (Lei nº 9.795/1999):

> Art. 1º Entendem-se por educação ambiental os processos por meio dos quais o indivíduo e a coletividade constroem valores sociais, conhecimentos, habilidades, atitudes e competências voltadas para a conservação do meio ambiente, bem de uso comum do povo, essencial à sadia qualidade de vida e sua sustentabilidade.

E, de acordo com as Diretrizes Curriculares Nacionais para a Educação Ambiental (Resolução CNE/CP nº 2/2012),

> Art. 2º A Educação Ambiental é uma dimensão da educação, é atividade intencional da prática social, que deve imprimir ao desenvolvimento individual um caráter social em sua relação com a natureza e com os outros seres humanos, visando potencializar essa atividade humana com a finalidade de torná-la plena de prática social e de ética ambiental.

Em sua melhor forma, é possível resumi-la como a prática social transformadora da sociedade, tendo como preocupação central seu patrimônio ambiental.

Sendo assim, de modo a melhor discutir educação ambiental, é necessário interagir com os conceitos de *educação* e *meio ambiente*. Para tanto, vale destacar a relevância do esclarecimento público sobre a importância do meio ambiente em toda a sua amplitude e seu reflexo na qualidade de vida humana.

A educação ambiental tem como foco o estudo do meio ambiente, comumente amparado na consciência ecológica, possibilitando um conhecimento ambiental transformador da perspectiva cultural ao aliançar a sustentabilidade com o desenvolvimento planejado.

O conceito de *desenvolvimento planejado* propõe a união sustentável da tecnologia com o patrimônio ambiental como a melhor maneira de gerenciar e promover o crescimento econômico, social e ambiental, tendo como base a preocupação com a proteção do meio ambiente e viabilizando, assim, uma crescente qualidade de vida para toda a população, inclusive das futuras gerações.

Para que isso aconteça, é imprescindível que o conceito de educação ambiental seja implementado desde o ensino fundamental, a fim de promover uma população de adultos conscientes de que a única forma de sustentabilidade econômica, industrial e comercial é aquela que leva em conta a proteção do patrimônio ambiental, uma vez que é dele que se tira toda a matéria-prima que alimenta a economia.

1.2 Histórico mundial das discussões e ações ambientais

A necessidade de considerar o meio ambiente como patrimônio primordial da humanidade vem sendo discutida internacionalmente desde o século XIX, quando foram registradas as primeiras preocupações com a ecologia. O Quadro 1.1 destaca os principais registros históricos internacionais de estudos e ações sociais e legais que vieram a fundamentar o conceito da educação ambiental.

QUADRO 1.1 Primeiras discussões e ações sobre educação ambiental: histórico mundial

Ano	Local	Evento
1869	Alemanha	Ernst Haeckel propõe o vocábulo *ecologia* para os estudos das relações entre as espécies e seu ambiente
1872	Estados Unidos	Criação do primeiro parque nacional do mundo, o Yellowstone
1947	Suíça	Fundação da União Internacional para a Conservação da Natureza (UICN)
1952	Grã-Bretanha	Acidente de poluição do ar em Londres, provocando a morte de 1.600 pessoas
1962	Estados Unidos	Publicação do livro *Primavera silenciosa*, de Rachel Carson
1965	Grã-Bretanha	Criação da expressão educação ambiental (*environmental education*) na Conferência de Educação da Universidade de Keele
1966	Estados Unidos	Assembleia Geral da Organização das Nações Unidas (ONU) que estabeleceu o Pacto Internacional dos Direitos Civis e Políticos
1968	Itália	Fundação do Clube de Roma
1968	França	Manifestações de maio de 1968
1972	Estados Unidos	Publicação do relatório Os *limites do crescimento*, elaborado a pedido do Clube de Roma, no contexto da gestão de recursos naturais
1972	Suécia	Conferência de Estocolmo, em que se discutiu desenvolvimento e meio ambiente, com a elaboração do conceito de *ecodesenvolvimento* e da Recomendação 96 (a partir da qual nasceu o Programa Internacional de Educação Ambiental – Piea) e a criação do Programa das Nações Unidas para o Meio Ambiente (Pnuma)
1973	Estados Unidos	Criação do Registro Mundial de Programas em Educação Ambiental
1974	Finlândia	Seminário de Educação Ambiental, que reconheceu a educação ambiental como educação integral e permanente
1975	Iugoslávia	Encontro de Belgrado, em que se elaborou a Carta de Belgrado, estabelecendo as metas e os princípios da educação ambiental
1976	Peru	Reunião Sub-Regional de Educação Ambiental para o Ensino Secundário, em Chosica, com a discussão sobre as questões ambientais na América Latina estarem ligadas às necessidades de sobrevivência e aos direitos humanos
1976	República do Congo	Congresso de Educação Ambiental, em Brazzaville, onde se reconheceu que a pobreza é o maior problema ambiental
1977	Geórgia	Conferência de Tbilisi, que estabeleceu os princípios orientadores da educação ambiental e remarcou seu caráter interdisciplinar, crítico, ético e transformador
1979	Costa Rica	Encontro Regional de Educação Ambiental para a América Latina, em San José
1980	Europa e América do Norte	Seminário Regional sobre Educação Ambiental para a Europa e a América do Norte, que assinalou a importância do intercâmbio de informações e experiências
1980	Bahrein	Seminário Regional sobre Educação Ambiental nos Estados Árabes (Unesco/Pnuma), em Manama
1980	Índia	I Conferência Asiática sobre Educação Ambiental, em Nova Delhi
1987	Estados Unidos	Divulgação do relatório *Nosso futuro comum*, da Comissão Brundtland
1987	Rússia	Congresso Internacional sobre Educação e Formação Ambiental (Unesco/Pnuma), em Moscou, com a avaliação dos avanços desde Tbilisi, a reafirmação dos princípios de educação ambiental e a indicação da importância e da necessidade da pesquisa e da formação em educação ambiental
1988	Venezuela	Declaração de Caracas (Orpal/Pnuma), sobre a gestão ambiental na América, que denunciou a necessidade de mudar o modelo de desenvolvimento
1989	Chile	I Seminário sobre Materiais para a Educação Ambiental (Orleac/Unesco/Piea), em Santiago
1989	Holanda	Publicação da Declaração de Haia pela comissão preparatória da Rio-92, que apontou a importância da cooperação internacional nas questões ambientais

QUADRO 1.1 (Continuação)

Ano	Local	Evento
1990	Tailândia	Conferência Mundial sobre Ensino para Todos, em Jomtien, que discutiu a satisfação das necessidades básicas de aprendizagem e destacou o conceito de *analfabetismo ambiental*
1990		Ano Internacional do Meio Ambiente, segundo a ONU
1992	Brasil	Conferência das Nações Unidas sobre o Meio Ambiente e o Desenvolvimento, no Rio de Janeiro, também conhecida como Rio-92, em que se elaborou a Agenda 21
1992	Brasil	Fórum Internacional de ONGs e Movimentos Sociais, no âmbito da Rio-92, onde se elaborou o Tratado de Educação Ambiental para Sociedades Sustentáveis e Responsabilidade Global, com compromissos da sociedade civil com a educação ambiental e o meio ambiente
1992	Brasil	Carta Brasileira para a Educação Ambiental (MEC), que aponta as necessidades de capacitação na área
1993	Argentina	Congresso Sul-Americano que deu continuidade à Rio-92
1993	Áustria	II Conferência Mundial sobre os Direitos Humanos, em Viena
1994	Egito	Conferência Internacional sobre População e Desenvolvimento, no Cairo
1994	México	I Congresso Ibero-Americano de Educação Ambiental, em Guadalajara
1995	Dinamarca	Cúpula Mundial sobre Desenvolvimento Social, em Copenhague, em que se discutiu a criação de um ambiente econômico, político, social, cultural e jurídico que permitisse o desenvolvimento social
1995	China	IV Conferência Mundial sobre a Mulher, em Pequim
1995	Alemanha	I Conferência Mundial do Clima, em Berlim
1996	Turquia	Conferência Habitat II, em Istambul
1997	México	II Congresso Ibero-Americano de Educação Ambiental, em Guadalajara
1997	Índia	Conferência sobre Educação Ambiental, em Nova Delhi
1997	Grécia	Conferência Internacional sobre Meio Ambiente e Sociedade: Educação e Conscientização Pública para a Sustentabilidade, em Tessalônica
1999	México	Lançamento da revista internacional *Tópicos en Educación Ambiental*, com informações sobre as variadas vertentes e áreas da educação ambiental
2002	Estados Unidos	57ª Sessão da Assembleia Geral da ONU, que estabeleceu a Resolução nº 254, declarando 2005 como o início da Década da Educação para o Desenvolvimento Sustentável, depositando na Organização das Nações Unidas para a Educação, a Ciência e a Cultura (Unesco) a responsabilidade pela implementação da iniciativa
2003	Panamá	XIV Reunião do Foro de Ministros de Meio Ambiente da América Latina e Caribe, em que foi oficializado o Programa Latino-Americano e Caribenho de Educação Ambiental (Placea), que teve como principal protagonista a Venezuela e, como foro de discussões, a série dos Congressos Ibero-Americanos de Educação Ambiental
2004	Venezuela	I Reunião de Trabalho de Especialistas em Gestão Pública da Educação Ambiental da América Latina e Caribe, que elaborou o plano de implementação do Placea de modo articulado com a Iniciativa Latino-Americana e Caribenha para o Desenvolvimento Sustentável (Ilac)
2005	Portugal	XII Jornadas Pedagógicas de Educação Ambiental, da Associação Portuguesa de Educação Ambiental (Aspea), que reuniram educadores ambientais brasileiros, portugueses e de outras nacionalidades de língua portuguesa

Fonte: adaptado de Brasil (s.d.-a).

1.2.1 Principais conferências e encontros ambientais

Conferência de Tbilisi

Na Conferência Intergovernamental de Tbilisi, realizada em 1977 e considerada um dos principais eventos mundiais sobre educação ambiental, definiu-se que, para promover a transformação social, era necessário desenvolver ações, definições, objetivos e princípios para implementar a educação ambiental ao redor do mundo.

Essa conferência foi organizada a partir de uma parceria entre a Organização das Nações Unidas para a Educação, a Ciência e a Cultura (Unesco) e o Programa das Nações Unidas para o Meio Ambiente (Pnuma). Seus principais objetivos foram:

- convocar os Estados-membros a incluírem, em suas políticas de educação, medidas visando incorporar um conteúdo, diretrizes e atividades ambientais em seus sistemas, com base nos objetivos e características mencionadas anteriormente;
- convidar as autoridades educacionais a intensificarem seu trabalho de reflexão, pesquisa e inovação no que tange à educação ambiental;
- incentivar os Estados-membros a colaborar nessa área, principalmente através do intercâmbio de experiências, pesquisas, documentação e materiais, colocando, além disso, os serviços de formação à disposição do corpo docente e dos especialistas de outros países;
- estimular, finalmente, a comunidade internacional a dar uma generosa ajuda para fortalecer essa colaboração numa área de atuação que simboliza a necessária solidariedade de todos os povos, e que pode considerar-se como particularmente alentadora na promoção do entendimento internacional e da causa da paz. (Brasil, 2015, p. 15).

Nela se estabeleceram diretrizes e ações sobre a educação ambiental, tidas como *finalidades*, *objetivos*, *princípios básicos* e *estratégias* para a efetivação da consciência ambiental.

Entendem-se como *finalidades* (Unesco, 1978, p. 26):
- ajudar a compreender, claramente, a existência e a importância da interdependência econômica, social, política e ecológica, nas zonas urbanas e rurais;
- proporcionar, a todas as pessoas, conhecimentos, sentido dos valores, interesse ativo e atitudes necessárias para proteger e melhorar o meio ambiente;
- induzir novas formas de conduta nos indivíduos, nos grupos sociais e na sociedade em seu conjunto a respeito do meio ambiente.

Pode-se descrever cinco passos com o propósito de ajudar grupos sociais e indivíduos a entenderem a importância da educação ambiental. Para tanto, priorizam-se as seguintes categorias de *objetivos* (Unesco, 1978, p. 26-27):
- *consciência*: ajudar os grupos sociais e os indivíduos a adquirirem consciência do meio ambiente global e a sensibilizarem-se por essas questões;
- *conhecimento*: ajudar os grupos sociais e os indivíduos a adquirirem diversidade de experiências e compreensão fundamental do meio ambiente e de seus problemas associados;
- *comportamento*: ajudar os grupos sociais e os indivíduos a comprometerem-se com uma série de valores e a sentirem interesse e preocupação pelo meio ambiente, motivando-os de tal forma que possam participar ativamente da melhoria e da proteção do meio ambiente;
- *habilidade*: ajudar os grupos sociais e os indivíduos a adquirirem as habilidades necessárias para determinar e resolver os problemas ambientais;
- *participação*: proporcionar aos grupos sociais e aos indivíduos a possibilidade de participarem ativamente nas tarefas que têm por objetivo resolver os problemas ambientais.

Analisando as categorias de objetivos propostas, vale destacar a coerência e a efetividade desse conteúdo, pois, à medida que se promove a acessibilidade do *conhecimento* à população, está se viabilizando o entendimento da importância da educação ambiental em caráter multidisciplinar, alimentando dessa forma a *consciência* dos indivíduos e promovendo *habilidades* que, por sua vez, favorecem sua atuação *comportamental* e consequentemente sua importante *participação* social na busca da constante melhoria da qualidade de vida, tendo como prioridade a gestão do patrimônio ambiental da humanidade.

De forma a promover que o processo educativo seja orientado para a solução de problemas ambientais e que, para tanto, são necessários o entendimento multidisciplinar e a participação ativa de todos os indivíduos da coletividade, nessa conferência também se estabeleceram os *princípios básicos* da educação ambiental (Unesco, 1978, p. 27):

- considerar o meio ambiente em sua totalidade, seja ele natural ou antrópico – tecnológico e social, econômico, político, histórico-cultural, moral e estético;
- constituir um processo contínuo e permanente;
- aplicar um enfoque interdisciplinar – perspectiva global e equilibrada;
- examinar as principais questões ambientais – local, regional, nacional e internacional;
- concentrar-se nas questões ambientais atuais tendo em conta sua perspectiva histórica;
- insistir na cooperação local, nacional e internacional para a preservação e a solução ambiental;
- ajudar a descobrir sintomas e causas dos problemas ambientais;
- destacar a necessidade de desenvolver o senso crítico e habilidades para a solução dos problemas ambientais;
- trabalhar diversos ambientes educacionais, acentuando atividades práticas e experiências.

E, por fim, destacam-se as *estratégias básicas* para a efetivação desse processo (Unesco, 1978, p. 24-25):

- inclusão, pelos Estados-membros, em sua política de educação, de medidas que visem à incorporação de conteúdos, diretrizes e atividades ambientais a seus sistemas;
- as autoridades de educação devem intensificar seus trabalhos de reflexão, pesquisa e inovação no que diz respeito à educação ambiental;
- os Estados-membros devem colaborar mediante o intercâmbio de experiências, pesquisas, documentação e materiais e a colocação dos serviços de formação à disposição do pessoal docente e dos especialistas de outros países;
- a comunidade internacional deve ajudar a fornecer essa colaboração em uma esfera de atividade que simboliza a necessária solidariedade de todos os povos e que pode ser considerada como particularmente alentadora para promover a compreensão e a paz.

Encontro de Belgrado

O Encontro de Belgrado foi um importante evento promovido pela Unesco em Belgrado, na Iugoslávia, em 1975. Nele se elaborou a Carta de Belgrado, que objetivou promover uma estrutura global para a educação ambiental. Esse documento, importantíssimo para a conscientização da educação ambiental, continua sendo um marco conceitual no tratamento das questões ambientais, afirmando textualmente:

> Governantes e planejadores podem ordenar mudanças, e novas abordagens de desenvolvimento podem melhorar as condições do mundo, mas essas são apenas soluções de curto prazo, pois é necessário um novo conceito educacional de conscientização dos jovens. Isto vai requerer um novo e produtivo relacionamento entre estudantes e professores, entre a escola e a comunidade, entre o sistema educacional e a sociedade. [...] É nesse sentido que devem ser lançadas as fundações para um programa mundial de educação ambiental que torne possível o desenvolvimento de novos conhecimentos e habilidades, valores e atitudes, visando à melhoria da qualidade ambiental e, efetivamente, à elevação da qualidade de vida para as gerações presentes e futuras. (Unesco, 1975, p. 2).

Nessa carta, são estabelecidas as diretrizes básicas que os programas de educação ambiental devem conter:

> 1. A educação ambiental deve considerar o ambiente em sua totalidade – natural e criado pelo homem, ecológico, econômico, tecnológico, social, legislativo, cultural e estético.
> 2. A educação ambiental deve ser um processo contínuo, permanente, tanto dentro como fora da escola.
> 3. A educação ambiental deve adotar um método interdisciplinar.
> 4. A educação ambiental deve enfatizar a participação ativa na prevenção e na solução dos problemas ambientais.
> 5. A educação ambiental deve examinar as principais questões ambientais em uma perspectiva mundial, considerando, ao mesmo tempo, as diferenças regionais.
> 6. A educação ambiental deve se basear nas condições ambientais atuais e futuras.
> 7. A educação ambiental deve examinar todo o desenvolvimento e crescimento a partir do ponto de vista ambiental.
> 8. A educação ambiental deve promover o valor e a necessidade da cooperação em nível local, nacional e internacional na solução dos problemas ambientais. (Unesco, 1975, p. 4).

Nesse encontro, foi elaborada uma proposta para discutir uma nova ética, como ação mundial, onde todos promovessem o controle da qualidade ambiental pautado na consciência populacional, uma vez que a erradicação do analfabetismo refletiria na erradicação da pobreza, da fome, da poluição e da exploração e dominação humanas.

Foi também proposta a criação do Programa Mundial em Educação Ambiental (Piea), que atua até hoje. O Piea mantém uma base de dados com informações sobre instituições de educação ambiental em todo o mundo, além de projetos e eventos que envolvem estudantes, professores e administradores.

Conferência de Moscou

Em agosto de 1987, na capital da antiga União Soviética, Moscou, reuniram-se cerca de 300 educadores ambientais de cem países diferentes, com o objetivo de avaliar o desenvolvimento da educação ambiental no decorrer de dez anos, ou seja, desde a Conferência de Tbilisi, em 1977.

Essa conferência não governamental reforçou os conceitos consagrados em Tbilisi, de que a educação ambiental deveria preocupar-se tanto com a promoção da conscientização e a transmissão de informações quanto com o desenvolvimento de hábitos, habilidades e valores, objetivando modificações comportamentais nos campos cognitivo e afetivo.

Rio-92

Na década de 1990, considerando o Brasil como um país em franco desenvolvimento, a comunidade internacional entendeu ser necessário envolvê-lo nos conceitos do desenvolvimento planejado através da conscientização para a sustentabilidade.

Na Assembleia Geral da ONU de 1989, foi aprovada a Resolução nº 44/228, que determinou que a Conferência sobre o Meio Ambiente e o Desenvolvimento seria realizada no Brasil, duraria cerca de duas semanas e coincidiria com o Dia Mundial do Meio Ambiente, 5 de junho.

No final de 1990, em mais uma Assembleia Geral da ONU, definiu-se que seriam duas ou três convenções – uma sobre mudanças climáticas e outra sobre biodiversidade, além de uma terceira, talvez, sobre as florestas. Também seria elaborada uma Carta da Terra, que consistiria em uma declaração assinada por todas as nações com os princípios que elas adotariam a fim de defender o meio ambiente e promover o desenvolvimento sustentável, gerando uma Agenda de Ação. Pela proximidade do século XXI, o título desse documento seria Agenda 21.

A partir de então, até pouco antes da conferência, ocorreram encontros do comitê oficial da organização, chamados de PrepComm. Em todo o planeta, grupos dos mais variados setores também começaram a se mobilizar, promovendo encontros locais, regionais, nacionais e/ou internacionais, onde preparavam documentos e discutiam estratégias do *lobby ecológico*, para levar suas propostas não apenas ao Prepcomm, como também a seus próprios países, visando influenciar as posturas que cada governo tomaria na Rio-92 (Brasil, 1998).

Muitas organizações internacionais entenderam que esse evento seria um importante encontro onde pessoas de todo o mundo intercambiariam experiências e estabeleceriam ações conjuntas. Isso destacou a relevância desse evento no contexto do histórico mundial de ações em educação e preservação ambiental.

Considerado um dos mais relevantes encontros ambientais internacionais da nova época, caracterizou-se como um dos propulsores dos processos de globalização da economia, pressionando a comunidade mundial a se adequar em vários setores, por meio de difíceis adaptações, e trazendo para o centro da discussão o *desenvolvimento sustentável* e os *problemas ambientais globais*. Ressalta o MEC (Brasil, 1998, p. 52-53) que:

> O período pré Rio-92 representou o auge do entrelaçamento entre os "novos movimentos sociais" e os ambientalistas. No mundo, formou-se o Fórum Internacional de ONGs e Movimentos Sociais, que chegou a reunir 1.400 pessoas no evento paralelo ao 4º Prepcomm, que aconteceu nas dependências da ONU em Nova Iorque. Enquanto isso, no Brasil foi criado o Fórum Brasileiro de ONGs e Movimentos Sociais [...]. Igualmente, o setor empresarial marcou presença, lançando seu fórum em prol do desenvolvimento sustentável.
>
> Foi nesse clima que, entre 3 e 11 de junho de 1992, ocorreu a Rio-92, reunindo delegações oficiais de 178 países nas dependências do Riocentro. Em paralelo, um espaço cercado na Praia do Flamengo ficou apinhado de gente, uma grande diversidade de pessoas do mundo todo, tentando acompanhar a também grande constelação de eventos que aconteciam simultaneamente. [...]
>
> [O assunto foi integralmente implementado, de modo que] a partir dos anos 90 a Educação Ambiental se alastrou de tal forma que ficou além da capacidade de uma pessoa, individualmente, ter domínio do que se fez, não só em Encontros, como também na produção acadêmica e literária.
>
> Com vistas à Rio-92, governos estaduais e municipais criaram novos programas de Educação Ambiental, divulgaram programas antigos e produziram publicações para distribuição, visando ao público do evento mundial. Empresas divulgaram ações e intenções. Um sem número de indivíduos e grupos que se entusiasmaram com o tema passaram a desenvolver projetos e acompanhar a política do setor.

O professor Genebaldo Freire Dias, em seu livro *Educação Ambiental: princípios e práticas* (Dias, 1993 apud Brasil, 1998), destaca 15 fatos em que houve a participação de órgãos federais de 1989 a 1992:

- Em 1989, em Pernambuco, houve um seminário para debater um projeto-piloto para educação ambiental no ensino técnico-agrícola da América Latina (MEC/Unesco) e o I Encontro Nacional sobre Educação Ambiental no Ensino Formal (Ibama/Universidade Federal Rural de Pernambuco).
- Em 1990, na Universidade Federal do Mato Grosso (e também em Brasília), pelo Programa de Meio Ambiente da ONU, com o Ibama, a Capes e o CNPq, ocorreu o IV Curso de Especialização em Educação Ambiental para formar especialistas no setor.
- Em 1989 e 1990, o Ibama viabilizou dois seminários Universidade e Meio Ambiente.
- Em 1991, o MEC e a Secretaria do Meio Ambiente da Presidência da República, com o apoio da Unesco e da Embaixada do Canadá, promoveram o Encontro Nacional

de Políticas e Metodologias para a Educação Ambiental. O Governo Federal passou a propor normas e organismos para a educação ambiental e, em 14 de maio de 1991, a Portaria nº 678 do MEC determinou que a educação escolar deveria contemplar a educação ambiental, permeando todo o currículo dos diferentes níveis e modalidades de ensino.
- Em 20 de agosto de 1991, uma cerimônia no Palácio do Planalto marcou o lançamento do Projeto de Informações entre Ibama e MEC, que consistiu num encarte da revista *Nova Escola* contendo um breve histórico e a explicação do que é educação ambiental, e mais 17 dicas de atividades práticas. Foram distribuídos 100 mil exemplares.
- Em 20 de novembro de 1991, a Portaria nº 2.421 do MEC instituiu o Grupo de Trabalho para a Educação Ambiental, com o objetivo de, junto com as Secretarias Nacionais de Educação, definir as metas e as estratégias para implantar a educação ambiental no Brasil, além de elaborar a proposta de atuação do MEC nessa área para a educação formal e informal e, também, na Rio-92.
- Em 1992, o novo Grupo de Trabalho do MEC, coordenado por Néli Gonçalves de Melo, promoveu cinco encontros técnicos regionais de educação ambiental para definir critérios e estratégias de ação.

De acordo com o MEC (Brasil, 1998, p. 54), "foi assim que, vinte anos após Estocolmo, quinze depois de Tbilisi e cinco depois de Moscou, chegou-se à Conferência das Nações Unidas sobre o Meio Ambiente e o Desenvolvimento (Rio-92), que se transformou num momento especial também para a evolução da Educação Ambiental".

Entre os vários eventos também no Rio de Janeiro que ocorreram em paralelo com a Rio-92, pode-se destacar (Brasil, 1998):
- *I Jornada Internacional de Educação Ambiental*: um dos encontros do Fórum Global e que atraiu cerca de 600 educadores de todo o mundo. Gerou o Tratado de Educação Ambiental para Sociedades Sustentáveis e Responsabilidade Global, onde se destaca um plano de princípios e ações para educadores ambientais e ideias para captar recursos a fim de viabilizar a prática da educação ambiental.
- *Workshop sobre Educação Ambiental*: organizado pelo MEC, esse evento reuniu centenas de pessoas em busca da cooperação entre o Brasil e outros países no campo da educação ambiental. Nele, foi apresentada a Carta Brasileira para a Educação Ambiental, que salienta a necessidade de haver um compromisso real dos poderes públicos federal, estadual e municipal para que a legislação brasileira seja cumprida, visando à introdução da educação ambiental, assim como a promoção de estímulo à participação das comunidades e das instituições de ensino.

Um dos resultados da Rio-92 foi a elaboração da Agenda 21, subscrita pelos governantes de mais de 170 países que participaram da conferência oficial. Nesse documento, destaca-se o capítulo 36, que discute a "promoção do ensino, da conscientização e do treinamento", apresentando propostas que reforçam as recomendações de Tbilisi e salientando a urgência em envolver todos os setores da sociedade através da educação formal e não formal, por meio da conscientização e do treinamento em todas as áreas (Brasil, 1998).

Rio+20

A Conferência das Nações Unidas sobre Desenvolvimento Sustentável (Rio+20) aconteceu em 2012, 20 anos depois da Rio-92, também no Rio de Janeiro, e representou um dos maiores eventos da história da ONU, contando com a participação de 193 delegações, além de representantes da sociedade civil (Itamaraty, s.d.-a). Teve como foco abordar as negociações sobre o meio ambiente do planeta e avaliar os acontecimentos e as ações nacionais e internacionais no contexto ambiental, social, político e econômico que ocorreram nos 20 anos após o encontro de 1992.

Com o principal objetivo de reafirmar o apoio e a participação ao desenvolvimento sustentável, foi considerada a segunda etapa da Carta da Terra, um dos documentos resultantes da Rio-92. Busca inspirar a internacionalidade e a interdependência global e a responsabilidade compartilhada, voltada para o bem-estar de toda a família humana atual e das futuras gerações.

Os principais temas debatidos foram os seguintes:
- balanço do que foi feito nos últimos 20 anos em relação ao meio ambiente;
- a importância e os processos da economia verde;
- ações para garantir o desenvolvimento sustentável do planeta;
- maneiras de eliminar a pobreza;
- a governança internacional no campo do desenvolvimento sustentável.

A atuação do Brasil como presidente do evento contribuiu para que o documento final, *O Futuro que Queremos*, alcançasse resultado equilibrado, atendendo às aspirações de países desenvolvidos e em desenvolvimento (Itamaraty, s.d.-a). Merecem igual atenção o lançamento de um processo intergovernamental para a criação dos Objetivos de Desenvolvimento Sustentável (ODS), a criação do Fórum Político de Alto Nível sobre Desenvolvimento Sustentável e o incentivo ao fortalecimento do Pnuma.

Por outro lado, na época, foram registrados muitos comentários de que a conferência Rio+20 não havia trazido tantos avanços práticos como a Rio-92, devido ao reflexo da crise econômica de vários países desenvolvidos, à falta de consenso entre os países em desenvolvimento e à própria dinâmica das discussões internacionais. A agenda básica de discussões da Rio+20, documento batizado de Esboço Zero, não animou os ambientalistas ao redor do mundo.

Uma notícia da revista *Em Discussão!* (Problemas..., 2012), do Senado Federal, destacou que qualquer análise e avaliação futura dos resultados da Rio+20 e de sua importância deveriam começar por situá-la adequadamente na história, pois essa conferência não foi convocada para resolver problemas relacionados à fome ou à crise ecológica, entre outros. Ela teve a missão de renovar compromissos com o desenvolvimento sustentável em meio a urgências ambientais, sociais, econômicas e políticas que entravam a definição de metas para evitar degradação do meio ambiente, discutindo as duas décadas decorridas após a Rio-92.

1.3 Histórico nacional das discussões e ações ambientais

Mesmo que historicamente já existissem registros de ações e ideias ecológicas e ambientais desde o século XIX, somente no século XX, na década de 1970, é que surgiram os primeiros registros de delegações e legislações que favoreciam o controle ambiental.

O Quadro 1.2 resume o histórico das discussões e ações ambientais nacionais. Merecem destaque a criação da Secretaria Especial do Meio Ambiente (Sema), em 1973, e o estabelecimento da Política Nacional do Meio Ambiente, em 1981, com a consequente formação do Sistema Nacional do Meio Ambiente (Sisnama) e do Conselho Nacional do Meio Ambiente (Conama).

1.4 Órgãos fiscalizadores ambientais

Desde a Era Industrial, buscando-se alcançar o bem-estar do homem, o desenvolvimento tecnológico sempre contou com a abundância de recursos oferecidos pelo meio ambiente.

O mundo capitalista e a globalização, impulsionados pelo crescimento populacional vertiginoso e pelo consumismo desenfreado, principalmente em países subdesenvolvidos, estimulam a industrialização descontrolada e sem consciência de controle ambiental e promovem grandes impactos desde a extração da matéria-prima até o descarte irrefreado do produto usado e/ou obsoleto, refletindo direta-

QUADRO 1.2 Primeiras discussões e ações ambientais: histórico no Brasil

Ano	Evento
1808	Criação do Jardim Botânico, no Rio de Janeiro
1850	Lei nº 601, de Dom Pedro II, proíbe a exploração florestal nas terras descobertas. Ela foi ignorada, e o desmatamento para a implantação da monocultura de café continuou
1876	André Rebouças sugere a criação de parques nacionais na Ilha de Bananal e em Sete Quedas
1891	Decreto nº 8.843 estabelece a criação de uma reserva florestal no Acre, ainda não implantada
1896	Criação do primeiro parque estadual em São Paulo, o Parque da Cidade
1920	O pau-brasil é considerado extinto
1932	I Conferência Brasileira de Proteção à Natureza, no Museu Nacional
1934	Decreto nº 23.793 transforma em lei o anteprojeto de Código Florestal
1937	Criação do Parque Nacional de Itatiaia
1939	Criação do Parque Nacional do Iguaçu
1961	Jânio Quadros apresenta projeto de lei onde declara o pau-brasil como árvore símbolo nacional, e o ipê, como flor símbolo nacional
1971	Criação da Associação Gaúcha de Proteção ao Ambiente Natural (Agapan), no Rio Grande do Sul
1972	Na Conferência de Estocolmo, a delegação brasileira declara que o país está "aberto à poluição, porque o que se precisa é de dólares, desenvolvimento e empregos". O Brasil lidera os países do Terceiro Mundo para não aceitar a teoria do *crescimento zero* proposta pelo Clube de Roma
1972	Início da campanha de reintrodução do pau-brasil pela Universidade Federal de Pernambuco
1973	Criação da Secretaria Especial do Meio Ambiente (Sema), no âmbito do Ministério do Interior, que, entre outras atividades, começa a implementar a educação ambiental
1976	I Curso de Extensão para Professores do 1º Grau em Ecologia por iniciativa da Sema, da Fundação Educacional do Distrito Federal e da Universidade de Brasília
1977	Implantação do Projeto de Educação Ambiental em Ceilândia (DF) (1977-1981). Criação de um grupo de trabalho pela Sema para elaborar um documento de educação ambiental a fim de definir seu papel no contexto brasileiro. Realização de seminários, encontros e debates preparatórios para a Conferência de Tbilisi pela Fundação Estadual de Engenharia do Meio Ambiente do Rio de Janeiro (Feema-RJ). Obrigatoriedade da disciplina Ciências Ambientais nos cursos de Engenharia
1978	Desenvolvimento do Projeto Natureza (1978-1985) pela Secretaria de Educação do Rio Grande do Sul. Criação de cursos voltados para as questões ambientais em várias universidades brasileiras. Inclusão das disciplinas de Saneamento Básico e Saneamento Ambiental nos cursos de Engenharia Sanitária
1979	Publicação do documento *Ecologia: uma proposta para o ensino de 1º e 2º graus* pelo MEC e pelo Centro Tecnológico de Saneamento Básico (Cetesb)
1981	Decreto nº 86.028, de 27 de maio, cria a Semana Nacional do Meio Ambiente. Lei nº 6.938, de 31 de agosto, dispõe sobre a Política Nacional do Meio Ambiente, com a criação do Sistema Nacional do Meio Ambiente (Sisnama) (Art. 6º) e do Conselho Nacional do Meio Ambiente (Conama) (Art. 7º)
1984	Conama apresenta uma resolução estabelecendo diretrizes para a educação ambiental, que não é tratada
1985	Decreto nº 91.145, de 15 de março, cria o Ministério do Desenvolvimento Urbano e Meio Ambiente (MDU), para onde são transferidos o Conama e a Sema
1986	I Curso de Especialização em Educação Ambiental (1986 a 1988) pela Sema em conjunto com a Universidade de Brasília. I Seminário Nacional sobre Universidade e Meio Ambiente. Seminário Internacional de Desenvolvimento Sustentado e Conservação de Regiões Estuarino-Lacunares (Manguezais), em São Paulo
1987	Aprovação pelo MEC do Parecer nº 226/87, do conselheiro Arnaldo Niskier, em relação à necessidade de inclusão da educação ambiental nos currículos escolares de 1º e 2º graus. Paulo Nogueira Neto representa o Brasil na Comissão Brundtland. II Seminário Nacional sobre Universidade e Meio Ambiente, em Belém (PA)

QUADRO 1.2 (Continuação)

1988	A Constituição Brasileira de 1988, em seu art. 225, inciso VI, destaca a necessidade de "promover a Educação Ambiental em todos os níveis de ensino e a conscientização pública para a preservação do meio ambiente". Para o cumprimento dos preceitos constitucionais, leis federais, decretos, constituições estaduais e leis municipais determinam a obrigatoriedade da educação ambiental. Tradução e publicação do Relatório Brundtland, *Nosso futuro comum*, pela Fundação Getulio Vargas. Publicação da edição-piloto do livro *Educação ambiental: guia para professores de 1° e 2° graus* pela Secretaria do Meio Ambiente do Estado de São Paulo e pela Cetesb
1989	Lei n° 7.735, de 22 de fevereiro, extingue a Sema e cria o Instituto Brasileiro do Meio Ambiente e dos Recursos Naturais Renováveis (Ibama), vinculado ao Ministério do Interior. Lei n° 7.797, de 10 de julho, cria o Fundo Nacional do Meio Ambiente (FNMA). Programa de Educação Ambiental em Universidade Aberta da Fundação Demócrito Rocha, por meio de encartes nos jornais de Recife (PE) e Fortaleza (CE). I Encontro Nacional sobre Educação Ambiental no Ensino Formal (Ibama/Universidade Federal Rural de Pernambuco). III Seminário Nacional sobre Universidade e Meio Ambiente, em Cuiabá (MT)
1990	Medida Provisória n° 150, de 15 de março, cria a Secretaria do Meio Ambiente da Presidência da República (Semam/PR). Lei n° 8.028, de 12 de abril, transforma a Medida Provisória em lei e vincula o Ibama à Semam/PR. I Curso Latino-Americano de Especialização em Educação Ambiental, em Cuiabá (MT) (1990 a 1994) (Pnuma/Ibama/CNPq/Capes/UFMT). IV Seminário Nacional sobre Universidade e Meio Ambiente, em Florianópolis (SC)
1991	Decisão do MEC de que todos os currículos nos diversos níveis de ensino deverão contemplar conteúdos de educação ambiental (Portaria n° 678, de 14 de maio). Projeto de Informações sobre Educação Ambiental (Ibama/MEC). Grupo de Trabalho para Educação Ambiental coordenado pelo MEC, preparatório para a Rio-92. Encontro Nacional de Políticas e Metodologias para Educação Ambiental (MEC/Ibama/Semam-PR/Unesco/Embaixada do Canadá)
1992	Lei n° 8.490, de 12 de novembro, em seu art. 21 transforma a Semam/PR em Ministério do Meio Ambiente (MMA). Criação dos Núcleos Estaduais de Educação Ambiental (NEAs) do Ibama. Participação de ONGs brasileiras no Fórum de ONGs e na redação do Tratado de Educação Ambiental para Sociedades Sustentáveis. Destaca-se o papel da Educação Ambiental na construção da Cidadania Ambiental. *Workshop* sobre Educação Ambiental promovido pelo MEC no Rio de Janeiro (RJ), cujo resultado encontra-se na Carta Brasileira para a Educação Ambiental, destacando a necessidade de capacitação de recursos humanos para educação ambiental
1993	Lei n° 8.746, de 9 de dezembro, cria, mediante transformação, o Ministério do Meio Ambiente e da Amazônia Legal (MMAAL). Proposta Interdisciplinar de Educação Ambiental para a Amazônia (Ibama, universidades e Secretarias de Educação (Seducs) da região). Publicação de um documento metodológico e um de caráter temático com dez temas ambientais da região (1992 a 1994). Criação dos Centros de Educação Ambiental do MEC, com a finalidade de elaborar e difundir metodologias em educação ambiental
1994	Aprovação do Programa Nacional de Educação Ambiental (PRONEA), com a participação de MMA, Ibama, MEC, MCT e Minc. Publicação da Agenda 21 feita por crianças e jovens em português (Unicef). III Fórum de Educação Ambiental
1995	Medida Provisória n° 813, de 1° de janeiro, no art. 17, inciso IV, transforma o Ministério do Meio Ambiente e da Amazônia Legal em Ministério do Meio Ambiente, dos Recursos Hídricos e da Amazônia Legal. Todos os projetos ambientais e/ou de desenvolvimento sustentável devem incluir como componente atividades de educação ambiental
1996	Criação da Câmara Técnica de Educação Ambiental do Conama. Novos Parâmetros Curriculares do MEC, que incluem a educação ambiental como tema transversal do currículo. Cursos de capacitação em educação ambiental para os técnicos das Seducs e das Delegacias Regionais do MEC (Demecs) nos Estados, para orientar a implantação dos parâmetros curriculares (convênio Unesco/MEC). Criação da Comissão Interministerial de Educação Ambiental do MMA

QUADRO 1.2 (Continuação)

Ano	
1997	Criação da Comissão de Educação Ambiental do MMA. I Conferência Nacional de Educação Ambiental (I CNEA), em Brasília (DF). Cursos de educação ambiental organizados pela Coordenação de Educação Ambiental do MEC para as escolas técnicas e segunda etapa de capacitação das Seducs e Demecs (convênio Unesco/MEC). IV Fórum de Educação Ambiental e I Encontro da Rede de Educadores Ambientais, em Vitória (ES). I Teleconferência Nacional de Educação Ambiental, do MEC, em Brasília (DF)
1998	Publicação dos materiais surgidos da I CNEA
1999	Medida Provisória nº 1.795, de 1º de janeiro, transforma o Ministério do Meio Ambiente, dos Recursos Hídricos e da Amazônia Legal em Ministério do Meio Ambiente. Decreto nº 2.923, de 1º de janeiro, vincula o Ibama ao MMA. Medida Provisória nº 1.799-2, de 18 de fevereiro, integra o Conama ao MMA. Lei nº 9.795, de 27 de abril, institui a Política Nacional de Educação Ambiental. Criação da Diretoria de Educação Ambiental do MMA. Criação do Programa Nacional de Educação Ambiental (ProNEA). Criação do Movimento dos Protetores da Vida, em Brasília (DF). Coordenação de Educação Ambiental do MEC passa a fazer parte da Secretaria de Ensino Fundamental, recebendo o nome de Coordenação Geral de Educação Ambiental (Coea)
2000	Decreto nº 3.524, de 26 de junho, regulamenta a Lei nº 7.797, de 10 de julho de 1989, que cria o FNMA. Portaria nº 164 do MMA, de 11 de julho, institui o Sistema de Informações Gerenciais do Meio Ambiente (Sigma I). Lei nº 9.984, de 17 de julho, dispõe sobre a criação da Agência Nacional de Águas (ANA). Seminário de Educação Ambiental em Brasília (DF) (Coea/MEC). Curso básico de educação ambiental a distância (Departamento de Educação Ambiental do MMA/UFSC)
2001	Portaria nº 170, de 3 de maio, determina a publicação do regimento interno que disciplina os aspectos da organização e do funcionamento do Conselho Deliberativo do FNMA
2002	Lançamento do Sistema Brasileiro de Informação sobre Educação Ambiental e Práticas Sustentáveis (Sibea). Decreto nº 4.281, de 25 de junho, regulamenta a lei que institui a Política Nacional de Educação Ambiental (PNEA) e dá outras providências
2004	Consulta Pública do ProNEA, realizada em setembro, reunindo contribuições de mais de 800 educadores ambientais do País. V Fórum de Educação Ambiental, realizado em novembro, após sete anos de intervalo, com o lançamento da *Revista Brasileira de Educação Ambiental* e a criação da Rede Brasileira de Educomunicação Ambiental (Rebeca). Oficialização do Grupo de Trabalho em Educação Ambiental da Associação Nacional de Pós-Graduação e Pesquisa em Educação (ANPEd), em novembro, após dois anos de existência como grupo de estudos. Criação do Grupo de Trabalho de Educação Ambiental no Fórum Brasileiro de ONGs e Movimentos Sociais (FBOMS), em dezembro
2011	Lei Complementar nº 140, de 8 de dezembro, define as competências para a cooperação entre a União, os Estados, o Distrito Federal e os Municípios nas ações administrativas decorrentes do exercício da competência comum relativas à proteção das paisagens naturais notáveis, à proteção do meio ambiente, ao combate à poluição em qualquer de suas formas e à preservação das florestas, da fauna e da flora

Fonte: adaptado de Brasil (s.d.-b).

mente na qualidade de vida da população. Esse panorama gera uma preocupação em como utilizar os recursos naturais sem levá-los à extinção.

Considerando que o setor técnico/econômico abrange diversas áreas e tipos de extração, produção, beneficiamento, comércio e consumo para o favorecimento de uma enorme gama de produtos, incluindo a agricultura e a indústria, e também que todas essas ações dependem direta ou indiretamente do meio ambiente, faz-se necessário que se regulamentem condições de conservação e uso do meio ambiente.

Sendo assim, de forma a conservar, manter e preservar o meio ambiente, deve-se implementar ações que incentivem e possibilitem o controle de impactos ambientais causados pelas diversas atividades humanas. Dentro delas, é necessário definir leis específicas a órgãos que possuem as competências de fiscalizar e normalizar ações ligadas à preservação ambiental.

Entende-se, portanto, que a fiscalização ambiental se refere a qualquer ação de controle exercida pelo Poder Público cujo objetivo é proteger os recursos ambientais, manter a integridade do meio ambiente e assegurar o uso racional dos recursos naturais e seus subprodutos, coibindo ações prejudiciais do homem sobre a natureza.

Como forma de melhor viabilizar o gerenciamento ambiental junto com o desenvolvimento sustentável, em uma cadeia produtiva e incentivadora dos bons hábitos, os órgãos responsáveis pela gestão ambiental devem também disponibilizar esclarecimentos, treinos e condições necessárias à educação ambiental de cada região; promover consultoria técnica, financeira e ambiental; e oferecer parâmetros, informações e diretrizes para o favorecimento do desenvolvimento sustentável.

Nesse cenário, o Brasil possui legislações específicas e diversos órgãos fiscalizadores do meio ambiente nas três esferas do Poder Público, conforme mostra o Quadro 1.3. Apesar de sua importância, falta credibilidade populacional aos mecanismos de fiscalização ambiental brasileiros, em grande parte devido à extensa e confusa legislação do País, gerando considerável ineficiência no sistema.

É necessário entender que, muito antes de ser um instrumento punitivo, a fiscalização ambiental é fundamental para que todas as empresas possam executar suas atividades dentro da lei e de forma a preservar um patrimônio que, além de ser de todos, possui valor inestimável (Dinâmica Ambiental, 2018).

QUADRO 1.3 Hierarquia de órgãos fiscalizadores na esfera federal

A Política Nacional do Meio Ambiente foi estabelecida em 1981, mediante a edição da Lei nº 6.938, criando o Sistema Nacional do Meio Ambiente (Sisnama). Esse sistema é responsável por proteger e melhorar a qualidade ambiental, possuindo a função de efetivar o cumprimento às matérias ambientais que estejam dispostas na Constituição Federal ou na legislação infraconstitucional. É formado por uma rede de órgãos e instituições ambientais, compostos pelos Poderes Executivo, Legislativo e Judiciário e pelo Ministério Público, cujo objetivo é assegurar mecanismos aptos a consolidar a implementação da Política Nacional do Meio Ambiente em todos os níveis da federação.

- *Poder Executivo*: tendo em vista a esfera ambiental, a esse poder compete basicamente o exercício do controle das atividades potencialmente poluidoras, a exigência do estudo de impacto ambiental, para posterior licenciamento ambiental, e ainda a fiscalização das obras, empreendimentos e atividades que de alguma forma gerem impactos ambientais.
- *Poder Legislativo*: tem a tarefa de elaborar leis e regulamentos ambientais, aprovar os orçamentos dos órgãos ambientais, exercer o controle dos atos administrativos do Executivo etc.
- *Poder Judiciário*: na esfera ambiental, compete a esse poder julgar as ações de cunho ambiental (ação civil pública, ação popular, mandado de segurança, mandado de injunção), exercer o controle de constitucionalidade das normas e rever os atos administrativos.
- *Ministério Público*: consoante a Constituição Federal, em seu Art. 129, cabe ao Ministério Público a instauração do inquérito civil e do inquérito criminal e a promoção da ação civil pública.

O Sisnama é estruturado em seis níveis político-administrativos com funções específicas:

1. Conselho superior: Conselho do Governo	Assessora o Presidente da República na elaboração de políticas públicas nacionais e diretrizes governamentais para a correta utilização do meio ambiente e seus recursos. É órgão integrante da Presidência da República, por força do art. 6º, I, da Lei da Política Nacional do Meio Ambiente. É constituído por todos os Ministros de Estado, pelos titulares essenciais da Presidência da República e pelo Advogado-Geral da União, conforme orienta a Lei nº 9.649/98.
2. Órgão consultivo e deliberativo: Conselho Nacional do Meio Ambiente (Conama)	É um dos órgãos fiscalizadores mais importantes, pois propõe diretrizes políticas e governamentais, normas e padrões para um meio ambiente equilibrado. Possui a finalidade de assessorar, estudar e propor ao Conselho de Governo diretrizes de políticas governamentais para o meio ambiente e os recursos naturais, com competências para deliberar sobre normas e padrões compatíveis com o meio ambiente ecologicamente equilibrado e essencial à sadia qualidade de vida. É vinculado ao Governo Federal e responsável por avaliar e propor ações relacionadas à preservação ambiental; estabelecer parâmetros para o controle da poluição; e estabelecer patamares de padrões e normas federais a serem observados pelos Estados e Municípios.

Quadro 1.3 (Continuação)

3. Órgão central: Ministério do Meio Ambiente (MMA) (antiga Secretaria do Meio Ambiente da Presidência da República, Sema) (Fig. 1.1)	Tem a finalidade de planejar, coordenar, supervisionar e controlar, como órgão federal, a política nacional e as diretrizes governamentais fixadas para o meio ambiente (redação dada pela Lei nº 8.028/90). Talvez um dos órgãos fiscalizadores do meio ambiente mais conhecidos pelo grande público, tem como responsabilidade promover e proteger a natureza, estimular o conhecimento nas áreas de interesse, prezar pelo uso sustentável e gestão dos recursos naturais, valorizar os serviços ambientais e promover o desenvolvimento sustentável. Apesar de ser considerado a instituição máxima de proteção ambiental, existe uma série de entidades colegiadas a ele que também são órgãos fiscalizadores do meio ambiente.
4. Órgãos executores (Fig. 1.2)	Realizam a fiscalização, o controle e o estímulo dos recursos naturais, com a finalidade de executar e fazer executar a política e as diretrizes governamentais fixadas para o meio ambiente, de acordo com as respectivas competências; buscam promover programas de educação ambiental integrados às suas atividades finalísticas.
a) Instituto Brasileiro do Meio Ambiente e dos Recursos Naturais Renováveis (Ibama)	É o órgão ambiental mais conhecido da população. Sua criação se deu mediante a extinção do Instituto Brasileiro de Desenvolvimento Florestal (IBDF) e da Superintendência da Borracha (SUDHEVEA), por meio da Lei nº 7.732/89.
b) Instituto Chico Mendes de Conservação da Biodiversidade (ICMBio)	É uma autarquia federal, de regime especial, dotada de personalidade jurídica de direito público, com autonomia administrativa e financeira, criada em 2007 para modernizar e estabelecer foco às ações executadas pelo Poder Público federal para a conservação da biodiversidade brasileira. Compõe a estrutura governamental, de modo a permitir o atendimento dos compromissos relativos à gestão de unidades de conservação federais, bem como os decorrentes da biodiversidade ameaçada de extinção ou em extinção.
5. Órgãos seccionais	São os órgãos ou entidades estaduais responsáveis pela maior parte das atividades, programas e projetos de controle ambiental e pelo controle e fiscalização das atividades utilizadoras de recursos ambientais. Cada Estado tem de organizar sua agência de controle ambiental conforme suas necessidades e realidades, na medida de seus interesses peculiares.
6. Órgãos locais	São os órgãos ou entidades municipais de controle ambiental, legalmente aptos a exercer a gestão ambiental dentro de seus limites territoriais e de sua competência. Possuem poder de polícia ambiental, o que os legitima, inclusive, a aplicar sanções cabíveis, interditar ou fechar estabelecimentos que não estejam em conformidade com as determinações legais. Entretanto, apesar da previsão legal, ainda são poucos os municípios brasileiros que possuem instalados esses órgãos, devido principalmente à falta de recursos financeiros.
Órgãos colegiados do MMA	
Conselho de Gestão do Patrimônio Genético	Prevê as normas de acesso ao patrimônio genético brasileiro e a conhecimentos tradicionais.
Comissão de Gestão de Florestas Públicas	Assessora, avalia e propõe diretrizes para florestas dessa natureza.
Conselho Nacional de Recursos Hídricos	Um dos órgãos fiscalizadores do meio ambiente mais importantes, pois é responsável pela efetivação da gestão de recursos hídricos no País.
Comissão Nacional de Biodiversidade	Rege a conservação e a utilização de recursos naturais, bem como a repartição igualitária de sua utilização e conhecimentos associados.
Comissão Nacional do Programa Cerrado Sustentável	Acompanha as ações de manejo e recuperação sustentável do Cerrado, assim como a valorização dos povos tradicionais que habitam esse bioma.
Fundo Nacional do Meio Ambiente	Não se trata necessariamente de um dos órgãos fiscalizadores do meio ambiente, mas prevê o financiamento para a implementação da Política Nacional do Meio Ambiente.

Quadro 1.3 (Continuação)

Órgãos vinculados ao MMA	
Serviço Florestal Brasileiro	Tem como missão realizar a gestão de florestas naturais.
Agência Nacional das Águas (ANA)	Realiza a gestão dos recursos hídricos brasileiros em diversos níveis, caracterizando-os qualitativa e quantitativamente por região, como, por exemplo, as limitações na região semiárida; os aspectos de poluição hídrica mais evidentes nas regiões Sul e Sudeste; a abundância na região amazônica etc. Essa gestão é fundamental ao desenvolvimento socioeconômico do País. A ANA tem como missão implementar e coordenar a gestão compartilhada e integrada dos recursos hídricos e regular o acesso à água, promovendo seu uso sustentável em benefício da atual e das futuras gerações. Dispõe de um conjunto de iniciativas que contemplam os aspectos envolvidos na implementação da Política Nacional de Recursos Hídricos, traduzidos especialmente nas questões de planejamento, regulação, articulação institucional e capacitação, sistema de informações e garantia de uso múltiplo.
Vale destacar:	
Programa Nacional de Educação Ambiental (ProNEA)	O MMA (Diretoria de Educação Ambiental) e o MEC (Coordenação Geral de Educação Ambiental) definem como eixo orientador desse programa a perspectiva de sustentabilidade.
Unesco	Instituiu o Programa Internacional de Educação Ambiental (Piea), tendo o objetivo de relatar experiências mundiais de preservação e educação ambiental. Por meio desse programa, foi criada uma base de dados apresentando várias informações sobre 900 instituições que agiam em favor da educação ambiental e 140 projetos voltados à preservação do meio ambiente.
Tratado de Educação Ambiental	Um dos grandes marcos do princípio de educação ambiental foi a elaboração de um documento de extrema importância chamado *Tratado de Educação Ambiental para Sociedades Sustentáveis e Responsabilidade Global*, que estabelece princípios essenciais da educação para as pessoas, levando-as a considerar e a ser solidárias, trabalhando em equipe, e a ter pensamento crítico. Além disso, forma uma junção entre a sustentabilidade e políticas públicas de educação ambiental, mostrando os planos e os princípios de sustentabilidade, pois busca melhorias e a conservação do meio ambiente, proporcionando uma melhor qualidade de vida.
ONGs	ONGs e organizações de prefeituras municipais e governos estaduais com atividades educacionais voltadas a ações para recuperação, conservação e melhoria do meio ambiente.

Fonte: adaptado de Brasil (s.d.-c) e Dinâmica Ambiental (2017).

1.5 Educação ambiental no Brasil

O comportamento das pessoas está diretamente condicionado a seu conhecimento, de forma que suas atitudes são o reflexo de seus valores e entendimentos do que seria considerado seu "certo".

O setor educacional tem como objetivo principal levar conhecimento ao indivíduo, de modo que, através do acesso à informação, se construam pessoas intelectualizadas e competentes técnica e socialmente, o que por consequência reflete em comportamentos adequados à sociedade e ao bem comum.

Conhecer e compreender a realidade ambiental, social, política e econômica proporciona ao indivíduo sua participação social e valorização pessoal, assim como o crescimento econômico e político da região.

É nesse sentido que a educação é a única ferramenta que consegue melhorar e construir a qualidade de vida de toda uma população, alimentando o conhecimento e favorecendo sua participação na sociedade de forma construtiva e saudável.

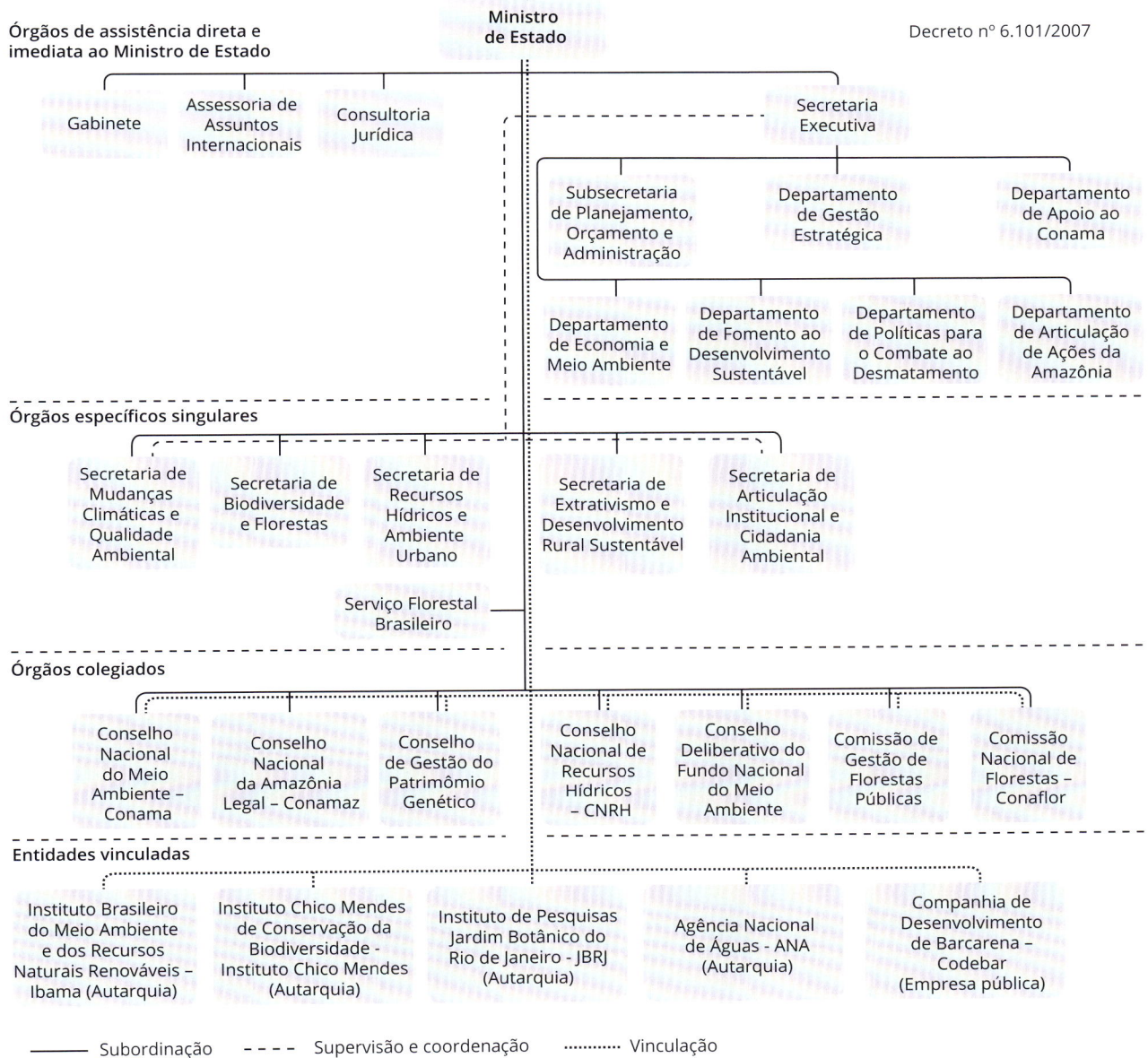

FIG. 1.1 *Organograma do MMA*
Fonte: O Eco (2014).

Como já mencionado, a Política Nacional de Educação Ambiental foi instituída pela Lei nº 9.795. No contexto da gestão pública, a educação ambiental é definida por processos e meios através dos quais o indivíduo e a coletividade constroem valores sociais, conhecimentos, habilidades, atitudes e competências voltados à conservação do meio ambiente, essencial à qualidade de vida e sua sustentabilidade.

Atualmente o Brasil já possui legislações e procedimentos que atuam junto à educação ambiental. Suas políticas, objetivos, princípios e recomendações são definidos por meio de processos colegiados, buscando promover programas de educação ambiental integrados a suas atividades finalísticas.

A Conferência das Nações Unidas sobre o Meio Ambiente e o Desenvolvimento (Rio-92), realizada no Rio de Janeiro de 3 a 14 de junho de 1992, reafirmou a Declaração da Conferência das Nações Unidas sobre o Meio Ambiente Humano, adotada em Estocolmo em 16 de junho de 1972.

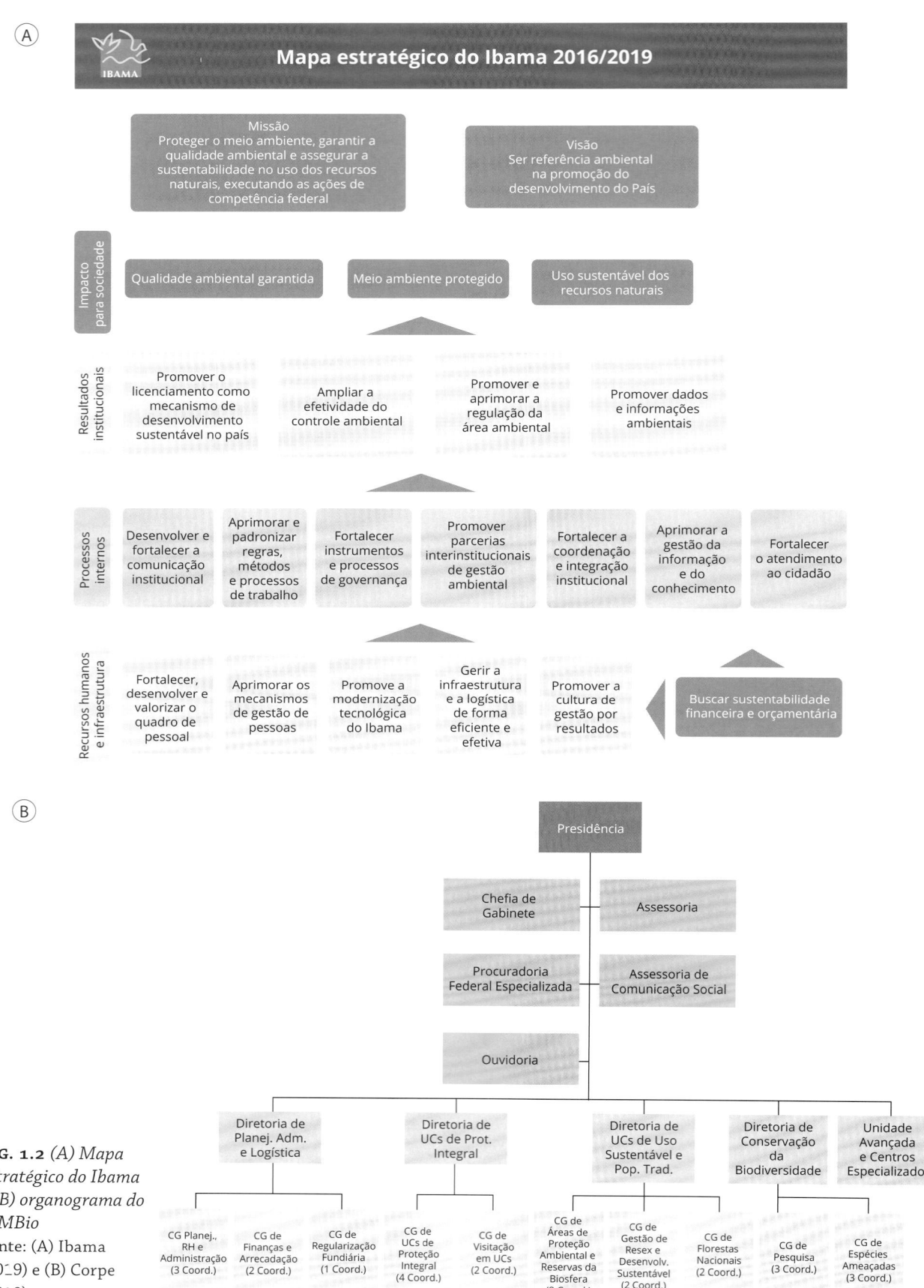

FIG. 1.2 (A) Mapa estratégico do Ibama e (B) organograma do ICMBio
Fonte: (A) Ibama (2019) e (B) Corpe (2020).

Esse foi o evento de responsabilidade ambiental mais importante da história nacional. Marcou o século XX como um destaque em programas de responsabilidade política, social e ambiental do Brasil junto à comunidade internacional.

A Rio-92 definiu diretrizes ambientais importantes para os fundamentos da educação ambiental. De acordo com a comissão interministerial na preparação desse evento,

> A educação ambiental se caracteriza por incorporar as dimensões socioeconômica, política, cultural e histórica, não podendo se basear em pautas rígidas e de aplicação universal, devendo considerar as condições e estágios de cada país, região e comunidade, sob uma perspectiva histórica. (Leão; Silva, 1995).

Isso significa que o ambiente deve ser interpretado de forma heterogênea e interdependente, devido à sua formação individual e personalizada em cada região, variando sua interpretação e utilização de recursos naturais de maneira racional, sendo considerado um bem material e espiritual da sociedade, no presente e no futuro.

O Brasil se destaca no panorama ambiental por ser um dos países mais ricos do mundo quando se avalia sua biodiversidade, uma vez que possui uma extensão continental, apresentando uma diversificação enorme em suas características geográficas, topográficas, hídricas, climatológicas, enfim... ambientais. Essa realidade reflete em variações equivalentes nos contextos culturais, sociais, educacionais, econômicos, administrativos e até políticos.

Por um lado, essas características nacionais definem grandes dificuldades quando se considera a padronização da qualidade de vida, sendo ela muito ligada à gestão educacional, administrativa e política local, sabendo-se que é notória também a diferença cultural, social e econômica. Esse cenário também resulta em diferenças crônicas comparando a diversidade da concentração populacional em relação aos recursos naturais, assim como interesses administrativos, políticos e monetários.

Trata-se de um país cuja extensão define diferenças geopolíticas impressionantes, apresentando regiões de extrema pobreza e outras extremamente capitalizadas. Esse panorama também reflete na avaliação do nível cultural, social e educacional de cada localidade, tendo regiões que ainda apresentam um grande desfalque no acesso a educação e intelectualização populacional.

Por outro lado, o Brasil possui a maior e mais diversa floresta tropical do mundo, a Amazônia, além de variações de vegetação riquíssimas, como a Zona da Mata, a Caatinga, o Cerrado, o Pantanal, a Floresta Araucária, a Mata Atlântica e os Pampas. Temos também condições extremamente vantajosas com relação aos recursos hídricos. Segundo dados apresentados pelo Governo Federal (Itamaraty, s.d.-b):

> Os recursos hídricos vêm ganhando cada vez mais importância no cenário internacional, devido à importância do manejo sustentável da água para o bem-estar das populações e para o desenvolvimento dos países.
> O Brasil detém 12% das reservas de água doce do planeta, perfazendo 53% dos recursos hídricos da América do Sul. Grande parte das fronteiras do País é definida por corpos d'água – são 83 rios fronteiriços e transfronteiriços, além de bacias hidrográficas e de aquíferos. As bacias de rios transfronteiriços ocupam 60% do território brasileiro.
> O Brasil promove iniciativas com o objetivo de fortalecer a cooperação em gestão de recursos hídricos, a fim de garantir pleno acesso à água às populações da região. Na Organização do Tratado de Cooperação Amazônica (OTCA), os recursos hídricos representam tema propício para a cooperação, em vista do enorme potencial hídrico compartilhado pelos países da bacia amazônica. No plano bilateral, o Brasil e seus vizinhos colaboram com vistas à gestão integrada dos recursos hídricos fronteiriços e transfronteiriços.
> Para o Brasil, a gestão dos recursos hídricos deve estar orientada pela Agenda 21 e referir-se aos

princípios contidos na Declaração do Rio sobre Meio Ambiente e Desenvolvimento (1992), em particular ao seu princípio 2º – segundo o qual os Estados têm o direito de explorar seus recursos de acordo com suas políticas ambientais e de desenvolvimento. Por outro lado, os Estados têm a responsabilidade de velar para que as atividades realizadas em suas jurisdições ou sob seu controle não causem danos ao meio ambiente de outros países ou de zonas que estejam fora dos limites nacionais.

O Brasil apoia resoluções e declarações internacionais nas quais se reconhece o direito humano à água potável e ao saneamento, reiterando que esse direito não gera obrigações exigíveis entre Estados. A água é recurso natural estratégico, cuja gestão está no âmbito da soberania nacional, constituindo responsabilidade do Estado perante seus cidadãos.

O Brasil está empenhado para cumprir o Objetivo de Desenvolvimento Sustentável (ODS) nº 6 – assegurar a disponibilidade e gestão sustentável da água e saneamento para todos.

O Quadro 1.4 apresenta duas iniciativas que o Brasil integra envolvendo a gestão de recursos hídricos.

1.5.1 Atuação das ONGs

Segundo a Secretaria do Meio Ambiente do Estado de São Paulo (SMA, s.d.),

> A sociedade civil aos poucos se organiza em torno das questões naturais e/ou socioambientais e passa a cumprir um papel fundamental na defesa dos recursos naturais e na mobilização pela elaboração de novas leis ambientais, na elaboração e financiamento de projetos que visem à conservação dos ecossistemas, na denúncia dos abusos cometidos e na melhoria da qualidade de vida da população.

As organizações ambientalistas, com ampla participação de entidades de diferentes naturezas, como universidades, organizações sindicais, associações comunitárias e ONGs de todo o mundo, influenciam políticas públicas e a legislação vigente. A sociedade civil organizada, com sua preocupação com as questões ambientais, possui o direito de ter voz nas decisões governamentais cujas implicações interfiram na implementação da sustentabilidade.

Contribuindo para uma mudança de paradigma em nosso processo civilizatório, diversas instituições ambientalistas fundadoras da Rede Brasileira de Educação Ambiental (Rebea) atua-

QUADRO 1.4 Iniciativas de gestão de recursos hídricos com a participação do Brasil

Convenção Ramsar sobre Zonas Úmidas	O Brasil atua desde 1993 nessa convenção, inicialmente voltada à preservação dos *habitats* das espécies migratórias de aves aquáticas, com posterior adequação a novas prioridades relacionadas ao uso sustentável da biodiversidade e à gestão dos recursos hídricos. O País possui 25 áreas úmidas de importância internacional, integrando três iniciativas regionais de preservação ambiental no âmbito dessa convenção.
Fórum Mundial da Água (FMA)	Evento trienal organizado pelo Conselho Mundial da Água (CMA), conta com a participação de governos, de ONGs e da sociedade civil. O fórum tem por objetivo promover o diálogo entre diferentes setores envolvidos com a temática dos recursos hídricos e influenciar o processo decisório sobre a criação de novos marcos políticos, jurídicos e institucionais. Além das sessões e reuniões temáticas e políticas, apresenta uma feira/exposição, como oportunidade de negócios, e a Vila Cidadã, onde são oferecidas atividades culturais e interativas de conscientização sobre a importância da água e do saneamento. Apesar de não constituir um foro intergovernamental, o FMA é considerado o principal ambiente de diálogo internacional entre diferentes setores envolvidos com a temática dos recursos hídricos, contando com ampla participação da sociedade civil. Já foram realizados oito eventos: Marrakesh, Marrocos, 1997; Haia, Holanda, 2000; Kyoto, Japão, 2003; Cidade do México, México, 2006; Istambul, Turquia, 2009; Marselha, França, 2012; Daegu e Gyeongju, Coreia do Sul, 2015; e Brasília, 2018.

Fonte: adaptado de Itamaraty (s.d.-b).

ram na elaboração do Tratado de Educação Ambiental para Sociedades Sustentáveis e Responsabilidade Global. Ao lado da Agenda 21 e da Carta da Terra, esse documento é considerado um dos mais fundamentais para educadores, formais e não formais, de todo o planeta.

Atualmente se verifica que muito pouco se cumpriu das propostas traçadas no Fórum Internacional de ONGs e Movimentos Sociais, porém esse fato não invalida os princípios ali estabelecidos, que continuam em plena vigência e atuam como orientadores gerais de grande parte das ações ambientalistas.

A construção da Agenda 21 local, por exemplo, apesar de não ter se transformado em política pública de âmbito nacional, vem sendo realizada por diversas ONGs brasileiras, em consórcio com governos municipais, fóruns intersetoriais etc.

As ONGs no Brasil vêm atuando em ações importantes, com o objetivo de possibilitar a formação de um campo de diálogo para disponibilizar informações, além de debater o papel da educação ambiental em face do atual modelo de desenvolvimento. Pode-se afirmar também que, no grande e diverso universo das ONGs de caráter ambientalista, a educação ambiental ocupa lugar de destaque, perpassando as diversas áreas de atuação dessas organizações.

1.6 Educação ambiental e desenvolvimento sustentável

A própria palavra *sustentabilidade* já expressa seu significado, ou seja, "o que se sustenta". Desde a Rio-92 esse termo ficou definitivamente reconhecido no contexto da gestão ambiental, a partir do momento em que se entendeu que as ações ambientais devem por princípio ser sustentáveis.

Partindo-se do conceito de que o meio ambiente faz parte do patrimônio da humanidade e considerando que ele é a base para a sobrevivência de todo o equilíbrio ecológico do planeta e, por consequência, a do próprio homem, percebeu-se a fundamental necessidade de preservar esse meio.

Dizer que o meio ambiente é a base da sobrevivência humana significa que ela depende de todos os aspectos ambientais, em sua interação ar-solo-água, social e economicamente, viabilizando as condições de tudo o que estrutura a qualidade de vida: alimentação, respiração, proliferação, conforto, controle da saúde pública, desenvolvimento tecnológico, economia etc.

Historicamente é bem simples certificar-se de que o desenvolvimento tecnológico está diretamente ligado às condições de uso do meio ambiente. É nele que se encontra a totalidade da matéria-prima básica para viabilizar todas essas ações.

Com o desenfreado crescimento tecnológico e demográfico, deparou-se com consequências de grandes impactos ambientais, criando-se uma preocupação central em como utilizar os recursos naturais sem levá-los à extinção. Dentro desse objetivo, entendeu-se que era urgente unir os conceitos de sustentabilidade, tecnologia, desenvolvimento e qualidade de vida atual e futura, chegando-se ao *desenvolvimento sustentável*, como forma de viabilizar a qualidade de vida adequada para toda a população, inclusive das futuras gerações.

Esse conceito foi criado no Relatório Brundtland, redigido pela Comissão Mundial sobre Meio Ambiente e Desenvolvimento da ONU.

1.6.1 Desenvolvimento sustentável ou desenvolvimento planejado

Como já foi discutido anteriormente, a educação ambiental fundamenta o desenvolvimento sustentável, pois é necessária a consciência populacional em massa da importância da gestão ambiental para garantir a melhor qualidade de vida.

Por mais que já seja de domínio público que o desenvolvimento sustentável é alcançado através do planejamento estratégico, ainda é muito grande o conflito entre esse conceito/objetivo e o desenvolvimento econômico, sendo que este último, por muitas vezes, ainda supera os interesses ambientais.

A Fig. 1.3 apresenta as interações social, tecnológica, econômica e ambiental que geram o desenvolvimento sustentável, também conhecido como desenvolvimento planejado.

Nesse cenário, destaca-se mais uma vez a necessidade da interação filosófica e comportamental dos setores político, social, econômico e ambiental, buscando e favorecendo a intelectualidade da população em uma implementação sistêmica e global dos conceitos da também chamada *economia verde*, ou seja, o desenvolvimento voltado para a proteção ambiental.

Como exemplos de ações consideradas de desenvolvimento sustentável e/ou economia verde, é possível citar:

- fontes energéticas renováveis;
- gestão de resíduos sólidos;
- redução de emissões de poluentes;
- controle de desperdício;
- consciência sobre o uso das águas;
- busca de novas tecnologias ecologicamente corretas;
- aproveitamento e recirculação de matéria-prima;
- engenharia reversa;
- não poluir;
- evitar desastres ecológicos;
- não praticar queimadas e desmatamentos;
- não exaurir os recursos naturais do planeta;
- manter o controle de espécies e o equilíbrio ecológico;
- implementar e atuar com responsabilidade social;
- implementar na indústria, no comércio e na sociedade a gestão sustentável;
- manter o controle de impacto ambiental;
- produzir e comercializar produtos e materiais ecologicamente corretos em substituição aos que promovem impactos, como o plástico, os derivados de petróleo etc.;
- propor medidas de gestão ambiental, tais como ações mitigadoras e compensatórias;
- investir na educação ambiental;
- manutenção, proteção e conservação do uso do solo.

1.6.2 Responsabilidade social

É a forma como as indústrias, as empresas e os empreendedores e produtores, voluntariamente, contribuem para uma sociedade mais justa e para um ambiente mais limpo. Implica a implementação da filosofia empresarial que considera como objetivo a responsabilidade de obter o lucro da produção, trazendo benefícios financeiros também aos funcionários e contribuindo socialmente para seu meio envolvente. Dessa forma, a responsabilidade social muitas vezes envolve medidas que trazem cultura e benefícios para a sociedade.

Em um contexto de globalização, essas adequações trazem novas preocupações e expectativas dos cidadãos, dos consumidores, dos investidores, das autoridades públicas e dos investidores em relação às organizações. Com essa nova consciência, começaram a valorizar os procedimentos e ações ambientalmente corretos e, por consequência, condenar os danos causados ao ambiente pelas atividades econômicas, pressionando a economia a considerar e implementar a observância de requisitos ambientais e exigindo junto a entidades reguladoras, legislativas e governamentais a produção de quadros legais apropriados e a vigilância de sua aplicação.

O conceito de responsabilidade social pode ser compreendido em dois níveis:

- o nível interno relaciona-se com os trabalhadores e com todas as partes afetadas pela empresa e que podem influenciar o alcance de seus resultados;
- o nível externo são as consequências das ações de uma organização sobre o meio ambiente, seus parceiros de negócio e o meio em que estão inseridos.

> Através da educação, o indivíduo constrói valores sociais, conhecimentos e habilidades essenciais à qualidade de vida e sua sustentabilidade. A educação ambiental vem como o veículo condutor da humanidade a harmonizar suas necessidades à conservação e à preservação.

As ONGs, a educação formal e informal, a inclusão cultural e social, a responsabilidade social e o empenho administrativo e político alimentam e constroem a consciência ambiental da população, formando indivíduos conhecedores e atuantes junto à promoção do desenvolvimento sustentável.

Para contribuir com esse cenário, é intrínseco que o Poder Legislativo empreenda a favor da educação ambiental e com leis ambientais, fiscalizações e ações que atuem nos três poderes (Legislativo, Executivo e Judiciário).

FIG. 1.3 *Interações social, tecnológica, econômica e ambiental que geram o desenvolvimento sustentável*

2 | Ecologia geral

por *Fernando R. Gardon*

2.1 Ecologia e civilização

A Ecologia é a área do *conhecimento científico* que se preocupa em estudar as interações entre seres vivos e o ambiente em que vivem, permitindo a compreensão dos padrões e das influências entre meio biótico (seres vivos) e abiótico (ambiente físico-químico) (Begon; Townsend; Harper, 2007; Ricklefs, 2010). Conhecimento científico é aquele que deve apontar respostas válidas e confiáveis para uma determinada questão, fato ou hipótese, obtidas por meio de observações, métodos formais, coleta de dados, experimentação; é através do conhecimento que se comprova a veracidade ou a falsidade de uma teoria.

Historicamente, o empenho em observar as interações no ambiente está presente na humanidade desde muito cedo, visto que conhecer os sistemas naturais, incluindo o ambiente físico, animais e vegetais que nele residem, foi de suma importância para que as sociedades primitivas dominassem os recursos naturais e prosperassem. Mesmo que alguns trabalhos de Aristóteles e outros filósofos da Grécia antiga já mencionassem temas ecológicos, o termo *ecologia* só foi proposto em 1869, pelo biólogo alemão Ernst Haeckel. A palavra tem origem do grego *oikos*, uma referência a "casa", e de *logos*, que significa "estudo".

Assim, a Ecologia pode ser definida como o estudo do lugar onde se vive, incluindo todos os organismos e *processos funcionais* que ali ocorrem. Os processos na natureza acontecem através de um conjunto sequencial e complexo de ações transformadoras. A formação de proteínas, a fotossíntese e a polinização são exemplos importantes de processos que garantem a vida na Terra. O homem utiliza o conhecimento sobre os processos naturais, por exemplo, para o tratamento de esgoto, por meio do uso de bactérias que degradam as substâncias poluidoras, ou a compostagem, através da decomposição da matéria orgânica por meio de microrganismos.

Cada determinada área onde é possível reconhecer um conjunto distinto de indivíduos que interagem entre si juntamente com seu ambiente físico é chamada pelos ecólogos de *ecossistema*. No âmbito da Ecologia, a *autoecologia* estuda a relação entre indivíduos de uma determinada espécie vegetal ou animal (população) e o seu meio físico, enquanto a *sinecologia* estuda a interação entre grupos de seres vivos, ou seja, entre espécies (comunidades), e deles com o meio ambiente. São essas informações da auto e da sinecologia que permitem a um ecólogo diagnosticar a saúde ambiental de uma paisagem.

Todos os seres vivos dependem do meio em que vivem, porém, em relação ao homem, o domínio de instrumentos capazes de modificar o ambiente permitiu que a espécie ocupasse papel de destaque, criando a ilusão de uma dependência menor do que realmente ocorre entre a sociedade humana e os produtos e serviços providos pelos ecossistemas.

São os ambientes naturais que sustentam o estilo de vida da sociedade moderna por ofertar bens de consumo como energia (fóssil, hídrica, eólica, solar) e materiais (minerais, madeira, fibras, alimento). Apesar disso, a verdadeira relevância dos ecossistemas terrestres e aquáticos está na manutenção de processos vitais que envolvem os ciclos biogeoquímicos (água, carbono, fósforo, nitrogênio, oxigênio), garantindo a transferência de energia e de nutrientes entre componentes físicos e seres vivos (Naeem; Duffy; Zavaleta, 2012) (Fig. 2.1). Por essas razões, temas relacionados à Ecologia que focam população, comunidade, ecossistemas e a regulação de seus processos se tornaram importantes áreas do conhecimento moderno.

A construção desse conhecimento representou um avanço significativo no entendimento da organização dos ecossistemas, do comportamento dos ciclos naturais, da dinâmica das comunidades e dos fatores que as influenciam. Por outro lado, a população humana se expandiu muito rapidamente com base na exploração desordenada dos *recursos naturais* (elementos da natureza que servem ao homem, garantindo a sua sobrevivência e conforto) renováveis e não renováveis (finitos), em curtos intervalos de tempo, conduzindo ao atual cenário de elevada degradação ambiental, que, em alguns casos, contribui para a proliferação de organismos que causam doenças ao homem e, em outros, pode levar à extinção de espécies que controlam esses organismos prejudiciais e previnem tais malefícios. Devido às alterações na configuração original dos ecossistemas e das paisagens, juntamente com a poluição gerada pelas atividades antrópicas, a humanidade agora está à beira de uma crise mundial, em que a escassez de alimentos e água, associada a eventos climáticos extremos cada vez mais ocorrentes, revela a necessidade de diminuir as pressões humanas sobre os ecossistemas (Bentley, 2013).

É nesse ponto que a temática da Ecologia se torna importante para diferentes setores da sociedade, governo e ciência, representando uma ferramenta primordial para fundamentar a prevenção, a mitigação, a recuperação e a compensação dos impactos das atividades humanas (Fig. 2.2), os quais ameaçam a biodiversidade, a manutenção dos *serviços ecossistêmicos* (aspectos dos ecossistemas que podem ser utilizados para gerar benefícios ao ser humano, os quais resultam de funções/processos ecológicos da natureza) e, consequentemente, a própria espécie humana. Nesse sentido, o pesquisador Negret (1982) afirma que o estudo em Ecologia é fundamental para garantir a produção de alimento e o controle de pragas e doenças e para planejar efetivamente o aproveitamento dos recursos naturais.

2.2 Introdução ao conceito de ecossistema

2.2.1 Ecossistemas e níveis hierárquicos de organização

É relevante aprender sobre os seres vivos em diferentes escalas de observação, desde átomos até o conjunto de todas as formas de vida na Terra. Esse gradiente, que explica as relações complexas da vida no planeta, pode ser apresentado em uma distribuição organizada e classificada de acordo com a ordem estabelecida, ou seja, em níveis hie-

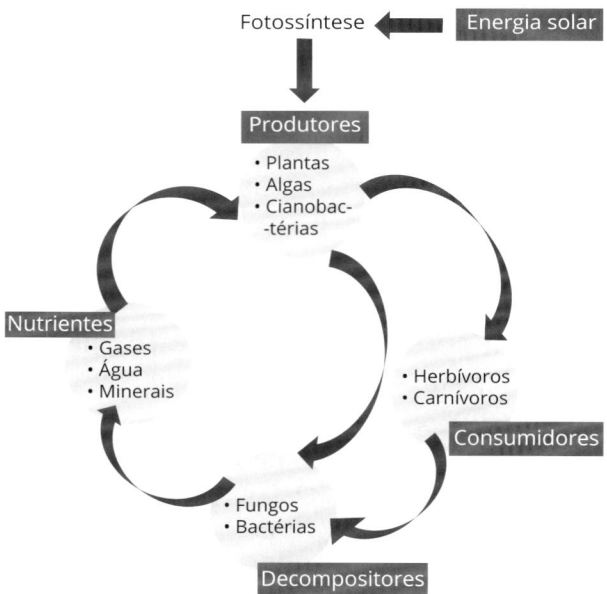

Fig. 2.1 *Processos responsáveis pela transferência de energia e de nutrientes entre componentes bióticos e abióticos*

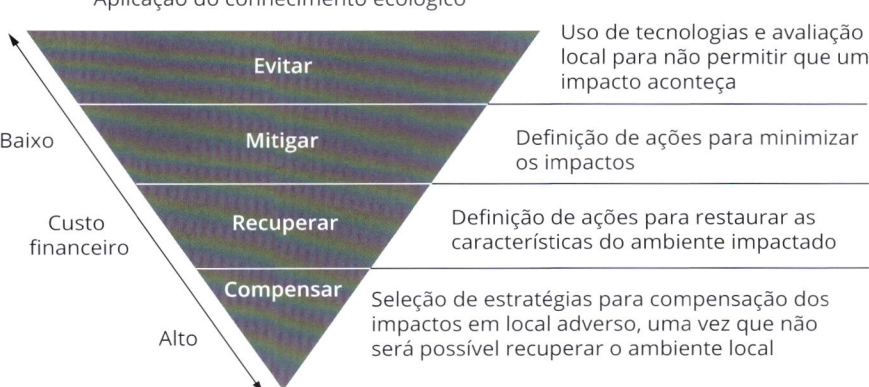

FIG. 2.2 *Triângulo da mitigação e aplicação do conhecimento ecológico*

rárquicos de organização (Fig. 2.3). A Ecologia trata de uma fração desses níveis de organização, onde célula, órgão, indivíduo, população e comunidade são os principais níveis bióticos. Porém, os estudos ecológicos enfocam principalmente os níveis que estão além dos *organismos* individuais, ou seja, a população, a comunidade, o ecossistema e o bioma. A *população* inclui grupos de indivíduos de um determinado organismo, já a *comunidade* representa um conjunto de populações que ocupam uma dada área. O *ecossistema* é, então, uma unidade que abrange um conjunto de elementos naturais organizados de alta complexidade (Evans, 1956).

Em um sentido mais amplo da hierarquização, o termo *bioma* é largamente empregado para apontar um sistema caraterizado por um conjunto de ecossistemas contíguos, que, em um passado distante, sofreram os mesmos processos de formação geológica e climática que culminaram no delineamento de uma paisagem. Assim, bioma representa um tipo característico de vegetação ou um aspecto dominante na paisagem. No Brasil, os biomas são seis: Amazônia, Caatinga, Cerrado, Mata Atlântica, Pampa e Pantanal. O maior sistema biológico dos níveis hierárquicos de organização é a *biosfera*, que inclui todos os organismos vivos da Terra que interagem com o ambiente físico total.

Entre os diferentes níveis, o ecossistema é o nível de organização que engloba tanto plantas e animais quanto aspectos climáticos, geológicos, edáficos e hidrológicos. Os componentes e processos que tornam os ecossistemas funcionais são a comunidade, o fluxo de energia e a ciclagem de materiais. Nessa visão, os organismos interagem com o ambiente de forma a produzir um fluxo de energia e matéria nos ecossistemas, mantendo estruturas bióticas definidas e ciclos biogeoquímicos, sendo que, por essa razão, os ecossistemas são considerados a unidade fundamental básica na Ecologia (Evans, 1956), de extrema importância para o planejamento da ocupação territorial (Santos, 2004).

Uma importante característica da organização em níveis hierárquicos está no fato de que, conforme os organismos interagem para produzir sistemas maiores (ou de nível superior), com formação de teias complexas de interações, novas propriedades podem surgir, as quais não estavam presentes em nível inferior. Esse fenômeno, que presume que o todo apresenta propriedades não

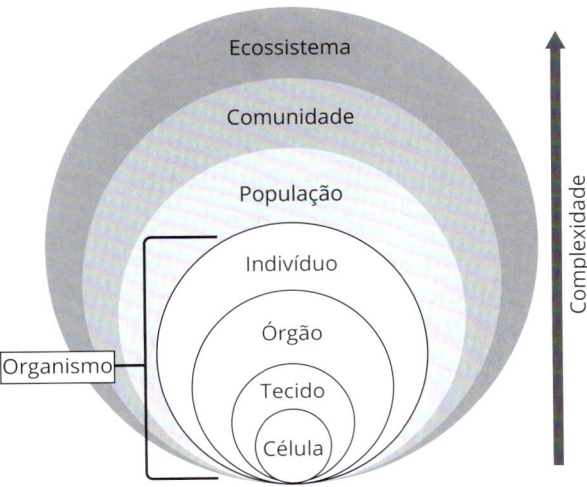

FIG. 2.3 *Níveis hierárquicos de organização dos seres vivos*

compreendidas na soma individual das partes, é definido como *propriedades emergentes*, sendo um forte motivo para os analistas ambientais preocuparem-se em avaliar o ambiente a partir de uma visão integradora e sistêmica.

2.2.2 Estrutura e função dos ecossistemas

Nos ecossistemas, sejam aquáticos ou terrestres, os organismos vivos alimentam uns aos outros, o que significa a transferência de matéria e de energia entre os organismos que consomem e os que são consumidos. A luz solar é a fonte primária de entrada de energia (energia radiante) nos ecossistemas, permitindo a realização da fotossíntese pelas plantas. Esse mecanismo de transferência de matéria e energia entre os seres vivos é denominado *cadeia trófico-energética*. Assim, quando do manejo de qualquer ecossistema é preciso considerar que seus componentes não são estáticos, mas dependentes entre si, onde matéria e energia circulam e se acumulam entre os seres vivos, através de processos, funções e interações que sustentam as cadeias tróficas, ou seja, a fotossíntese, a respiração, a decomposição, a predação e a competição, entre outros.

Ao longo da cadeia, a energia vai sendo transformada e dissipada em forma de calor, enquanto os nutrientes são transformados, mas não dissipados. Em uma cadeia trófica, os nutrientes, a água e a energia disponíveis são assimilados pelas plantas e transferidos para o restante da comunidade (animais e microrganismos), circulando ao longo de cadeias trófico-energéticas complexas, primeiramente por componentes orgânicos, até serem novamente disponibilizados no ambiente pela morte e decomposição dos organismos. Assim, os componentes abióticos complementam os fluxos, garantindo a transferência e a transformação dos elementos por meio de fatores como a evaporação, a precipitação, a erosão, a radiação solar e outros processos físico-climáticos, como o *intemperismo*. O intemperismo consiste na movimentação e alteração das propriedades físicas e químicas dos elementos naturais por meio de processos conduzidos por variações em fatores como umidade, vento, temperatura e pressão. Por exemplo, as variações de temperatura podem abrir fissuras nas rochas, transformando material agregado e homogêneo em um particulado e heterogêneo. Em outro caso, a água da chuva atinge o solo exposto desagregando suas partículas, que serão então carreadas pelo processo de escoamento superficial da água e se sedimentarão nos leitos dos rios.

Dessa forma, fica claro como ecossistemas mantêm um fluxo contínuo de energia (unidirecional) e, ao mesmo tempo, sustentam sua capacidade de retroalimentação de nutrientes (cíclico), através das recíprocas interações ocorrentes entre indivíduos e populações de uma comunidade e com o meio.

Nas cadeias alimentares (Fig. 2.4), os organismos que se assemelham em relação aos hábitos alimentares são pertencentes a um *nível trófico*. O primeiro estrato reconhecido, o *autotrófico*, é representado principalmente por plantas clorofiladas, algas, cianofíceas (algas verde-azuladas) e outras bactérias. Esse estrato compõe o nível trófico superior, responsável por fixar a energia luminosa, assimilar substâncias *inorgânicas* simples (C, CO_2, N, P, H_2O) e produzir substâncias *orgânicas* complexas (proteínas, carboidratos, lipídios, substâncias húmicas, entre outras). Esses organismos são reconhecidos como *produtores*. Já no estrato *heterotrófico*, composto por organismos que se alimentam de outros, predominam os processos de utilização, rearranjo e decomposição dos materiais complexos. Nesse nível heterotrófico, os organismos são chamados de *consumidores*. Em função do seu hábito alimentar, os consumidores podem ser classificados em herbívoros (consumidores primários, que se alimentam de produtores), *carnívoros* (consumidores de diferentes ordens que se alimentam dos consumidores de ordens anteriores) ou *decompositores*. Os decompositores são responsáveis por degradar a matéria orgânica morta e disponibilizar novamente os nutrientes ao meio ambiente, sendo de grande importância para a ciclagem de nutrientes. Se houver uma interferência, seja humana ou natural, que inter-

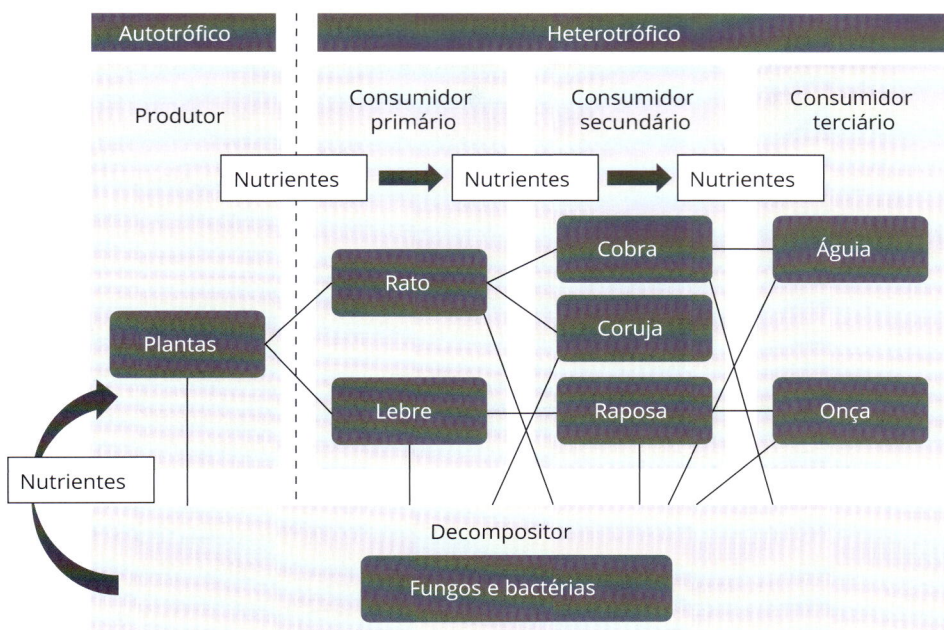

FIG. 2.4 *Cadeia alimentar e níveis tróficos*

rompa um de seus elos, então deverá ocorrer uma restruturação de elementos no ecossistema onde essa cadeia se estabelece, podendo causar um desequilíbrio.

2.2.3 Homeostase e capacidade de suporte

A homeostase é outra característica importante dos ecossistemas. Ela pode ser definida como a capacidade dos sistemas biológicos em resistir a alterações e permanecer em estado de equilíbrio. Aspectos dos ecossistemas como *redundância* e *diversidade funcional* são atributos que contribuem para o seu estado de equilíbrio e resiliência. A redundância pode ser determinada como a presença de diferentes espécies com mesma função no ecossistema; assim, caso determinada espécie seja extinta do ecossistema, haverá outra para realizar sua função. De maneira oposta, um ecossistema com diversidade de espécies, cada uma com funções distintas, define um ambiente de grande complexidade, onde mínimas interferências podem resultar em fortes desequilíbrios no sistema.

Nos ecossistemas, é possível a coexistência de diversas espécies, desde que as espécies presentes atuem em diferentes *nichos*, isto é, requeiram diferentes conjuntos de condições físicas e recursos para sua sobrevivência. Vale lembrar que nicho representa todas as condições adequadas e recursos necessários para a ocorrência de uma determinada espécie, considerando ainda as interações biológicas que limitam a sua ocorrência em um determinado espaço.

Contudo, é muito importante considerar que a quantidade de espécies que podem coexistir ou o quanto uma determinada população pode crescer depende da *capacidade de suporte do sistema* (Fig. 2.5), ou seja, o total de organismos em um ecossistema é o reflexo direto da quantidade de recursos disponíveis e do nível de sua utilização pelos animais e pelas plantas. Em outras palavras, a capacidade de suporte representa a máxima utilização dos recursos que um ecossistema pode suportar de forma sustentável, sendo respeitado o tempo que aquele recurso leva para se regenerar. A utilização de um recurso acima da capacidade de suporte significa que a taxa de consumo é maior que a taxa de regeneração do recurso. Assim, quando ultrapassada a capacidade de suporte, recursos se tornam escassos e processos de competição são intensificados, prevalecendo aqueles organismos resistentes ou mais competitivos, os quais nem sempre são de interesse humano, como, por exemplo, no caso da obtenção de recurso alimentar ou do controle de doenças.

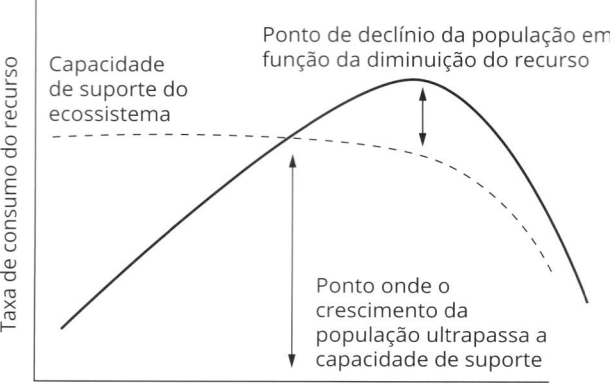

FIG. 2.5 *Capacidade de suporte do sistema*

2.2.4 Fatores limitantes e o ambiente

Um conceito relacionado à capacidade de suporte anteriormente mencionada é a *Lei do Mínimo de Liebig* (Fig. 2.6), que define que o desenvolvimento de um organismo será limitado pela deficiência de qualquer recurso, mesmo que todos os outros estejam disponíveis em grande quantidade, ou seja, o sucesso de um organismo depende de que nenhum fator de sobrevivência seja inferior ao limite de tolerância. Em exemplo, a Lei do Mínimo pode ser explicada visualizando um barril de madeira formado por ripas de diferentes tamanhos, onde cada ripa representa um recurso essencial e o tamanho da ripa representa sua disponibilidade. Assim, se enchermos o barril de água de forma a representar a produtividade do organismo, a água escorrerá pela ripa de menor tamanho antes que o barril esteja completamente cheio. Isso significa que o desenvolvimento de um organismo será limitado pelo recurso essencial de menor disponibilidade. Se o homem interfere reduzindo um determinado fator, então poderá ocorrer uma mudança substancial na condição de quantidade de espécies.

Atrelado à Lei do Mínimo, está o conceito de *Limite de Tolerância de Shelford* (Fig. 2.7). Ele define que tanto a escassez quanto o excesso de determinado fator podem ser prejudiciais, como no caso do excesso de um determinado nutriente, que provoca toxicidade, ou da sua falta, que provoca deficiência, sendo que ambos acarretam efeitos negativos nas funções vitais de um ser vivo, por exemplo. Assim, atributos como o crescimento e a reprodução dos seres vivos, o tamanho das populações e a diversidade das comunidades são regulados pela magnitude de fatores como temperatura, fogo e erosão e pela disponibilidade de recursos como água, luz e nutrientes. Dentro desse conjunto de componentes abióticos, os organismos, as populações e as comunidades se estabelecem em faixas de condições ótimas para seu desenvolvimento. É importante mencionar

FIG. 2.6 *Lei do Mínimo de Liebig*

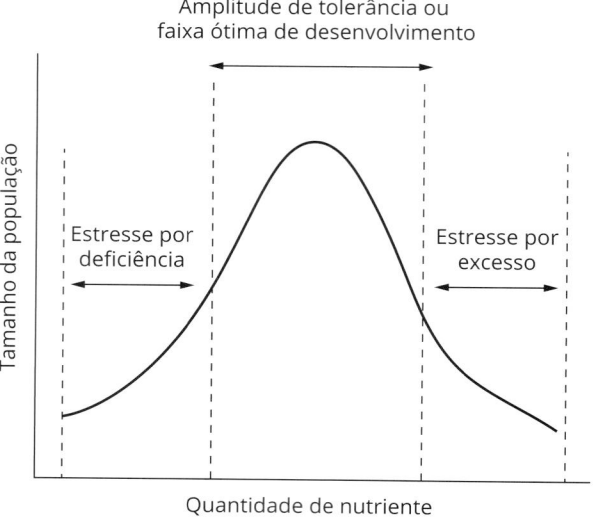

FIG. 2.7 *Limite de Tolerância de Shelford*

que a interação entre recursos também pode gerar efeitos, sendo que a alta disponibilidade de determinado nutriente pode, por exemplo, diminuir a capacidade de utilização de outro.

2.3 Controle biológico do ambiente e interações entre organismos

2.3.1 Hipótese Gaia

Apesar da conhecida relação de dependência e adaptação que cada organismo mantém com os fatores abióticos, a ação conjunta de organismos nos ecossistemas também altera o ambiente geoquímico. A *Hipótese Gaia* sustenta que os organismos evoluíram em conjunto com o ambiente físico na Terra, ao longo de muitos séculos, formando um complexo sistema favorável à vida. Nesse sentido, a natureza química e física dos materiais no meio abiótico está em constante mutação pelos organismos, que por sua vez devolvem os novos compostos ao ambiente. A espécie humana é o principal exemplo da capacidade dos seres vivos em controlar o ambiente físico a seu favor, porém de maneira muito mais agressiva que qualquer outra espécie, tanto pela intensidade quanto pela velocidade do manejo desses materiais, causando grandes desequilíbrios ecológicos.

Esse conceito é relevante pois qualquer alteração humana nos ecossistemas naturais, seja em ambiente aquático – oceanos (como portos) e rios (como usinas hidrelétricas) – ou terrestre (como desmatamento de vegetação nativa para atividades econômicas e urbanização), gera impactos no meio natural. Em contrapartida, os organismos buscarão se adaptar a essa nova condição, o que pode não ser vantajoso para o ser humano. Por exemplo, em represamentos resultantes da construção de barragens para abastecimento hídrico da população, a alteração no ambiente aquático, que muitas vezes passa de um rio sinuoso com corredeiras para um espelho d'água de baixo fluxo, pode modificar de forma substancial a composição da biota aquática (Agostinho; Pelicice; Gomes, 2008), sendo que esses novos organismos não possuem atratividade para atividades pesqueiras que antes ocorriam. Outro exemplo que pode ser mencionado é a invasão biológica após construção de portos decorrente de espécies exóticas que são trazidas na água de lastro de navios e acabam dominando diferentes ambientes e alterando os ecossistemas nativos em grandes áreas geográficas (Castro et al., 2018).

2.3.2 Interações ecológicas

O entendimento da cadeia alimentar e a compreensão sobre como os organismos interagem em ambientes naturais são um passo essencial para a correta definição de estratégias mitigadoras do conflito entre as atividades humanas e os ecossistemas naturais. Dessa maneira, esse conhecimento auxilia tanto na previsão das consequências que os organismos podem gerar para as atividades humanas quanto na prevenção ou mitigação dos impactos e na recuperação de ecossistemas degradados em razão dessas atividades.

As interações entre os organismos podem ocorrer com e sem perdas para os indivíduos envolvidos (Quadro 2.1). Além disso, tais interações podem se dar de forma *intraespecífica*, quando acontecem entre indivíduos da mesma espécie, ou *interespecífica*, quando acontecem entre indivíduos de espécies diferentes.

Por exemplo, diferentes espécies consomem recursos em diferentes ritmos, e aquela que for mais efetiva pode diminuir o tamanho das populações de espécies menos competitivas e, em alguns casos, levar até mesmo a sua exclusão. Nesse sentido, é possível que a população de uma determinada espécie aumente a ponto de causar perdas para outra, o que vai depender da sua taxa de exploração dos recursos, que por sua vez está diretamente relacionada à capacidade de reprodução e à longevidade dos indivíduos. Outras relações, como predação e parasitismo, geram ganhos para uma espécie e perdas para outra, pois um ser vivo se beneficia de outro por consumi-lo. A ausência da interação predador-presa pode, por exemplo, gerar desequilíbrios no controle entre as populações, sendo, por essa razão, uma interação

QUADRO 2.1   Interações ecológicas

Interação	Definição
Mutualismo	Ambas as populações se beneficiam, sendo que a interação é essencial para a sobrevivência.
Cooperação	Ambas as populações se beneficiam, não sendo uma interação indispensável para a sobrevivência delas, ou seja, podem viver separadas umas das outras.
Simbiose	Interação obrigatória similar ao mutualismo, mas resultante da associação física entre duas espécies.
Comensalismo	Uma população se beneficia, mas sem que haja perdas para a outra.
Competição	Duas populações disputam mutuamente, visto que ambas necessitam de um mesmo recurso, com perdas para ambas.
Predação	Uma população se alimenta de outra, sendo que a primeira se beneficia dessa interação.
Parasitismo	Similar à predação, porém o parasita se associa a um hospedeiro, o qual não é eliminado completamente, sendo explorado durante um certo período de tempo.
Amensalismo	Uma população interfere negativamente na outra, mas a primeira não é beneficiada nem prejudicada pela interação.

fundamental na organização das comunidades. Isso é facilmente compreendido na agricultura, onde extensas plantações são dizimadas por pragas agrícolas devido à falta de predadores naturais, que foram dizimados por uso de agrotóxicos e desmatamento.

É importante destacar que o ser humano é capaz de se beneficiar dessas interações, como no caso da penicilina. Em alguns ecossistemas, fungos do gênero Penicillium liberam penicilina no ambiente e inibem o desenvolvimento de algumas espécies de bactérias, configurando uma interação de amensalismo, ou seja, uma espécie inibe a outra, mas sem que haja um benefício para a primeira. A penicilina é considerada um grande avanço na área médica e é usada para o tratamento de várias doenças bacterianas, o que reforça, mais uma vez, a relevância da compreensão do funcionamento e da estrutura dos ecossistemas para a vida humana.

2.3.3 Dinâmica de populações e comunidades

Em uma comunidade biológica existem padrões de mudança que acontecem após uma perturbação, uma vez que os organismos locais lentamente alteram as condições do ambiente e interagem entre si na busca pelo equilíbrio, mesmo que uma nova condição estável se estabeleça, ou seja, um *estado estável alternativo* que tem algumas características diferentes do anterior. A sucessão ecológica pode ser definida como a sequência de mudanças dentro de uma comunidade em um intervalo temporal, considerando a colonização e a substituição de espécies (Clements, 1916). A sucessão em um ambiente pode ser dividida em *sucessão primária* e *sucessão secundária*. Sucessão primária refere-se à colonização inicial de um espaço determinado, em solos recém-formados, como rochas expostas em áreas de retração de geleiras. Já sucessão secundária refere-se à trajetória sucessional de uma comunidade biológica que se estabelece em ambientes perturbados, como áreas de desmatamento florestal.

No processo de colonização de um ambiente perturbado podem ocorrer, basicamente, dois caminhos distintos. Em uma das respostas das comunidades biológicas a determinada perturbação, todas as espécies existentes são equivalentes, possuem as mesmas capacidades *colonizadoras* e habilidades competitivas, sendo o espaço o fator limitante. Assim, a resposta da comunidade se dá como em uma "loteria competitiva", e não uma sucessão previsível, sendo o ambiente dominado pelo organismo que primeiro se estabeleça, até que complete seu ciclo de vida. Estas são as denominadas *comunidades controladas por fundação*, pois, quando um organismo dominante morre, o espaço fica disponível para invasão, sendo que todas as espécies podem se tornar dominantes, sem que se possa previamente determinar qual. Essas comunidades normalmente ocorrem em ambientes de perturbações corriqueiras, o que permite manter uma alta riqueza de espécies, pois a cada nova perturbação poderá haver uma nova espécie dominante coexistindo com muitas outras de populações menores. Esse é o caso de recifes de corais, onde continuamente as espécies dominantes se alternam em razão da abertura de novos espaços, permitindo que diversas espécies coexistam, mas apenas poucas dominem a repartição de recursos até que completem seu ciclo de vida ou sejam mortas.

Outra possível resposta das comunidades às perturbações é quando determinadas espécies são *competitivamente superiores* a outras, podendo se esperar uma *trajetória previsível* de substituição de espécies que ocupam diferentes nichos ecológicos para cada momento da trajetória sucessional (Kneitel, 2010). Estas são as denominadas *comunidades controladas por dominância*. Nessa situação, as espécies *pioneiras* ocupam o espaço logo após a perturbação, alterando o ambiente e criando condições (como sombra, umidade e temperatura) para que outras espécies se estabeleçam. Essas espécies mais tardias, que se estabelecem posteriormente no ambiente, são denominadas *secundárias* e *climácicas*, sendo competidoras mais eficientes que, com o passar do tempo, dominam o ambiente, eliminando outras espécies coexistentes por competição. A trajetória das comunidades controladas por dominância é denominada *sucessão ecológica* (Fig. 2.8), sendo possível prever, de maneira geral, o padrão de dominância de diferentes grupos de espécies ao longo do tempo. Isso ocorre, por exemplo, em áreas de floresta que foram desmatadas, havendo um substrato formado, onde espécies pioneiras se estabelecem e, posteriormente, suas populações são controladas por espécies tardias, que são competidoras mais eficientes, ou seja, toleram melhor a falta de recursos.

No processo de sucessão, a abundância de cada espécie que compõe a comunidade do ecossistema varia ao longo do tempo. Assim, é possível identificar estágios de acordo com as fases de mudança (*estágios sucessionais*), onde se reconhece o *estágio inicial* e as sucessivas etapas mais avançadas (*estágios intermediário* e *tardio*) (Ferreti et al., 1995) (Quadro 2.2). O *estágio clímax* corresponde ao último degrau dessa sucessão de fases, considerado estável, constituindo a fase de completa exploração de recursos e ocupação de todos os nichos ecológicos no ecossistema. Nos ecossistemas florestais desmatados, por exemplo, a

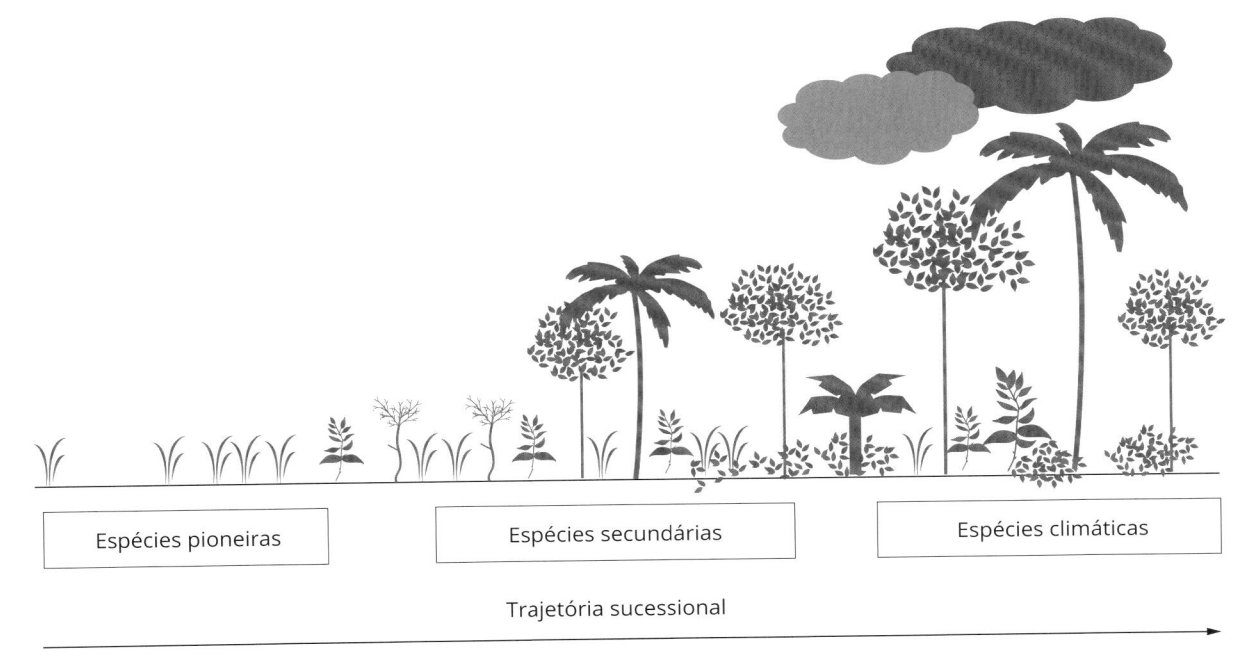

FIG. 2.8 *Sucessão secundária em ecossistema florestal após desmatamento*

dominância de espécies de gramíneas e arbustos no espaço constitui o estágio inicial, e sua substituição gradativa por arbustos, arvoretas e árvores representa os estágios intermediário e tardio. O estágio clímax se dá pela formação de uma nova comunidade com aspectos similares à floresta original, mas com características que podem divergir e então determinar um novo estado estável.

QUADRO 2.2 Atributos compartilhados entre comunidades em estágios iniciais e finais de sucessão

Atributo da comunidade	Início de sucessão	Final de sucessão
Diversidade de espécies	Baixa	Alta
Grupo ecológico dominante	Pioneiras	Tardias/climácicas
Amplitude de nicho das espécies dominantes*	Larga	Restrita
Biomassa**	Baixa	Alta
Produtividade primária***	Alta	Baixa

*Variedade de recursos e *habitats* utilizados por uma espécie.
**Toda matéria orgânica de origem vegetal ou animal.
***Taxa (quantidade/tempo) de formação de substâncias orgânicas a partir de organismos autotróficos através da conversão da energia (solar ou química).

2.3.4 Grupos ecológicos na sucessão ecológica

Grupo ecológico é um conjunto de espécies com características fisiológicas, morfológicas e comportamentais semelhantes, devido às adaptações adquiridas ao longo de sua história evolutiva. A identificação desses grupos permite entender as respostas aos distúrbios humanos sobre as florestas não por espécie, mas por grupo, facilitando a interpretação dos impactos e a definição de alternativas que envolvem a mitigação dos impactos antrópicos, o que inclui a restauração ecológica.

Entre esses grupos, espécies pioneiras são aqueles vegetais colonizadores que primeiro se estabelecem em um espaço aberto, em geral crescem rápido e possuem baixa longevidade. Essas espécies são intolerantes à sombra, ou seja, desenvolvem-se a pleno sol, sombreando o solo e criando condições para que outras espécies que se estabelecem na sombra se desenvolvam. Normalmente, essas espécies possuem madeira leve e sementes pequenas. Já espécies secundárias iniciais ou tardias apresentam ciclo de vida intermediário e crescem mais lentamente que as iniciais. Por sua vez, espécies climácicas possuem alta longevidade (> 100 anos), crescimento muito lento e madeira muito pesada. Essas espécies se estabelecem no interior de florestas e com o passar do tempo dominam as copas, muitas vezes emergindo acima delas. Claramente, a dominância de diferentes grupos ecológicos ao longo da sucessão secundária depende das interações entre as espécies, com algumas delas criando condições favoráveis ou desfavoráveis para que outras se estabeleçam ou saiam do sistema.

Diferentes modelos são propostos para a teoria da sucessão, em função da relação entre o efeito das espécies colonizadoras e grupos mais tardios na sucessão. Quando somente espécies pioneiras são capazes de colonizar o ambiente recém-perturbado, o modelo é denominado *facilitação* (Turner, 1983), pois o estágio inicial da sucessão ajuda no próximo, ou seja, as espécies pioneiras favorecem o estabelecimento de espécies de final de sucessão. Por exemplo, o sombreamento do solo pelas espécies iniciais aumenta a umidade local, e a queda de folhas e galhos das espécies pioneiras favorece a disponibilidade de nutrientes no solo, criando condições de surgimento para espécies tardias.

Quando espécies de diferentes estágios sucessionais podem chegar ao local, o modelo de sucessão partirá da capacidade das espécies em *inibir* ou *tolerar* a presença de outras. Nesse sentido, determinadas espécies podem alterar o ambiente de forma a prejudicar outras, restringindo seu desenvolvimento em determinada etapa da sucessão, o que é denominado *inibição*. São exemplos a redução dos recursos por competição e a alelopatia (produção de compostos tóxicos a outras plantas). O terceiro modelo parte da premissa de que as espécies que se estabelecem não inibem nem facilitam a chegada de espécies tardias, as quais dependem apenas da sua própria capacidade de dispersão e das condições abióticas para o seu estabelecimento, sendo esse modelo sucessional baseado na *tolerância*. A partir desses mecanismos, diferentes espécies podem dificultar o desenvolvimento de outras (Fig. 2.9), mas em alguns casos diferentes espécies podem se estabelecer e coexistir, desde que os recursos sejam suficientes para suprir suas necessidades específicas.

O conhecimento relacionado ao comportamento, à distribuição e à interação entre espécies e comunidades e com o seu ambiente tem aplicação em temas relacionados à recuperação de áreas degradadas e à conservação da biodiversidade e dos recursos naturais. A Ecologia fornece o conhecimento básico para a solução de conflitos entre atividades humanas e ecossistemas naturais, como na extração seletiva de espécies de madeira de interesse econômico, que geralmente envolve o corte de espécies tardias da sucessão. Dependendo da intensidade da extração dessas espécies, tal atividade pode levar à exclusão desse grupo ecológico do ecossistema, afetando a dinâmica sucessional da comunidade. No entanto, apesar de as comunidades possuírem dinâmicas internas particulares, os diferentes ecossistemas presentes em uma paisagem interagem entre si, influenciando-se mutuamente pelo fluxo de matéria (animais, plantas e nutrientes), energia e propágulos. Esse efeito torna necessário compreender a conectividade entre os ecossistemas, incluindo ainda as diferentes escalas em que essas interações se manifestam.

2.4 Conectividade e fragmentação

Em uma *bacia hidrográfica* – toda a extensão geográfica da rede de drenagem de um rio principal e seus afluentes, onde a água da chuva é drenada superficialmente para os rios ou infiltra no solo para abastecer o aquífero e alimentar nascentes – em que atividades humanas se distribuem de forma intercalada aos ambientes naturais, os ecossistemas presentes mantêm fluxos entre si, os animais transitam e espécies de plantas se dispersam mediante uma contínua rede de vias naturais, visto que a paisagem é permeável e permite a conectividade entre as comunidades dos ecossistemas.

Porém, em casos de intensa ocupação humana, como em zonas urbanas, ou de grandes obras, como a construção de rodovias e represas, as vias naturais são interrompidas por severas *barreiras* (que também podem ser constituídas por elementos naturais, como rios, lagoas, topografia, entre outros) que dificultam ou bloqueiam a movimentação das espécies, afetando a conectividade. Por exemplo, quando ocorre o corte de uma *mancha* (área homogênea de determinado uso, ocupação ou cobertura do solo) de floresta, mesmo que degradada ou em estágio inicial de sucessão, a substituição daquele *habitat* por atividades ou benfeitorias humanas pode afetar a interação entre diferentes remanescentes florestais que ainda persistem na paisagem. Dessa forma, em casos de alta *fragmentação* – processo geralmente antrópico em que determinado *habitat* originalmente contínuo é subdividido em manchas, ou fragmentos, com distintos graus de isolamento –, onde diferentes ecossistemas ou remanescentes naturais estão distribuídos na paisagem de forma isolada, sem que haja um fluxo contínuo entre eles (Fig. 2.10), a vulnerabilidade dessas comunidades a distúrbios é muito mais alta, pois *processos exógenos* (isto é, com origem externa) que facilitam

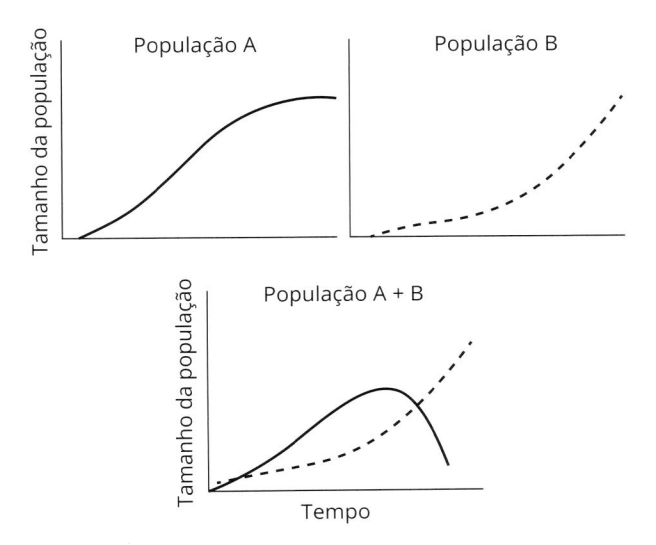

FIG. 2.9 *Efeito inibidor gerado pela coexistência de diferentes populações*

a recuperação do ambiente, como a dispersão de sementes pelos animais, já não ocorrem.

A conservação de fragmentos isolados na paisagem é comum, visto os conflitos com interesses humanos, porém, mesmo que no momento da decisão determinado ecossistema se apresente conservado, a falta de comunicação com outros fragmentos poderá levar à sua degradação com o passar do tempo, pois novas espécies não chegarão, assim como os mecanismos que mantêm a sucessão ecológica serão afetados e a comunidade se tornará cada vez menos complexa com a morte das espécies tardias (ver seções 2.3.3 e 2.3.4). Assim, manter ecossistemas naturais distribuídos de forma constante nas paisagens é uma estratégia de grande aplicabilidade para manter paisagens mais permeáveis, onde as espécies encontram diferentes caminhos para se movimentar.

Em todo o mundo, a manutenção de *stepping-stones* e a criação de *corredores ecológicos* são dois dos métodos utilizados para diminuir a fragmentação e aumentar a conectividade das paisagens, de forma a garantir a comunicação entre os ecossistemas remanescentes. *Stepping-stones* são pequenas manchas de ecossistemas naturais (habitat) distribuídas em paisagens dominadas por uso humano, que facilitam o fluxo de algumas espécies entre os ecossistemas remanescentes. Já corredores ecológicos são definidos como elementos lineares formados por ecossistemas naturais (habitat) que ligam manchas de habitat remanescentes na paisagem.

Contudo, mesmo em paisagens onde há conectividade, o contato entre um ecossistema natural e determinada atividade humana adjacente pode gerar efeitos prejudiciais à comunidade biológica, sendo essa influência definida como *efeito de borda*. O efeito de borda resulta em alterações na estrutura, na composição ou na abundância de espécies na parte periférica de um fragmento florestal cercado por áreas de uso humano, por exemplo, pois nessa parte a comunidade está sujeita a maior intensidade de fatores como vento, fogo e temperatura, entre outros. Assim, quanto menor o fragmento for e mais isolado ele estiver, mais intensamente os efeitos de borda e da falta de conectividade se manifestarão. Em vista disso, conhecer as necessidades, as interações e o nicho ecológico das espécies, assim como a maneira como os ecossistemas se influenciam na paisagem, permite a formulação de estratégias que visem à reintrodução de espécies em ambientes degradados, auxiliando também na recuperação da conectividade de paisagens degradadas pela definição de ações de restauração ecológica.

2.5 Ciclos biogeoquímicos

Para que toda a cadeia da vida seja mantida no planeta Terra, incluindo os processos, as funções e as interações ecológicas, determinados elementos químicos são necessários em grandes

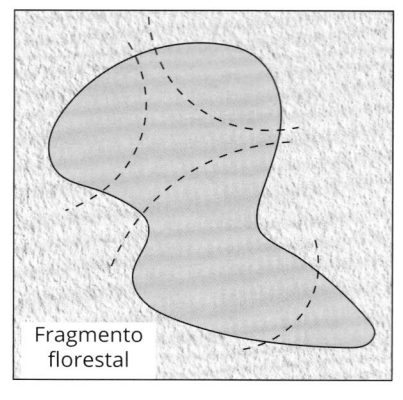

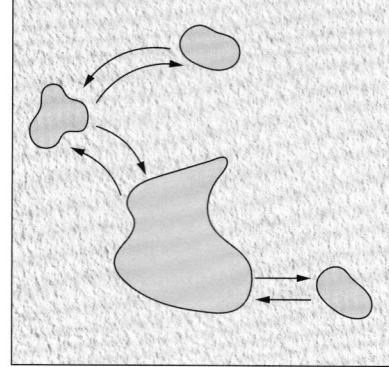

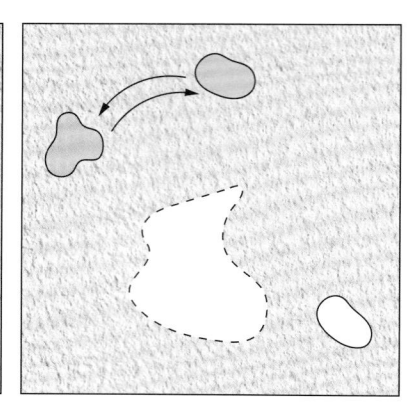

FIG. 2.10 *Processo de fragmentação e perda de conectividade*

quantidades, como é o caso principalmente do carbono, do hidrogênio, do oxigênio e do nitrogênio. Os elementos químicos se movimentam entre os ecossistemas, do meio abiótico para o biótico e novamente para o ambiente, por vias características denominadas *ciclos biogeoquímicos*, componentes dos ecossistemas que determinam a manutenção do equilíbrio ecológico.

2.5.1 Ciclo hidrológico

A água (H_2O) existe nos ecossistemas de diferentes formas: em estado gasoso no vapor de água contido na atmosfera, em estado líquido nos rios, oceanos e demais corpos hídricos, e em estado sólido nas regiões polares e cumes de algumas montanhas. Tais estados são intercambiáveis, ou seja, a água pode passar de um estado para outro apenas adicionando-se ou removendo-se energia (calor). O ciclo é regido principalmente pela energia solar e pela gravidade, responsáveis pela transformação da água em diferentes estados e, consequentemente, por sua evaporação e precipitação em forma de chuva, granizo ou neve.

O ciclo hidrológico é composto por processos bióticos (respiração e transpiração de seres vivos) e abióticos (evaporação de rios, lagos e oceanos e precipitação) que transformam a água do estado líquido para o gasoso e a transferem do sistema terrestre para o atmosférico, sendo o inverso também verdadeiro (Balbinot et al., 2008) (Fig. 2.11). O vapor de água é menos denso que o ar seco, por isso sobe e se concentra na atmosfera. Em grandes altitudes, as moléculas de água se aglutinam e formam pequenas gotas, que se juntam e originam as nuvens. A partir de certa concentração, a água nas nuvens se torna pesada demais para ser sustentada pelo ar e precipita em forma de chuva, retornando aos sistemas terrestres, onde seguirá para reservatórios aquáticos subterrâneos (aquíferos) ou superficiais (rios, lagos, lagoas, oceanos).

Seja qual for o caminho, a água sempre retornará para a atmosfera principalmente por transpiração das plantas e por evaporação, com uma pequena parcela proveniente da transpiração e da respiração dos animais. Nesse ciclo, o papel da vegetação na sua absorção e transpiração tem destaque pelas grandes quantidades de água movimentada, sendo ela essencial para a fotossíntese e a produção primária, ou seja, é um componente fundamental das cadeias tróficas.

O ciclo hidrológico ainda age como modelador da crosta terrestre, uma vez que transporta

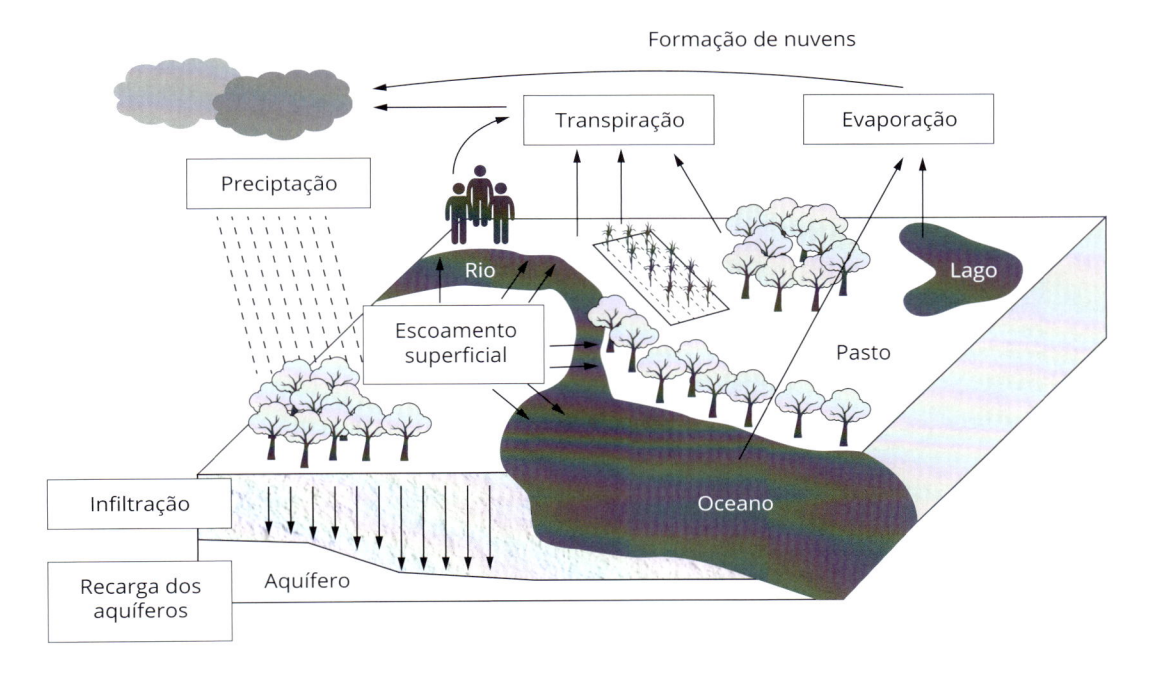

FIG. 2.11 *Ciclo hidrológico*

sedimentos fornecidos pela *erosão*. Vale recordar que erosão é a ação de processos como o fluxo de água ou o vento que remove e transporta material mineral das rochas e do solo, vindo a resultar no depósito desse sedimento em áreas planas e no consequente assoreamento de rios e represas.

A importância desse ciclo se dá pela necessidade vital da água para a manutenção da vida no planeta, sendo utilizada para as reações celulares que ocorrem nos seres vivos. As florestas possuem um papel fundamental no ciclo, contribuindo para diversos processos hidrológicos, como a infiltração de água no solo, a interceptação da chuva, a manutenção da umidade atmosférica através da transpiração e a contenção de processos erosivos. Com o desmatamento de uma floresta, por exemplo, a infiltração de água no solo é prejudicada, reduzindo a recarga dos *aquíferos subterrâneos* (formações geológicas com porosidade e permeabilidade adequadas para armazenar quantidades expressivas de água). Além disso, o desmatamento deixa o solo desprotegido, e processos erosivos levam à perda de solo, que se deposita no leito dos rios e causa assoreamento e alteração na qualidade da água. Assim, a ação devastadora do homem sobre os ecossistemas naturais tem afetado o ciclo da água, principalmente pelo desmatamento e pela poluição das águas, que prejudicam os processos hidrológicos (Ferri, 1976; Tundisi, 2003).

2.5.2 Ciclo do carbono

O carbono é um dos elementos químicos mais importantes e ocorre na natureza de diversas formas, estando presente principalmente na atmosfera como dióxido de carbono (CO_2). Por meio da fotossíntese ($6CO_2 + 6H_2O$ + energia solar $\rightarrow C_6H_{12}O_6 + 6O_2$), os vegetais e outros organismos fotossintetizantes assimilam CO_2 e utilizam o carbono na constituição de compostos orgânicos como carboidratos, lipídeos e proteínas. Essa é a principal via de retirada de carbono da atmosfera. Outra via de assimilação do CO_2 atmosférico é a *quimiossíntese*, realizada por bactérias que vivem em ambientes sem luz, na produção de compostos orgânicos. Em linhas gerais, a quimiossíntese é um processo autotrófico de produção de matéria orgânica pela conversão de moléculas de carbono (por exemplo, CO_2 e CH_4), porém, no lugar da energia luminosa, as reações utilizam a energia de moléculas contendo elementos como enxofre, hidrogênio, nitrogênio, manganês ou ferro.

Uma vez assimilado em compostos orgânicos, o carbono é transferido para consumidores que obtêm seus recursos a partir desses compostos, sendo posteriormente transferido para consumidores de outros níveis ao longo da cadeia alimentar por herbivoria e predação. Quando animais e plantas morrem, a decomposição da matéria orgânica no solo por fungos e bactérias disponibiliza o carbono para o ambiente novamente. A excreção de resíduos por animais também contribui para o retorno do carbono ao ambiente via decomposição no solo. Os processos de respiração aeróbica ($C_6H_{12}O_6 + 6O_2 \rightarrow 6CO_2 + 6H_2O$ + energia) e anaeróbica ($C_6H_{12}O_6 \rightarrow 2CH_3CH_2OH + 2CO_2$ + energia) desenvolvidos pelos seres vivos são os principais mecanismos que garantem o retorno do carbono para a atmosfera. Processos de combustão também contribuem significativamente para a transferência do carbono estocado em sistemas terrestres para a atmosfera. Em suma, através de organismos autotróficos o carbono é retirado da atmosfera em forma de CO_2, e pelos processos de respiração, decomposição e combustão o elemento é devolvido ao ambiente (Fig. 2.12).

Entender o ciclo do carbono é fundamental para o ser humano, uma vez que o aumento da concentração de CO_2 na atmosfera, resultante de processos industriais e da queima de combustíveis fósseis para transporte e energia, contribui, juntamente com o metano (CH_4), para o aquecimento global (Post et al., 1990; Penman et al., 2006). Por essa razão, esse tema tem sido protagonista nas discussões e nos debates políticos relacionados ao meio ambiente no Brasil e no mundo. Diversas estratégias são globalmente adotadas para diminuir a emissão de CO_2, como uso de mecanismos de produção de energia limpa (eólica, solar, hídrica), filtragem de resíduos industriais lançados no ar, no solo e na água, transportes elétricos

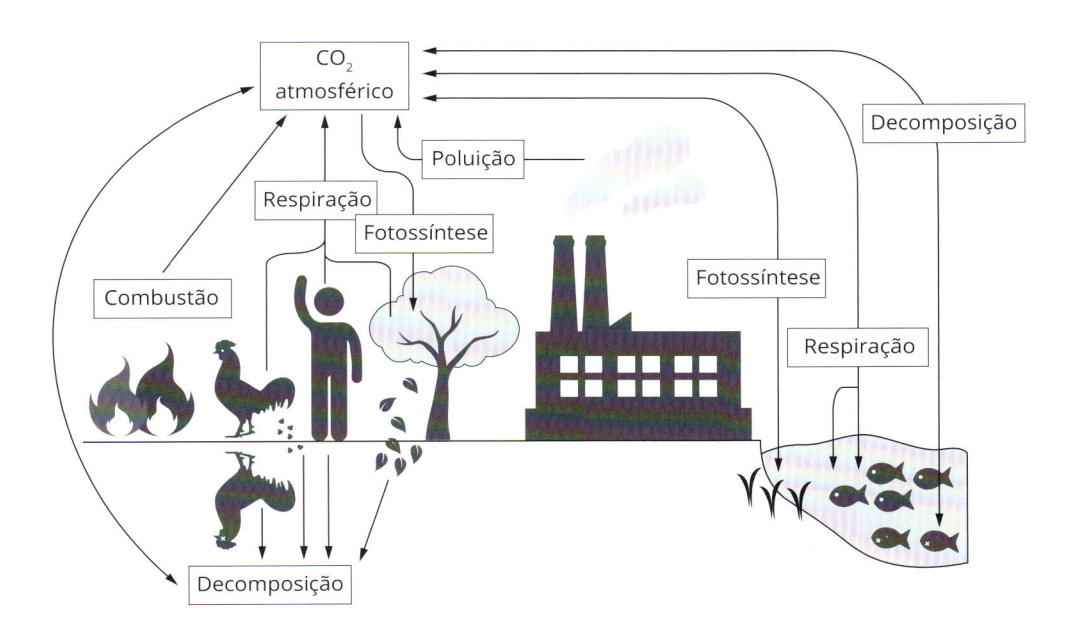

FIG. 2.12 *Ciclo do carbono*

(como carros, ônibus, trens), entre outras. A conservação da vegetação nativa remanescente nas paisagens e a *restauração ecológica* de ecossistemas florestais degradados são também ferramentas internacionalmente recomendadas para remover o CO_2 já existente na atmosfera, contribuindo para a mitigação dos efeitos das mudanças climáticas. A restauração ecológica é entendida como o processo e a prática de auxiliar a recuperação de um ecossistema que foi degradado, danificado ou destruído, visando restabelecer as comunidades naturais preexistentes, a biodiversidade e as funções e processos ecológicos que garantem a perpetuação de ambientes de importância para a sobrevivência humana.

2.5.3 Ciclo do nitrogênio

O nitrogênio é um dos mais importantes elementos para a manutenção da vida nos ecossistemas, porque é usado na produção de compostos complexos como aminoácidos, proteínas e ácidos nucleicos, fundamentais ao crescimento de animais, plantas e microrganismos. Por exemplo, ele faz parte da composição de proteínas do DNA, composto orgânico essencial para os seres vivos. O nitrogênio está contido na matéria orgânica, em solos e em ambientes aquáticos, mas seu principal reservatório é a atmosfera, que é 78% composta por azoto (N_2, nitrogênio encontrado na forma gasosa).

As etapas do seu ciclo envolvem a fixação, a assimilação, a amonificação, a nitrificação, a desnitrificação e a eutrofização (Bredemeier; Mundstock, 2000) (Fig. 2.13). Como os compostos assimiláveis de nitrogênio são escassos, o processo de transformação é fundamental para inseri-lo nas cadeias alimentares. A *fixação* é a primeira etapa do ciclo, onde bactérias livres no solo ou em simbiose com as raízes de determinadas plantas (leguminosas) retiram o N_2 da atmosfera, que é então assimilado pelas plantas principalmente na forma de nitrato (NO_3^-), nitrito (NO_2^-) e amônio (NH_4^+). Outro modo de fixação é a transformação do N_2 em monóxido de nitrogênio (NO) devido a descargas elétricas (raios), sendo que tal composto é incorporado à chuva, precipitado e depositado no solo, contribuindo para uma pequena parte da reposição desse elemento no solo. Uma vez fixado e depositado no solo, o nitrogênio passa por processos de *amonificação* e *nitrificação*, que geram compostos nitrogenados passíveis de *assimilação* pelas plantas, os quais são transferidos aos animais por herbivoria e, posteriormente, dos herbívoros

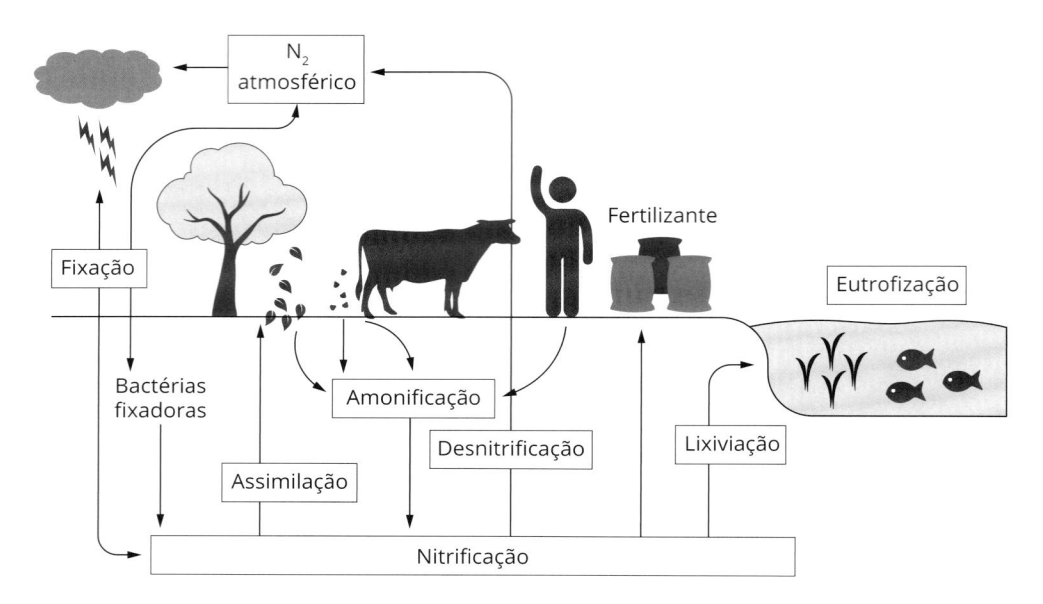

Fig. 2.13 *Ciclo do nitrogênio*

para os carnívoros ao longo da cadeia trófica por predação. A última etapa do ciclo compreende a *desnitrificação*, em que os nitratos no solo, provindos tanto da amônia gerada na decomposição da matéria orgânica quanto dos processos de fixação, são convertidos em N_2 e liberados para a atmosfera pela ação de bactérias desnitrificantes.

Quando no solo, o nitrogênio é facilmente perdido pela *lixiviação* dos nitratos e pela volatilização de amônia, retornando para a atmosfera. Lixiviação é o processo de lavagem de rochas e solos pelas águas das chuvas ou pela irrigação, promovendo a remoção e o deslocamento de nutrientes. Quando há desmatamento, a lixiviação deve aumentar e o solo passa a ter menor capacidade de retenção de minerais, resultando em seu empobrecimento.

Um importante processo que envolve o nitrogênio é a *eutrofização*, que pode ser natural, mas é acelerada pelas atividades humanas. Trata-se do aumento demasiado de nutrientes em cursos d'água, principalmente nitrogênio e fósforo, em virtude do esgoto despejado em rios e lagos, juntamente com o nitrogênio lixiviado de fertilizantes agrícolas, tendo como consequência o acúmulo de matéria orgânica, ou seja, o crescimento excessivo de plantas aquáticas, e sua posterior decomposição. Essa explosão de biomassa de plantas aquáticas possui efeitos diversos sobre a qualidade da água (baixo oxigênio e toxicidade) e a biota nativa ao longo do tempo, afetando o turismo, o abastecimento público, a navegabilidade e o funcionamento das hidrelétricas.

2.5.4 Ciclo do fósforo

O fósforo é um elemento químico de disponibilidade relativamente escassa na natureza, porém essencial aos seres vivos devido à sua participação nas reações bioquímicas envolvidas no armazenamento e no transporte de energia celular (Ruttenberg, 2003). Em seu ciclo, de natureza estritamente sedimentar, o elemento é transferido entre os compartimentos do solo, água e organismos vivos, não havendo uma etapa atmosférica (Fig. 2.14).

O fósforo está principalmente estocado nas rochas e, por ocasião do intemperismo, vai sendo liberado no solo. Seu principal mecanismo de entrada na biosfera terrestre é a absorção pelas plantas, sendo que esse nutriente vai sendo transferido na cadeia trófica pelas relações de herbivoria e predação dos seres vivos. A partir das excretas e de tecidos mortos dos seres vivos, bactérias fosfolizantes liberam o fósforo no solo novamente na forma de compostos solúveis. Assim, a decomposição da matéria orgânica representa o retorno desse nutriente ao ambiente abiótico. Devido à

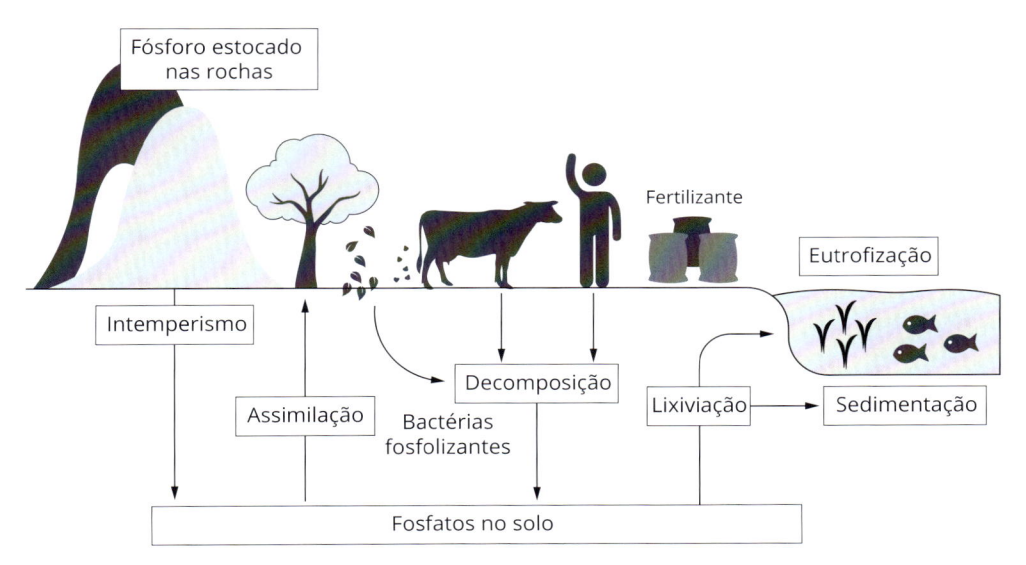

Fig. 2.14 *Ciclo do fósforo*

alta solubilidade desses compostos, o fósforo no solo é facilmente carregado pela água da chuva e se deposita nos ambientes aquáticos. Em altas concentrações, ele apresenta efeito similar ao do nitrogênio nos reservatórios hídricos, isto é, a eutrofização. Esse é um sério problema no Brasil, visto a enorme quantidade de fertilizantes à base de fósforo utilizados na agricultura.

2.5.5 Ciclo do oxigênio

O oxigênio está estocado principalmente como O_2, CO_2 e ozônio (O_3) na *atmosfera* (camada composta por gases que envolve a Terra); como H_2O e dissolvido como O_2 na *hidrosfera* (conjunto das massas de água em estado líquido, sólido ou gasoso e que formam os oceanos, rios, lagos e aquíferos, água de geleiras e vapor de água existente na atmosfera); e como diferentes substâncias na *litosfera* (camada sólida de rochas e minerais que reveste a Terra). Está presente inclusive na composição dos seres vivos. Os principais processos envolvidos no ciclo do oxigênio são a fotossíntese e a respiração aeróbia e, por essa razão, esse ciclo está intimamente relacionado ao do carbono. A fotossíntese provoca a reação entre o CO_2 do ar e a H_2O absorvida nas células vegetais, liberando o oxigênio para a atmosfera, enquanto os processos de respiração, combustão e também decomposição o consomem (Fig. 2.15).

Parte do O_2 que compõe o ar é transformado em ozônio (O_3) pela ação dos raios ultravioleta do Sol, sendo que sua concentração na atmosfera forma um filtro de bloqueio para a radiação ultravioleta (camada de ozônio) e, consequentemente, auxilia na manutenção da vida na Terra. No entanto, a liberação constante de poluentes derivados das atividades humanas, como clorofluorcarbonos (CFC) e outros, leva à destruição da camada de ozônio. Cientistas da Nasa observaram uma diminuição na concentração de ozônio em algumas partes do globo ao longo das últimas décadas, principalmente após os anos 2000. Essa diminuição da concentração de ozônio pode afetar a vida na Terra por aumentar a incidência da radiação ultravioleta na crosta terrestre, gerando condições prejudiciais para animais, plantas e seres humanos (Abbasi; Abbasi, 2017).

2.6 Principais ecossistemas brasileiros

O Brasil é um país com extenso território (8,5 milhões de km²) e apresenta muitos contrastes geomorfológicos (relevo), pedológicos (solo) e climáticos. Cada porção físico-climática favorece grupos de organismos (animais e plantas) particulares, que delineiam as principais características das paisagens e definem os biomas. Os seis biomas brasileiros apresentam caracte-

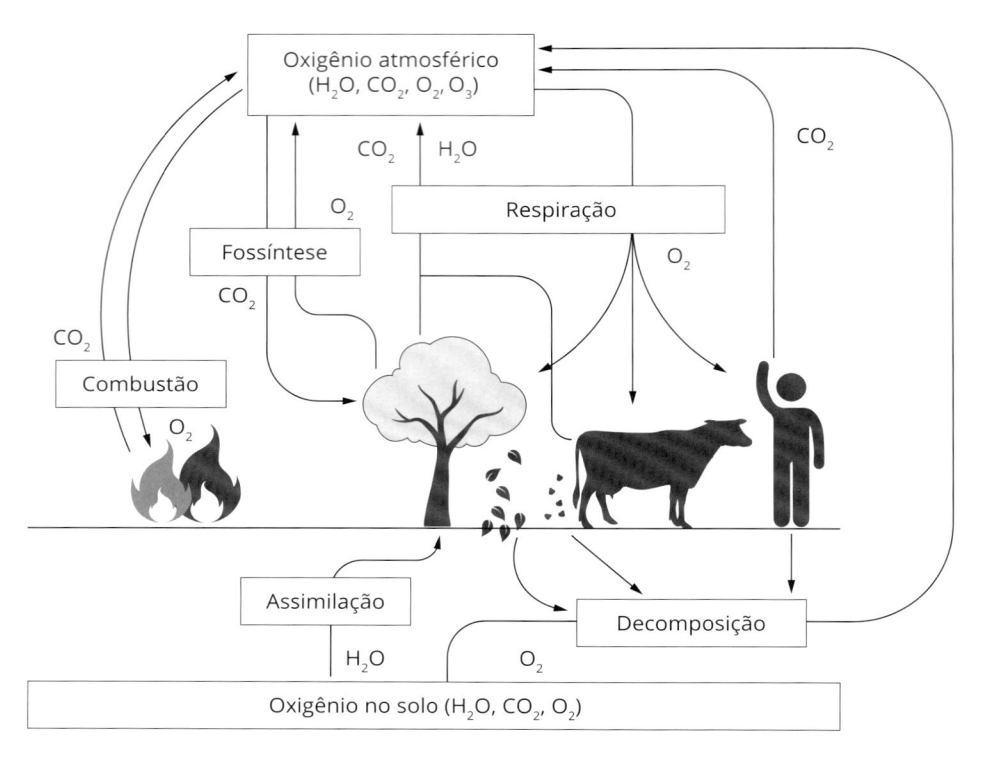

FIG. 2.15 *Ciclo do oxigênio*

rísticas bem distintas entre si (Fig. 2.16). Porém, mesmo dentro de um bioma ou no contato entre eles, diferentes formações herbáceas, arbustivas e florestais podem ser observadas, formando *mosaicos de tipos vegetacionais* (regiões onde diferentes formações vegetacionais se intercalam).

2.6.1 Amazônia

A Floresta Amazônica é a maior floresta tropical do mundo e se distribui entre nove países (Brasil, Peru, Colômbia, Venezuela, Equador, Bolívia, Guiana, Suriname e Guiana Francesa). Compreende um terço das florestas tropicais úmidas existentes no planeta, abrigando uma elevada biodiversidade de plantas, animais e comunidades humanas tradicionais. A bacia amazônica é a maior bacia hidrográfica mundial, detendo cerca de 20% de toda a água doce disponível e muitas reservas minerais. O bioma Amazônia localiza-se ao norte do Brasil, ocupando aproximadamente 49% do território nacional. O clima da região é quente e úmido, com pluviosidade anual de 2.300 mm, chegando a 3.500 mm em alguns locais, e a temperatura anual média atinge cerca de 26 °C.

FIG. 2.16 *Biomas brasileiros*

A vegetação divide-se principalmente em mata de terra firme (em porções mais elevadas do território, não inundadas), mata de várzea (inundada em parte do ano) e igapó (quase sempre inundada) (IBGE, 2012). Devido ao solo arenoso, a manutenção da floresta nativa é fundamental, uma vez que seu desmatamento revela solos pobres, nos quais a fertilidade só é mantida pela constante ciclagem de nutrientes promovida pela própria floresta.

Esse bioma desempenha papel fundamental no ciclo hidrológico, pois, por meio da transpiração, as florestas fornecem o vapor de água necessário para manter o regime de chuvas nas regiões Norte, Sudeste e Centro-Oeste do Brasil, com efeitos nos países vizinhos. Os ventos predominantes na Amazônia trazem consigo vapor de água vindo do Oceano Atlântico, regime climático que sustenta a exuberante e densa floresta. Sem a floresta para absorver e reciclar a água da chuva que precipita na região, todo o volume retornaria para o oceano pela rede de drenagem da bacia do rio Amazonas. Nesse sentido, a importância de preservar a Amazônia vai além de conservar a biodiversidade, abarcando também a manutenção dos regimes climáticos que garantem o fornecimento de água para as regiões mais populosas do País.

2.6.2 Caatinga

A Caatinga representa uma vegetação unicamente brasileira, ou seja, não ocorre em nenhum outro lugar do mundo, e está localizada na região Nordeste, ocupando cerca de 11% do território nacional. Apresenta clima semiárido, com pluviosidade média de 300 mm a 800 mm anuais e temperatura entre 25 °C e 30 °C. O solo é normalmente raso e pedregoso, não favorecendo agricultura nem retenção de água, mas em determinadas porções apresenta-se profundo e fértil. Essa mescla permite uma diversidade de paisagens, que constituem um mosaico de formações florestais até carrascais (vegetação composta por plantas arbustivas, de caules finos, tortuosos e emaranhados) (IBGE, 2012). A Caatinga abriga mais de 1.200 espécies de mamíferos, aves, répteis, anfíbios e peixes. Apesar disso, 62% das áreas susceptíveis à desertificação no Brasil estão na abrangência desse bioma, o que representa uma grande ameaça à biodiversidade da região. Devido à exploração de espécies nativas madeireiras para fins domésticos e industriais e à conversão para pastagens e agricultura, o bioma também sofre com o avanço do desmatamento, que chega a 46% da sua extensão territorial.

2.6.3 Cerrado

O Cerrado é o segundo maior bioma brasileiro, cobrindo cerca de 22% do território nacional, majoritariamente na porção interior do País. O clima é quente, com períodos de chuva e seca bem delimitados. A temperatura média anual varia de 20 °C a 26 °C, podendo as máximas mensais atingir mais de 40 °C, e as mínimas, cerca de 0 °C nos meses mais frios. Já a umidade relativa do ar é baixa e a precipitação média anual fica entre 1.000 mm e 1.800 mm, apresentando forte estacionalidade, com 80% do volume total de chuva concentrado nos meses de outubro a abril. Seu clima favorece a ocorrência de geadas em regiões ao sul do bioma. Os solos são geralmente profundos, bem drenados (porosos), pouco férteis, ácidos e ricos em alumínio, um elemento tóxico às plantas. As nascentes das três maiores bacias hidrográficas da América do Sul (Amazônica/Tocantins, São Francisco e Prata) concentram-se nesse bioma, o que resulta em um elevado potencial hidrológico. A vegetação é, em sua maior parte, similar à das savanas da África e da Austrália, com pequenas árvores retorcidas baixas, com folhas grossas e raízes profundas, distribuídas de forma esparsa entre arbustos e gramíneas. No entanto, dependendo da região, as características da vegetação mudam consideravelmente, passando de um ecossistema dominado por gramíneas para outro dominado por grandes árvores (20 m de altura) e características florestais (IBGE, 2012) (Fig. 2.17).

O Cerrado é a mais rica savana do mundo em diversidade de espécies, muitas delas *endêmicas* (organismos que ocorrem em uma região restrita, característicos desse lugar) e ameaçadas pela perda de *habitat*, sendo considerado um *hotspot* de biodiversidade (Mittermeier et al., 2011), ou seja, uma região que abriga grande diversidade de espécies, com alto grau de endemismo (espécies exclusivas daquela região), mas que está sob ameaça das atividades humanas, como urbanização, agricultura e especulação imobiliária, entre

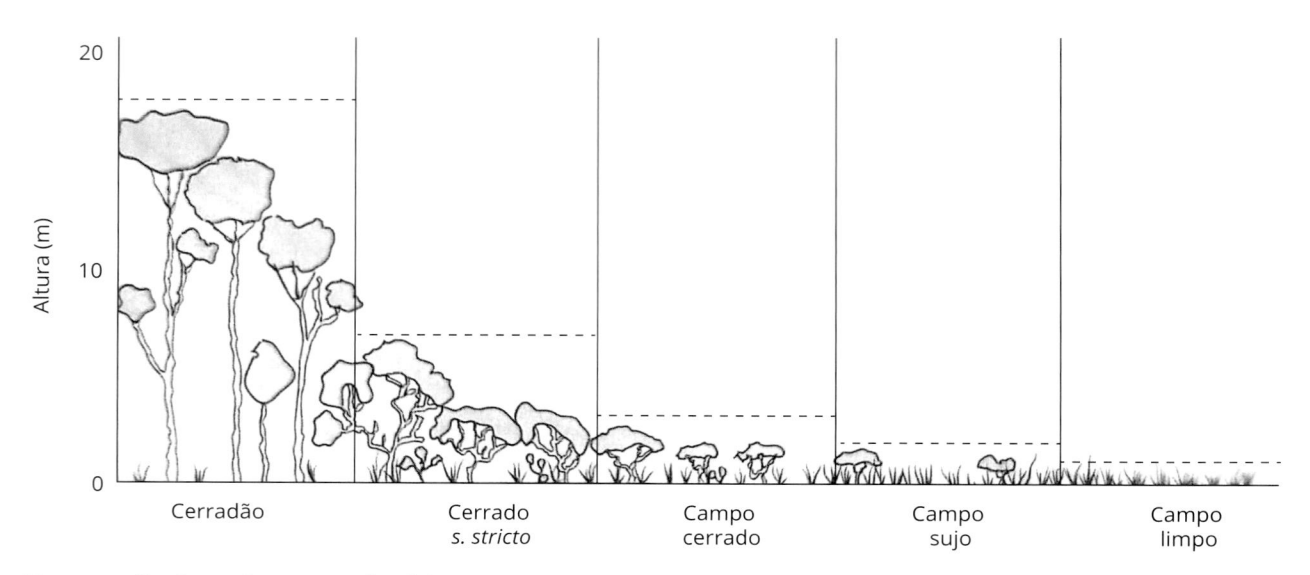

FIG. 2.17 *Gradiente fisionômico das diferentes formações vegetais do bioma Cerrado*

outras. Apesar de sua importância, é o segundo bioma que mais sofreu alterações devido às atividades humanas, atrás apenas da Mata Atlântica. Nas últimas décadas, a principal ameaça tem sido a expansão da fronteira agrícola e pecuária.

2.6.4 Mata Atlântica

A Mata Atlântica ocupa aproximadamente 15% do território brasileiro e é uma das regiões com maior biodiversidade do mundo, mas também um dos biomas mais ameaçados do planeta. Sua importância se dá pelo fato de que os ecossistemas em sua abrangência fornecem serviços ecossistêmicos essenciais para os 145 milhões de brasileiros que vivem nela. De maneira geral, o clima predominante é o tropical úmido, com temperaturas elevadas e extensos períodos de chuvas, com grande influência marítima na sua porção costeira. Seus solos são geralmente rasos e ácidos. A pouca profundidade do solo, em concomitância com os altos níveis pluviométricos, costuma acarretar processos erosivos e deslizamentos, principalmente em áreas declivosas e com uso humano. O bioma possui diversas formações vegetais de fisionomias distintas, como Florestas Ombrófilas e Florestas Estacionais, que se diferenciam sobretudo pela quantidade e periodicidade de chuva, apresentando também ecossistemas específicos, como os campos de altitude, além dos manguezais e das restingas em regiões litorâneas (IBGE, 2012). Com cerca de 20 mil espécies de plantas, incluindo muitas endêmicas e ameaçadas de extinção, a Mata Atlântica é considerada, assim como o Cerrado, *hotspot* de biodiversidade. Foi o primeiro bioma brasileiro a ser conhecido pelos colonizadores, a partir de 1500, quando teve início sua exploração. A partir de então, sua devastação se deu de forma acelerada, pela contínua substituição da vegetação nativa para os ciclos de café, açúcar, pecuária e, mais recentemente, silvicultura e expansão urbana. Isso resultou em um cenário preocupante, visto que atualmente existem apenas 15% da cobertura original, representada por pequenos remanescentes, distribuídos em paisagens fragmentadas.

2.6.5 Pampas e Pantanal

Os Pampas ou Campos Sulinos localizam-se na região Sul do Brasil, onde predomina relevo plano, ocupando cerca de 2% do território nacional. O clima é quente temperado úmido, a temperatura média anual fica entre 13 °C e 17 °C e a pluviosidade é de 1.200 mm a 1.600 mm anuais, sendo as quatro estações bem definidas. Há dois tipos de vegetação principais, os campos limpos (somente vegetação herbácea) e os campos sujos (com presença de arbustos em meio a tapete de herbáceas) (IBGE, 2012). São considerados as áreas de campos temperados mais importantes do planeta. Os solos são relativamente férteis, suportando muita biomassa herbácea, que é utilizada para o consumo do gado bovino e ovino. Estimativas apontam que esse bioma apresenta em torno de três mil espécies de plantas, 500 espécies de aves e cem espécies de mamíferos. A progressiva introdução e expansão das atividades humanas têm levado a uma rápida degradação e descaracterização das paisagens naturais do Pampa, sendo que a pecuária extensiva praticada com o uso de espécies exóticas de capim em detrimento dos campos nativos representa a principal atividade econômica e a maior ameaça ao bioma.

Já o Pantanal é uma das maiores planícies alagadas do mundo, apesar de ser o menor bioma em extensão do Brasil (< 2% do território). Está localizado na região Centro-Oeste, onde o clima predominante é o tropical estacional. A temperatura anual média atinge 25 °C, podendo alcançar máximas de 40 °C, a pluviosidade é de 1.000 mm a 1.500 mm anuais e a altitude fica entre 100 m e 200 m acima do nível do mar. A vegetação apresenta grande influência de outros biomas e também das cheias, que mantêm o solo encharcado por alguns meses. Assim, o Pantanal é composto por florestas, cerradões, cerrados e brejos, mas predomina a vegetação aberta (IBGE, 2012). As tipologias vegetais mudam conforme o relevo, formando um grande mosaico, o que determina inclusive a presença de espécies aquáticas em porções mais baixas do terreno, muitas vezes permanentemente inundadas. Estudos indicam que esse bioma apresenta cerca de 263 espécies de peixes, 41 anfíbios, 113 répteis, 463 aves, 132 mamíferos e duas mil espécies de plantas. Sua principal ameaça é a atividade agropecuária praticada nas áreas de planalto menos sujeitas a alagamento na época das cheias.

2.7 Implicações práticas

O homem desmata florestas, queima campos, drena planícies alagadas, represa rios e altera o ar, a água e a terra pelos produtos e resíduos de suas atividades, transformando os ambientes, que podem não apresentar a mesma estabilidade anterior, não sendo, portanto, interessantes para as populações humanas que neles residem. Na ânsia de rapidamente suprir as necessidades das populações, incluindo aquelas básicas, como a oferta de água e a produção de alimentos e energia, são gerados diversos impactos ao meio ambiente. Considerando a relação de interdependência entre o homem e o meio em que vive, incluindo os aspectos físico-químicos e biológicos do ambiente, a manutenção do estilo de vida da sociedade atual, que envolve o capitalismo crescente em depreciação dos recursos naturais, não está alinhada com o princípio da sustentabilidade. O homem interrompe as cadeias alimentares, interfere no equilíbrio das interações entre espécies, afeta o processo de sucessão e consome os recursos naturais além da capacidade de suporte dos sistemas. Suas atividades geram resíduos que muitas vezes não são corretamente tratados e destinados. Esses padrões conduzem à sobrecarga dos sistemas naturais e a cenários de extrema degradação ambiental e esgotamento dos recursos. Então, qualquer interferência humana tem que considerar se a mudança causará danos irrecuperáveis ou se, pelo menos, haverá possibilidade de revertê-los. Com base na compreensão das mudanças que podem resultar em impactos, estratégias de prevenção, correção, mitigação, recuperação e compensação dos danos gerados podem ser propostas a partir de um forte embasamento ecológico.

Referências bibliográficas

ABBASI, S. A.; ABBASI, T. Impacts of Ozone Hole. In: ABBASI, S. A.; ABBASI, T. *Ozone Hole*. New York: Springer, 2017. p. 51-99.

AGOSTINHO, A. A.; PELICICE, F. M.; GOMES, L. C. Dams and the Fish Fauna of the Neotropical Region: Impacts and Management Related to Diversity and Fisheries. *Brazilian Journal of Biology*, v. 68, p. 1119-1132, 2008.

BALBINOT, R.; OLIVEIRA, N. K.; VANZETTO, S. C.; PEDROSO, K.; VALÉRIO, A. F. O papel da floresta no ciclo hidrológico em bacias hidrográficas. *Ambiência*, v. 4, p. 131-149, 2008.

BEGON, M.; TOWNSEND, C. R.; HARPER, J. L. *Ecology*: From Individuals to Ecosystems. Oxford: Blackwell, 2007.

BENTLEY, J. H. Environmental Crises in World History. *Procedia – Social and Behavioral Sciences*, v. 77, p. 108-115, 2013.

BREDEMEIER, C.; MUNDSTOCK, C. M. Regulação da absorção e assimilação do nitrogênio nas plantas. *Ciência Rural*, v. 30, p. 365-372, 2000.

CASTRO, M. C. T.; HALL-SPENCER, J. M.; POGGIAN, C. F.; FILEMAN, T. W. Ten Years of Brazilian Ballast Water Management. *Journal of Sea Research*, v. 133, p. 36-42, 2018.

CLEMENTS, F. E. *Plant Succession*: An Analysis of the Development of Vegetation. Washington, DC: Carnegie Institution of Washington, 1916.

EVANS, F. C. Ecosystem as the Basic Unit in Ecology. *Science*, v. 123, p. 1127-1128, 1956.

FERRETI, A. R.; KAGEYAMA, P. Y.; ARBOCZ, G. F.; SANTOS, J. D.; BARROS, M. I. A.; LORAZA, R. F.; OLIVEIRA, C. Classificação das espécies arbóreas em grupos ecológicos para revegetação com nativas no Estado de São Paulo. *Florestar Estatístico*, v. 3, p. 73-77, 1995.

FERRI, M. G. *Ecologia e poluição*. São Paulo: Melhoramentos, 1976.

IBGE – INSTITUTO BRASILEIRO DE GEOGRAFIA E ESTATÍSTICA. *Manual técnico da vegetação brasileira*. 2. ed. Rio de Janeiro: IBGE, 2012. Disponível em: <http://www.ibge.gov.br/home/geociencias/recursosnaturais/vegetacao/manual_vegetacao.shtm>.

KNEITEL, J. Successional Changes in Communities. *Nature Education Knowledge*, v. 3, p. 41, 2010.

MITTERMEIER, R. A.; TURNER, W. R.; LARSEN, F. W.; BROOKS, T. M.; GASCON, C. Global Biodiversity Conservation: The Critical Role of Hotspots. In: ZACHOS, F.; HABEL, J. C. *Biodiversity Hotspots*. Berlin: Springer, 2011. p. 3-22.

NAEEM, S.; DUFFY, J. E.; ZAVALETA, E. The Functions of Biological Diversity in an Age of Extinction. *Science*, v. 336, p. 1401-1406, 2012.

NEGRET, R. *Ecossistema*: unidade básica para o planejamento da ocupação do territorial. Rio de Janeiro: Fundação Getulio Vargas, 1982.

PENMAN, J.; GYTARSKY, M.; HIRAISHI, T.; IRVING, W.; KRUG, T. *IPCC*: Guidelines for National Greenhouse Gas Inventories. 2006.

POST, W. M.; PENG, T.-H.; EMANUEL, W. R.; KING, A. W.; DALE, V. H.; DEANGELIS, D. L. The Global Carbon Cycle. *American Scientist*, v. 78, p. 310-326, 1990.

RICKLEFS, R. E. *A economia da natureza*. Rio de Janeiro: Guanabara Koogan, 2010.

RUTTENBERG, K. C. The Global Phosphorus Cycle. *Treatise on Geochemistry*, v. 8, p. 585-643, 2003.

SANTOS, R. F. *Planejamento ambiental*: teoria e prática. São Paulo: Oficina de Textos, 2004.

TUNDISI, J. G. Ciclo hidrológico e gerenciamento integrado. *Ciência e Cultura*, v. 55, p. 31-33, 2003.

TURNER, T. Facilitation as a Successional Mechanism in a Rocky Intertidal Community. *The American Naturalist*, v. 121, p. 729-738, 1983.

3 | ÁGUA: ELEMENTO PRIMORDIAL À VIDA

A água é uma substância vital presente na natureza e constitui parte importante de todas as matérias do ambiente natural ou antrópico. Fisicamente, é um líquido transparente, incolor, com um matiz azulado quando visto em grande massa, e, quando limpo, não tem sabor. Nas temperaturas ordinárias, apresenta-se nos três estados físicos: sólido, líquido e gasoso. Passa do estado líquido para o sólido a 0 °C. Após a ebulição a 100 °C, vaporiza-se. Quimicamente, a água é um composto formado de dois elementos gasosos em estado livre, o hidrogênio e o oxigênio (H_2O).

A caracterização dos diversos ambientes decorre das variações climáticas, geográficas e pluviométricas, que determinarão a presença de água em maior ou menor quantidade durante um ciclo. Formando ou regenerando oceanos, rios, desertos e florestas, a água está diretamente ligada à identidade dos ambientes e das paisagens.

Sua disponibilidade define a estrutura e as funções de um ambiente responsável pela sobrevivência de plantas e animais, assim como todas as substâncias em circulação no meio celular que constituem o ser vivo. Encontra-se em solução aquosa num espectro que vai desde os elementos minerais até as enormes paisagens.

As reservas hídricas procedentes do solo percorrem as raízes e o caule das plantas em direção às folhas e aos frutos, alcançando as mais altas folhagens que caracterizam os topos das árvores.

Para a elaboração dos alimentos orgânicos, até a passagem dos alimentos elaborados, a água é usada em suas mais variadas composições químicas e nos mais variados caminhos de absorção, de uma para outra célula, de um para outro tecido, vegetal ou animal, no abastecimento de matéria e energia indispensáveis às funções vitais de nutrição, reprodução e proteção do organismo (Branco, 1999).

A água é a substância predominante nos seres vivos, atuando como veículo de assimilação e eliminação de muitas substâncias pelos organismos, além de manter estável sua temperatura corporal. Dessa forma, podem-se observar inúmeros tipos de seres vivos em função das diferentes disponibilidades hídricas dos ambientes, fornecendo a diversidade dos ecossistemas.

Normalmente os seres vivos obtêm água através de ingestão direta, retirando-a de alimentos, ou através de reações metabólicas, como a degradação de gorduras. Por outro lado, perdem água, de forma limitada e controlada, por meio da transpiração, da respiração e do sistema excretor e urinário.

Conclui-se, portanto, que a água é imprescindível como recurso natural renovável, sendo de suma importância para o desenvolvimento dos ecossistemas e, por consequência, considerada um fator vital para todos os seres vivos da Terra. Dessa forma, ela possui um valor econômico que reflete diretamente nas condições socioeconômicas das diversas populações mundiais.

Por ser um fluido vital para todos os seres vivos, é essencial para o consumo humano e para o desenvolvimento de atividades industriais e agropecuárias, caracterizando-se, assim, como um bem de importância global, responsável por aspectos ambientais, financeiros, econômicos, sociais e de mercado.

3.1 Ciclo hidrológico

A Terra não é chamada de *Planeta Água* à toa, já que a maior parte de sua extensão é constituída por esse fluido.

Os vários estados físicos em que a água se apresenta possibilitam sua movimentação e renovação constante no planeta, caracterizando a forma mais inteligente de reposição contínua – o *ciclo hidrológico*, mantido pela energia solar e pela atração gravitacional (Fig. 3.1).

Pelas condições climáticas, geográficas e meteorológicas, apresenta-se como vapor, neblina, chuva ou neve, atingindo as superfícies dos oceanos, mares, continentes ou ilhas, justificando-se, dessa forma, como um recurso renovável e móvel, de caráter aleatório, de forma a manter constante seu volume no planeta.

Todo esse processo ecológico favorece o perfeito equilíbrio do ciclo hidrológico, alternando-se no espaço e no tempo.

A evaporação terrestre, somada à transpiração dos organismos vivos, sobe para a atmosfera e atua junto às condições climáticas na formação de nevoeiros e nuvens, que, sob a ação da gravidade, precipitam-se na Terra na fase líquida (chuva, chuvisco ou neblina), na fase sólida (neve e granizo), por condensação de vapor de água (orvalho) ou por congelação de vapor (geada).

A precipitação pluvial interage com a superfície terrestre através da infiltração, do escoamento superficial e da percolação. Esses fenômenos contribuem para as recargas hídricas, tanto na forma de alimentação dos fluxos de água subterrâneos como na forma de descargas nos reservatórios superficiais, além da umidade dos solos e da

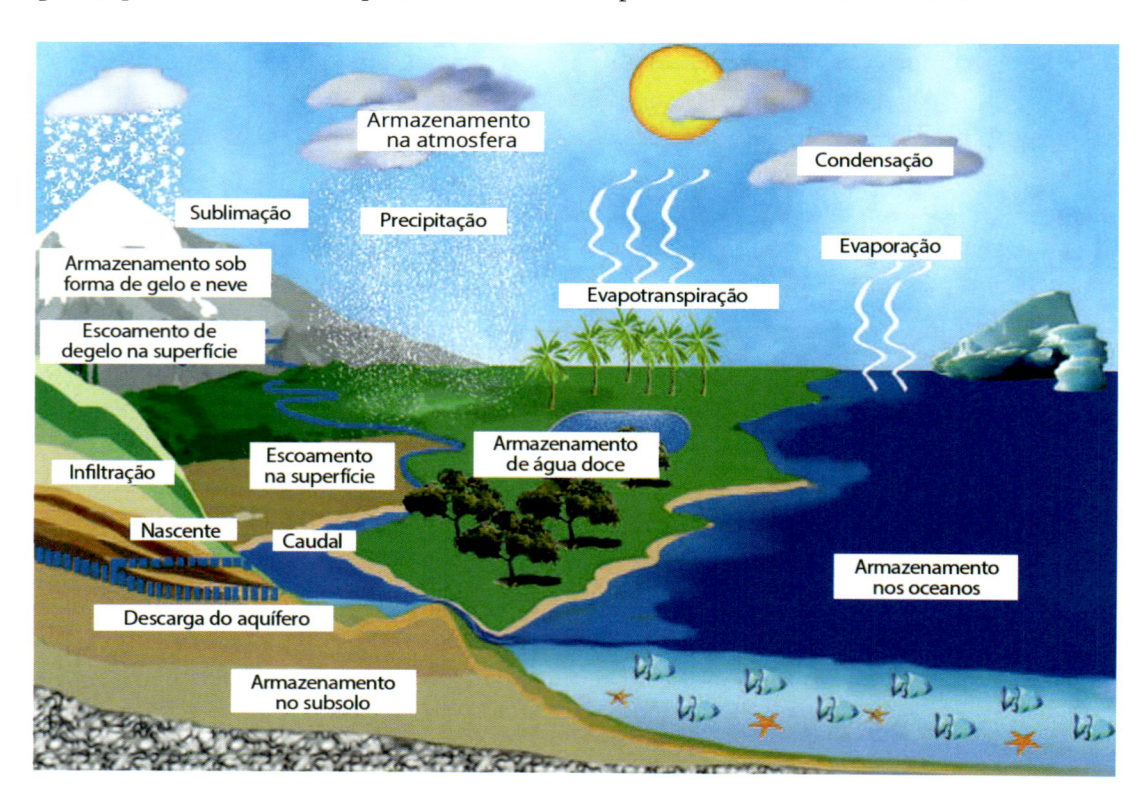

Fig. 3.1 *Representação do ciclo hidrológico*
Fonte: Sanasa (2006).

atmosfera. Considera-se que a quantidade total de água no planeta seja de 1,386 bilhão de quilômetros cúbicos, em que 97,5% do volume total formam os oceanos e os mares e somente 2,5% constituem-se de água doce. Esse volume tem permanecido aproximadamente constante durante os últimos 500 milhões de anos. Vale ressaltar, todavia, que as quantidades estocadas nos diferentes reservatórios individuais da Terra variaram substancialmente ao longo desse período (Rebouças; Braga; Tundisi, 1999).

Logo que ocorre a precipitação, inicia-se um processo dinâmico das águas que compõe o ciclo hidrológico. Para melhor entender as fases desse ciclo, pode-se destacar as funções e os conceitos de algumas unidades desse sistema: precipitação; escoamento superficial; infiltração e percolação; evaporação; e evapotranspiração.

3.1.1 Precipitação

É o retorno do vapor de água atmosférico, no estado líquido ou sólido, à superfície terrestre. Existem diversas formas de precipitação de acordo com a temperatura e a geografia local, como chuva, neve, granizo, orvalho e geada.

A ocorrência de chuvas está diretamente relacionada com o processo de evaporação da água que acontece em mares, rios, lagos e outros reservatórios de água do planeta. Mudanças ambientais, como o aumento da temperatura e a diminuição da pressão atmosférica, favorecem a passagem da água líquida para o estado de vapor (evaporação). Para a formação de chuvas, é necessário que as gotículas de água cresçam até um volume suficiente para caírem, e, para que ocorra esse crescimento, é indispensável o aporte de massa de ar úmida e condições de temperatura e pressão que favoreçam a condensação do vapor de água (SBQ, 2005).

Os tipos de chuvas ou condições pluviométricas também sofrem variações de acordo com o período do ano, a poluição e outras características locais. Assim também varia a qualidade das águas precipitadas, que depende dos ambientes onde se originam, percolam ou ficam estocadas.

A qualidade das águas de chuva depende dos seguintes aspectos:
- localização geográfica;
- condições meteorológicas (intensidade, duração e tipo de chuva, regime de ventos, estação do ano etc.);
- qualidade do ar do local da precipitação;
- presença ou não de vegetação;
- presença ou não de carga poluidora;
- proximidade do oceano.

Próximo ao oceano, a água de chuva apresenta elementos como sódio, potássio, magnésio, cloro e cálcio em concentrações proporcionais às encontradas na água do mar. Distante da costa, os elementos presentes são de origem terrestre: partículas de solo e elementos de origem biológica, como nitrogênio, fósforo e enxofre.

Em grandes metrópoles ou em locais com grandes aglomerados industriais, as águas de chuva tendem a incorporar em sua massa as mais diversas impurezas que o ambiente venha a fornecer, como dióxido de enxofre (SO_2), óxidos de nitrogênio (NO_x), chumbo ou zinco, entre outros, uma vez que seguramente se pode afirmar que a chuva "lava o ar".

A reação de certos poluentes na atmosfera com a chuva pode formar ácidos que diminuem o pH dessa água, constituindo o que se convencionou chamar de *chuva ácida*.

3.1.2 Escoamento superficial

As águas precipitadas que escoam sobre a superfície da Terra caracterizam o fluxo denominado *escoamento superficial*. Seu volume varia de acordo com a intensidade da precipitação, o tipo de solo, a vegetação e/ou a cobertura do solo. Nesse evento, ao chegar ao solo, parte da água se infiltra, parte é retida pelas depressões do terreno e parte escoa pela superfície.

Nos casos em que a precipitação é maior do que a capacidade de absorção do solo, além do escoamento superficial, o fluxo pode seguir outros dois caminhos básicos para atingir o curso d'água, ambos sob velocidades mais baixas:

- escoamento subsuperficial (hipodérmico);
- escoamento subterrâneo.

3.1.3 Infiltração e percolação

A água que atinge o solo após a precipitação pode se infiltrar e percolar (passar lentamente através de um meio) no interior do subsolo ou nas rochas, entre suas partículas e espaços vazios, podendo formar aquíferos (reservatórios hídricos), ressurgir na superfície na forma de nascentes, fontes ou pântanos, ou alimentar rios e lagos (Brasil, s.d.-f).

O período de tempo de infiltração é extremamente variável e decorrente de muitas condições. Segundo a Associação Brasileira de Águas Subterrâneas (Abas, s.d.), pode-se destacar os seguintes fatores:

- *porosidade do subsolo*: a presença de argila no solo diminui sua permeabilidade, não permitindo uma grande infiltração;
- *cobertura vegetal*: um solo coberto por vegetação é mais permeável do que um solo desmatado;
- *inclinação do terreno*: em declividades acentuadas, a água corre mais rapidamente, diminuindo a possibilidade de infiltração;
- *tipo de chuva*: chuvas intensas saturam rapidamente o solo, ao passo que chuvas finas e demoradas têm mais tempo para se infiltrarem.

3.1.4 Evaporação

É a passagem do estado líquido para o gasoso que ocorre lentamente na superfície dos líquidos. Pode ocorrer de forma natural, devido ao Sol, ou de forma mecânica, por indução de calor. De modo mais específico, pode-se dizer que esse fenômeno acontece a partir da vaporização do líquido que se dá em uma superfície livre, a uma temperatura menor do que aquela de ebulição.

3.1.5 Evapotranspiração

Uma grande quantidade de águas de chuva que caiu sobre a superfície terrestre retorna à atmosfera pelos efeitos da evaporação e da transpiração das plantas. A evapotranspiração nada mais é do que a soma desses dois fenômenos, fundamentais ao ciclo da água em todo o planeta.

A evaporação é responsável pelo movimento da água para o ar a partir de fontes como o solo, florestas/vegetação e corpos d'água, como lagos, córregos, rios e mares. A água recebe calor solar e aquece até atingir seu ponto de ebulição. A partir daí o calor não eleva mais a temperatura da água, age como calor latente de vaporização e converte a água do estado líquido para o gasoso. Esse vapor d'água se liberta do líquido e passa a compor a atmosfera, situando-se nas camadas mais próximas da superfície (O Eco, 2014b).

Em adição a essa evaporação da água dos solos e dos corpos d'água, uma parte da água é absorvida pelas plantas, as quais, por sua vez, liberam-na para a atmosfera através da transpiração. Para desempenhar suas necessidades fisiológicas, as plantas retiram a água do solo através de suas raízes, retêm uma pequena fração e liberam o restante através de microscópicas válvulas presentes nas superfícies das folhas, sob a forma de vapor d'água.

3.2 Disponibilidade hídrica

Verifica-se que, embora a Terra tenha sua área predominantemente ocupada por água, a maior parcela desse volume é de água salgada, com uma mínima parte de água doce. Justamente a água doce é a utilizada para consumo humano, pois se encontra em sua melhor forma para as diversas aplicações, porém a grande dificuldade para aproveitá-la é sua distribuição geográfica, uma vez que sua maior proporção está nas calotas polares e nas geleiras, conforme demonstra a Fig. 3.2.

A água salgada vem sendo cada vez mais utilizada, contudo é uma opção mais cara, já que precisa ser beneficiada para o consumo, o que gera gastos e empenho tecnológico para melhor viabilizar seu uso. Nas regiões que possuem poucas reservas de água doce ou que não as possuem, já é adotada a tecnologia de aproveitamento de água salgada para o consumo, existindo vários processos para sua dessalinização e potabilização.

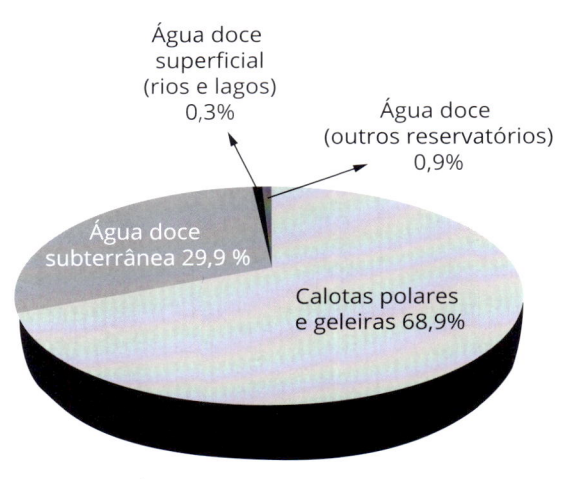

FIG. 3.2 *Distribuição das águas na Terra*
Fonte: Rebouças (2002 apud Telles; Costa, 2010).

Conforme a Resolução Conama nº 357/2005, a água pode ter três classificações básicas de acordo com a presença de sais dissolvidos (Cetesb, 2017):

Água salina ou salgada: é a água com salinidade igual ou superior a 30 ppm. É o caso da água do mar. Esse tipo é comum no planeta e representa 97,5% do total. Possui uma grande quantidade de sais, como o cloreto de sódio, popularmente conhecido como sal de cozinha. Nessas condições, a água não pode ser consumida pelas pessoas. Em alguns países, ocorre um processo chamado de dessalinização da água do mar, no qual o sal é retirado da água tornando-a apta ao consumo. Esse processo ocorre especialmente em países onde a água doce é muito escassa.

Água doce: águas com salinidade igual ou inferior a 0,5 parte por mil. Embora o nome possa remeter ao açúcar, o termo se refere apenas à ausência ou baixa concentração de sal. É a água encontrada em rios, lagos e ribeiras. Para ser consumida, em geral, precisa passar por um processo de tratamento. Esse é o tipo de água apropriado para o consumo humano, a agricultura, a pecuária, a indústria. Só cerca de 2% da água encontrada em nosso planeta é doce.

Água salobra: água com salinidade superior a 0,5 parte por mil e inferior a 30 partes por mil. Tem aparência turva e possui grande quantidade de substâncias dissolvidas. É encontrada facilmente em regiões de mangue, e não pode ser consumida pelo ser humano.

3.2.1 Águas salgadas

A água dos oceanos é salgada porque contém sais dissolvidos em altas concentrações, sendo que a maior parte é de cloreto de sódio (NaCl). Algumas fontes mencionam que, para cada litro de água do mar, há 35 gramas de sais dissolvidos. Devido a essa alta concentração de sais, não é própria para consumo direto, seja para ingestão humana, caso em que pode provocar desidratação, seja para uso em processos, caso em que é considerada antieconômica em virtude de suas características corrosivas.

Já é possível tratá-la através de várias tecnologias de dessalinização e/ou potabilização, de forma a adequar sua qualidade de acordo com a necessidade de sua aplicação.

A concentração de sais nessa água varia de acordo com a localização. A menos salina é a do Golfo da Finlândia (Mar Báltico), e a mais salina, a do Mar Morto (Oriente Médio/Ásia Ocidental).

Essa água é composta de vários constituintes químicos, envolvendo trocas entre oceanos, atmosfera, fundos marinhos, rios, rochas da superfície e magma, e origina um balanço geoquímico estável do meio marinho, mantendo esse equilíbrio essencialmente constante por séculos.

Oceanos

Estima-se que a água cubra 75% da superfície da Terra e que mais de 97% desse volume seja dos oceanos, que separam os continentes. Esses reservatórios de águas salgadas representam uma importante e intensa biodiversidade, além de atuarem como agentes reguladores do clima global (Garcia, 2013). A ciência que os estuda é a Oceanografia.

Os oceanos e os mares representam os grandes corpos hídricos da Terra compostos por águas salgadas, possuindo inúmeras características e fenômenos particulares a cada um. Existem cinco oceanos, conforme mostrado na Fig. 3.3: Glacial Ártico, Glacial Antártico, Pacífico, Atlântico e Índico.

Mares

A diferença entre os mares e os oceanos está em sua extensão territorial. Os mares são menores, localizados em áreas costeiras e ligados de forma direta ou indireta com os oceanos. São classificados como:

- *Mares abertos ou costeiros*: estendem-se ao longo de uma linha de costa continental e possuem grandes ligações com os oceanos.
- *Mares fechados ou isolados*: ocorrem dentro de uma porção continental, sem ligação com o oceano, e geralmente são explicados por fenômenos geológicos.
- *Mares interiores ou continentais*: quase não possuem ligações com os oceanos. Diferenciam-se por terem, em algum ponto, uma pequena ligação com outro mar ou oceano. O maior exemplo é o Mar Mediterrâneo, entre a Europa e a África, que estabelece ligação com o Oceano Atlântico através do Estreito de Gibraltar.

3.2.2 Águas doces

Se estatisticamente 97,5% das águas do planeta são salgadas, os 2,5% restantes são referentes às

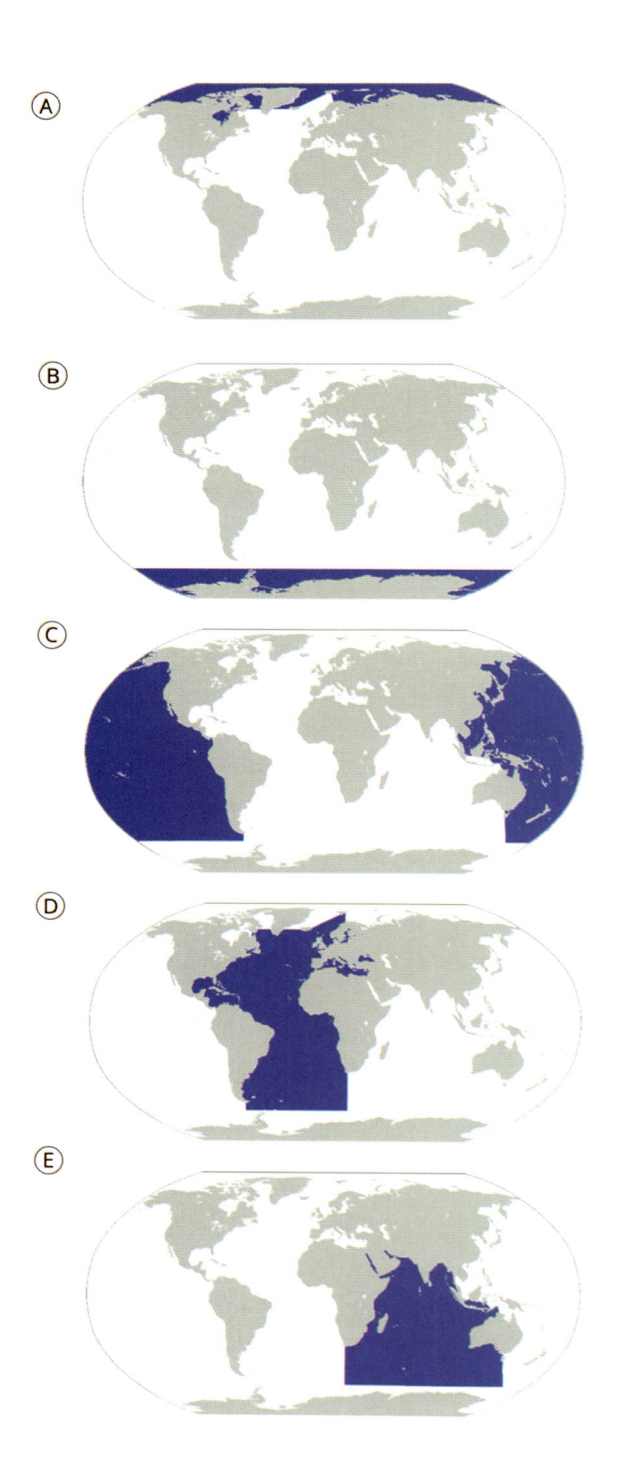

Fig. 3.3 *Os cinco oceanos da Terra: (A) Glacial Ártico, (B) Glacial Antártico, (C) Pacífico, (D) Atlântico e (E) Índico*

reservas de água doce. Conforme descrito anteriormente, as águas salgadas são aquelas que apresentam altas concentrações de sal, com salinidade igual ou superior a 30% (30 ppm). Existem também as águas consideradas salobras e as águas doces. Salobras são aquelas águas que apresentam salinidade registrada entre 0,5% e 30%, e as águas doces são assim chamadas por possuírem salinidade inferior a 0,5%, ou seja, possuem uma pequena presença de sais.

Todas as atividades humanas dependem direta ou indiretamente das águas doces, usadas nas diversas atividades do consumo humano, industrial, comercial ou agropecuário.

Avaliando as reservas de água doce, pode-se definir quatro formas distintas: geleiras, águas subterrâneas, águas superficiais e outras reservas. Tomaz (2000) define como padrão médio:
- *geleiras*: 68,9% estão congeladas nas calotas polares do Ártico e da Antártida e nas regiões montanhosas;
- *águas subterrâneas*: compreendem 29,9% do volume total de água doce do planeta;
- *águas superficiais*: equivalem a 0,266% da água doce, representando toda a água dos lagos, rios e reservatórios;
- *outras reservas*: estão presentes na biomassa e na atmosfera sob a forma de vapor.

Geleiras

Representam a maior reserva de água doce do planeta. Grande parte dessas geleiras está presente nos polos Sul e Norte (Antártida e Ártico), pois nesses locais a temperatura é extremamente baixa durante boa parte do ano, formando, assim, as calotas polares (Fig. 3.4). Também são encontradas nos topos das cordilheiras espalhadas pelo mundo.

Quando parte desses blocos de gelo se desprende das calotas, ou mesmo de geleiras continentais, e vai parar nos mares, fica flutuando, com uma pequena parcela emersa (10%) e uma grande parcela imersa (90%). Esses blocos de gelo são denominados *icebergs*.

Já as águas superficiais congeladas são chamadas de banquisas, que, quando são fragmentadas, flutuam no mar e são chamadas de *floebergs*.

Águas subterrâneas

As águas subterrâneas constituem a parcela da água precipitada que vence o escoamento superficial e se infiltra no solo, ou seja, toda a água

FIG. 3.4 *Formas de geleiras: (A) iceberg na Antártida, e (B) floeberg e (C) geleira na Patagônia, Argentina*
Fonte: (A) AWeith (CC BY-SA 4.0, https://w.wiki/3AAN), (B) Luca Galuzzi (CC BY-SA 2.5, https://w.wiki/3AAz) e (C) Serge Ouachée (CC BY-SA 3.0, https://w.wiki/3AA$).

que corre e fica reservada abaixo da superfície da Terra.

As águas infiltradas percorrem camadas sob a superfície do solo e preenchem os espaços vazios entre as rochas. Essas formações geológicas permeáveis, chamadas de aquíferos, formam reservas de água embaixo do solo e funcionam como uma espécie de caixa-d'água que alimenta os rios.

A capacidade de infiltração dessas águas depende da intensidade e do tipo de chuva, da porosidade do subsolo e da cobertura vegetal ou artificial (impermeabilização do solo).

Segundo a Abas (s.d.), a quantidade de água subterrânea pode chegar a até 60 milhões de quilômetros cúbicos, mas sua ocorrência em grandes profundidades pode impossibilitar seu uso. Por essa razão, a quantidade passível de ser captada estaria a menos de 4.000 m de profundidade.

Comparando as águas subterrâneas com as superficiais, pode-se destacar algumas características que as tornam mais vantajosas (Wrege, 1997 apud Abas, s.d.):

- são filtradas e purificadas naturalmente através da percolação, fazendo com que tenham excelente qualidade e dispensem tratamentos prévios;
- sofrem menor influência das variações climáticas;
- são passíveis de extração perto do local de uso;
- possuem temperatura constante;
- têm maior quantidade de reservas;
- necessitam de custos menores como fonte de água;
- suas reservas e captações não ocupam área superficial;
- apresentam grande proteção contra agentes poluidores;
- possibilitam a implantação de projetos de abastecimento conforme a necessidade.

Águas subterrâneas
a) Aquíferos

Os aquíferos são formados pelas reservas da água infiltrada no subsolo que preenche os poros ou vazios intergranulares das rochas sedimentares, ou ainda as fraturas, falhas e fissuras das rochas compactas (Fig. 3.5). Desempenham um papel essencial na manutenção da umidade do solo e do fluxo dos rios, lagos e brejos, podendo também ser aproveitadas como mananciais para abastecimento humano (Abas, s.d.).

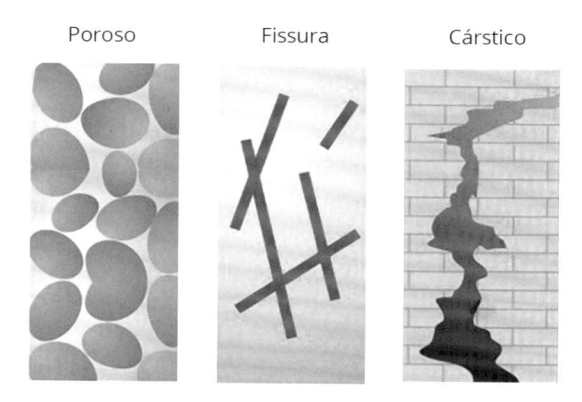

FIG. 3.5 *Rochas com alta porosidade e rochas com baixa porosidade fissuradas*
Fonte: Boscardin Borghetti et al. (2004 apud Abas, s.d.).

A formação física do solo, sua porosidade e permeabilidade, é que indica a maneira como a água flui entre as rochas, determinando a capacidade de armazenamento de água de cada aquífero e, por consequência, o modo de explorá-lo. Os processos de evaporação e transpiração nas regiões áridas e semiáridas dificultam a infiltração da água para a formação de reservatórios.

Ao se infiltrar no solo, a água passa por uma porção do terreno chamada de *zona não saturada* (ZNS) ou zona de aeração, onde os poros são preenchidos parcialmente por água e por ar. Parte dessa água é absorvida pelas raízes das plantas e por outros seres vivos ou evapora e volta para a atmosfera, e o restante continua em movimento descendente por ação da gravidade, acumulando-se nos poros de zonas mais profundas, formando as *zonas saturadas* (ZS). A água que circula na zona saturada é chamada de água subterrânea. A Fig. 3.6 exemplifica a distribuição da água na subsuperfície de um solo.

A profundidade do nível d'água pode variar ao longo do ano, a depender do clima, se mais chuvoso ou de estiagem. Em função da profundidade

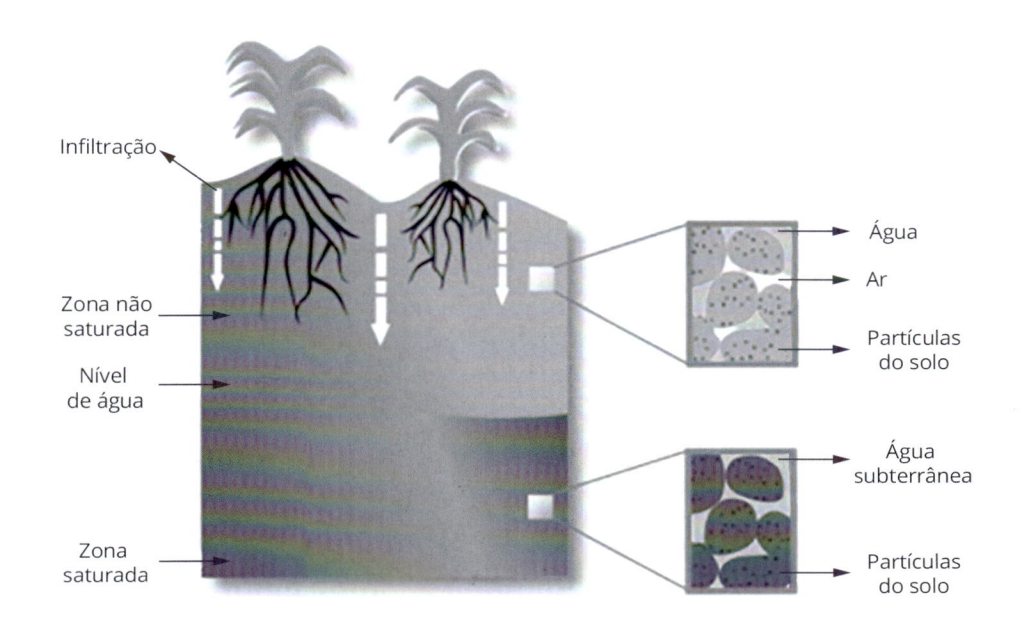

FIG. 3.6 *Distribuição da água em subsuperfície*
Fonte: LNEG (s.d. apud ANA, s.d.).

e da consequente pressão a que estão submetidos, os aquíferos são classificados em livres ou confinados.

O *aquífero livre*, também denominado lençol freático, fica próximo à superfície e submetido à pressão atmosférica. Por sua vez, o *aquífero confinado* se limita, em sua base e em seu topo, pela presença de rochas de baixa permeabilidade e é submetido a uma pressão maior que a atmosférica, o que lhe confere a condição de lençol artesiano. Se a água do poço jorrar na superfície, significa que o nível potenciométrico da água encontra-se acima daquele do terreno e, nesse caso, o poço é chamado de artesiano jorrante.

b) Aquíferos brasileiros

Os sistemas aquíferos brasileiros (Fig. 3.7) armazenam uma enorme quantidade de água doce, alimentando uma das mais extensas redes de rios perenes do mundo, e desempenham ainda um importante papel socioeconômico, devido à sua potencialidade hídrica.

Águas superficiais

As águas superficiais são aquelas que não penetram no solo e, por consequência, acumulam-se na superfície, escoam e dão origem a rios, riachos, lagos, córregos e mangues.

Pela facilidade de acesso, são consideradas uma das principais fontes de abastecimento de água potável do planeta, refletindo em grande importância social, econômica, política e de desenvolvimento das regiões que concentram suas reservas.

Por serem bastante expostas às ações do meio ambiente e antrópicas, a gestão dessas águas é muito importante, a fim de conhecer e manter sua quantidade e qualidade, gerando insumos para o planejamento e a gestão de recursos hídricos.

No Brasil, as águas superficiais são caracterizadas por 12 regiões hidrográficas, conforme a divisão estabelecida na Resolução CNRH nº 32, de 15 de outubro de 2003 (Fig. 3.8). Essa resolução define região hidrográfica como "o espaço territorial brasileiro compreendido por uma bacia, grupo de bacias ou sub-bacias hidrográficas contíguas, com características naturais, sociais e econômicas homogêneas ou similares, com vistas a orientar o planejamento e gerenciamento dos recursos hídricos".

Segundo o *Atlas geográfico digital de recursos hídricos do Brasil* (ANA, 2013), a divisão hidrográfica nacional foi proposta com a finalidade de orientar, fundamentar e implementar o Plano Nacional de Recursos Hídricos, constituindo-se das seguintes unidades:

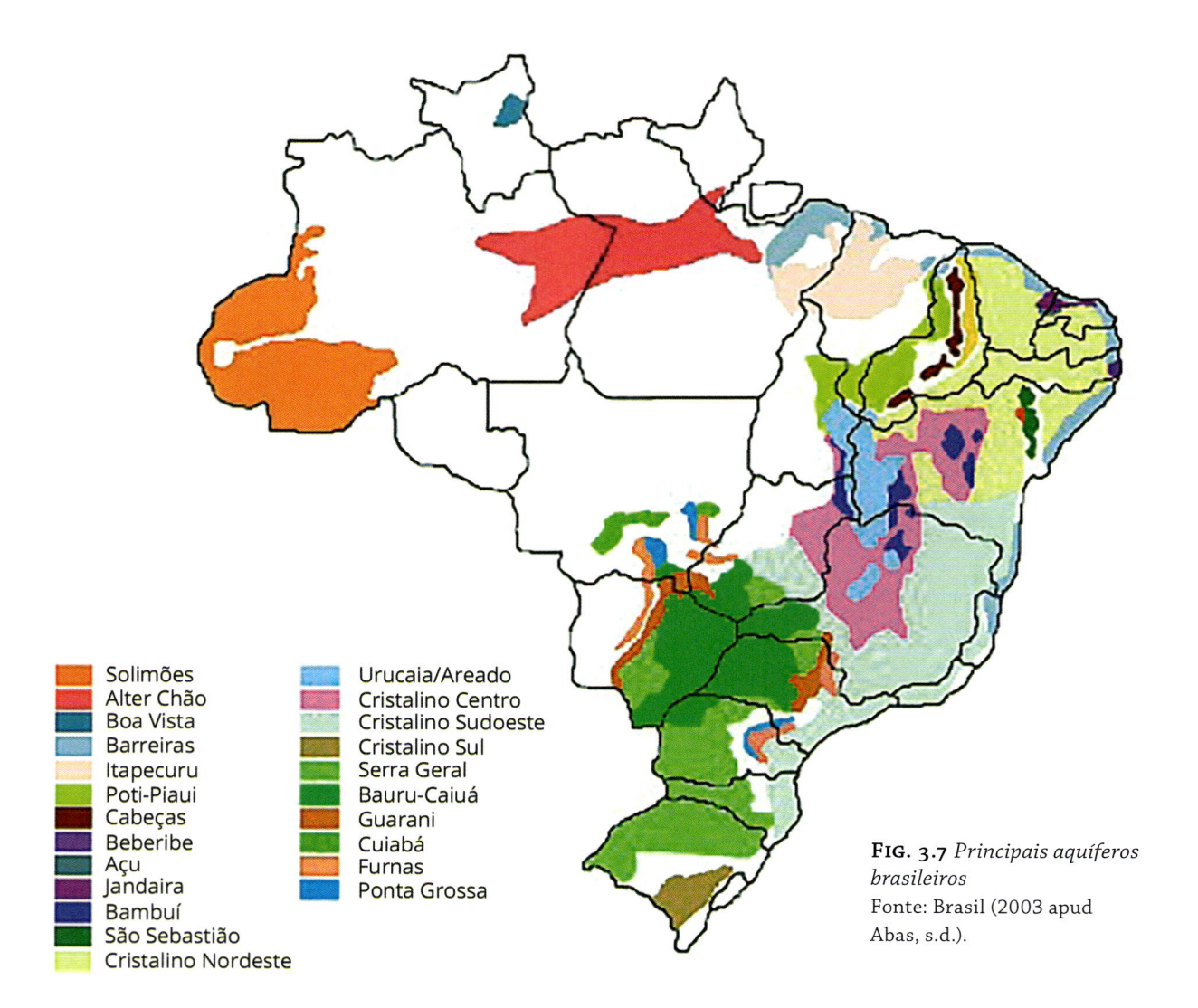

FIG. 3.7 *Principais aquíferos brasileiros*
Fonte: Brasil (2003 apud Abas, s.d.).

Legenda:
- Solimões
- Alter Chão
- Boa Vista
- Barreiras
- Itapecuru
- Poti-Piauí
- Cabeças
- Beberibe
- Açu
- Jandaíra
- Bambuí
- São Sebastião
- Cristalino Nordeste
- Urucaia/Areado
- Cristalino Centro
- Cristalino Sudoeste
- Cristalino Sul
- Serra Geral
- Bauru-Caiuá
- Guarani
- Cuiabá
- Furnas
- Ponta Grossa

- *Região Hidrográfica Amazônica*: constituída pela porção da bacia hidrográfica do rio Amazonas situada em território nacional e pelas bacias hidrográficas dos rios existentes na Ilha de Marajó e no Estado do Amapá que deságuam no Oceano Atlântico;
- *Região Hidrográfica do Tocantins/Araguaia*: constituída pela bacia hidrográfica do sistema Tocantins/Araguaia que inclui os afluentes do Rio Pará e Baía de Marajó;
- *Região Hidrográfica Atlântico Nordeste Ocidental*: constituída pelas bacias hidrográficas dos rios que deságuam no Atlântico – trecho Nordeste, estando limitada a oeste pela região hidrográfica do Tocantins/Araguaia, e a leste pela região hidrográfica do Parnaíba;
- *Região Hidrográfica do Parnaíba*: constituída pela bacia hidrográfica do rio Parnaíba;
- *Região Hidrográfica Atlântico Nordeste Oriental*: constituída pelas bacias hidrográficas dos rios que deságuam no Atlântico – trecho Nordeste, estando limitada a oeste pela região hidrográfica do Parnaíba e ao sul pela região hidrográfica do São Francisco;
- *Região Hidrográfica do São Francisco*: constituída pela bacia hidrográfica do rio São Francisco;
- *Região Hidrográfica Atlântico Leste*: constituída pelas bacias hidrográficas de rios que deságuam no Atlântico – trecho Leste, estando limitada ao norte e a oeste pela região hidrográfica do São Francisco e contendo em sua porção mais ao sul as bacias hidrográficas dos

Fig. 3.8 *Mapa da divisão hidrográfica brasileira segundo o Conselho Nacional de Recursos Hídricos (CNRH)*
Fonte: Brasil (2003).

rios Jequitinhonha, Mucuri e São Mateus, inclusive;
- *Região Hidrográfica Atlântico Sudeste*: constituída pelas bacias hidrográficas de rios que deságuam no Atlântico – trecho Sudeste, estendendo-se desde a bacia hidrográfica do rio Doce, em sua porção norte, até a bacia hidrográfica do rio Ribeira, ao sul, estando limitada a oeste pelas regiões hidrográficas do São Francisco e do Paraná;
- *Região Hidrográfica do Paraná*: constituída pela bacia hidrográfica do rio Paraná situada no território nacional;
- *Região Hidrográfica do Uruguai*: constituída pela bacia hidrográfica do rio Uruguai situada no território nacional;
- *Região Hidrográfica Atlântico Sul*: constituída pelas bacias hidrográficas dos rios que deságuam no Atlântico – trecho Sul, estendendo-se desde a sua porção mais ao norte pelas bacias hidrográficas dos rios Ipiranguinha, Iririaia-Mirim, Candapuí, Serra Negra, Tabagaça e Cachoeira, limitada a oeste pelas regiões hidrográficas do Paraná e do Uruguai e ao sul pelo Uruguai;
- *Região Hidrográfica do Paraguai*: constituída pela bacia hidrográfica do rio Paraguai situada no território nacional.

Dessa forma, pode-se entender que uma região hidrográfica se constitui da somatória de todas as alimentações e reservas hídricas locais, tais como rios, riachos, lagos, pântanos, nascentes etc., sendo que o volume e a qualidade dessas águas dependem do meio físico em que se encontram (topografia e vegetação), ou seja, das características físico-ecológicas e hidrobiológicas.

Existem serviços ambientais prestados por Unidades de Conservação de áreas delimitadas, conhecidas como Áreas de Preservação Ambiental (APAs).

No Brasil, é usada a terminologia Unidade de Conservação como referência à área protegida, que pode ser natural ou seminatural e enfoca prioritariamente o Sistema Nacional de Unidades de Conservação, as terras indígenas e os territórios quilombolas (Rares, 2013).

As Unidades de Conservação desempenham um papel importante para a manutenção equilibrada dos ecossistemas naturais, com produção de oxigênio pelas plantas, fertilidade do solo, vitalidade dos ecossistemas, equilíbrio climático, conforto térmico, capacidade de produção de água e equilíbrio do ciclo hidrológico, entre outros, incluindo a conservação da biodiversidade e a produção de água. Esses serviços ambientais são muito valiosos e essenciais ao bem-estar e à própria sobrevivência da humanidade e de todas as espécies.

a) Rios

Os rios são deslocamentos de água que acontecem de forma natural e sem interrupção. A ação da gravidade, juntamente com o relevo da geografia local (montanhas, planaltos, planícies, depressões), faz com que eles escoem suas águas para outros rios ou lagos ou para o mar, promovendo sua concentração nos locais mais baixos (vales). Já a alimentação dos rios depende de regimes hidráulicos, conceituados como *fluviais* ou *nivais*. Os regimes fluviais são alimentados por águas das chuvas, enquanto os nivais são oriundos do derretimento de neve, normalmente localizada no alto de montanhas. Alguns rios podem ser alimentados pelos dois regimes, como é o caso daqueles que compõem a bacia do rio Amazonas.

Os rios podem ainda ser classificados de outras formas:

- *rios perenes*: escoam água durante o ano todo;
- *rios temporários*: existem apenas na época das chuvas e, portanto, são destacados por sua sazonalidade;
- *rios de planalto*: não são bons para a navegação, pois têm inúmeras quedas d'água ao longo de seu curso, porém seus movimentos hídricos favorecem o potencial hidrelétrico;
- *rios de planície*: são excelentes para a navegação, pois apresentam pouco desnível e pouca correnteza.

b) Lagos

Os lagos podem ser definidos como acidentes geográficos em forma de depressão, constituindo um grande volume de água que não seca. Suas águas são oriundas de muitas fontes, entre as quais chuva, nascente própria, rios e derretimento de geleiras. A ciência que os estuda é a Limnologia.

Sua formação se dá pela sedimentação acumulada, que impede o escoamento da água, e também pelas rochas, que, em geral, são impermeáveis e impossibilitam a absorção da água pelo lençol freático. Lagos artificiais também podem ser construídos pela engenharia como uma forma de represamento.

Os lagos podem apresentar tamanhos e profundidades variados – grandes ou muito pequenos, rasos ou extremamente profundos – e também águas salgadas ou salobras, mas sobretudo doces. São classificados em:

- *lagos tectônicos*: águas acumuladas nas deformações da crosta terrestre;
- *lagos de origem vulcânica*: águas que ocupam antigas crateras de vulcões extintos;
- *lagos residuais*: águas que correspondem a antigos mares (salgadas);
- *lagos de depressão*: águas acumuladas em depressões do relevo;
- *lagos de origem mista*: resultantes da combinação de diversos fatores capazes de represar certa quantidade de água;

- *lagos artificiais*: águas represadas por alguma construção, como uma barragem;
- *lagos de origem glacial*: advindos de depressões escavadas por geleiras;
- *lagos de passagem*: quando são atravessados por um rio.

3.3 Gestão das águas no Brasil

A Agência Nacional de Águas (ANA) tem a finalidade de implementar a Política Nacional de Recursos Hídricos. É atribuição da Superintendência de Planejamento de Recursos Hídricos dessa agência elaborar e manter atualizado o diagnóstico de oferta e demanda, em quantidade e qualidade, dos recursos hídricos do País. Segundo a publicação *Disponibilidade e demandas de recursos hídricos no Brasil* (ANA, 2007, p. 12):

> Os resultados mostram que o Brasil é rico em termos de disponibilidade hídrica, mas apresenta uma grande variação espacial e temporal das vazões. As bacias localizadas em áreas que apresentam uma combinação de baixa disponibilidade e grande utilização dos recursos hídricos passam por situações de escassez e estresse hídrico. Estas bacias, aqui destacadas, precisam de intensas atividades de planejamento e gestão dos recursos hídricos.

O território brasileiro é considerado o quinto maior do mundo em extensão territorial, com 8.515.692,27 km², ocupando 20,8% do território das Américas e 47,7% da América do Sul, e é composto de 27 Unidades da Federação e 5.565 municípios (IBGE, 2010). O mesmo instituto informa que a população brasileira cresceu quase 20 vezes desde 1872, época do primeiro recenseamento realizado, quando havia 9.930.478 habitantes. Destaca ainda que, na década de 2000:

- as regiões Norte e Centro-Oeste apresentaram o maior crescimento populacional, sendo que o Sudeste detinha o maior contingente populacional;
- 58 novos municípios foram criados;
- Maranhão, Piauí e Pará apresentaram os menores graus de urbanização.

Além disso,

> As regiões mais populosas foram a Sudeste (com 42,1% da população brasileira), Nordeste (27,8%) e Sul (14,4%). Norte (8,3%) e Centro-Oeste (7,4%) continuam aumentando a representatividade no crescimento populacional, enquanto as demais regiões mantêm a tendência histórica de declínio em sua participação nacional.
> Os estados mais populosos do Brasil – São Paulo, Minas Gerais, Rio de Janeiro, Bahia, Rio Grande do Sul e Paraná – concentram, em conjunto, 58,7% da população total do País. São Paulo é o estado com a maior concentração municipal de população, onde os 32 maiores municípios (5,0%) concentram quase 60,0% dos moradores do estado. A menor concentração acontece no Maranhão, onde a população dos 11 maiores municípios, que também representam cerca de 5,0%, corresponde a 35,4% do total do estado (Agência IBGE Notícias, 2011).

Nos dados publicados na sinopse do Censo Demográfico 2010, consta que o Brasil tinha 190.755.799 habitantes em registro, no entanto o crescimento populacional é tão dinâmico que o site do IBGE apresenta dados atualizados diariamente e por horário de consulta. Sendo assim, pode-se verificar o crescimento populacional do Brasil, por exemplo, em cinco anos: em 21 março de 2015, às 15h09, a população brasileira somava o total de 204.000.538 pessoas; já em 30 de novembro de 2019, a população estimada era de 210.653.518 (www.ibge.gov.br/apps/populacao/projecao).

A região coberta por água doce no interior do Brasil ocupa 55.457 km², o que equivale a 1,66% da superfície do planeta. O clima úmido do País propicia uma rede hidrográfica numerosa, formada por rios de grande volume de água, todos desaguando no mar. Com exceção das nascentes do rio Amazonas, que recebem fluxos provenientes do derretimento da neve e de geleiras, a origem da água dos rios brasileiros encontra-se nas chuvas. A maioria dos rios é perene, ou seja, não se extingue no período de seca, e apenas no sertão nordestino, região semiárida, é que existem rios temporários (Brasil, s.d.-g).

O Brasil se destaca no cenário mundial pela grande descarga de água doce de seus rios, cuja produção hídrica é de 177.900 m³/s. Quando somada aos 73.100 m³/s da Amazônia internacional, representa 53% da produção de água doce do continente sul-americano (334.000 m³/s) e 12% do total mundial (1.488.000 m³/s). Mesmo tendo uma reserva hídrica bastante significativa, o país apresenta grandes disparidades entre a geografia dessas reservas hídricas e seu adensamento demográfico.

São quatro as principais bacias hidrográficas brasileiras: Amazônica, do Prata ou Platina, do São Francisco e do Tocantins/Araguaia (Tab. 3.1).

A Tab. 3.2 mostra a disponibilidade de recursos hídricos nas unidades federativas brasileiras em comparação com alguns países europeus. Um índice de disponibilidade acima de 20.000 m³/hab./ano revela situação de abundância e, no outro extremo, um índice de disponibilidade abaixo de 1.500 m³/hab./ano representa situação crítica de escassez.

Segundo o Departamento de Água e Esgoto de São Caetano do Sul (DAESCS, s.d.), o Brasil detém 77% do manancial de água doce da América do Sul e 11,6% da reserva do mundo, caracterizando-se como um país privilegiado no que diz respeito à quantidade de água, porém sua distribuição não é uniforme em todo o território nacional, pois 70% desse total estão localizados na Região Amazônica, onde a população é de apenas 7%. Os 30% restantes distribuem-se desigualmente pelo País, para atender a 93% da população (Tab. 3.3).

Além do fato de a concentração demográfica e as reservas hídricas nacionais serem antagônicas, os rios e os lagos brasileiros vêm sendo comprometidos pela queda de qualidade da água. Essa degradação tem vários motivos, sendo que o mais preocupante é resultado de ações antrópicas comprometendo ou dificultando o uso dessas águas. Na Região Amazônica e no Pantanal, por exemplo, os rios Madeira, Cuiabá e Paraguai já apresentam contaminação pelo mercúrio, um metal utilizado no garimpo clandestino. Nas cidades, onde hoje vivem 85% da população, segundo o Censo de 2010, esse comprometimento da qualidade de rios e represas é causado principalmente por despejos domésticos e industriais (DAESCS, s.d.):

- Em Porto Alegre, o Rio Guaíba está comprometido pelo lançamento de resíduos domésticos e industriais, além de sofrer as consequências do uso inadequado de agrotóxicos e fertilizantes.
- Brasília, além de enfrentar a escassez de água, tem problemas com a poluição do Lago Paranoá.

TAB. 3.1 Principais bacias hidrográficas brasileiras

Bacia hidrográfica	Área (km²)	Principais afluentes	Potencial hídrico
Bacia Amazônica	3.889.489,6 (extensão = 6.515 km)	> 7.000	23.000 km navegáveis e grande potencial hidrelétrico
Bacia do Prata	1.393.115,6	Formada pelos rios Paraná, Paraguai e Uruguai	Rio Paraná, o maior potencial hidrelétrico do País. Rio Uruguai, potencial hidrelétrico. Rio Paraguai, navegação
Bacia do São Francisco	645.876,6	São Francisco	Única fonte de água da região semiárida do Nordeste brasileiro. Potencial hidrelétrico razoável. 2.000 km navegáveis
Bacia do Tocantins	808.150,1	Tocantins	Potencial hidrelétrico

Fonte: adaptado de Brasil (s.d.-g).

TAB. 3.2 Disponibilidade de recursos hídricos no Brasil e em alguns países da Europa

Situação (m³/hab./ano)	País	Disponibilidade (m³/hab./ano)	Unidade federativa	Disponibilidade (m³/hab./ano)
De abundância > 20.000			Roraima	1.747.010
			Amazonas	878.929
			Amapá	678.929
			Acre	369.305
			Mato Grosso	258.242
			Pará	217.058
			Tocantins	137.666
			Rondônia	132.818
			Goiás	39.185
	Finlândia	22.600	Mato Grosso do Sul	39.185
	Suécia	21.800	Rio Grande do Sul	20.798
Muito rica > 10.000	Irlanda	14.000	Maranhão	17.184
			Santa Catarina	13.662
	Luxemburgo	12.500	Paraná	13.431
	Áustria	12.000	Minas Gerais	12.325
Rica > 5.000	Países Baixos	6.100	Piauí	9.608
	Portugal	6.100	Espírito Santo	7.235
	Grécia	5.900		
De equilíbrio > 2.500	França	3.600	Bahia	3.028
	Itália	3.300	São Paulo	2.913
	Espanha	2.900		
Pobre < 2.500	Reino Unido	2.200	Ceará	2.436
	Alemanha	2.000	Rio de Janeiro	2.315
	Bélgica	1.900	Rio Grande do Norte	1.781
			Distrito Federal	1.752
			Alagoas	1.751
			Sergipe	1.743
Crítica < 1.500			Paraíba	1.437
			Pernambuco	1.320

Fonte: Thame (2000 apud Gomes; Barbieri, 2004).

TAB. 3.3 Distribuição dos recursos hídricos, da superfície e da população no país (em %)

Região	Recursos hídricos	Superfície	População
Norte	68,50	45,30	6,98
Centro-Oeste	15,70	18,80	6,41
Sul	6,50	6,80	15,05
Sudeste	6,00	10,80	42,65
Nordeste	3,30	18,30	28,91

Fonte: Uniágua (s.d.).

- A ocupação urbana das áreas de mananciais do Alto Iguaçu compromete a qualidade das águas para abastecimento de Curitiba.
- O Rio Paraíba do Sul, além de abastecer a região metropolitana do Rio de Janeiro, é manancial de outras importantes cidades de São Paulo e Minas Gerais, onde são graves os problemas devidos ao garimpo, à erosão, aos desmatamentos e aos esgotos.
- E há ainda o Nordeste, onde a falta d'água por longos períodos tem contribuído para o abandono das terras e para a migração aos centros

urbanos como São Paulo e Rio de Janeiro, agravando ainda mais o problema da escassez de água nessas cidades.

A necessidade de gerenciamento se faz presente à medida que a demanda cresce, e isso inclui controle efetivo e educação ambiental extensivos a toda a população, inibição do crescimento desordenado da demanda e controle do autoabastecimento das indústrias e do uso agrícola.

Também é imprescindível um melhor desempenho político, de forma que os poderes públicos federal e estaduais promovam uma administração eficaz no controle e na fiscalização das condições de uso e proteção da água e do solo.

Constata-se que, no Brasil, as dificuldades hídricas evidenciadas decorrem dos problemas ambientais e socioculturais refletidos diretamente nas condições inadequadas de uso e conservação dos recursos naturais, tanto na captação de água quanto na ocupação do solo.

Quando se estuda a relação entre recursos hídricos, concentração populacional e economia, verifica-se que as demandas relativas ao uso e ao consumo da água estão diretamente ligadas com o balanço entre a demanda e a disponibilidade dos recursos hídricos, em quantidade e qualidade, em cada região do País. Esse balanço analisa a vazão média por habitante, expressa pelo quociente entre a vazão média e a população (m³/hab./ano).

De acordo com a ANA (2007), considera-se que:
- *situação de escassez*: < 500 m³/hab./ano;
- *situação de estresse*: 500 m³/hab./ano a 1.700 m³/hab./ano;
- *situação confortável*: > 1.700 m³/hab./ano.

3.4 Usos das águas

O uso da água é imprescindível para manter os mais diversos setores da saúde, da economia, da indústria e da agropecuária, assim como para o consumo humano. Para cada finalidade a que ela se destina, precisa ser estudada a adequação de sua qualidade.

Os principais usos da água no Brasil são:
- agropecuária – agricultura (irrigação) e criadouros de animais em geral;
- indústria;
- abastecimento humano;
- preservação de flora e fauna;
- geração de energia;
- mineração;
- aquicultura;
- navegação;
- turismo e lazer.

Esses usos são constantemente avaliados por levantamentos diretos, estudos setoriais e cadastros de usuários, de modo a mapear as ações, as consequências e as gestões necessárias para promover seu desenvolvimento sustentável. Sendo assim, ela caracteriza e interliga o desenvolvimento técnico, econômico, ambiental e de saúde de uma região.

Conforme a intenção de uso, as características de qualidade da água podem variar, sendo fixado, para isso, um padrão mínimo relativo à sua aplicação. Um dos parâmetros a serem gerenciados é o equilíbrio entre sua qualidade e quantidade de acordo com sua utilização e de modo personalizado e eficiente.

As alterações na disponibilidade e na qualidade dos recursos hídricos são resultado de vários fatores, tais como o crescimento econômico, o uso e a ocupação das bacias hidrográficas, o aumento populacional e a ampliação da demanda urbana, agrícola e de geração de energia, os chamados usos múltiplos da água.

No Brasil, como pode ser visto na Fig. 3.9, dos setores consumidores de água (demanda consuntiva), a irrigação foi responsável pela maior parcela de retirada, seguida de abastecimento humano urbano, setor industrial, animal e abastecimento humano rural. No entanto, outros setores têm atividades estritamente dependentes de recursos hídricos, ainda que de forma não consuntiva, tais como geração hidrelétrica, navegação e lazer (ANA, 2016). Na Tab. 3.4 é apresentada a demanda de água por finalidade.

Vazão de retirada total 2.275,07 m³/s

- 346,28 (15%) — Indústria
- 135,38 (6%) — Animal
- 503,27 (22%) — Abastecimento humano urbano
- 37,61 (2%) — Abastecimento humano rural
- 1.252,73 (55%) — Irrigação

Vazão consumida total 1.209,64 m³/s

- 69,26 (6%) — Indústria
- 108,30 (9%) — Animal
- 100,65 (8%) — Abastecimento humano urbano
- 18,80 (2%) — Abastecimento humano rural
- 912,63 (75%) — Irrigação

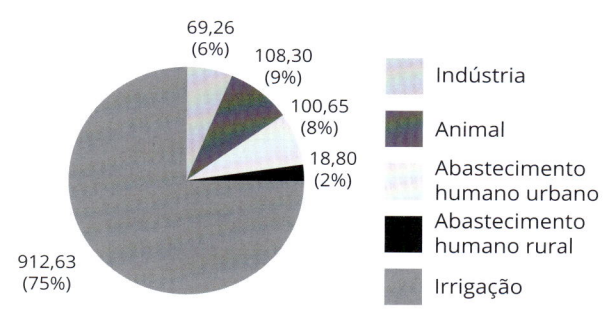

FIG. 3.9 *Conjuntura dos recursos hídricos (m³/s). Demanda retirada é a que foi extraída da fonte, enquanto a consumida é a que foi utilizada para determinado fim. O consumo de água varia de acordo com a economia de cada local e, dessa forma, registra-se a diferença de consumo e de retirada*
Fonte: ANA (2016).

TAB. 3.4 Demanda por finalidade (retirada, retorno e consumo) no Brasil em 2016

Usos (em m³/s)	Retirada	Consumo	Retorno
Irrigação	969,0	745	224
Abastecimento urbano	488,3	97,7	390,6
Indústria	192,4	104,9	87,4
Abastecimento rural	34	27	7
Mineração	32,8	8,9	24,0
Termelétrica	216,3	2,9	213,4
Uso animal	165,1	123,0	42,2

Fonte: ANA (2017).

Entre as demandas de água por finalidade, destacam-se: as atividades urbano-domésticas, atualmente definidas como consumo humano, por sua importância à saúde pública; a agricultura, considerada a mais dispendiosa; e a indústria.

A agricultura e a indústria são responsáveis pela demanda de um grande volume de água e são necessárias para manter a economia. Os incentivos culturais, econômicos e políticos para a aplicação de tecnologias sustentáveis nesses setores vêm proporcionando alterações significativas em sua demanda de água.

Como recurso natural de valor econômico, estratégico e social, a água é um bem ao qual toda a humanidade tem direito. A falta de acesso da população a ela em quantidade e qualidade adequadas é responsável por graves problemas nutricionais, sanitários e econômicos.

A Administração Pública deve propor ações preventivas permanentes para assegurar que a água tenha qualidade compatível com os usos mais exigentes a que for destinada, bem como para assegurar a saúde pública, diminuir os custos de combate à poluição hídrica e favorecer o desenvolvimento econômico. O enquadramento dos corpos hídricos em classes de qualidade segundo seus usos preponderantes, conforme demonstra o Quadro 3.1, ajuda a atender esses objetivos (ANA, 2017).

Um dos principais desafios das administrações das grandes cidades é encontrar mecanismos de controle no processo de urbanização desenfreado. Com o adensamento populacional, o Poder Público precisa oferecer infraestrutura e serviços que garantam a funcionalidade do sistema urbano com qualidade de vida para a população.

3.4.1 Consumo na agricultura

As chuvas nem sempre são suficientes para suprir a umidade necessária para a produção agrícola. A alternativa para os produtores é a irrigação, responsável por mais de dois terços da água doce utilizada no planeta.

Devido ao alto consumo de água e à necessidade de utilizar insumos (agrotóxicos e fertilizantes), a agricultura afeta drasticamente a qualidade dos solos e dos recursos hídricos. Uma vez aplicados na cultura, os insumos alcançam o solo e acabam por contaminar também os lençóis subterrâneos, através da infiltração, ou mesmo as águas de superfície, através do escoamento.

QUADRO 3.1   Classes de enquadramento dos corpos de água doce segundo os usos

Usos das águas doces	Classes de enquadramento dos corpos d'água				
	Especial	1	2	3	4
Preservação do equilíbrio natural das comunidades aquáticas	Mandatório em UC de Proteção Integral				
Proteção das comunidades aquáticas		Mandatório em terras indígenas			
Recreação de contato primário					
Aquicultura					
Abastecimento para consumo humano	Após desinfecção	Após tratamento simplificado	Após tratamento convencional	Após tratamento convencional ou avançado	
Recreação de contato secundário					
Pesca					
Irrigação		Hortaliças cruas ou frutas com película	Hortaliças, frutíferas, parques, jardins e campos	Culturas arbóreas, cerealíferas ou forrageiras	
Dessedentação de animais					
Navegação					
Harmonia paisagística					

Fonte: ANA (2017).

Sem dúvida, entre todos os setores, a maior demanda de água está relacionada à agricultura. Os vários métodos de irrigação promovem o controle da qualidade do produto ao mesmo tempo que levam em conta o consumo de água, fazendo com que se obtenham ótimos resultados, com a implementação de métodos adequados a cada situação.

Segundo a ANA (2017, p. 57), a demanda total de água retirada para irrigação no Brasil é de 969 m³/s. Isso porque uma parte da água utilizada é retida pelas plantas, outra parte evapora, outra infiltra nos solos, e somente uma pequena porção escoa e atinge diretamente os corpos de água (Fig. 3.10).

Considerando-se as variações das condições climáticas e a dimensão continental do Brasil, a irrigação é largamente utilizada. Em áreas onde o solo é seco ou em lugares que apresentam períodos de estresse hídrico, seu emprego é essencial para conseguir uma boa produtividade agrícola.

Com investimento em modernas tecnologias de irrigação, o agricultor consegue aumentar a produtividade agrícola, podendo obter até duas ou mais colheitas por ano. Ao mesmo tempo que consegue controlar o desperdício, otimiza a demanda, o que resulta na ampliação da área irrigada e na disponibilidade de água para outros fins.

A demanda da área a ser irrigada depende basicamente (Nuvolari, 2011):

- *das características morfológicas e pedológicas do solo*: definem a capacidade de armazenamento de água no solo, as condições de drenagem e percolação profunda e sinalizam os níveis de eficiência que poderão ser obtidos com cada técnica de irrigação;
- *da evaporação potencial*: está ligada aos coeficientes culturais correspondentes às culturas selecionadas;
- *do tipo de cultura e do seu estágio de desenvolvimento*: corresponde às culturas selecionadas,

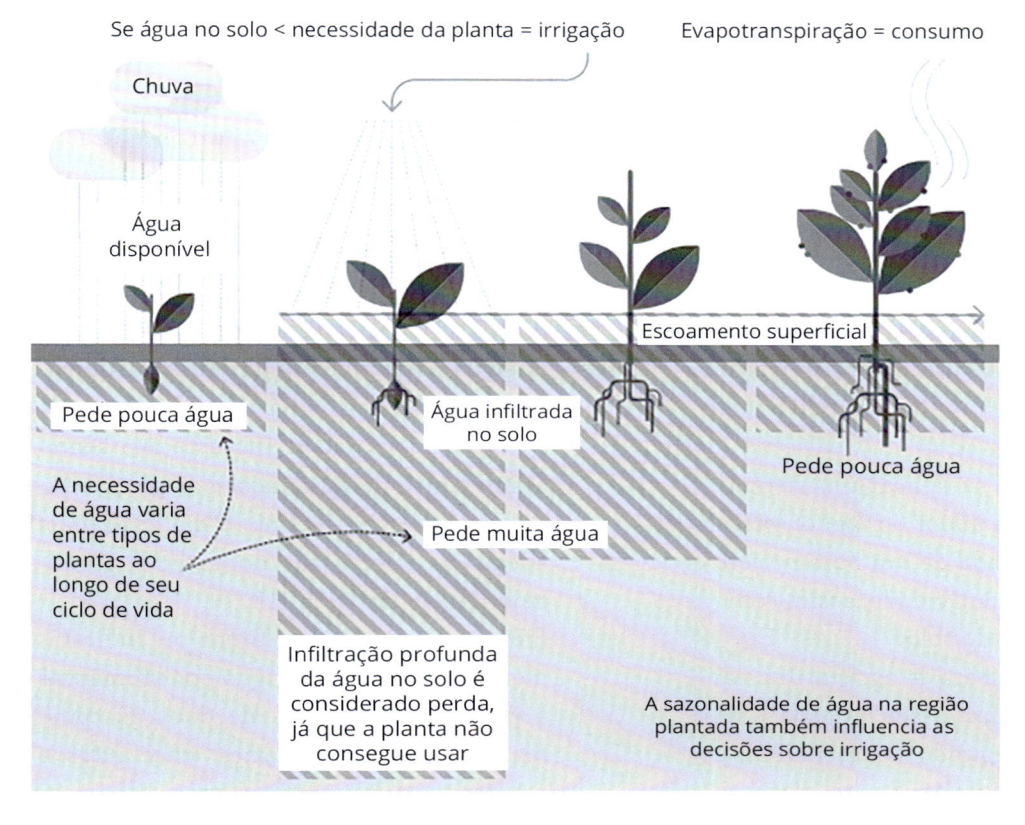

FIG. 3.10 *Estimativa do uso da água na agricultura*
Fonte: ANA (2017).

estudadas caso a caso, sendo importante a garantia de fornecimento d'água, exigido para cada cultura;

- *da chuva efetiva*: elemento básico para se determinar a real demanda da água no processo de irrigação;
- *do método de irrigação e sua eficiência*: itens cruciais para a determinação da demanda hídrica para a irrigação.

O desperdício de água na irrigação provém da não implantação de projetos adequados, que justifiquem o tipo de irrigação ao tipo de cultura; muitos agricultores ainda confundem excesso de água com qualidade da produtividade agrícola. Pode-se considerar ainda como causa do desperdício a precária manutenção dos sistemas já implantados e também, mais uma vez, o descaso e a falta de conscientização dos profissionais da área.

De acordo com a ANA (2017), entre os processos de irrigação mais conhecidos, destacam-se três métodos mais utilizados, sendo que para cada método utilizam-se sistemas distintos (Fig. 3.11):

- *irrigação superficial*: sistema por inundação;
- *irrigação subterrânea/localizada*: sistema de gotejamento;

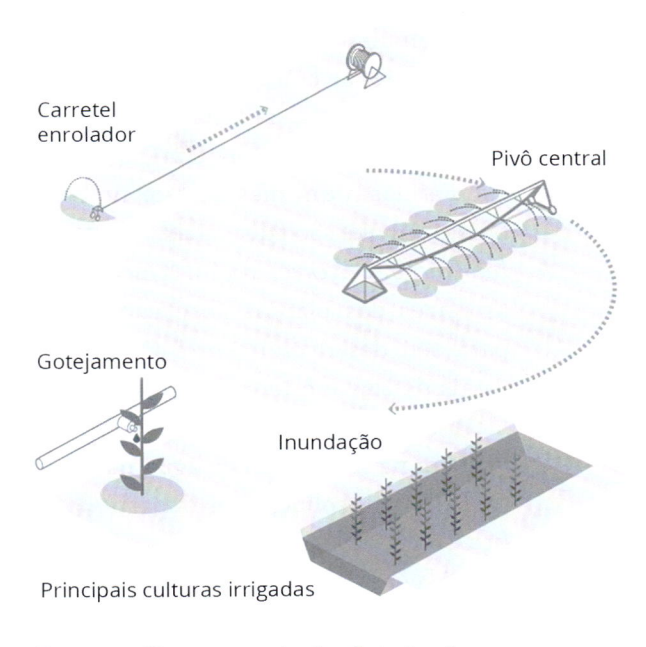

FIG. 3.11 *Sistemas e métodos de irrigação*
Fonte: ANA (2017).

- *irrigação por aspersão*: pivôs centrais e carretéis enroladores (*hidro roll*).

Os carretéis enroladores são aplicados sobretudo na irrigação da cana de açúcar, enquanto os pivôs são muito usados na produção de grãos. A inundação geralmente é aplicada no cultivo de arroz. Já o sistema de gotejamento normalmente é aplicado para culturas que precisam de quantidade de água controlada, favorecendo a irrigação diretamente em sua raiz e proporcionando pouca perda de água para o solo.

Em cada cultura deve-se aplicar um sistema de irrigação que fornecerá maior ou menor vazão de água. A escolha adequada de um bom projeto reflete em uma maior produtividade, assim como o uso otimizado da água e do solo.

A qualidade da água para a agricultura vai depender do tipo de cultura a ser irrigada e da técnica a ser adotada. Segundo Telles (1999), a especificação da qualidade da água para irrigação deve considerar:

- *Efeitos sobre o solo e sobre o desenvolvimento da cultura*:
  ◊ *Salinidade*: a presença de sais em excesso (na água ou no solo) reduz a disponibilidade de água para o vegetal, comprometendo seu desenvolvimento. No entanto, as culturas respondem de forma diferente à salinidade, variando o rendimento proporcional quando submetidas a um mesmo teor no ambiente em que são cultivadas.
  ◊ *Infiltração*: é através da infiltração que as raízes das plantas absorvem água para seu desenvolvimento. Os teores totais de sais e o teor de sódio em relação aos teores de cálcio e magnésio influem na infiltração da água no solo. Quanto mais sólido, mais impermeável fica o solo.
  ◊ *Toxicidade*: as substâncias tóxicas são prejudiciais às plantações, quando excessivas no solo ou na água, acumulando-se nos tecidos vegetais e causando perdas irreversíveis. A tolerância também é variável de acordo com a cultura.
  ◊ *Outros problemas*: a alta concentração de nitrogênio pode retardar a maturação da cultura, ou ainda os altos teores de bicarbonato, gesso ou ferro podem causar manchas nas folhas e no fruto.
- *Efeitos sobre os equipamentos*: a qualidade da água pode afetar e danificar o equipamento usado na irrigação sob forma de agressão, corrosão e incrustação, sendo assim conveniente analisar as propriedades da água para definir o material mais adequado a ser usado no sistema, garantindo sua maior vida útil.
- *Efeitos sobre a saúde*: direta ou indiretamente, a qualidade da água pode fomentar a presença de vetores de doenças como malária, filariose linfática, encefalites e esquistossomoses, entre outras. Esse problema pode ser causado pela passagem das propriedades da água ao solo através da infiltração, pelo acúmulo de água nos drenos (que vai promover o desenvolvimento de plantas aquáticas, caracóis e insetos) ou pelos fertilizantes, pesticidas e inseticidas degradantes.

Sendo, portanto, a indústria e a agropecuária as duas maiores responsáveis pelo consumo de água, a Tab. 3.5 faz um comparativo de consumo por atividade.

3.4.2 Consumo industrial

Do consumo total de água doce, uma grande parcela é direcionada para as indústrias, nas quais, em razão de suas diferentes atividades e tecnologias, a água possui uma diversificada gama de usos, tais como matéria-prima, reagente, solvente, lavagem de gases e sólidos, veículo, transmissão de calor, agente de resfriamento, fonte de energia, incorporação nos produtos, entre outros.

A qualidade da água aplicada no setor industrial pode variar conforme estudos de causas e

TAB. 3.5 Quantidade de água gasta por produção

Litros de água gastos na indústria para produzir	
1 kg de couro	16,6 mil
Uma calça jeans	15 mil
Uma camiseta de algodão	3,7 mil
1 kg de papel	324
1 kg de malha tingida	110
1 kg de aço	95
1 L de gasolina	10
Litros de água gastos na agropecuária para produzir	
1 kg de carne bovina	15 mil
1 kg de carne de porco	4,9 mil
1 kg de frango	3,5 mil
1 kg de coco ralado	2,5 mil
Um hambúrguer (para sanduíche)	2,4 mil
1 kg de arroz	1,9 mil
1 kg de soja	1,65 mil
1 kg de açúcar	1,5 mil
1 kg de cevada	1,3 mil
1 kg de trigo	1,3 mil
1 L de leite	1 mil
1 L de café	1 mil
1 L de suco de maçã	960
1 kg de milho	900
1 L de vinho	900
1 kg de batata	500
Um ovo	200
Uma maçã	70

Fonte: Souza (2010).

efeitos da impureza nela contida e o custo-benefício de cada tipo de aplicação.

Uma indústria, por exemplo, normalmente se abastece de água potável nos refeitórios, banheiros, cozinhas ou mesmo para matéria-prima (quando assim for necessário), pois, apesar de ser uma água mais cara devido a seu tratamento, garante a saúde dos funcionários e a qualidade do produto final. Ao mesmo tempo, de acordo com seu processo industrial, ela pode consumir água de qualidades diferentes à da potabilidade e em setores de produção específicos, como banhos de galvanoplastia, torres de resfriamento, processos de lavagens, irrigação etc. Isso acaba por definir quantidade e variedades diferentes de qualidade de água para cada setor de produção.

A água possui propriedades que podem favorecer ou dificultar sua aplicação na área industrial, tais como densidade, temperatura, pressão, condutividade elétrica e térmica e viscosidade. Os principais problemas que a impureza presente na água pode causar aos processos industriais são a corrosão, a incrustação, a cor e o pH, dependendo da área de aplicação, conforme demonstra o Quadro 3.2.

As características de impureza mais consideradas nesse setor são turbidez, cor, odor, alcalinidade, salinidade, dureza, teor de sílica, gases dissolvidos e oxidabilidade na água, que influenciam o comportamento e o resultado dos produtos, razão pela qual a pureza da água deve ser adequada ao processo de que participa.

O grande volume de água gasto nos segmentos industriais vem chamando a atenção da economia mundial. Dessa forma, buscam-se opções para o melhor controle de sua demanda, que varia de acordo com a exigência de cada aplicação. O abastecimento é proveniente de fontes diversas, tais como sistema de distribuição pública, poço tubular ou profundo, chuva, reciclagem ou reúso, rio ou córrego próximo e caminhão-tanque, além do uso de dispositivos economizadores.

A Tab. 3.6 exemplifica o consumo médio de alguns setores industriais, mostrando o volume de água degradada. Deve-se lembrar que esses dados podem se alterar em face das inovações tecnológicas, que podem diminuir ou até aumentar o consumo de água.

Nos dias atuais, a água virtual é aquela utilizada para produzir qualquer produto ou serviço, mas que não é calculada formalmente nos custos e nas despesas do processo produtivo, nem nos processos de compra e venda (Tab. 3.7).

3.4.3 Consumo humano

Durante muito tempo, a água foi considerada um recurso infinito devido aos estudos que comprovavam que sua reposição no meio era constante

QUADRO 3.2   Propriedades das águas industriais

Características organolépticas	São considerados, quando necessário, a cor, o sabor e o odor das águas. Possuem origens variadas e são de difícil detecção.
Dureza	É vinculada à presença de sais alcalinoterrosos dissolvidos nas águas. Os principais elementos que conferem dureza são o cálcio e o magnésio; o estrôncio ocorre ocasionalmente e o bário, muito raramente. Esses sais reagem com o sabão, dificultando a formação de espuma. Outras substâncias que também reagem com o sabão, indicando impureza, são o ferro, o alumínio, ácidos orgânicos e minerais e alguns outros metais. A dureza também pode causar incrustações nas caldeiras.
Dureza temporária	É devida à presença de bicarbonatos, pode ser eliminada pelo aquecimento da água até a temperatura de ebulição, formando carbonatos insolúveis na água, que se precipitam.
Dureza permanente	É devida à ocorrência dos íons sulfato, cloreto, nitrato ou silicato. A soma das durezas temporárias e permanentes denomina-se dureza total.
pH	O potencial hidrogeniônico (pH) expressa a concentração de íons de hidrogênio na solução, sendo indicador de seu grau de acidez ou basicidade. Apresenta uma escala que varia de 0 a 14.
Alcalinidade	Representa a capacidade que um sistema aquoso tem de neutralizar (tamponar) ácidos a ele adicionados, dependendo de alguns compostos, tais como bicarbonato, carbonatos e hidróxidos. Sua medida é feita através da titulação.
Salinidade total	Medida do teor de sais solúveis existentes na água.
Turbidez	Medida da quantidade de materiais em suspensão, atuando na transparência do meio.
Teor de sílica	Pode se apresentar tanto na forma de partículas ou em suspensão, quanto na forma coloidal e no estado iônico, em solução, causando problemas de incrustação.

Fonte: adaptado de Silva e Simões (1999) e Programa Pró-Ciência (s.d.).

TAB. 3.6   Consumo médio de água em algumas indústrias

Indústrias	Unidade de produção	Consumo/unidade de produção (L/unidade)
Açúcar, usinas	kg	100
Aciarias	kg	250 a 450
Álcool, destilarias	L	20 a 30
Cerveja	L	15 a 25
Conservas	kg	10 a 50
Curtumes	kg	50 a 60
Laticínios	kg	15 a 20
Papel fino	kg	1.500 a 3.000
Papel de imprensa	kg	400 a 600
Polpa de papel	kg	300 a 800
Têxteis, alvejamento	kg	275 a 365
Têxteis, tinturaria	kg	35 a 70

Fonte: Tomaz (2000).

TAB. 3.7   Água virtual

Cerveja	5,5 L
Arroz (1 kg)	2.500 L
Manteiga (1 kg)	18.000 L
Leite (1 kg)	712,5 L
Queijo (1 kg)	5.280 L
Batata (1 kg)	132,5 L
Carne de boi (1 kg)	17.100 L
Banana (1 kg)	499 L
Carne de frango (1 kg)	3.700 L

Fonte: AEG (2012).

através do ciclo hidrológico, mantendo concentrações de acordo com as condições geográficas, topográficas e climatológicas locais. Atualmente, esse conceito mudou de forma radical, pois, apesar de esse ciclo manter a renovação e a recarga da água no planeta e o volume dessa reserva permanecer o mesmo há milênios, seu mau uso, aliado à crescente demanda, vem preocupando especialistas e autoridades no assunto, pelo evidente decréscimo das reservas de água limpa em todo o planeta.

Diversas doenças estão relacionadas ao consumo de água com qualidade inadequada, como diarreias e disenterias, febres entéricas, infecções enteroviróticas, hepatite A, leptospirose e poliomielite. A ausência de água ou sua má qualidade podem levar a deficiências na higiene e no consumo (Rosa, 2013).

A resolução A/RES/64/292, da Assembleia Geral da Organização das Nações Unidas (ONU, 2010a), reconheceu a água potável como um direito humano essencial para o pleno gozo da vida e de todos os direitos humanos, além de lançar um apelo aos Estados e às organizações internacionais para proverem recursos financeiros, tecnologias e cooperação internacional a fim de ampliar esforços para garantir o fornecimento de água potável para todos. A partir dessas recomendações, a resolução A/HRC/RES/15/9, do Conselho de Direitos Humanos da mesma organização (ONU, 2010b), afirmou que os Estados têm a responsabilidade primária de garantir a plena realização do direito à água potável, assegurando seu fornecimento regular e seguro, com especial atenção às pessoas pertencentes a grupos vulneráveis e marginalizados.

A Organização Mundial da Saúde (OMS), uma agência especializada da ONU, trabalha lado a lado com o governo dos países para preservar a saúde pública através da prevenção e do tratamento de doenças, além de melhorar a qualidade do ar, da água e da comida. Ela define os conceitos básicos de saúde pública como o conjunto de medidas executadas pelo Estado para garantir o bem-estar físico, mental e social da população, conforme resume o Quadro 3.3.

Além do contexto político-administrativo, a saúde pública também é o ramo da ciência que busca prevenir e tratar doenças através da análise de indicadores de saúde e sua aplicação nos campos da biologia, epidemiologia e ambiental, entre outros.

3.5 Qualidade da água

Os padrões de qualidade para as diversas finalidades da água devem ser embasados em suporte legal, através de legislações que estabeleçam e convencionem os requisitos em função do uso previsto para a água.

Ao definir a qualidade de um produto, entende-se que ele esteja dentro de um conceito normativo, esteja aprovado para um determinado fim e seja capaz de satisfazer a necessidade proposta. Nesse sentido, quando se observam os múltiplos usos da água, são reconhecidas suas características e especificadas suas aplicações, qualificação e quantificação, assim como sua viabilização e manutenção.

Como já mencionado, o grau de tratamento da água e sua qualidade são definidos de acordo com seu uso, dentro dos limites aceitáveis de impureza. No Quadro 3.4, Von Sperling (1996) destaca de forma sucinta essas associações.

É necessário ainda que a relação qualidade/aplicação contenha o conceito de sustentabilidade, considerando sua viabilização técnica, econômica, política e ambiental.

Quadro 3.3 Conceitos básicos segundo a OMS

Saúde	Estado de completo bem-estar físico, mental e social
Saúde pública	Ciência e arte de promover, proteger e recuperar a saúde, através de medidas de alcance coletivo e de modificação da população
Saneamento	Controle de todos os fatores do meio físico do homem que exercem ou podem exercer efeito deletério sobre seu bem-estar físico, mental ou social
Direito à saúde	O gozo de melhor estado de saúde constitui um direito fundamental de todos os seres humanos, sejam quais forem suas raças, religiões, opiniões políticas, condições econômicas e condições sociais

Quadro 3.4 Associação entre os usos da água e os requisitos de qualidade

Uso geral	Uso específico	Qualidade requerida
Abastecimento doméstico	–	– Isenta de substâncias químicas prejudiciais à saúde – Isenta de organismos prejudiciais à saúde – Adequada para serviços domésticos – Baixa agressividade e dureza – Esteticamente agradável (baixa turbidez, cor, sabor e odor; ausência de macro-organismos)
Abastecimento industrial	Água é incorporada ao produto – p.ex., alimentos, bebidas, remédios	– Isenta de substâncias químicas prejudiciais à saúde – Isenta de organismos prejudiciais à saúde – Esteticamente agradável (baixa turbidez, cor, sabor e odor)
	Água entra em contato com o produto	– Variável com o produto
	Água não entra em contato com o produto – p.ex., refrigeração, caldeiras	– Baixa dureza – Baixa agressividade
Irrigação	Hortaliças, produtos ingeridos crus ou com casca	– Isenta de substâncias químicas prejudiciais à saúde – Isenta de organismos prejudiciais à saúde – Salinidade não excessiva
	Demais plantações	– Isenta de substâncias químicas prejudiciais ao solo e às plantações – Salinidade não excessiva
Dessedentação de animais	–	– Isenta de substâncias químicas prejudiciais à saúde dos animais – Isenta de organismos prejudiciais à saúde dos animais
Preservação da flora e da fauna	–	– Variável com os requisitos ambientais da flora e da fauna que se deseja preservar
Recreação e lazer	Contato primário (contato direto com o meio líquido) – p.ex., natação, esqui, surfe	– Isenta de substâncias químicas prejudiciais à saúde – Isenta de organismos prejudiciais à saúde – Baixos teores de sólidos em suspensão e óleos e graxas
	Contato secundário (não há contato direto com o meio líquido) – p.ex., navegação de lazer, pesca, lazer contemplativo	– Aparência agradável
Geração de energia	Usinas hidrelétricas	– Baixa agressividade
	Usinas nucleares ou termelétricas – p.ex., torres de resfriamento	– Baixa dureza
Transporte	–	– Baixa presença de material grosseiro que possa pôr em risco as embarcações
Diluição de despejos	–	–

Fonte: Von Sperling (1996).

A Política Nacional de Recursos Hídricos, dentro dos fundamentos da Lei das Águas (Lei nº 9.433/97), declara, entre outras coisas, que a gestão de recursos hídricos deve sempre proporcionar o uso múltiplo das águas.

O Ministério da Saúde, na Portaria de Consolidação nº 5, de 28 de setembro de 2017, consolidou as normas sobre as ações e os serviços de saúde do Sistema Único de Saúde, com o intuito de resumir em um único documento todas as normas e diretrizes para o amplo controle e preservação da saúde pública. Dentro dessa portaria, no Anexo XX, "ficam definidos os procedimentos de controle e de vigilância da qualidade da água para consumo humano e seu padrão de potabilidade" (origem: PRT MS/GM 2914/2011, Art. 1º).

Com relação à potabilidade e aos sistemas de distribuição e tratamento, vale destacar (Brasil, 2017):

CAPÍTULO I
DAS DISPOSIÇÕES GERAIS
(Origem: PRT MS/GM 2914/2011, CAPÍTULO I)

Art. 2º. Este Anexo se aplica à água destinada ao consumo humano proveniente de sistema e solução alternativa de abastecimento de água.

Parágrafo único. As disposições deste Anexo não se aplicam à água mineral natural, à água natural e às águas adicionadas de sais destinadas ao consumo humano após o envasamento, e a outras águas utilizadas como matéria-prima para elaboração de produtos, conforme Resolução (RDC) nº 274, de 22 de setembro de 2005, da Diretoria Colegiada da Agência Nacional de Vigilância Sanitária (ANVISA).

Art. 3º. Toda água destinada ao consumo humano, distribuída coletivamente por meio de sistema ou solução alternativa coletiva de abastecimento de água, deve ser objeto de controle e vigilância da qualidade da água.

Art. 4º. Toda água destinada ao consumo humano proveniente de solução alternativa individual de abastecimento de água, independentemente da forma de acesso da população, está sujeita à vigilância da qualidade da água.

CAPÍTULO II
DAS DEFINIÇÕES
(Origem: PRT MS/GM 2914/2011, CAPÍTULO II)

Art. 5º. Para os fins deste Anexo, são adotadas as seguintes definições:

I – água para consumo humano: água potável destinada à ingestão, preparação e produção de alimentos e à higiene pessoal, independentemente da sua origem;

II – água potável: água que atenda ao padrão de potabilidade estabelecido neste Anexo e que não ofereça riscos à saúde;

III – padrão de potabilidade: conjunto de valores permitidos como parâmetro da qualidade da água para consumo humano, conforme definido neste Anexo;

IV – padrão organoléptico: conjunto de parâmetros caracterizados por provocar estímulos sensoriais que afetam a aceitação para consumo humano, mas que não necessariamente implicam risco à saúde;

V – água tratada: água submetida a processos físicos, químicos ou combinação destes, visando atender ao padrão de potabilidade;

VI – sistema de abastecimento de água para consumo humano: instalação composta por um conjunto de obras civis, materiais e equipamentos, desde a zona de captação até as ligações prediais, destinada à produção e ao fornecimento coletivo de água potável, por meio de rede de distribuição;

VII – solução alternativa coletiva de abastecimento de água para consumo humano: modalidade de abastecimento coletivo destinada a fornecer água potável, com captação subterrânea ou superficial, com ou sem canalização e sem rede de distribuição;

VIII – solução alternativa individual de abastecimento de água para consumo humano: modalidade de abastecimento de água para consumo humano que atenda a domicílios residenciais com uma única família, incluindo seus agregados familiares;

IX – rede de distribuição: parte do sistema de abastecimento formada por tubulações e seus acessórios, destinados a distribuir água potável até as ligações prediais;

X – ligações prediais: conjunto de tubulações e peças especiais, situado entre a rede de distribuição de água e o cavalete, este incluído;

XI – cavalete: kit formado por tubos e conexões destinados à instalação do hidrômetro para realização da ligação de água;

XII – interrupção: situação na qual o serviço de abastecimento de água é interrompido temporariamente, de forma programada ou emergencial, em razão da necessidade de se efetuar reparos, modificações ou melhorias no respectivo sistema;

XIII – intermitência: é a interrupção do serviço de abastecimento de água, sistemática ou não, que se repete ao longo de determinado período, com duração igual ou superior a seis horas em cada ocorrência;

XIV – integridade do sistema de distribuição: condição de operação e manutenção do sistema de distribuição (reservatório e rede) de água potável em que a qualidade da água produzida pelos processos de tratamento seja preservada até as ligações prediais;

XV – controle da qualidade da água para consumo humano: conjunto de atividades exercidas regularmente pelo responsável pelo sistema ou por solução alternativa coletiva de abastecimento de água, destinado a verificar se a água fornecida à população é potável, de forma a assegurar a manutenção desta condição;

XVI – vigilância da qualidade da água para consumo humano: conjunto de ações adotadas regularmente pela autoridade de saúde pública para verificar o atendimento a este Anexo, considerados os aspectos socioambientais e a realidade local, para avaliar se a água consumida pela população apresenta risco à saúde humana;

XVII – garantia da qualidade: procedimento de controle da qualidade para monitorar a validade dos ensaios realizados;

XVIII – recoleta: ação de coletar nova amostra de água para consumo humano no ponto de coleta que apresentou alteração em algum parâmetro analítico; e

XIX – passagem de fronteira terrestre: local para entrada ou saída internacional de viajantes, bagagens, cargas, contêineres, veículos rodoviários e encomendas postais.

CAPÍTULO III
DAS COMPETÊNCIAS E RESPONSABILIDADES
(Origem: PRT MS/GM 2914/2011, CAPÍTULO III)

Seção I Das competências da União
Seção II Das competências dos Estados
Seção III Das competências dos municípios
Seção IV Do responsável pelo sistema ou solução alternativa coletiva de abastecimento de água para consumo humano
Seção V Dos laboratórios de controle e vigilância

CAPÍTULO IV
DAS EXIGÊNCIAS APLICÁVEIS AOS SISTEMAS E SOLUÇÕES ALTERNATIVAS COLETIVAS DE ABASTECIMENTO DE ÁGUA PARA CONSUMO HUMANO
(Origem: PRT MS/GM 2914/2011, CAPÍTULO IV)

Art. 23. Os sistemas e as soluções alternativas coletivas de abastecimento de água para consumo humano devem contar com responsável técnico habilitado.

Art. 24. Toda água para consumo humano, fornecida coletivamente, deverá passar por processo de desinfecção ou cloração.

Parágrafo Único. As águas provenientes de manancial superficial devem ser submetidas a processo de filtração.

Art. 25. A rede de distribuição de água para consumo humano deve ser operada sempre com pressão positiva em toda sua extensão.

Art. 26. Compete ao responsável pela operação do sistema de abastecimento de água para consumo humano notificar à autoridade de saúde pública e informar à respectiva entidade reguladora e à população, identificando períodos e locais, sempre que houver: [...]

CAPÍTULO V
DO PADRÃO DE POTABILIDADE
(Origem: PRT MS/GM 2914/2011, CAPÍTULO V)

Art. 27. A água potável deve estar em conformidade com padrão microbiológico, conforme disposto no Anexo 1 do Anexo XX e demais disposições deste Anexo. [...]

Art. 28. A determinação de bactérias heterotróficas deve ser realizada como um dos parâmetros para avaliar a integridade do sistema de distribuição (reservatório e rede). [...]

Art. 29. Recomenda-se a inclusão de monitoramento de vírus entéricos no(s) ponto(s) de captação de água proveniente(s) de manancial(is) superficial(is) de abastecimento, com o objetivo de subsidiar estudos de avaliação de risco microbiológico.

Art. 30. Para a garantia da qualidade microbiológica da água, em complementação às exigências relativas aos indicadores microbiológicos, deve ser atendido o padrão de turbidez expresso no Anexo 2 do Anexo XX e devem ser observadas as demais exigências contidas neste Anexo. [...]

Art. 31. Os sistemas de abastecimento e soluções alternativas coletivas de abastecimento de água que utilizam mananciais superficiais devem realizar monitoramento mensal de *Escherichia coli* no(s) ponto(s) de captação de água. [...]

Art. 32. No controle do processo de desinfecção da água por meio da cloração, cloraminação ou da aplicação de dióxido de cloro devem ser observados os tempos de contato e os valores de concentrações residuais de desinfetante na saída do tanque de contato expressos nos Anexos 4, 5 e 6 do Anexo XX. [...]

Art. 33. Os sistemas ou soluções alternativas coletivas de abastecimento de água supridas por manancial subterrâneo com ausência de contaminação por *Escherichia coli* devem realizar cloração da água mantendo o residual mínimo do sistema de distribuição (reservatório e rede), conforme as disposições contidas no art. 34. [...]

Art. 34. É obrigatória a manutenção de, no mínimo, 0,2 mg/L de cloro residual livre ou 2 mg/L de cloro residual combinado ou de 0,2 mg/L de dióxido de cloro em toda a extensão do sistema de distribuição (reservatório e rede).

Art. 35. No caso do uso de ozônio ou radiação ultravioleta como desinfetante, deverá ser adicionado cloro ou dióxido de cloro, de forma a manter residual mínimo no sistema de distribuição (reservatório e rede), de acordo com as disposições do art. 34.

Art. 36. Para a utilização de outro agente desinfetante, além dos citados neste Anexo, deve-se consultar o Ministério da Saúde, por intermédio da SVS/MS.

Art. 37. A água potável deve estar em conformidade com o padrão de substâncias químicas que representam risco à saúde e cianotoxinas, expressos nos Anexos 7 e 8 do Anexo XX e demais disposições deste Anexo. [...]

Art. 38. Os níveis de triagem que conferem potabilidade da água do ponto de vista radiológico são valores de concentração de atividade que não excedem 0,5 Bq/L para atividade alfa total e 1Bq/L para beta total. [...]

Art. 39. A água potável deve estar em conformidade com o padrão organoléptico de potabilidade expresso no Anexo 10 do Anexo XX. [...]

CAPÍTULO VI
DOS PLANOS DE AMOSTRAGEM
(Origem: PRT MS/GM 2914/2011, CAPÍTULO VI)

Art. 40. Os responsáveis pelo controle da qualidade da água de sistemas ou soluções alternativas coletivas de abastecimento de água para consumo humano, supridos por manancial superficial e subterrâneo, devem coletar amostras semestrais da água bruta, no ponto de captação, para análise de acordo com os parâmetros exigidos nas legislações específicas, com a finalidade de avaliação de risco à saúde humana. [...]

Art. 41. Os responsáveis pelo controle da qualidade da água de sistema e solução alternativa coletiva de abastecimento de água para consumo humano deve elaborar e submeter para análise da autoridade municipal de saúde pública, o plano de amostragem de cada sistema e solução, respeitando os planos mínimos de amostragem expressos nos Anexos 11, 12, 13 e 14 do Anexo XX. [...]

CAPÍTULO VII
DAS PENALIDADES
(Origem: PRT MS/GM 2914/2011, CAPÍTULO VII)

Art. 42. Serão aplicadas as sanções administrativas previstas na Lei nº 6.437, de 20 de agosto de 1977, aos responsáveis pela operação dos sistemas ou soluções alternativas de abastecimento de água que não observarem as determinações constantes deste Anexo, sem prejuízo das sanções de natureza civil ou penal cabíveis.

Art. 43. Cabe ao Ministério da Saúde, por intermédio da SVS/MS, e às Secretarias de Saúde dos Estados, do Distrito Federal dos Municípios, ou órgãos equivalentes, assegurar o cumprimento deste Anexo.

CAPÍTULO VIII
DAS DISPOSIÇÕES FINAIS E TRANSITÓRIAS
(Origem: PRT MS/GM 2914/2011, CAPÍTULO VIII)

Art. 44. Sempre que forem identificadas situações de risco à saúde, o responsável pelo sistema ou solução alternativa coletiva de abastecimento de água e as autoridades de saúde pública devem, em conjunto, elaborar um plano de ação e tomar as medidas cabíveis, incluindo a eficaz comunicação à população, sem prejuízo das providências imediatas para a correção da anormalidade.

Art. 45. É facultado ao responsável pelo sistema ou solução alternativa coletiva de abastecimento de água solicitar à autoridade de saúde pública a alteração na frequência mínima de amostragem de parâmetros estabelecidos neste Anexo, mediante justificativa fundamentada. [...]

Art. 46. Verificadas características desconformes com o padrão de potabilidade da água ou de outros fatores de risco à saúde, conforme relatório técnico, a autoridade de saúde pública competente determinará ao responsável pela operação do sistema ou solução alternativa coletiva de abastecimento de água para consumo humano que: [...]

Art. 47. Constatada a inexistência de setor responsável pela qualidade da água na Secretaria de Saúde dos Estados, do Distrito Federal e dos Municípios, os deveres e responsabilidades previstos, respectivamente, nos arts. 11 e 12 do Anexo XX serão cumpridos pelo órgão equivalente.

Art. 48. O Ministério da Saúde promoverá, por intermédio da SVS/MS, a revisão deste Anexo no prazo de 5 (cinco) anos ou a qualquer tempo. [...]

Art. 49. A União, os Estados, o Distrito Federal e os Municípios deverão adotar as medidas necessárias ao fiel cumprimento deste Anexo.

Art. 50. Ao Distrito Federal competem as atribuições reservadas aos Estados e aos Municípios.

Existem indicadores a serem considerados quando se estudam as variáveis de qualidade da água, divididos de acordo com as características físicas, químicas e biológicas da água e avaliados através de análises feitas para cada área (Funasa, 2007):

a) Qualidade física da água

Envolvem aspectos de ordem estética e psicológica, podendo causar certa repugnância e favorecer a utilização de águas de melhor aparência, porém de má qualidade.

- *Temperatura*: responsável pela transferência de calor em um meio. Pode ser causada por fontes naturais ou antropogênicas e influencia as reações químicas, o metabolismo e a solubilidade.
- *Sabor e odor*: associados a reações químicas ou biológicas, como gases dissolvidos ou atuação de alguns microrganismos.
- *Cor*: produzida pela reflexão da luz. Varia de acordo com a presença de substâncias dissolvidas na água, que lhe conferem colorações específicas.
- *Turbidez*: presença de sólidos em suspensão na água, que interfere na passagem de luz através dela, tornando-a turva.
- *Sólidos*: podem se apresentar em suspensão (SS; sedimentáveis e não sedimentáveis) ou dissolvidos (SD; voláteis e fixos) na água de acordo com o tamanho que possuem. A somatória de todos os sólidos presentes na amostra chama-se sólidos totais (ST). Os sólidos voláteis (SV) constituem a porção dos sólidos (suspensos ou dissolvidos) que se perde pela ignição ou pela calcinação. Os sólidos fixos (SF) representam a porção que resta após a ignição ou a calcinação. Os só-

lidos sedimentáveis (SSed) são a porção dos sólidos em suspensão que se sedimenta sob a ação da gravidade.

Os parâmetros de turbidez e de sólidos totais estão associados, mas não são equivalentes.

b) Qualidade química da água

São características de grande importância por suas consequências sobre o organismo dos consumidores, além de poderem trazer sérios problemas ao equilíbrio do ecossistema aquático e ao meio ambiente em geral.

- *Potencial hidrogeniônico (pH)*: representa a intensidade das condições ácidas ou alcalinas do meio líquido, abrangendo a faixa de 0 a 14 – um valor inferior a 7 representa condições ácidas; superior a 7, condições alcalinas; e, igual a 7, condições neutras. Seu valor influi na distribuição das formas livre e ionizada de diversos compostos químicos, além de contribuir para um maior ou menor grau de solubilidade das substâncias e definir o potencial de toxicidade de vários elementos.
- *Alcalinidade*: indica a quantidade de íons na água que reagem para neutralizar os íons hidrogênio, ou seja, mede a capacidade da água de neutralizar os ácidos. Valores elevados de alcalinidade estão associados a processos de decomposição da matéria orgânica e à alta taxa respiratória de microrganismos.
- *Acidez*: em contraposição à alcalinidade, mede a capacidade da água de resistir às mudanças de pH causadas pelas bases. Ela decorre, fundamentalmente, da presença de gás carbônico livre na água.
- *Dureza*: indica a concentração de cátions multivalentes em solução na água. Águas de elevada dureza reduzem a formação de espuma, o que implica maior consumo de sabões e xampus, além de provocar incrustações nas tubulações de água quente, caldeiras e aquecedores.
- *Cloretos*: geralmente provêm da dissolução de minerais ou da intrusão de águas do mar, podendo ainda advir de esgotos domésticos ou industriais. Em altas concentrações, conferem sabor salgado à água ou propriedades laxativas.
- *Série nitrogenada*: o ciclo do nitrogênio conta com a intensa participação de bactérias, tanto no processo de nitrificação (oxidação bacteriana do amônio a nitrito e deste a nitrato) quanto no de desnitrificação (redução bacteriana do nitrato ao gás nitrogênio). É fortemente encontrada na natureza, na forma de proteínas e outros compostos orgânicos.
- *Fósforo*: o nutriente mais importante para o crescimento de plantas aquáticas. Quando esse crescimento ocorre em excesso, prejudicando os usos da água, tem-se o fenômeno conhecido como eutrofização.
- *Fluoretos*: apresentam grande afinidade pelos metais bi e trivalentes, como o manganês, o ferro e o cálcio, característica que favorece sua fixação nos organismos vivos. São compostos químicos formados pela combinação com outros elementos encontrados em toda parte: solo, ar, água, plantas e vida animal.
- *Ferro e manganês*: por possuírem comportamento químico semelhante, podem ter seus efeitos na qualidade da água abordados conjuntamente. Muito embora esses elementos não apresentem inconvenientes à saúde nas concentrações normalmente encontradas nas águas naturais, podem provocar problemas de ordem estética (manchas em roupas e em vasos sanitários) ou prejudicar determinados usos industriais da água.
- *Oxigênio dissolvido*: trata-se de um dos parâmetros mais significativos para expressar a qualidade de um ambiente aquático. É sabido que a dissolução de gases na água sofre a influência de distintos fatores ambientais, como temperatura, pressão e salinidade. As variações nos

teores de oxigênio dissolvido estão associadas aos processos físicos, químicos e biológicos que ocorrem nos corpos d'água.
- *Matéria orgânica (DBO e DQO)*: os parâmetros demanda bioquímica de oxigênio (DBO) e demanda química de oxigênio (DQO) são utilizados para indicar a presença de matéria orgânica na água, que se reflete no consumo ou na demanda de oxigênio necessários para estabilizar a matéria orgânica contida na amostra de água. Sabe-se que essa matéria é responsável pelo principal problema de poluição das águas, que é a redução na concentração de oxigênio dissolvido. Isso ocorre como consequência da atividade respiratória das bactérias para a estabilização da matéria orgânica. Portanto, a avaliação da presença de matéria orgânica na água pode ser feita pela medição do consumo de oxigênio.

c) Qualidade biológica da água

Refere-se à "parte viva" da água. São os organismos que também constituem impurezas (bactérias, vírus, protozoários e algas) ou atuam no reequilíbrio ambiental.

O papel dos microrganismos no ambiente aquático está fundamentalmente vinculado à transformação da matéria orgânica através de sua estabilização (ou mineralização), que ocorre dentro do ciclo biológico. Também conhecido como biodegradação, é um processo de decomposição da matéria orgânica vital para o equilíbrio do meio ambiente, promovida pelas bactérias (aeróbias ou anaeróbias).

As substâncias presentes na água são também analisadas segundo seus principais efeitos, podendo ser favoráveis ou não, de acordo com a avaliação e a normatização de cada aplicação, causando ou não danos ocasionais a depender de sua presença e/ou concentração. Pode-se destacar:
- *Salinidade* (bicarbonatos, cloretos, sulfatos e demais sais): resultado do conjunto de sais dissolvidos na água, podendo apresentar sabor salino e propriedades laxativas.
- *Dureza* (cálcio, magnésio (temporária), bicarbonatos): resultado da presença de sais alcalinos ferrosos e alguns metais, podendo ser temporária (bicarbonatos), caso em que pode ser eliminada pela fervura, ou permanente (sulfatos).
- *Alcalinidade* (sódio, potássio, cálcio, magnésio): resultado da presença de carbonatos, bicarbonatos e hidróxidos, influindo no tratamento das águas (coagulação, floculação e precipitação).
- *Agressividade* (oxigênio: produtos ferrosos; gás sulfídrico: não ferrosos; gás carbônico: à base de cianeto): presença de substâncias que causam agressividade ao meio ou ao produto e, portanto, são consideradas antieconômicas e/ou perigosas.
- *Ferro e manganês*: conferem sabor e coloração (ferro: amarelada; manganês: marrom).
- *Impurezas orgânicas e nitratos* (matéria orgânica em geral; nitrogênio em diversas formas: orgânico, nítrico etc.): indicam poluição, afetando a saúde.
- *Características benéficas*: substâncias que, em concentrações normais (adequadas), trazem benefícios diretos ou indiretos ao meio ambiente e/ou à saúde pública (por exemplo, iodo e flúor).
- *Substâncias que, em concentrações normais nas águas, não apresentam efeitos deletérios*: são aquelas que, utilizadas dentro dos parâmetros preestabelecidos, não causam impactos ao meio e/ou à saúde pública, mas que podem vir a ser agressivas ou deletérias se mal aplicadas.
- *Toxidez potencial*: presença de elementos tóxicos que poluem as águas, advindos das indústrias ou das atividades humanas; pode causar envenenamento (cianetos, cromatos, arsênico, cobre, zinco, chumbo, selênio etc.).
- *Fenóis e detergentes*: tóxicos à saúde, prejudicando o tratamento das águas.

- *Radioatividade*: pode contaminar as águas de chuva.
- *Elementos desagradáveis que podem causar cheiro, gosto ou efeitos purgativos*: fenóis, algas (toxidez = algas azuis), alumínio e seus compostos, boro, magnésio, rádio, prata, estanho, zinco, cloro etc.

A Fig. 3.12 esquematiza a qualidade da água segundo suas características físicas, químicas e biológicas e segundo as características das substâncias presentes.

Conforme seu uso, também se define sua qualidade em função do registro de substâncias presentes, atribuindo nomenclaturas diferentes para cada função/característica. A seguir são apresentados alguns exemplos:

- *Água salgada*: possui uma grande quantidade de sais. A salinidade é igual ou superior a 30 partes por mil.
- *Água doce*: embora possa remeter ao açúcar, esse nome se refere apenas à ausência ou à baixa concentração de sal. É a água com

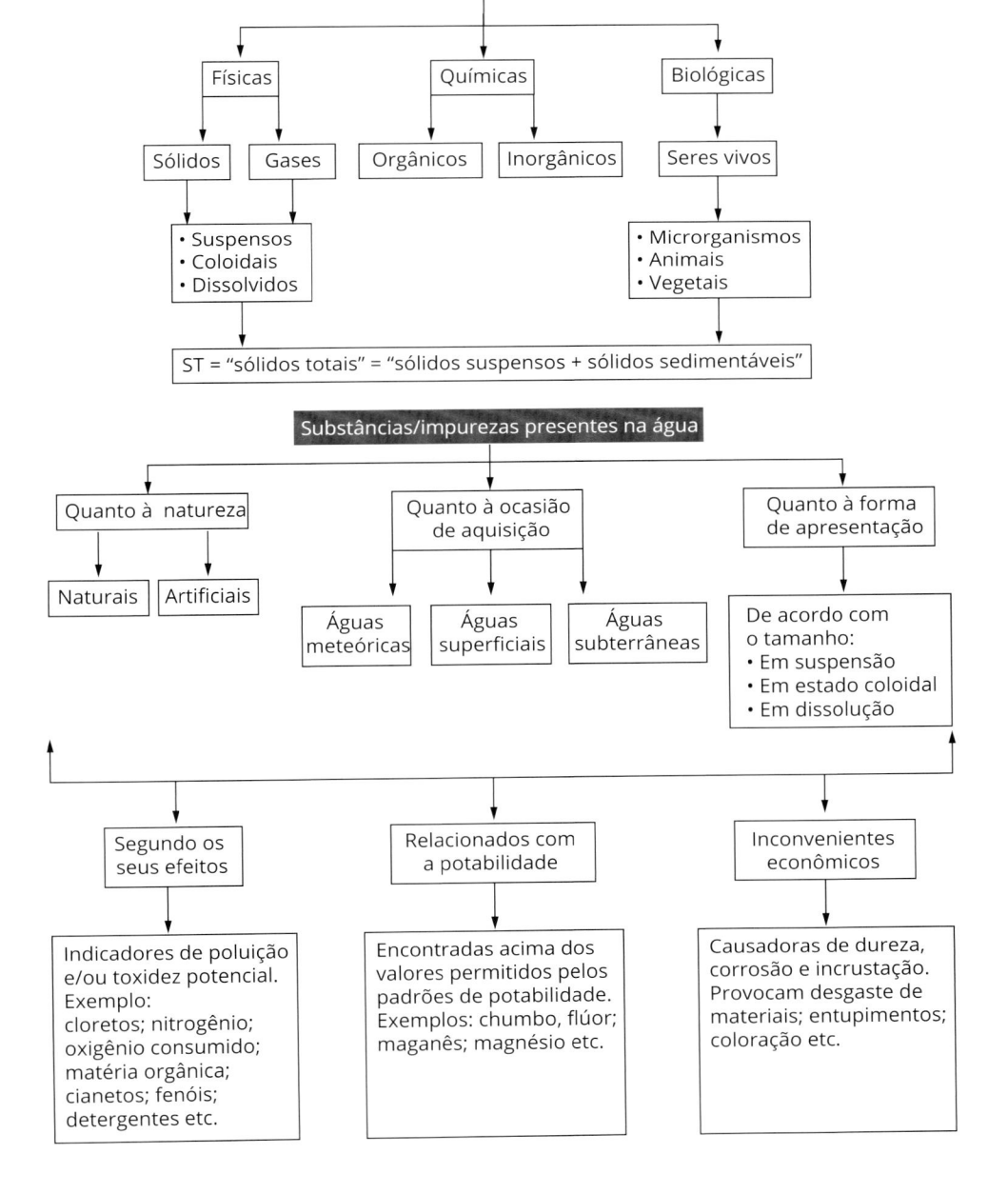

FIG. 3.12 *Características das águas*

salinidade igual ou inferior a 0,5 parte por mil.
- *Água salobra*: água com salinidade superior a 0,5 parte por mil e inferior a 30 partes por mil.
- *Água poluída*: aquela em que, após análise, encontram-se concentrações de substâncias que lhe conferem características fora da normalidade.
- *Água contaminada*: quando possui organismos causadores de doença ou substâncias que podem trazer problemas de saúde.
- *Água bruta*: aquela encontrada em seu estado natural. Nunca sofreu nenhum tratamento para adequação de sua qualidade.
- *Água tratada*: aquela que sofreu algum tipo de beneficiamento e/ou adequação para seu uso.
- *Água de balneabilidade*: destinada à recreação de contato primário, ou seja, contato direto e prolongado em situações como mergulhar, nadar e boiar. Pode ser classificada em própria ou imprópria.
- *Água mineral*: aquela que provém do interior da crosta terrestre e, em seu estado bruto, é potável e contém alguma substância em solução que lhe confere valor terapêutico.
- *Água termal*: água mineral originada de camadas profundas da crosta terrestre e que atinge a superfície em temperatura elevada.
- *Água radiativa (mineral ou termal)*: aquela que possui radioatividade natural (explosões atômicas).
- *Água destilada*: água purificada criada através do processo de destilação, em que o ideal é conseguir chegar à sua forma molecular (hidrogênio e oxigênio) com pH = 7 e sem contaminantes, minerais ou gases adicionais.

3.6 Impurezas presentes nas águas

A água é considerada um dos melhores solventes existentes e, portanto, nunca é encontrada em estado de absoluta pureza. Possui uma extraordinária capacidade de dissolução e transporte das mais variadas formas de matéria, em solução ou em suspensão, representando, dessa forma, um veículo para os mais variados tipos de impureza.

As características da água derivam dos ambientes naturais e antrópicos onde se origina, percola ou fica estocada. Conforme transita em seu ciclo hidrológico, sofre alterações de propriedades, assim como manifesta características alteradas pelas ações do homem.

Conforme já discutido anteriormente, quando se avalia a qualidade da água, a primeira e mais importante condição é especificar seu uso, pois sua adequação está diretamente ligada à sua eficiência e ao custo-benefício. As substâncias presentes na área é que vão lhe conferir características peculiares, variando em seus aspectos toxicológicos, contaminantes, antieconômicos, impactantes etc. Todas as substâncias presentes na água podem e devem ser definidas de acordo com suas características (físicas, químicas e biológicas), de forma a adequar seu grau de tratamento avaliando sua atuação nos diversos setores: na saúde (bem-estar), no meio ambiente (impactos), na economia (antieconômicas), na agricultura (favoráveis ou não) e na indústria (variando com os processos de produção).

As substâncias presentes na água podem se apresentar em forma de sólidos ou gases. Os sólidos são classificados de acordo com suas características, sendo definidos como impurezas ou não, quando, por exemplo, não são favoráveis ao uso da água ou são indicadores de poluição ou de potabilidade, devendo sempre ter sua presença controlada.

O Quadro 3.5 fornece uma visão mais clara da forma como as substâncias se apresentam na água. É importante observar que os processos de remoção dos sólidos em suspensão são diferentes dos processos de remoção dos sólidos dissolvidos, assim como daqueles de remoção dos gases dissolvidos.

A obtenção de qualidade total tem elevado grau de complexidade, uma vez que a água apresenta uma série de agregados derivados de partículas primárias contidas na atmosfera, bem como

QUADRO 3.5   Forma física preponderante dos parâmetros de qualidade

Natureza	Parâmetro	Sólidos em suspensão	Sólidos dissolvidos	Gases dissolvidos
Física	Cor		×	
	Turbidez	×		
	Sabor e odor	×	×	×
Química	pH		×	×
	Alcalinidade		×	
	Acidez		×	×
	Dureza		×	
	Ferro e manganês	×	×	
	Cloretos		×	
	Nitrogênio	×	×	
	Fósforo	×	×	
	Oxigênio dissolvido			×
	Matéria orgânica	×	×	
	Metais pesados	×	×	
	Micropoluentes orgânicos		×	
Biológica	Organismos indicadores	×		
	Algas	×		
	Bactérias	×		

Fonte: Von Sperling (1996).

de agregados derivados de gases, que causam impactos aos ambientes naturais e antrópicos. A situação mais grave está nas regiões urbanas mais desenvolvidas.

É necessário considerar que existe uma interação contínua de troca de componentes entre os ambientes ar, água e solo, onde um influi na qualidade do outro, em perfeito equilíbrio. Quando um deles está impactado, essa poluição se transfere de um ambiente para o outro através de ações ambientais, como, por exemplo, o próprio ciclo hidrológico. Sendo assim, quando se busca a gestão da qualidade das águas, intrinsecamente se deve fazer também o controle do ar e do solo.

Os maiores agentes poluidores da atualidade são as atividades industriais, devido a suas várias áreas de processos. A agropecuária também é considerada uma atividade que promove elevados impactos, pois manuseia grandes áreas.

Para gerenciar os impactos causados pelos processos industriais, é necessária a constante implementação de novas tecnologias que promovam o controle da poluição industrial, sendo importantíssimo que esse processo venha acompanhado da filosofia do *desenvolvimento planejado*, implementado dentro do ideal de cada indústria de forma a favorecer a valorização da educação ambiental em todos os níveis e, por consequência, a sustentabilidade e a produção mais limpa. O Quadro 3.6 apresenta os principais poluentes dos despejos industriais.

Outro grande impacto que ocorre como resultado de inúmeras descargas de água contaminada, poluída, com altas concentrações de nitrogênio e fósforo, é a eutrofização dos rios, que aumenta a matéria orgânica e a quantidade de fitoplâncton a níveis indesejáveis, favorecendo os focos de doenças de veiculação hídrica.

Tundisi, Tundisi e Rocha (1999) descrevem as consequências da eutrofização em lagos, represas e rios:

> a) aumento da concentração de nitrogênio e fósforo na água (sob forma dissolvida e particulada);
> b) aumento da concentração de fósforo no sedimento;
> c) aumento da concentração de amônia e nitrito no sistema;
> d) redução da zona eufótica (profundidade até a qual existe luz para ocorrer a fotossíntese, referente à transparência da coluna de água);
> e) aumento da concentração de material em suspensão particulado de origem orgânica na água;
> f) redução da concentração de oxigênio dissolvido na água (principalmente durante o período noturno);
> g) anoxia (falta de oxigênio dissolvido) das camadas mais profundas do sistema próximas ao sedimento;
> h) aumento da decomposição geral do sistema e emanação de odores indesejáveis;
> i) aumento das bactérias patogênicas (de vida livre ou agregadas ao material em suspensão);
> j) aumento dos custos para o tratamento de água;
> k) diminuição da capacidade de fornecer usos múltiplos pelo sistema aquático;
> l) mortalidade ocasional em massa de peixes;
> m) redução do valor econômico de residências e propriedades próximas a lagos, rios ou represas eutrofizados;
> n) alteração nas cadeias alimentares;
> o) aumento da biomassa de algumas espécies de fitoplâncton, macrofitas, zooplâncton e peixes;
> p) em muitas regiões o processo de eutrofização vem acompanhado do aumento, em geral, das doenças de veiculação hídrica nos habitantes próximos dos lagos, rios ou represas eutrofizadas.

Esses estudiosos destacam que os principais impactos nos ecossistemas aquáticos no Brasil provêm do desmatamento, da mineração e dos despejos de material residual, e que o aumento da toxicidade provém dos usos de pesticidas e herbicidas, da poluição atmosférica e também, em algumas regiões, da chuva ácida.

3.6.1 Poluição das águas de consumo

A água destinada ao suprimento público deve estar dentro dos conceitos de potabilidade e sua distribuição deve possuir os seguintes objetivos:

- Ser responsável com a saúde pública (água contaminada transmite doenças).
- Fornecer água com características necessárias ao consumo humano, controlando a presença de substâncias inorgânicas (metais pesados, ferro, manganês), orgânicas (trihalometânicas, ou seja, substâncias húmicas que, com a pré-cloração, podem promover substâncias cancerígenas) e biológicas (vírus, fungos, bactérias etc.). Para isso, o sistema de abastecimento deve ser bem projetado, construído, conservado e mantido para evitar a contaminação da água desde a captação até seu consumo.

As características das águas naturais, juntamente com as características que deve ter a água fornecida ao consumidor, influem no grau de tratamento e em seu uso.

Em um sistema de abastecimento de água, existem vários pontos onde podem ocorrer alterações em sua qualidade por causa da aquisição de impurezas.

Quadro 3.6   Principais poluentes de despejos industriais

Acetaldeído	Plásticos, borracha sintética, corante
Ácido acético	Vinícolas, indústrias têxteis, destilação de madeira, indústrias químicas
Acetileno	Síntese orgânica
Acrilonitrila	Plásticos, borracha sintética, pesticidas
Amônia	Manufatura de gás de carvão, operações de limpeza com água-amônia
Acetato de amônia	Tintura em indústrias têxteis, preservação da carne
Cloreto de amônia	Tintura, lavagem do curtimento
Dicromato de amônia	Mordentes, litografia, fotogravação
Fluoreto de amônia	Tintura em indústrias têxteis, preservação da madeira
Nitrato de amônia	Fertilizantes, explosivos, indústrias químicas
Sulfato de amônia	Fertilizantes
Anilina	Tinturas, vernizes, borrachas
Bário (acetato; cloreto; fluoreto)	Mordente em tinturaria, manufatura de tintas, operações de curtimento, tratamento de metais
Benzeno	Indústrias químicas nas sínteses de compostos orgânicos, tinturaria, outras operações têxteis
Butil (acetato)	Plásticos, couro artificial, vernizes
Carbono (dissulfeto; tetracloreto; hexavalente)	Manufatura de gases, indústrias químicas, decapagem de metais, galvanização, curtumes, tintas, explosivos, papéis, águas de refrigeração, mordente, tinturaria em indústrias têxteis, fotografia, cerâmica
Cobalto	Tecnologia nuclear, pigmentos
Cobre (cloreto; nitrato; sulfato)	Galvanoplastia do alumínio, tintas indeléveis, tinturas têxteis, impressões fotográficas, inseticidas, curtimento, tintura, galvanoplastia, pigmentos
Diclorobenzeno	Solvente para ceras, inseticidas
Dietilamina	Indústrias petroquímicas, fabricação de resinas, indústrias farmacêuticas, tintas
Etilamina	Refinação de óleo, sínteses orgânicas, fabricação de borracha sintética
Sulfato ferroso	Fábricas de conservas, curtumes, têxteis, minas, decapagem de metais
Formaldeído	Curtumes, penicilinas, plantas e resinas
Furfural	Refino de petróleo, manufatura de vernizes, inseticidas, fungicidas, germicidas
Chumbo (acetato; cloreto; sulfato)	Impressoras, tinturarias, fabricação de outros sais de chumbo, fósforos, explosivos, mordente, pigmentos, baterias, litografia
Mercaptana	Alcatrão de carvão, celulose Kraft
Mercúrio (cloreto; nitrato)	Fabricação de monômeros, explosivos
Composto orgânico mercuroso	Descargas de "água branca" em fábricas de papel
Metilamina	Curtimento, sínteses orgânicas
Níquel (cloreto; sulfato amoniacal; nitrato)	Galvanoplastia, tinta invisível
Piridina	Piche de carvão, fabricação de gás
Sódio (bissulfato; cloreto; carbonato; cianeto; fluoreto hidróxido; sulfato; sulfeto)	Têxteis, indústrias fermentativas, indústria cloro-álcali, indústria química, banhos eletrolíticos, pesticidas, celulose e papel, petroquímicas, óleos minerais e vegetais, couro, recuperação de borracha, destilação de carvão, curtumes
Ácido sulfúrico (ácido)	Produção de fertilizante, outros ácidos, explosivos, purificação de óleos, decapagem de metais, secagem de cloro
Ureia	Produção de resinas e plásticos, sínteses orgânicas
Zinco	Galvanoplastia com zinco (cloreto), fábrica de papel, tinturas

Fonte: adaptado de Funasa (2007).

Nas fases do ciclo hidrológico:
- *Precipitação atmosférica*: é pouco frequente a existência de microrganismos patogênicos, mas ocorre maior contato com material particulado e alguns gases.
- *Escoamento superficial*: as águas carregam impurezas da superfície do solo, podendo conter elevada concentração de microrganismos patogênicos.
- *Infiltração no solo*: filtração das impurezas e dissolução de compostos solúveis, podendo ser carregados pelos aquíferos.
- *Despejos diretos (águas residuais e lixo)*: resíduos indevidamente lançados nas águas naturais poluem e levam ao surgimento de algas.
- *Represamento*: as impurezas sofrem alterações de múltiplas naturezas (físicas, químicas e biológicas), porém o repouso pode melhorar sua qualidade devido à sua sedimentação.

Nas fases do sistema de abastecimento de água:
- *Captação*: não deve estar localizada a jusante de um lançamento de esgotos.
- *Adução*: não deve aduzir a água tratada em canais abertos.
- *Tratamento*: deve-se tomar cuidado nas instalações para evitar contaminação.
- *Recalque*: a linha de distribuição de água deve estar a mais de 3 m das linhas de esgotos. Além disso, os reservatórios devem ser cobertos, e o sistema deve possuir pressão satisfatória.
- *Instalações hidráulico-sanitárias*: com materiais e técnicas adequadas (prediais e urbanas).

3.7 Abastecimento de água

O abastecimento de água é imprescindível para o desenvolvimento socioeconômico de uma região, além de ser de suma importância para controlar e manter a saúde pública.

A capacidade/potência do sistema de serviço de água deve considerar a vazão média do consumo diário para cada região, que varia em função de fatores inerentes a cada localidade, como clima, padrão de vida, hábitos, tecnologias e manutenção de sistemas, base econômica, política e administrativa, disponibilidade hídrica etc. (Quadro 3.7).

O mau dimensionamento desse sistema promove uma crise hídrica, refletindo-se em vários aspectos socioeconômicos e ambientais preocupantes.

A média de consumo diário de água recomendada pela ONU para atender as necessidades básicas de uma pessoa é de 110 L. Porém, segundo o Sistema Nacional de Informações de Saneamento Básico do Ministério das Cidades, o consumo médio brasileiro é de 166,3 L por habitante/dia, 51% acima do recomendado.

Outro problema sistêmico de relevância é que, a cada 100 L de água tratada no Brasil, somente 63 L são consumidos, sendo os 37 L restantes perdidos em virtude de vazamentos, ligações irregulares, falta de medição ou medição incorreta e roubos.

O mapa de consumo de água por habitante nos países desenvolvidos mostra que são utilizados em média 150 L diários (Onnig, 2012), repartidos conforme exibido na Fig. 3.13.

Para garantir o controle do consumo hídrico e a boa conduta junto à gestão dos recursos hídricos, é importante a implementação de programas educacionais e de incentivo à pesquisa para a inibição dos abusos e desperdícios, a racionalização do consumo doméstico e o combate às perdas do sistema.

Para melhor exemplificar a importância da educação ambiental para a efetividade do controle de consumo de água do sistema de abastecimento, a Tab. 3.8 descreve algumas ações que colaboram para esse controle no cotidiano humano.

A água é a substância predominante nos seres vivos, atuando como veículo de assimilação e eliminação de muitas substâncias pelos organismos, além de manter estável sua temperatura corporal. Para o ser humano não é diferente.

As perdas de água diárias em um indivíduo são de 2.300 mL, através da urina e das fezes, pela pele, pela respiração e pelo suor.

Quadro 3.7 — Tipos de consumo urbano de água

Uso doméstico	Descarga de bacias sanitárias Asseio corporal Cozinha Bebida Lavagem de roupas Rega de jardins e quintais Limpeza em geral Lavagem de automóveis
Uso comercial	Lojas (sanitários) Bares e restaurantes (matéria-prima, sanitários e limpeza) Postos e entrepostos (processos, veículos, sanitários e limpeza)
Uso industrial	Água como matéria-prima Água consumida em processo industrial Água utilizada para resfriamento Água para instalações sanitárias, refeitórios etc.
Uso público	Limpeza de logradouros públicos Irrigação de jardins públicos Fontes e bebedouros Limpeza de redes de esgotamento sanitário e de galerias de águas pluviais Edifícios públicos, escolas e hospitais Piscinas públicas e recreação
Usos especiais	Combate a incêndios Instalações desportivas Ferrovias e metrôs Portos e aeroportos Estações rodoviárias
Perdas e desperdícios	Perdas na adução Perdas no tratamento Perdas na rede distribuidora Perdas domiciliares Desperdícios

Fonte: adaptado de Netto et al. (1998).

Distribuição do consumo de água numa habitação

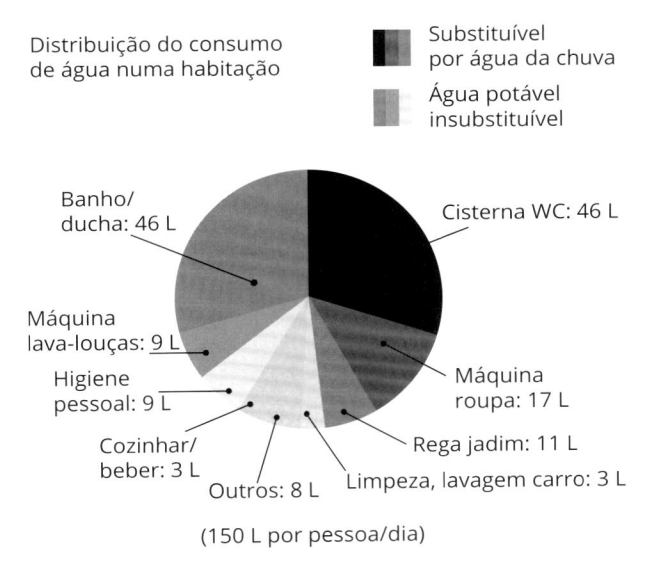

- Substituível por água da chuva
- Água potável insubstituível

- Banho/ducha: 46 L
- Cisterna WC: 46 L
- Máquina lava-louças: 9 L
- Máquina roupa: 17 L
- Higiene pessoal: 9 L
- Cozinhar/beber: 3 L
- Rega jardim: 11 L
- Outros: 8 L
- Limpeza, lavagem carro: 3 L

(150 L por pessoa/dia)

Fig. 3.13 *Mapa de consumo de água por habitante nos países desenvolvidos*
Fonte: Onnig (2012).

Tab. 3.8 — Adequação de consumo de água em uma residência

Tomar banho	15 min	105 L
	10 min	70 L
Fazer a barba	Torneira aberta	65 L
	Torneira fechada	1 L
Escovar os dentes	Torneira aberta	10 L
	Torneira fechada	400 mL
Lavar o carro	Mangueira aberta	360 L
	Com balde	de 20 L a 40 L
Dar descarga no vaso sanitário	Válvula de descarga por 6 s	10 L a 14 L
	Caixa acoplada	de 3 L a 6 L
Lavar a louça	Torneira aberta por 15 min	117 L
	Torneira aberta só para enxaguar	10 L
Lavar a calçada	Com mangueira – 15 min	279 L
	Varrer	–

Normalmente os seres vivos obtêm água através de ingestão direta de líquidos, retirando-a de alimentos ou através de reações metabólicas.

É necessária uma economia das reservas já existentes mediante uma nova política de uso e comportamento, sendo que ainda se encontram dificuldades em vários fatores, que passam pelos culturais, religiosos e econômicos. Assim, estima-se que a política de uso da água varie de país para país e tenha como elementos-chave:
- direito do uso da água;
- revisão do preço dos serviços;
- distribuição dos subsídios e investimentos;
- adoção de novas tecnologias;
- incentivo à proteção ambiental;
- acordos e cooperação internacional;
- consciência do valor da água.

Na Região Metropolitana de São Paulo, também conhecida como Grande São Paulo, está a maior e mais populosa concentração urbana do Brasil e uma das dez maiores do planeta, abrangendo 39 municípios, com uma população de mais de 21 milhões de habitantes.

Giudice (2015), em artigo para a Associação dos Engenheiros do Departamento de Águas e Energia Elétrica (AEDAEESP), caracteriza a crise hídrica paulista da seguinte forma:

> [...] Banhado pela Bacia Hidrográfica do Alto Tietê, cujos limites são praticamente coincidentes com os limites da RMSP. A disponibilidade hídrica da região é considerada crítica, possuindo apenas 201 m³ "per capita", inferior à disponibilidade no Estado mais seco da região Nordeste do país, obrigando a reversão de cerca de 31 m³/s de bacias hidrográficas vizinhas para atender as suas demandas.
> Quase que a totalidade da população da RMSP (99,5%) localiza-se na área da Bacia do Alto Tietê. A água de superfície é responsável por mais de 80% do uso da água, enquanto as águas subterrâneas respondem pelo restante, sendo que as demandas atuais de abastecimento de água, quase que em sua íntegra, são atendidas e operadas pela Companhia de Saneamento Básico do Estado de São Paulo – SABESP, por meio do Sistema Integrado de Abastecimento de Água, composto por oito sistemas produtores de água que são responsáveis pela produção de cerca de 73 m³/s (média anual de 69,4 m³/s). Sob a concessão da SABESP, o Sistema Adutor Metropolitano – SAM atende 21 municípios. Além de conduzir a água tratada por meio de 8 (oito) Estações de Tratamento de Água (ETA), aos reservatórios de distribuição, também permite a transferência de água entre os sistemas produtores em momentos de escassez ou necessidade de paralisação para execução de serviços de manutenção. Distribui 99% da água tratada na RMSP e compreende um complexo composto por um conjunto formado por cerca de 1.500 km de adutoras e subadutoras, 177 estações elevatórias com total de 541 bombas, 133 estruturas de medição e controle e 129 reservatórios, que interligam os sistemas produtores de água tratada aos 241 reservatórios de distribuição localizados estrategicamente.
> – Operação e controle informatizado com 168 estações remotas de telemetria registrando vazões, níveis, pressões, posicionamento de válvulas e *status* de bombas, essenciais para definir e transmitir os comandos para execução das manobras operacionais.
> – A rede de distribuição possui uma malha hidráulica responsável pelo transporte da água de aproximadamente 3.000.000 de ligações prediais, com 25.000 km de extensão, em diversos diâmetros que variam entre 50 mm e 1.000 mm e diferentes tipos de materiais, como: ferro fundido, PVC, PEAD (Polietileno de Alta Densidade) etc.
> – É composto por 136 setores, divididos em zonas alta (43 reservatórios) e baixa (198 reservatórios), e em alguns casos em zona média.

DESCRIÇÃO DO SISTEMA INTEGRADO DE ABASTECIMENTO DE ÁGUA

– O sistema de abastecimento integrado fornece água potável aos cerca de 21 milhões de habitantes, com problemas generalizados de degradação resultantes da poluição do esgoto, desmatamento, erosões e expansão urbana desordenada nas áreas das bacias hidrográficas. Desse sistema, quase metade do volume total é importada da região norte por meio do Sistema Cantareira, que é integrado por um conjunto de represas localizadas nas Bacias do rio Piracicaba e do Alto Tietê [Quadro 3.8].

– Os sistemas produtores Guarapiranga, Rio Grande (Billings) e Cotia operam de forma integrada, mediante reversões entre si, envolvendo

QUADRO 3.8 Regiões abastecidas pelos sistemas produtores da Sabesp na RMSP

Alto Cotia	– Água oriunda da represa Pedro Beicht, que é formada pelos rios Capivari e Cotia – Produz cerca de 1.200 L/s de água – Abastece 400 mil habitantes de Cotia, Embu, Embu-Guaçu, Itapecerica da Serra e Vargem Grande Paulista
Baixo Cotia	– Água oriunda da barragem do rio Cotia – Produz cerca de 900 L/s de água – Abastece 200 mil moradores de Barueri, Jandira e Itapevi
Alto Tietê	– Sistema formado pelos rios Tietê, Claro, Paraitinga, Biritiba, Jundiaí, Grande, Doce, Taiaçupeba Mirim e Açu e Balainho, com tratamento realizado pela ETA Taiaçupeba – Produz cerca de 15.000 L/s – Abastece cerca de 3,3 milhões de pessoas da Zona Leste da capital e dos municípios de Arujá, Itaquaquecetuba, Poá, Ferraz de Vasconcelos, Suzano, Mauá, Mogi das Cruzes, parte de Santo André, e Guarulhos (Pimentas e Bonsucesso)
Cantareira	– O maior da RMSP – Sistema formado pelos rios Jaguari, Jacareí, Cachoeira, Atibainha e Juqueri, com tratamento realizado pela ETA Guaraú – Produz cerca de 33.000 L/s de água – Abastece 9,4 milhões de pessoas das zonas Norte e Central e de partes das zonas Leste e Oeste da capital, bem como os municípios de Franco da Rocha, Francisco Morato, Caieiras, Cajamar, Osasco, Carapicuíba e São Caetano do Sul, além de parte dos municípios de Guarulhos, Barueri, Taboão da Serra e Santo André
Guarapiranga	– Localizado nas proximidades da Serra do Mar – Sistema formado pela represa Guarapiranga (rios Embu-Mirim, Embu-Guaçu, Santa Rita, Vermelho, Rib. Itaim, Capivari e Parelheiros) e pela represa Billings (rio Taquacetuba) – Produz 14.000 L/s de água – Abastece 3,8 milhões de pessoas das zonas Sul e Sudoeste da capital, além dos municípios de Cotia, Embu, Itapecerica da Serra e Taboão da Serra
Ribeirão da Estiva	– Sistema escolhido para receber novas tecnologias com o objetivo de torná-lo um centro de referência tecnológica em automação, em todas as fases de produção de água – Capta água do Ribeirão da Estiva – Produz 100 L/s de água – Abastece 40 mil pessoas do município de Rio Grande da Serra
Rio Claro	– Localizado a 70 km da capital – Sistema formado pelo Ribeirão do Campo, com tratamento realizado pela ETA Casa Grande – Produz 4.000 L/s de água – Abastece 1,2 milhão de pessoas do bairro de Sapopemba, na capital, e de parte dos municípios de Ribeirão Pires, Mauá e Santo André. O sistema foi construído na década de 1930 e ampliado na década de 1970
Rio Grande	– É um braço da represa Billings – Produz 4.800 L/s de água – Abastece 1,6 milhão de pessoas de Diadema, São Bernardo do Campo e parte de Santo André
São Lourenço	– Capta água do reservatório Cachoeira do França – A água é encaminhada para a ETA Vargem Grande Paulista – Produz 6.400 L/s – Abastece 1,4 milhão de habitantes de sete municípios da zona oeste da Grande São Paulo: Carapicuíba, Barueri, Jandira, Itapevi, Cotia, Vargem Grande Paulista e Santana do Parnaíba

Fonte: adaptado de Giudice (2015).

diferentes tipos de uso, entre os quais: abastecimento, geração de energia, controle de cheias, recreação e lazer e preservação ambiental.

– Em conjunto, os sistemas Cantareira, Guarapiranga e Billings respondem por 70% da água consumida pela população. Transferências menores entre as bacias para o Alto Tietê são provenientes dos rios Capivari e Guaratuba.

3.8 Sistema de abastecimento de água

A qualidade da água destinada ao abastecimento público deve obedecer, rigorosamente, às normas de potabilidade da regulamentação nacional.

Para o cálculo do consumo de água no sistema de abastecimento urbano, devem ser considerados o sistema de fornecimento e cobrança, a qualidade da água fornecida, o custo operacional, a pressão na rede distribuidora, a existência de rede de esgoto e os tipos de aplicação.

Antes de chegar às torneiras, a água percorre um longo trajeto, que compreende sua retirada de mananciais superficiais (rios, lagos ou represas), profundos ou subterrâneos (poços), seu envio às estações de tratamento de água e sua consequente distribuição. Esses processos são de responsabilidade do sistema de abastecimento de água de cada região, gerenciado, organizado e produzido por uma concessionária local, que responde ao Poder Público.

Também conhecidos como *sistemas produtores*, devem garantir o acesso à água potável para consumo humano em toda a sua região de abrangência.

A alta concentração populacional reflete no problema dos limites de capacidade sustentável dos sistemas produtores. Não é prudente retirar da natureza uma quantidade de água bruta que comprometa o abastecimento público no futuro. Por isso, a concessionária deve atuar na primordial reversão de possíveis danos da superexploração dos mananciais, evitando a degradação ambiental e garantindo o abastecimento público com qualidade.

A falta de acesso da população à água de boa qualidade é responsável por graves problemas nutricionais, sanitários e econômicos. A relação entre a incidência de doenças e a falta de acesso à água em quantidade e qualidade adequadas é indiscutível. Em geral, os maiores riscos associados ao consumo de água de qualidade inadequada estão ligados à presença de microrganismos como vírus, protozoários, bactérias e larvas. Mas poluentes químicos também podem trazer sérios riscos, tanto os de origem antrópica quanto os oriundos das atividades agrícola e industrial, assim como os de origem natural, como a ocorrência natural de arsênico e flúor em alguns países (Rosa, 2013).

Segundo Rosa (2013), no Brasil existem problemas crônicos de falta de acesso à água, boa parcela da população ainda carece da garantia de fornecimento de água e sofre com a saúde pública. Esse problema ocorre em todo o território nacional, mas a maior parcela da população afetada está concentrada na região do Semiárido.

O sistema de abastecimento de água é formado por instalações compostas de um conjunto de obras civis, materiais e equipamentos, desde a zona de captação até as ligações prediais. Pode ser com captação subterrânea ou superficial, com ou sem rede de distribuição, podendo ser aplicadas soluções coletivas ou alternativas individuais de abastecimento.

Para elaborar um projeto de abastecimento de água, deve-se considerar:
- Aspectos físicos locais
    ◊ vazões;
    ◊ dimensionamentos das diversas partes constituintes do sistema (canalizações, estruturas, equipamentos etc.);
    ◊ demanda de água local (da cidade onde será implantado o projeto);
    ◊ número de habitantes a serem abastecidos;
    ◊ qualidade da água;
    ◊ consumo médio por pessoa, variações de demanda etc.
- Aspectos sanitário e social
    ◊ melhoria da saúde e das condições de vida de uma comunidade;

- diminuição da mortalidade em geral, principalmente da infantil;
- aumento da esperança de vida da população;
- diminuição da incidência de doenças relacionadas à água;
- implantação de hábitos de higiene na população;
- facilidade na implantação e melhoria da limpeza pública;
- facilidade na implantação e melhoria dos sistemas de esgotos sanitários;
- possibilidade de proporcionar conforto e bem-estar;
- melhoria das condições de segurança.

• Aspectos econômicos
- aumento da vida produtiva dos indivíduos economicamente ativos;
- diminuição dos gastos particulares e públicos com consultas e internações hospitalares;
- facilidade para instalações de indústrias, onde a água é utilizada como matéria-prima ou meio e operação;
- incentivo à indústria turística em localidades com potencial de desenvolvimento.

3.8.1 Unidades do sistema de abastecimento de água

O sistema de abastecimento de água é composto de várias unidades, sendo que cada uma possui funções específicas e é importante para a eficiência final do sistema. A Fig. 3.14 esquematiza essas unidades.

Manancial

Esses reservatórios podem ser de águas superficiais ou subterrâneas, podendo incluir rios, lagos ou represas. Entende-se que um manancial deve possuir água de qualidade adequada para o serviço público, ou seja, após a análise física, química e biológica essa água bruta deve apresentar potabilidade ou vir a apresentá-la depois de passar por um tratamento.

De acordo com a vazão necessária para o abastecimento, o manancial pode variar seu tamanho desde um simples poço até grandes obras estruturais, como reservatórios de acumulação e barragens, contanto que favoreçam a vazão para o consumo contínuo proposto em projeto.

Uma vez determinado o manancial, ele necessita de cuidados especiais que garantam sua quantidade e qualidade registrada. Para tanto, existem leis de proteção de mananciais que visam estabelecer parâmetros com o fim de preservá-los ou tentar preservá-los. Em São Paulo, a Lei Estadual nº 9.866/97 trata da proteção e da recuperação de condições ambientais específicas com o intuito de garantir a produção de água necessária para o abastecimento e o consumo das gerações atuais e futuras. O principal objetivo é evitar a poluição das águas, aplicando punições aos poluidores.

O rápido crescimento das cidades fez com que as águas fossem ficando poluídas. Pode-se

FIG. 3.14 *Unidades do sistema de abastecimento de água*

destacar alguns exemplos de reservatórios que se encontram em situações de risco: represa de Guarapiranga (SP), rio Guandu (RJ) e bacia do rio Piracicaba (SP).

Por outro lado, existem vários registros de recuperação e preservação de mananciais. Esse assunto esteve muito presente nas discussões e estudos da agenda do 8º Fórum Mundial da Água, organizado pelo Conselho Mundial da Água e realizado em Brasília em março de 2018. Vários projetos desenvolvidos em municípios brasileiros foram apresentados durante o evento.

Captação

É o conjunto de estruturas e dispositivos construídos ou montados junto a um manancial para captar sua água e recalcá-la até a estação de tratamento através das adutoras de água bruta. O tipo de captação varia de acordo com o tipo de manancial (superficial ou subterrâneo).

As obras de captação devem ser projetadas e construídas para funcionar ininterruptamente em qualquer época do ano, permitindo a retirada de água para o sistema de abastecimento em quantidade suficiente e com a melhor qualidade possível, e para facilitar o acesso à operação e à manutenção do sistema. Quando o manancial se encontra em cota inferior à da cidade, há a necessidade de uma estação elevatória; nesse caso, as obras de captação são associadas às obras de uma estação elevatória (Oliveira, 2015). Esse mesmo autor destaca ainda algumas condições gerais a serem atendidas pelo local de captação:

- situar-se em ponto que garanta a vazão demandada pelo sistema;
- situar-se a montante da localidade a que se destina e a montante de focos de poluição;
- situar-se em cota altimétrica superior à da localidade a ser abastecida para que a adução se faça por gravidade (desde que a distância de adução não inviabilize economicamente essa alternativa);
- caso a adução por gravidade seja inviável, o local de captação deve situar-se em cota que resulte em menor altura geométrica e que possibilite condições apropriadas de bombeamento e de adução por recalque;
- situar-se em terreno que apresente condições de acesso, características geológicas, níveis de inundação e condições de arraste e deposição de sólidos favoráveis ao tipo e ao porte da captação a ser implantada;
- situar-se em trecho reto do curso de água ou em local próximo à sua margem externa, evitando sua implantação em trechos que favoreçam o acúmulo de sedimento;
- as estruturas de captação devem ficar protegidas da ação erosiva da água e dos efeitos da variação de nível do curso de água;
- resultar no mínimo de alterações no curso de água (implantação das estruturas e dispositivos de captação), inclusive no que se refere à possibilidade de erosão ou de assoreamento;
- o projeto de captação deve incluir também as obras para garantir o acesso permanente a essa unidade.

Adução

É o conjunto de encanamentos, acessórios, peças especiais e obras de arte destinado a promover o transporte da água em um sistema de abastecimento:

- entre captação e reservatório de distribuição;
- entre captação e ETA;
- entre captação e rede de distribuição;
- entre ETA e reservatório;
- entre ETA e rede;
- do reservatório à rede;
- de reservatório a reservatório.

Sua classificação pode ser definida da seguinte forma:

- Quanto à natureza da água transportada
  ◊ *Adutora de água bruta*: transporta a água da captação à ETA.
  ◊ *Adutora de água tratada*: transporta a água da ETA aos reservatórios de distribuição.

- Quanto à energia utilizada para a movimentação da água
  ◊ *Adutora por gravidade em conduto livre*: a água escoa sempre em declive, mantendo uma superfície livre sob o efeito da pressão atmosférica. Os condutos podem ser abertos ou fechados. Normalmente transporta água bruta.
  ◊ *Adutora por gravidade em conduto forçado*: a pressão interna permanentemente superior à pressão atmosférica permite à água mover-se, quer em sentido descendente, quer em sentido ascendente, graças à existência de uma carga hidráulica.
  ◊ *Adutora por recalque*: quando, por exemplo, o local da captação estiver em um nível inferior, que não possibilite a adução por gravidade, é necessário o emprego de equipamento de recalque (conjunto motobomba e acessórios). O sistema de adução é composto de condutos forçados.

É possível também a utilização de adutoras mistas, parte por recalque, parte por gravidade.

Estações elevatórias (EEs)

São instalações de bombeamento destinadas a elevar a água a pontos mais distantes ou mais elevados, podendo também ser aplicadas com a finalidade de aumentar a vazão de linhas adutoras. Nas ETAs, são mais utilizadas para as seguintes finalidades:
- captar a água de superfície ou de poço;
- recalcar a água a pontos distantes ou elevados;
- reforçar a capacidade de adução.

Segundo a Sanesul (s.d.), as unidades das instalações elevatórias são formadas por:
- *Casa de bombas*: edificação própria destinada a abrigar os conjuntos motobomba. Deve ter iluminação e ventilação adequadas e ser suficientemente espaçosa para a instalação e a movimentação dos conjuntos elevatórios, incluindo espaço para a parte elétrica (quadro de comando, chaves etc.).
- *Bomba*: equipamento encarregado de succionar a água, retirando-a do reservatório de sucção e pressurizando-a através de seu rotor, que a impulsiona para o reservatório ou o ponto de recalque. As bombas podem ser classificadas, de maneira geral, em:
  ◊ turbobombas ou bombas hidrodinâmicas (bombas radiais ou centrífugas, as mais usadas para abastecimento público de água; bombas axiais; bombas diagonais ou de fluxo misto);
  ◊ bombas volumétricas, de uso comum na extração de água de cisternas (bombas de êmbolo ou bombas de cilindro de pistão).
- *Motor de acionamento*: equipamento encarregado do acionamento da bomba. O tipo de motor mais utilizado nos sistemas de abastecimento de água é o acionado eletricamente.
- *Linha de sucção*: conjunto de canalizações e peças que vão do poço de sucção à entrada da bomba.
- *Linha de recalque*: conjunto de canalizações e peças que vão da saída da bomba ao reservatório ou ponto de recalque.
- *Poço de sucção*: reservatório de onde a água será recalcada. Sua capacidade ou volume deve ser estabelecido de maneira a assegurar a regularidade no trabalho de bombeamento.

Sistema de distribuição

Depois de tratada, a água é armazenada em reservatórios de distribuição para posteriormente ser levada até os reservatórios de bairros e, na sequência, seguir para as redes de distribuição até chegar ao consumidor final.

Entende-se por *sistema de distribuição* o conjunto formado por reservatórios e redes de distribuição, subadutoras e elevatórias. Já a *rede de distribuição* é o conjunto de tubulações e acessórios destinado a distribuir a água potável aos consumidores, de forma contínua e assegurando sua qualidade.

Em sua execução, deve-se considerar: materiais adequados; pressão interna e localização das canalizações; sistema de fornecimento; e manutenção e desinfecção após construção e reparos. O mesmo deve se dar com a reservação, para evitar a proliferação de algas, poluições, contaminantes etc.

3.8.2 Estação de tratamento de água (ETA)

Para deixar a água potável, ela passa por um processo de tratamento que genericamente consiste na remoção de impurezas (sólidos totais, ST) e contaminantes que podem ser prejudiciais à saúde pública antes de ser destinada ao consumo. Isso ocorre porque, por ser um ótimo solvente, a água localizada nos mananciais sempre contém resíduos das substâncias presentes no meio ambiente, como microrganismos, sais minerais e diversos tipos de sólidos. Quanto mais poluído for o manancial, mais complexo será o processo de tratamento e, portanto, mais cara será a água.

O Quadro 3.9 destaca as finalidades básicas do tratamento de água para abastecimento público.

A água que vem do manancial, considerada *água bruta* por não ter sofrido nenhum tratamento, chega à ETA para ser adequada aos padrões de potabilidade. As análises efetuadas nessa água relatam suas condições físicas, químicas e biológicas. Quando os resultados dessas análises são comparados aos padrões recomendados para a água ser considerada potável, é possível determinar o tipo de processo necessário para seu beneficiamento.

Segundo Pereira e Silveira (2013), o processo de tratamento a ser aplicado na potabilização da amostra está diretamente ligado à sua qualidade, pois, dependendo das características do manancial, exige-se o emprego de tratamentos específicos conforme sua classificação.

De acordo com o tamanho dos sólidos, eles se apresentam de formas diferentes na água (em suspensão ou dissolvidos), demandando técnicas específicas de tratamento para sua remoção.

Divide-se o processo de tratamento de água em fases de purificação chamadas de processos de tratamento físico-químicos e de desinfecção, os quais são compostos de unidades de processos sequenciais denominadas tratamento prévio (bacia de tranquilização, gradeamento), coagulação e floculação, sedimentação, filtração e desinfecção (Fig. 3.15).

Tratamento prévio

A chegada da água à estação de tratamento se dá através das adutoras. Como normalmente ela vem com uma velocidade muito grande, é necessário diminuir e controlar seu movimento de modo a possibilitar o início do tratamento.

Na sequência, a água passa novamente por um sistema de gradeamento para a remoção dos sólidos grosseiros remanescentes advindos dos mananciais, tais como folhas, grãos, raízes, tampinhas, plásticos etc.

A primeira unidade do sistema é a bacia de tranquilização (ou equalização), que tem como objetivo "tranquilizar" essa água, ou seja, diminuir sua velocidade de maneira a proporcionar condições físicas para os processos seguintes.

Coagulação e floculação

Quando os sólidos presentes na água não possuem tamanho e peso suficientes para sedimentar, utiliza-se o processo de coagulação/floculação, que

QUADRO 3.9 Finalidades do tratamento de água

Higiene	Estética	Economia
Eliminação ou redução de:	Remoção ou redução dos causadores de:	Remoção ou redução dos causadores de:
– Bactérias, vírus, protozoários, vermes	– Cor	– Corrosividade
– Substâncias minerais em excesso	– Turbidez	– Pureza
– Substâncias tóxicas e nocivas	– Odor	– Ferro
– Teores elevados de substâncias orgânicas	– Sabor	– Manganês

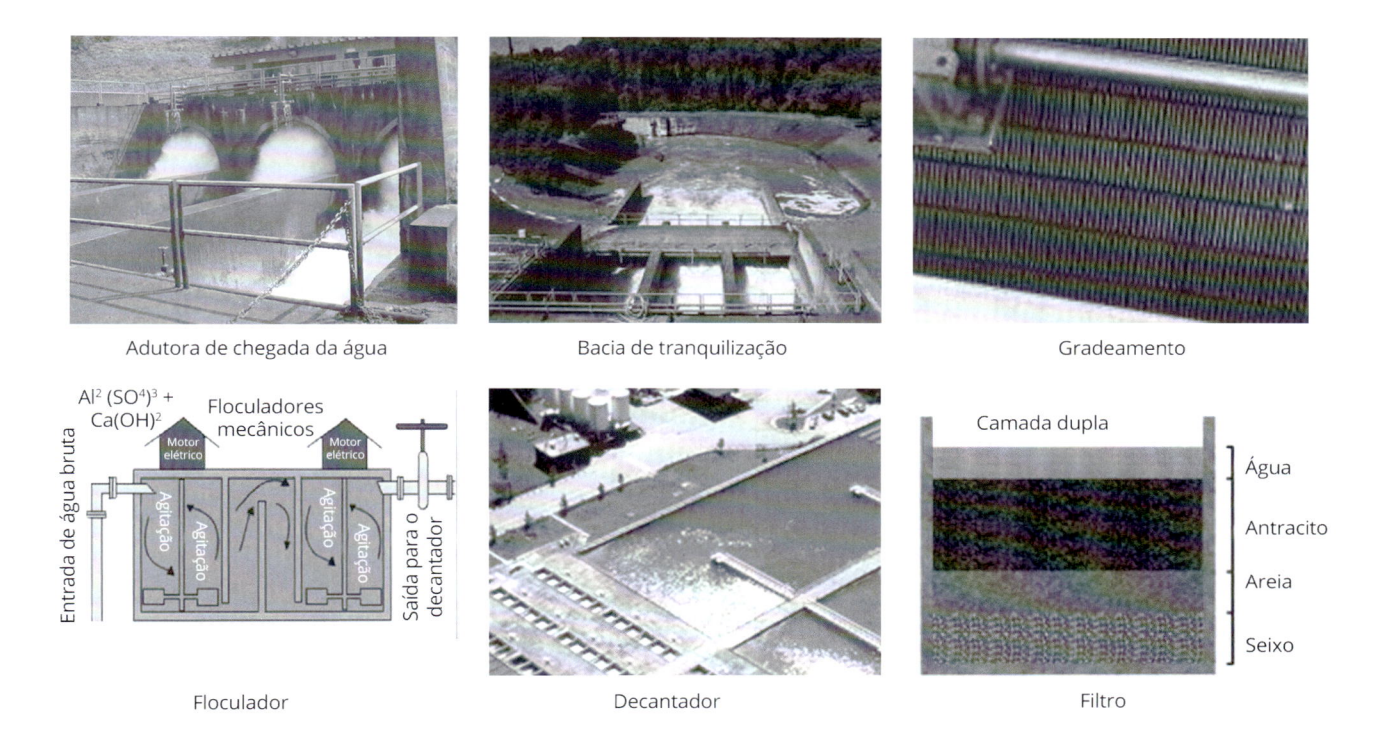

FIG. 3.15 *Unidades de um sistema de tratamento de água*

agrega as partículas coloidais, possibilitando o processo físico de sedimentação.

A *coagulação* (do latim *coagulare*, que significa juntar) é causada pela adição de agentes químicos na água e por sua posterior agitação e representa a transformação de impurezas em coágulos, ou seja, aglomerados gelatinosos que se reúnem e formam flocos (partículas maiores) no processo conhecido como *floculação* (do latim *floculare*, que significa produzir flocos), favorecendo a decantação.

Para agilizar a coagulação/floculação, são usadas substâncias químicas como sulfato de alumínio, sulfato ferroso, sulfato ferroso clorado, sulfato férrico, cloreto férrico, aluminato de sódio etc.

Normalmente a água chega à estação com uma velocidade muito alta. Aproveitando essa energia de chegada, pode-se aplicar a pré-cloração e a pré-alcalinização e depois fazer uma correção química, caso necessário, para melhorar a eficiência dos floculadores, que são tanques com válvulas que promovem uma suave turbulência na água, de forma a homogeneizar os agentes químicos e favorecer a formação dos flocos.

A Sabesp (s.d.) define os seguintes procedimentos para esses processos:
- *Pré-cloração*: primeiro, o cloro é adicionado assim que a água chega à estação. Isso facilita a retirada de matéria orgânica e metais.
- *Pré-alcalinização*: depois do cloro, a água recebe cal ou soda, que servem para ajustar o pH aos valores exigidos nas fases seguintes do tratamento. O índice pH indica se a água é um ácido, uma base ou nenhum deles (neutra). Um pH de 7 é neutro, um pH abaixo de 7 é ácido e um pH acima de 7 é básico ou alcalino. Para o consumo humano, recomenda-se um valor entre 6,0 e 9,5.

Pereira e Silveira (2013) destacam os fatores que influenciam a coagulação como sendo:
- *tipo de coagulante*: sais de ferro ou alumínio;
- *quantidade de coagulante*: varia com a cor, a turbidez e o teor bacteriológico da água a ser tratada;
- *teor e espécie da cor e turbidez*: variam com a quantidade de coloides protegidos, de

emulsoides e de substâncias coloidais dissolvidas;
- *características químicas das águas*: alcalinidade, teor de ferro, matéria orgânica;
- *pH (pH ótimo de floculação)*: varia com os tipos de floculante, que possuem faixas de pH onde reagem melhor (Tab. 3.9);
- *tempo de mistura rápida (dispersão do coagulante) e lenta (formação de flocos)*;
- *temperatura*: temperaturas mais altas promovem melhor floculação;
- *agitação*: influi no tamanho dos flocos, em sua formação e em sua quebra.

TAB. 3.9 Faixas de pH dos coagulantes

Coagulantes	Faixas de pH
Sulfato de alumínio	5,0 a 8,0
Sulfato ferroso	8,5 a 11,0
Sulfato férrico	5,0 a 11,0
Cloreto férrico	5,0 a 11,0
Cloreto de polialumina (PAC)	5,5 a 10,0

Fonte: Pereira e Silveira (2013).

Sedimentação

A água que vem dos floculadores entra em tanques de sedimentação com velocidade muito baixa durante um tempo de detenção (t_d) predeterminado em projeto, de forma a favorecer que as partículas sólidas (matéria em suspensão) agora floculadas se depositem ao fundo pela ação da gravidade, ou seja, sedimentem (Fig. 3.15).

Esses tanques são chamados de *decantadores*, apresentam seção retangular ou quadrada (os de seção redonda são utilizados em tratamento de esgoto) e possuem fundo com pontos de descarga de lodo (material sedimentado).

Após passar pelo processo de sedimentação, a água sai do decantador, através dos vertedouros, para a próxima fase do processo de tratamento, que são os filtros físicos.

Ao mesmo tempo (t_d) que a água "atravessa" o decantador, os flocos vão sedimentando ao fundo, formando o lodo (sólido sedimentável), que é recolhido.

Filtros

Os filtros recebem as águas advindas dos decantadores e possuem a função de remover as partículas sólidas que não ficaram retidas no processo de sedimentação.

Esse processo consiste em fazer a água passar através de substâncias porosas, capazes de reter ou remover suas impurezas através de processos físicos. Como meio poroso, emprega-se em geral a areia, sustentada por camadas de seixos e sob a qual existe um sistema de drenos que remove os materiais em suspensão e as substâncias coloidais e reduz a quantidade de bactérias presentes.

É no filtro que se verifica o "polimento" da água, promovendo a remoção das partículas em suspensão, das substâncias coloidais, dos microrganismos e das substâncias químicas.

Desinfecção

Para finalizar o processo de tratamento da água, aplica-se o processo de desinfecção, que visa eliminar os microrganismos patogênicos remanescentes capazes de produzir enfermidades. Os produtos normalmente utilizados são o cloro e seus componentes (hipoclorito de sódio e hipoclorito de cálcio), o ozônio, o peróxido de hidrogênio, a luz ultravioleta, ou íons de prata.

O cloro é o produto mais utilizado por ser um poderoso agente oxidante, possuindo algumas vantagens sobre as outras substâncias:
- menor custo;
- mantém ação residual na água durante o processo de distribuição;
- não deixa gosto na água;
- atua no controle de microrganismos nos decantadores, nos filtros e no sistema de distribuição.

Fluoretação

Em alguns sistemas de abastecimento de água, o flúor é acrescentado à água potável com o intuito de prevenir as cáries dentárias. Sua ação benéfica ocorre na época da formação dos dentes e possui eficiência a longo prazo (Pereira; Silveira, 2013).

Correção do pH

É um método preventivo contra corrosão e incrustação de encanamento e consiste na alcalinização da água para remover o gás carbônico livre e na formação de uma película de carbono na superfície interna das canalizações.

A determinação do pH é realizada com frequência durante o tratamento da água, uma vez que existe um pH ótimo de coagulação para obter o melhor tipo de floco e, portanto, melhor sedimentação (Tab. 3.9).

4 | Esgoto

A Organização Mundial da Saúde (OMS) define que *saúde* é o "estado de completo bem-estar físico, mental e social" de cada indivíduo. Ou seja, para um indivíduo viver bem é necessário que ele esteja em estado equilibrado de *completo bem-estar*.

Já *saúde pública* é definida como a ciência que promove essa saúde ao indivíduo. É de incumbência da administração pública proteger e recuperar a saúde pública através de medidas de alcance coletivo e de conscientização da população.

Entre essas medidas, encontra-se a responsabilidade pela implementação, administração e gestão do *saneamento público*, que está relacionado ao controle de todos os "fatores do meio físico do homem que exercem ou podem exercer efeito deletério sobre seu bem-estar físico, mental ou social".

A OMS alega ainda que todo cidadão tem direito à saúde pública, o que significa que "o gozo de estado de saúde constitui um direito fundamental de todos os seres humanos, sejam quais forem suas raças, religiões, opiniões políticas, condições econômicas e condições sociais".

Sabe-se que existem ações de fundamental importância para manter a saúde e o conforto das pessoas; o que se estudará aqui é a importância da implementação e da gestão do saneamento.

É também de conhecimento universal a importância do acesso à água de boa qualidade para toda a população. Um dos primeiros panoramas de avaliação da saúde pública está relacionado à importância desse contexto e, portanto, à importância de ter o saneamento básico implementado para toda a população.

Entende-se que, existindo um sistema de abastecimento de água, individual ou coletivo, a população dispõe de condições mínimas de saúde para a sobrevivência, ou seja, para uso metabólico, uso higiênico, recreação, manutenção ambiental e produção econômica; condições, enfim, para manter a saúde pública.

Porém, vale destacar que somente ter acesso à água de boa qualidade infelizmente não garante a saúde de ninguém, uma vez que, a partir do momento em que essa água é consumida, é gerado um volume considerável de água comprometida em sua qualidade, carregada de sólidos residuais resultantes dos diferentes usos a que foi submetida, caracterizando parâmetros diferenciados a serem avaliados e tratados.

Devido a suas novas condições físicas, químicas e biológicas, essas águas após o uso recebem diferentes denominações. São, então, chamadas de *águas servidas*, *águas residuárias*, *esgoto* ou *efluentes industriais*, pois, conforme a utilização predominante (comercial, industrial ou doméstica), apresentam características diferentes.

Sejam quais forem a origem e as características dessas águas, todas devem ser afastadas do contato direto e devidamente tratadas e descartadas (Fig. 4.1). Nesse sentido, existem os sistemas de coleta, afastamento, tratamento e descarte das águas servidas, cuja importância é tão fundamental quanto o acesso à água de boa qualidade.

A situação do saneamento no Brasil encontra-se em condições muito críticas. Isso é de extrema relevância, uma vez que se reflete na qualidade de vida da população, no respeito humano e na responsabilidade política perante o quadro da gestão ambiental e da saúde pública, além de definir a economia e o desenvolvimento do País.

4.1 Definição de esgoto sanitário

A NBR 9648 (ABNT, 1986 apud Nuvolari, 2011) define o esgoto sanitário como o "despejo líquido constituído de esgoto doméstico e industrial, água de infiltração e a contribuição pluvial parasitária", sendo que:

- *esgoto doméstico*: "despejo líquido resultante do uso da água para higiene e necessidades fisiológicas humanas";
- *esgoto industrial*: "despejo líquido resultante dos processos industriais, respeitados os padrões de lançamento estabelecidos";
- *água de infiltração*: "toda água, proveniente do subsolo, indesejável ao sistema separador e que penetra nas canalizações";
- *contribuição pluvial parasitária*: "parcela do deflúvio superficial inevitavelmente absorvida pela rede de esgoto sanitário".

O que caracteriza o esgoto são os sólidos presentes nele, ou seja, de acordo com o uso da água definem-se os resíduos agregados a ela. Com base nesse princípio, é possível afirmar que cada diferente uso define o padrão do esgoto produzido (Fig. 4.2). Como já discutido anteriormente, esses resíduos possuem características físicas, químicas e biológicas, definindo, assim, o grau e o tipo de tratamento dessa água servida (seja esgoto sanitário, seja efluente exclusivamente industrial).

O Quadro 4.1 demonstra a composição simplificada dos esgotos domésticos segundo Nuvolari (2011).

O esgoto sanitário apresenta reações de decomposição desde sua produção devido à alta presença de carga orgânica, alterando suas características de cor, odor, temperatura, biodegradabilidade etc., conforme o tempo e as condições de suas reações. Assim, em função de sua idade, é possível classificá-lo em:

- *esgoto de produção recente*: apresenta partículas sólidas transportadas ainda intactas, água com aspecto original, coloração cinza e quase nenhum cheiro (ainda possui a presença de O_2);
- *esgoto velho*: aparente homogeneidade pela desintegração do material transportado, com coloração cinza-escuro e exalação de odores pela depressão de O_2.
- *esgoto séptico*: esgoto em franca decomposição, com cor preta e exalação intensa de odores em decorrência da forte ação anaeróbia.

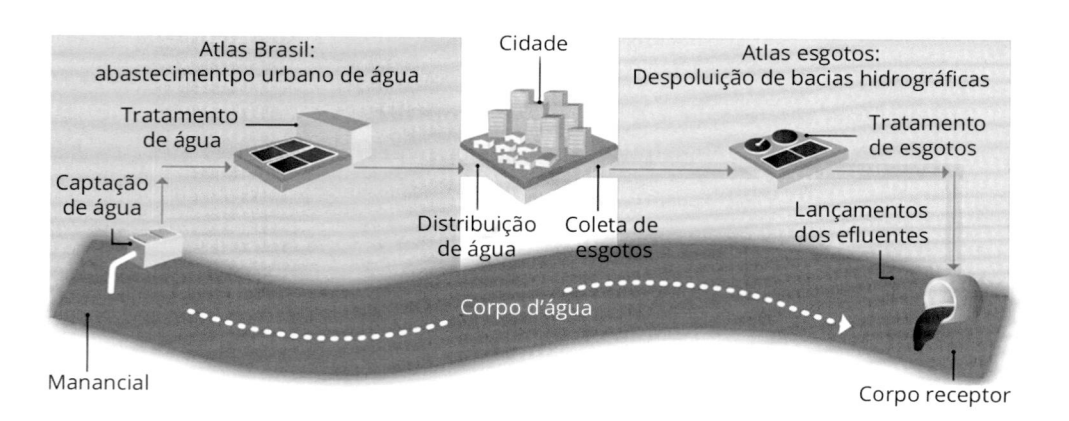

Fig. 4.1 *Despoluição de bacias hidrográficas e controle ambiental e de saúde pública*
Fonte: ANA (2017b).

Abastecimento de água humano

ETA → [residências]

Potável

Águas servidas urbanas →

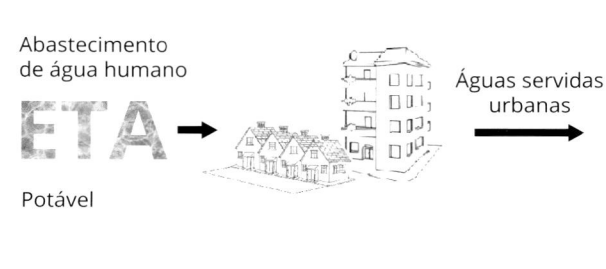

Esgoto doméstico ou esgoto urbano

• impurezas de características orgânicas (MO)
• tratamento biológico

Abastecimento de água industrial

ETA → [indústria]

Potável de acordo com a necessidade de seu uso

Águas servidas industriais →

Efluente industrial

• impurezas variam de acordo com o processo industrial
• tratamento de acordo com a impureza (físico, químico e/ou biológico)
• reúso de efluente

FIG. 4.2 *Abastecimento de água × esgoto segundo seu uso*

QUADRO 4.1 Composição dos esgotos domésticos

Tipo de substância	Origem	Observações
Sabões	Lavagem de louças e roupas	–
Detergentes (biodegradáveis ou não)	Lavagem de louças e roupas	A maioria dos detergentes contém o nutriente fósforo na forma de polifosfato
Cloreto de sódio	Cozinha e urina humana	Cada ser humano elimina pela urina de 7 g/dia a 15 g/dia
Fosfatos	Detergentes e urina humana	Cada ser humano elimina pela urina, em média, 1,5 g/dia
Sulfatos	Urina humana	–
Carbonatos	Urina humana	–
Ureia, amoníaco e ácido úrico	Urina humana	Cada ser humano elimina de 14 g a 42 g de ureia por dia
Gorduras	Cozinha e fezes humanas	–
Substâncias córneas, ligamentos da carne e fibras vegetais não digeridas	Fezes humanas	Vão constituir a porção de matéria orgânica em decomposição encontrada nos esgotos
Porções de amido (glicogênio, glicose) e de proteicos (aminoácidos, proteínas, albumina)	Fezes humanas	*Idem*
Urobilina, pigmentos hepáticos etc.	Urina humana	*Idem*
Mucos, células de descamação epitelial	Fezes humanas	*Idem*
Vermes, bactérias, vírus, leveduras etc.	Fezes humanas	*Idem*
Outros materiais e substâncias: areia, plásticos, cabelos, sementes, madeira, absorventes femininos etc.	Areia: infiltrações nas redes de coleta, banhos em cidades litorâneas, parcela de águas pluviais etc. Demais substâncias são indevidamente lançadas nos vasos sanitários	–

Fonte: adaptado de Nuvolari (2011).

No Brasil, todo esgoto é chamado de forma genérica de águas residuárias, sendo que, quando se fala em esgoto urbano, o termo mais comum é *esgoto sanitário*. Nesse caso, entende-se que se está falando de uma água com impurezas de características orgânicas, cuja composição vem da lavagem de roupas, da lavagem de louças e principalmente das fezes e urina humanas.

Já as águas residuárias industriais variam sua qualidade de acordo com os produtos usados nos diversos processos, devendo ser considerados ainda, para seu destino final, os padrões de lançamento. Essa definição pode variar de acordo com os costumes locais: o número de população servida, a característica econômica do centro urbano, a educação populacional, o comportamento e a conscientização de toda a população.

4.2 Sistema de esgotamento sanitário

É de extrema importância que a administração municipal tenha um sistema de esgotamento sanitário que atenda 100% das residências, englobando ligações do comércio e eventualmente das indústrias, configurando uma rede coletora com emissários e interceptores devidamente executados e um sistema adequado de tratamento para o esgoto sanitário.

Seu planejamento e construção devem ser eficientes e personalizados para cada cidade, seja ela de pequeno, médio ou grande porte. Esse é um desafio necessário e urgente que aponta para estatísticas de extremo impacto social, já que se alcançam índices favoráveis em curto espaço de tempo, fundamentalmente no que tange à melhoria da qualidade de vida da população atendida.

Segundo a Funasa (2017), o sistema de esgotamento sanitário tem como objetivo fomentar a implantação de sistemas de coleta, tratamento e destino final de esgotos sanitários visando ao controle de doenças e outros agravos, assim como contribuir para a redução da morbimortalidade provocada por doenças de veiculação hídrica e para o aumento da expectativa e da qualidade de vida da população.

O conjunto de instalações e obras destinadas a coletar, transportar, afastar, tratar e descartar/dispor o esgoto produzido pela população é denominado sistema público de esgotamento sanitário (SPES). Com o princípio de manter e promover a saúde pública, pode-se destacar seus seguintes objetivos e propostas:

1) *Promover*:
- controle e prevenção de doenças;
- condições de higiene que promovem a saúde;
- condições de segurança e de conforto;
- desenvolvimento de atividades comerciais e industriais;
- evitar a contaminação das águas superficiais, freáticas e do solo.

2) *Objetivos sanitários*:
- coleta e remoção rápida e segura das águas residuárias;
- eliminação da poluição do solo;
- disposição sanitária dos efluentes;
- eliminação dos aspectos ofensivos aos sentidos (estética e odor);
- conforto.

3) *Objetivos econômicos*:
- melhoria da produtividade;
- conservação de recursos naturais;
- valorização das terras e propriedades;
- implantação e desenvolvimento de indústrias.

4) *Objetivos ecológicos*:
- manter condições adequadas do meio ambiente natural, protegendo a flora e a fauna;
- controle da coleta, afastamento, tratamento e despejo final.

5) *Objetivos legais*:
- relacionados às exigências legais, proteção do homem, propriedade e bens naturais.

Os sólidos presentes no esgoto doméstico são, em sua maioria, de origem orgânica, apesar de também apresentarem algumas características inorgânicas. Essa condição favorece que sua depuração ocorra através de processos biológicos conhecidos como biodegradação.

A rede de esgoto sanitário, por sua vez, é composta de tubulações, órgãos e acessórios de rede que se apresentam como um conjunto de condutos ramificados confinados. O esgoto transportado sofre reações de biodegradação desde o momento em que é concebido, de forma que é necessário que o sistema escoe livremente, com declividade positiva, partindo das extremidades, onde estão os pontos mais altos e os trechos de menor dimensão. O traçado da rede de coletores é orientado pelo traçado viário da cidade.

A coleta e o afastamento das águas servidas são uma consequência do uso das águas potáveis do sistema de distribuição de água e, como já discutido, a qualidade dessas águas varia de acordo com os sólidos presentes adquiridos em seu uso. Todas elas devem ser coletadas, afastadas, tratadas e adequadamente descartadas (Fig. 4.3).

Para tanto, existem três formas de sistema de esgotamento propostas a serem projetadas de acordo com as características de cada região. Antes de descrever esses sistemas, vale ressaltar que as águas advindas das chuvas, conhecidas como águas pluviais, também contribuem para a definição de qual será o sistema de esgotamento mais adequado.

Uma vez que a água é um ótimo solvente, a chuva possibilita literalmente lavar o ar. Dessa forma, pode-se entender que, de acordo com o local em que precipitam, as águas adquirem diferentes impurezas, ou seja, a água da chuva carrega consigo os sólidos presentes na atmosfera. Sendo assim, se o ar for poluído, as águas pluviais poderão conter substâncias poluidoras e/ou contaminantes carreadas.

Deve-se considerar que, além do ar, a chuva também lava o ambiente no qual ela cai, como o solo, ruas, becos, calçadas, telhados, lajes, jardins, praças etc., adquirindo diversas impurezas em seu caminho. Entende-se que as chuvas precipitadas em locais poluídos possuem características muito próximas às do esgoto doméstico, devido às altas cargas adquiridas ao precipitar, escoar, acumular, confinar ou empoçar. Sendo assim, também deveriam ser gerenciadas com todos os cuidados necessários de forma a garantir a saúde pública. Esse tipo de poluição é chamado de *poluição difusa*.

No sistema de esgotamento sanitário, deve-se considerar o local (localização, limite de área, solo, hidrografia, topografia), as características

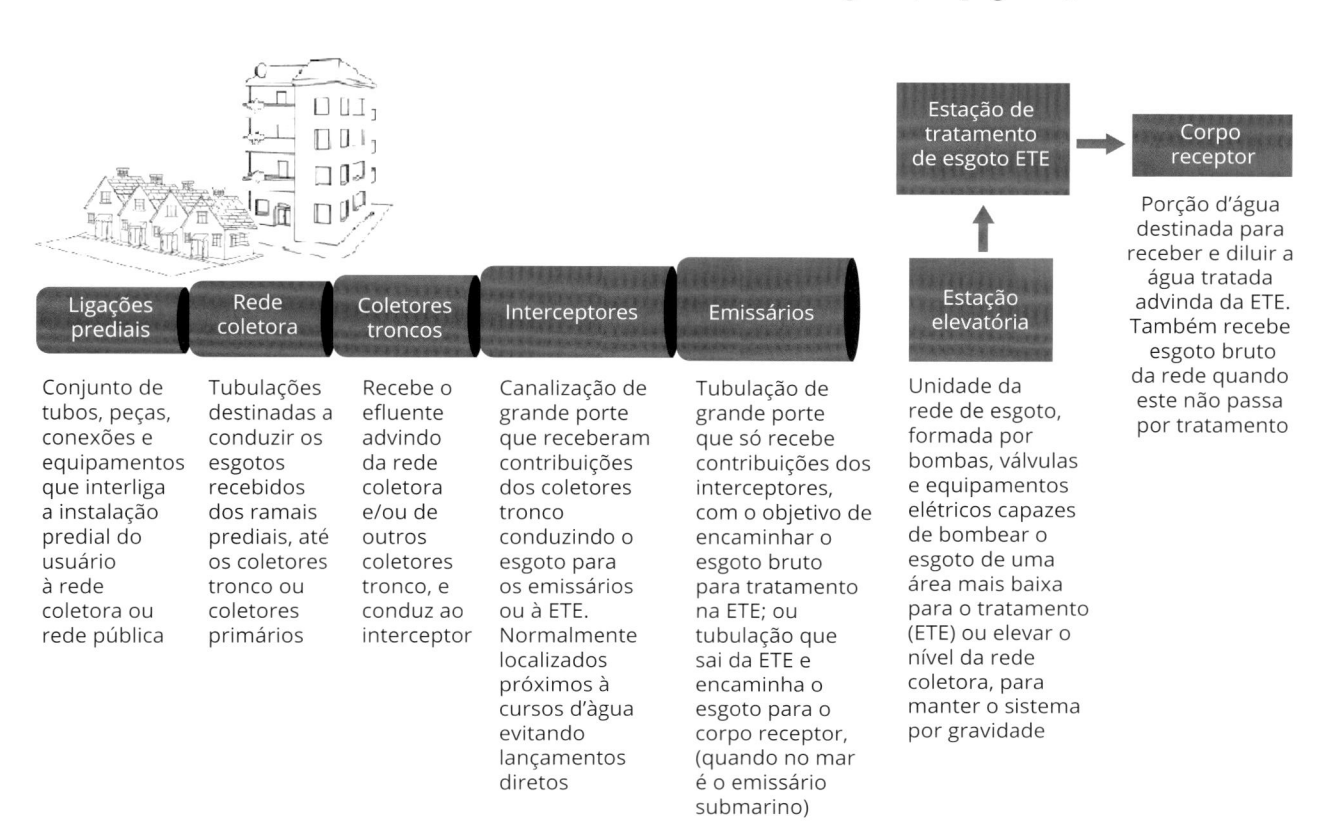

Ligações prediais	Rede coletora	Coletores troncos	Interceptores	Emissários	Estação elevatória	Estação de tratamento de esgoto ETE	Corpo receptor
Conjunto de tubos, peças, conexões e equipamentos que interliga a instalação predial do usuário à rede coletora ou rede pública	Tubulações destinadas a conduzir os esgotos recebidos dos ramais prediais, até os coletores tronco ou coletores primários	Recebe o efluente advindo da rede coletora e/ou de outros coletores tronco, e conduz ao interceptor	Canalização de grande porte que receberam contribuições dos coletores tronco conduzindo o esgoto para os emissários ou à ETE. Normalmente localizados próximos à cursos d'àgua evitando lançamentos diretos	Tubulação de grande porte que só recebe contribuições dos interceptores, com o objetivo de encaminhar o esgoto bruto para tratamento na ETE; ou tubulação que sai da ETE e encaminha o esgoto para o corpo receptor, (quando no mar é o emissário submarino)	Unidade da rede de esgoto, formada por bombas, válvulas e equipamentos elétricos capazes de bombear o esgoto de uma área mais baixa para o tratamento (ETE) ou elevar o nível da rede coletora, para manter o sistema por gravidade		Porção d'água destinada para receber e diluir a água tratada advinda da ETE. Também recebe esgoto bruto da rede quando este não passa por tratamento

FIG. 4.3 *Esquema ilustrativo de uma rede de coleta e afastamento de esgoto*

populacionais (densidade e contribuição de rede), a base da economia (rural, industrial, residencial), a vazão a ser esgotada, seu custo, sua eficiência e sua gestão.

Existem três formas de sistema de esgotamento sanitário:
- *sistema de esgotamento unitário*: coleta e conduz as águas servidas juntamente com as águas pluviais;
- *sistema de esgotamento misto ou separador parcial*: para reduzir o vulto da descarga de águas pluviais, excluem-se as águas superficiais provenientes de ruas, praças, jardins, quintais e áreas não pavimentadas;
- *sistema de esgotamento separador absoluto*: consiste em dois sistemas distintos de canalização, sendo um para águas residuárias e outro exclusivamente para águas pluviais.

A ausência de um sistema de esgotamento sanitário adequado, ou mesmo o lançamento direto do esgoto sanitário nos rios, compromete a qualidade da água, do solo e do ar e afeta a saúde pública, o abastecimento humano, a balneabilidade, a economia, a agropecuária, a indústria, o comércio etc. – enfim, a qualidade de vida, o bem-estar e o desenvolvimento populacional em geral.

Segundo o *Atlas Esgotos* (ANA, 2017b), o esgotamento sanitário no Brasil encontra-se atualmente ainda bastante deficitário:
- apenas 43% da população possui esgoto coletado e tratado, em diferentes propostas;
- 12% utilizam-se de fossa séptica (solução individual);
- 55% possuem tratamento considerado adequado;
- 18% têm seu esgoto coletado e não tratado, o que é considerado um atendimento precário;
- 27% não possuem coleta nem tratamento, isto é, não dispõem de atendimento por serviço de coleta sanitário, sendo o esgoto despejado a céu aberto.

4.3 Tratamento de esgoto sanitário

O esgoto é composto por 99,9% de água e uma parcela mínima de impurezas (0,1%), variando na origem ou na decorrência, podendo-se destacar suas características de coloração, turbidez, odor, sólidos suspensos e sólidos dissolvidos.

Mesmo sabendo que os sólidos totais presentes no esgoto se resumem ao pequeno valor estimativo de 0,1%, são eles que definem o grau de poluição e os impactos que esse esgoto pode causar, sendo também determinado o grau de tratamento a ser adotado de acordo com o que se pretende obter como qualidade final de efluente tratado.

4.3.1 Parâmetros considerados no tratamento de esgoto sanitário

O Quadro 4.2 destaca as impurezas de maior importância contidas no esgoto que definem o nível de seu tratamento, considerando seus efeitos.

Sólidos totais (ST)

Genericamente, consideram-se presentes no esgoto sanitário os seguintes elementos: carbono, hidrogênio, oxigênio, nitrogênio, fósforo, enxofre e outros microelementos.

No que se refere a esgotos domésticos, pode-se considerar como principais parâmetros os sólidos totais, a matéria orgânica, o nitrogênio total, o fósforo, o pH, a alcalinidade, os cloretos e os óleos e graxas.

Ao analisar os efluentes industriais, verifica-se que apresentam uma ampla variedade em suas características quantitativas e qualitativas, diferenciando-se os parâmetros a serem considerados para seu tratamento, com suas importâncias variando de acordo com a atividade industrial e a aplicação de seu efluente tratado (ou não), como o reúso de água no próprio processo.

Em termos de tratamento biológico, os conceitos levantados são biodegradabilidade, tratabilidade, concentração de matéria orgânica, disponibilidade de nutrientes e toxicidade. Já na análise química, é de fundamental importância o levantamento da presença de cianetos e metais, assim como o controle do pH e dos fenóis.

O Quadro 4.3 apresenta os principais parâmetros a serem considerados nos efluentes industriais.

QUADRO 4.2 Principais impurezas encontradas no esgoto

Parâmetro	Conceito	Tipo de poluente	Importância
Sólidos	– Todos os contaminantes da água, com exceção dos gases dissolvidos, contribuem para a carga de sólidos – São classificados de acordo com seu tamanho e estado, suas características químicas e sua decantabilidade – Sólidos em suspensão: SS – Sólidos flutuantes: óleos e graxas	Domésticos e industriais	– Cor – Depósito de lodo – Adsorção de poluentes – Proteção de patogênicos – Turbidez
Indicadores de matéria orgânica	– Demanda bioquímica de oxigênio (DBO) – Matéria orgânica carbonácea: baseada no carbono orgânico (compostos de proteínas; carboidratos; gordura e óleos; ureia, surfactantes, fenóis, pesticidas etc.). Classificam-se quanto a forma, tamanho e biodegradabilidade	Domésticos e industriais	– Consumo de oxigênio – Mortandade de peixes – Condições sépticas – Toxicidade – Odor
Sólidos inorgânicos dissolvidos	– Sólidos dissolvidos totais – Condutividade elétrica	Industriais e reutilizados	– Salinidade excessiva, com prejuízo às plantações (irrigação) – Toxicidade a plantas (alguns íons) – Problemas de permeabilidade do solo (sódio)
Compostos não biodegradáveis	– Pesticidas – Detergentes – Outros	Industriais e agrícolas	– Toxicidade – Espumas – Redução de transferência de oxigênio – Não biodegradabilidade – Maus odores
Metais pesados	– Elementos potencialmente tóxicos (p.ex., arsênio, cádmio, chumbo, cobre, cromo, mercúrio, molibdênio, selênio, zinco etc.)	Industriais	– Toxicidade – Inibição do tratamento biológico dos esgotos – Problemas de disposição do lodo na agricultura – Contaminação da água subterrânea
Nitrogênio	– Pode se apresentar como nitrogênio molecular (N_2), nitrogênio orgânico, amônia, nitrito e nitrato – Indispensável para o crescimento das algas (eutrofização) – Nos processos de conversão da amônia a nitrito e posteriormente a nitrato, implica consumo de oxigênio dissolvido – Em forma de amônia livre, é tóxico aos peixes – Em forma de nitrato, é associado a doenças como a metamoglobinemia	Domésticos, industriais e agrícolas	– Geração e controle da poluição das águas – Indispensável para o crescimento dos microrganismos responsáveis pelo tratamento de esgotos – Implica consumo de oxigênio e alcalinidade – Desnitrificação: implica deterioração da sedimentabilidade do lodo
Fósforo	Nutriente essencial para as plantas. Importante nos processos ATP e ADP. Apresenta-se como: – Ortofosfatos (diretamente disponíveis para o metabolismo biológico), tendo como principais fontes a água, o solo, detergentes, fertilizantes, despejos industriais e esgotos domésticos – Polifosfatos: moléculas mais complexas com dois ou mais átomos de fósforo. Transformam-se em ortofosfatos pela hidrólise – Fósforo orgânico: faz parte das proteínas e aminoácidos presentes nos seres vivos	Domésticos, industriais e agrícolas	– Crescimento das algas – Nutriente necessário ao crescimento biológico dos seres que fazem a estabilização da matéria orgânica

QUADRO 4.2 (Continuação)

Parâmetro	Conceito	Tipo de poluente	Importância
Indicadores de contaminação fecal	– Coliformes totais (CT), coliformes fecais (CF) e estreptococos fecais (EF) – Organismos patogênicos indicadores de contaminação fecal – Apresentam grandes quantidades nas fezes humanas e de animais de sangue quente (NMP entre 10^6 e 10^8 UFC em 100 mL) – Resistência aproximadamente similar à da maioria das bactérias patogênicas intestinais	Domésticos e industriais	São indicadores da possível presença de organismos patogênicos, com alto potencial para transmissão de doenças de veiculação hídrica

NMP: número mais provável; UFC: unidades formadoras de colônia.
Fonte: adaptado de Nuvolari (2011).

QUADRO 4.3 Principais parâmetros analisados nos efluentes industriais

Ramo	Atividade	Demanda bioquímica de oxigênio (DBO) ou demanda química de oxigênio (DQO)	Sólidos em suspensão (SS)	Óleos e graxas	Fenóis	pH	Íon cianeto (CN–)	Metais
Produtos alimentares	Usinas de açúcar e álcool	X	X			X	X	
	Conserva de carne/peixe	X	X			X		
	Laticínios	X	X	X		X		
	Matadouros e frigoríficos	X	X	X				
	Conserva de frutas e vegetais	X	X			X		
	Moagem de grãos	X	X					
Bebidas	Refrigerantes	X	X	X		X		
	Cervejaria	X	X	X		X		
Têxtil	Algodão	X				X		
	Lã	X		X		X		
	Sintéticos	X				X		
	Tingimento			X	X	X	X	
Couros e pele	Curtimento vegetal	X	X	X		X		X
	Curtimento ao cromo	X	X	X		X		X
Papel	Processamento da polpa de celulose	X	X			X		X
	Fabricação de papel e papelão	X	X			X		X
Produtos minerais não metálicos	Vidros e espelhos		X	X		X		X
	Fibras de vidro	X	X	X	X			
	Cimento		X	X		X		X
	Cerâmica		X	X				

QUADRO 4.3   (Continuação)

Ramo	Atividade	Demanda bioquímica de oxigênio (DBO) ou demanda química de oxigênio (DQO)	Sólidos em suspensão (SS)	Óleos e graxas	Fenóis	pH	Íon cianeto (CN–)	Metais
Borrachas	Artefato de borracha	X	X	X		X		
	Pneus e câmaras	X	X	X		X		
Produtos químicos	Produtos químicos (vários)				X	X	X	X
	Laboratório fotográfico							X
	Tintas e corantes							X
	Inseticidas					X		X
	Desinfetantes				X			X
Plásticos	Plásticos e resinas	X	X		X	X		X
Perfumes e sabões	Cosméticos, detergentes e sabões	X		X				X
Mecânica	Produção de peças metálicas			X	X			
Metalúrgica	Produção de ferro gusa	X	X	X	X	X	X	X
	Siderúrgicas		X	X		X	X	X
	Tratamento de superfícies		X	X		X	X	X
Mineração	Atividades extrativas		X			X		
Derivados de petróleo	Combustíveis e lubrificantes	X		X	X	X		
	Usinas de asfalto		X	X				
Artigos elétricos	Artigos elétricos						X	X
Madeira	Serrarias, compensados	X						
Serviços pessoais	Lavanderias	X		X		X		

Fonte: Von Sperling (1996).

Vazões médias

Sendo o esgoto resultante, em grande parte, da utilização da água potável nos locais de consumo, a vazão de esgoto produzido está diretamente relacionada com a vazão de consumo de água, portanto sua qualidade vai depender da aplicação ou uso dessa água, podendo apresentar grandes variações tanto na qualidade como nas vazões.

Para o levantamento quantitativo da vazão de esgotos domésticos, consideram-se aqueles oriundos de domicílios, atividades comerciais e atividades institucionais. Essa vazão é normalmente calculada com referência aos valores de consumo de água, possuindo picos mínimos e máximos.

Já as vazões de despejos industriais variam de acordo com o porte da indústria, a área de beneficiamento, o tipo de processo, o grau de reciclagem, a existência de pré-tratamento, os períodos do dia, as tecnologias etc. (Fig. 4.4). Conforme se pode observar na Tab. 4.1, para um mesmo tipo de indústria existe grande variabilidade de consumo e, portanto, de produção de despejos.

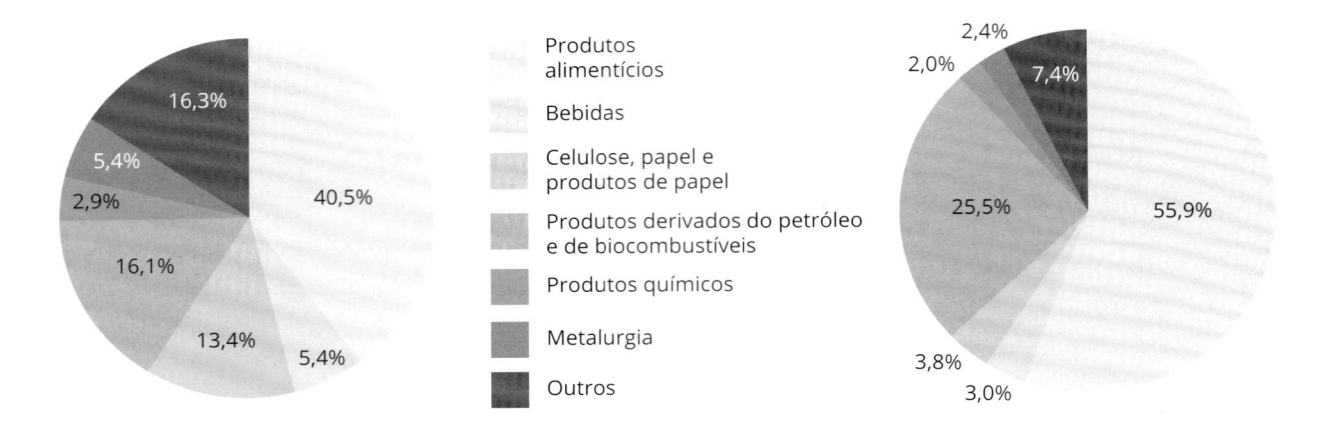

FIG. 4.4 *Vazão industrial por tecnologia*
Fonte: ANA (2017a).

TAB. 4.1 Vazão específica média de algumas indústrias

Ramo	Tipo	Unidade	Consumo de água por unidade ou empregado
Alimentícia	Frutas e legumes em conserva	1 t conserva	4-50 m³/un.
	Doces	1 t produto	5-25 m³/un.
	Açúcar de cana	1 t açúcar	0,5-10,0 m³/un.
	Matadouros	1 boi ou 2,5 porcos	0,3-0,4 m³/un.
	Laticínios (leite)	1.000 L leite	1-10 m³/un.
	Laticínios (queijo ou manteiga)	1.000 L leite	2-10 m³/un.
	Margarina	1 t margarina	20 m³/un.
	Cervejaria	1.000 L cerveja	5-20 m³/un.
	Padaria	1 t pão	2-4 m³/un.
	Refrigerantes	1.000 L refrigerante	2-5 m³/un.
Têxtil	Algodão	1 t produto	120-750 m³/un.
	Lã	1 t produto	500-600 m³/un.
	Rayon	1 t produto	25-60 m³/un.
	Nylon	1 t produto	100-150 m³/un.
	Poliéster	1 t produto	60-130 m³/un.
	Lavanderia de lã	1 t lã	20-70 m³/un.
	Tinturaria	1 t produto	20-60 m³/un.
Couro e curtume	Curtume	1 t de pele	20-40 m³/un.
Polpa e papel	Fabricação de polpa	1 t produto	15-200 m³/un.
	Embranquecimento de polpa	1 t produto	80-200 m³/un.
	Fabricação de papel	1 t produto	30-250 m³/un.
	Polpa e papel integrados	1 t produto	200-250 m³/un.

TAB. 4.1 (Continuação)

Ramo	Tipo	Unidade	Consumo de água por unidade ou empregado
Indústrias químicas	Tinta	1 empregado	110 L/dia/empregado
	Vidro	1 t vidro	3-30 m³/un.
	Sabão	1 t sabão	25-200 m³/un.
	Ácido, base, sal	1 t cloro	50 m³/un.
	Borracha	1 t produto	100-150 m³/un.
	Borracha sintética	1 t produto	500 m³/un.
	Refinaria de petróleo	1 t barril (117 L)	0,2-0,4 m³/un.
	Detergente	1 t produto	13 m³/un.
	Amônia	1 t produto	100-130 m³/un.
	Dióxido de carbono	1 t produto	60-90 m³/un.
	Gasolina	1 t produto	7-30 m³/un.
	Lactose	1 t produto	600-800 m³/un.
	Enxofre	1 t produto	8-10 m³/un.
	Produtos farmacêuticos (vitaminas)	1 t produto	10-30 m³/un.
Produtos manufaturados	Mecânica fina, ótica, eletrônica	1 empregado	20-40 L/dia/empregado
	Cerâmica fina	1 empregado	40 L/dia/empregado
	Indústria de máquinas	1 empregado	40 L/dia/empregado
Metalúrgicas	Fundição	1 t gusa	3-8 m³/un.
	Laminação	1 t produto	8-50 m³/un.
	Forja	1 t produto	80 m³/un.
	Deposição eletrolítica de metais	1 m³ de solução	1-25 m³/un.
	Indústria de chapas, ferro e aço	1 empregado	60 L/dia/empregado
Mineração	Ferro	1 m³ minério lavado	16 m³/un.
	Carvão	1 t carvão	2-10 m³/un.

Fonte: Von Sperling (1996).

Processos biológicos – oxidação da matéria orgânica

Entende-se por *matéria orgânica* o conjunto de compostos químicos formados por moléculas orgânicas (substâncias que contêm estrutura de carbono) encontradas em ambientes naturais do solo, do ar ou da água. Dessa forma, pode-se afirmar que a matéria orgânica deriva de organismos vivos ou mortos (animais e vegetais) e seus derivados, como plantas, vegetais, alimentos em geral, animais, restos alimentares, excrementos, cadáveres etc. Vale destacar que, atualmente, os compostos orgânicos também podem ser sintetizados em laboratório.

Como contraponto, existem as substâncias que direta ou indiretamente são de origem mineral, denominadas *substâncias inorgânicas*, como calcário (carbonato de cálcio – $CaCO_3$), salitre do chile (nitrato de sódio – $NaNO_3$) e gipsita (sulfato de cálcio – $CaSO_4$), entre outras.

Biodegradação

Biodegradação é a transformação das substâncias orgânicas em substâncias mais simples (mineralizadas), que não sofrem mais a putrefação. Engloba tudo o que sofre decomposição através de ações de microrganismos, ou, pode-se dizer, que precisa da ação dos microrganismos para se decompor.

Os materiais sintéticos, que não possuem origem orgânica e não são biodegradáveis, não se decompõem naturalmente, pois os microrganismos não conseguem atuar em sua decomposição. Seu processo de decomposição pode demorar milhares de anos, como no caso de plásticos, latas, ferros, pneus, derivados de petróleo etc.

A natureza normalmente reage procurando o equilíbrio, ou seja, efetuando processos naturais de *autodepuração*. Isso acontece cada vez que o ambiente natural é alterado, seja por vias naturais (intempéries em geral), seja por vias induzidas. Dessa forma, pode-se encontrar vários exemplos de autodepuração na natureza, como a deposição natural de sólidos nos leitos dos rios represados, as reações biológicas de biodegradação em função da presença e/ou ausência de energia, oxigênio etc.

A biodegradação em meio aquático também pode ser induzida, sendo os compostos orgânicos convertidos em compostos inertes (água e gás carbônico) e não prejudiciais ao meio ecológico.

Os microrganismos que executam o processo natural de decomposição da matéria orgânica são bactérias, protozoários, fungos etc., fundamentais para o equilíbrio dos ecossistemas. Pode-se afirmar que, se não houvesse esses microrganismos na natureza, o mundo seria um enorme lixão. Nesse processo, os microrganismos decompositores utilizam a matéria orgânica como fonte de nutrientes para a realização de suas atividades metabólicas: respiração, alimentação, reprodução ou síntese, atuando por consequência na estabilização e no equilíbrio do meio.

Para que aconteça a biodegradação, de forma controlada, são necessárias outras condições ambientais além da presença da matéria orgânica e das bactérias decompositoras, tais como:

- *Temperatura*: possui grande influência no metabolismo microbiano, sendo fundamental para a decomposição da matéria orgânica, pois o calor define o fator de aceleração do processo, garantindo maior reprodução dos microrganismos. Ela se apresenta de acordo com a energia promovida pela radiação solar.
- *Umidade*: garante um local adequado para a proliferação de fungos e bactérias, além de gerar um ambiente propício para a germinação de esporos.
- *Presença de oxigênio*: é responsável por definir a respiração celular e a forma de vida dos organismos decompositores.
- *Pressão atmosférica*: juntamente com os movimentos da água (correnteza, ondas etc.), é a principal responsável pela introdução do oxigênio no meio líquido, chamado de oxigênio dissolvido.
- *Ambientes aeróbios e anaeróbios*: a presença ou a ausência do oxigênio no meio define os processos biológicos como *aeróbios* ou *anaeróbios*.

Todos os seres que utilizam oxigênio para sua sobrevivência são denominados seres aeróbios. Da mesma forma, aqueles que não precisam desse elemento são conhecidos como seres anaeróbios.

As bactérias aeróbias são aquelas que necessitam de oxigênio e energia (luz) para sobreviver e atuar na estabilização da matéria orgânica, que serve como fonte alimentar e mantém sua colônia ativa. Elas são responsáveis, portanto, pelo processo biológico aeróbio de depuração do esgoto e decompõem rapidamente os resíduos orgânicos, produzindo como subprodutos matéria orgânica digerida (lodo), gás carbônico e água. O processo aeróbio é aplicado em lagoas de estabilização e lodos ativados. Já as bactérias anaeróbias obtêm energia a partir de reações químicas sem o envolvimento de oxigênio. Também decompõem a matéria orgânica, só que na ausência de oxigênio, de forma mais lenta, produzindo menos lodo que as aeróbias e gases como metano, gás carbônico e outros em menor proporção (biogás). O processo anaeróbio é aplicado em tanques sépticos e lagoas anaeróbias.

Existem também as bactérias que conseguem se adaptar a ambientes diversos, tanto na presença como na ausência de oxigênio, ou em fase intermediária, chamadas de facultativas.

Oxigênio dissolvido (OD)

A concentração máxima de oxigênio dissolvido nos corpos d'água é chamada de *concentração de saturação*, a qual é diretamente proporcional à pressão atmosférica (que depende da altitude) e inversamente proporcional à temperatura.

Quando o nível de oxigênio está abaixo da concentração de saturação, a reposição pode ser mais lenta ou mais rápida de acordo com a presença ou não de algas, turbulência do corpo hídrico, ondas etc.

A Tab. 4.2 mostra a variação da concentração de saturação de oxigênio dissolvido em águas limpas, em função da temperatura e da altitude.

Analisando essa tabela, percebe-se que a concentração de oxigênio na faixa de temperaturas ambientes de 10 °C a 30 °C e entre altitudes de 0 m a 1.500 m é bastante estrita, variando de 6,4 mg/L a 11,3 mg/L. Por exemplo, na cidade de São Paulo, a 20 °C e a uma altitude de 730 m (aproximadamente a altitude do rio Tietê), a máxima quantidade de oxigênio disponível (saturação) nas águas estaria por volta de 8,4 mg/L.

Sabe-se também que a presença de matéria orgânica biodegradável no esgoto sanitário consome, em média, cerca de 300 mg/L de oxigênio dissolvido para ser degradada. Isso mostra que a carga orgânica é sempre muito maior do que a carga disponível de oxigênio dissolvido no corpo hídrico, necessitando que este apresente uma vazão de diluição na faixa de 70 a 80 vezes maior do que a vazão do esgoto *in natura* nele lançado, para que possa manter pelo menos 4 mg/L de oxigênio dissolvido, valor mínimo necessário para manter a vida dos seres aquáticos.

TAB. 4.2 Concentração de saturação de oxigênio em função da temperatura e da altitude (mg/L)

Temperatura (°C)	Altitude (m)			
	0	500	1.000	1.500
10	11,3	10,7	10,1	9,5
11	11,1	10,5	9,9	9,3
12	10,8	10,2	9,7	9,1
13	10,6	10,0	9,5	8,9
14	10,4	9,8	9,3	8,7
15	10,2	9,7	9,1	8,6
16	10,0	9,5	8,9	8,4
17	9,7	9,2	8,7	8,2
18	9,5	9,0	8,5	8,0
19	9,4	8,9	8,4	7,9
20	9,2	8,7	8,2	7,7
21	9,0	8,5	8,0	7,6
22	8,8	8,3	7,9	7,4
23	8,7	8,2	7,8	7,3
24	8,5	8,1	7,6	7,2
25	8,4	8,0	7,5	7,1
26	8,2	7,8	7,3	6,9
27	8,1	7,7	7,2	6,8
28	7,9	7,5	7,1	6,6
29	7,8	7,4	7,0	6,5
30	7,6	7,2	6,8	6,4

Fonte: Von Sperling (1996).

Desse modo, pode-se dizer que, mesmo quando há um adequado tratamento (com remoção de 90% da carga orgânica), ainda assim a vazão de diluição deveria ser pelo menos sete a oito vezes maior.

Demanda bioquímica de oxigênio (DBO)

A DBO é obtida num teste de laboratório que busca aferir a quantidade de oxigênio dissolvido que uma determinada amostra requer para degradar a matéria orgânica biodegradável nela presente. No teste padrão, as amostras são mantidas em estufa a 20 °C durante cinco dias. Em resumo, o teste da DBO mede indiretamente a quantidade de matéria orgânica biodegradável presente numa amostra. Assim, pode-se afirmar que, quanto maior for a quantidade de matéria orgânica biodegradável, maior será a DBO.

Como as bactérias aeróbias precisam consumir o oxigênio da água para realizar a síntese da matéria orgânica presente (respirar e se alimentar), saber a quantidade de oxigênio dissolvido é uma forma efetiva de analisar o nível de poluição existente nesse meio.

Demanda química de oxigênio (DQO)

A DQO é um teste químico do esgoto que utiliza um oxidante forte sob temperatura (geralmente o dicromato de potássio) para estimar a quantidade total de oxigênio necessária para oxidar tanto a matéria orgânica biodegradável como a não biodegradável. Dessa forma, pode-se dizer que, para uma mesma amostra, a DQO será sempre maior do que a DBO.

O teste para medir a DQO apresenta certa vantagem sobre o teste da DBO porque o resultado é bem mais rápido, saindo em aproximadamente 3 h.

A biodegradação que ocorre naturalmente nos corpos d'água, processo também conhecido como ciclo biológico, é apresentada de forma simples no esquema da Fig. 4.5.

Os agentes biológicos mais importantes na degradação da matéria orgânica poluente são as bactérias. De acordo com o tipo de água residuária a ser tratada, promovem-se ações biológicas controladas mediante condições propostas de operação dos reatores, que são locais projetados para esse fim.

Como a humanidade, em suas atividades convencionais, acaba por poluir o ambiente mais rápido do que a natureza consegue se recuperar, é necessário implementar tecnologias que favoreçam essa recuperação.

A biodegradação é conhecida como a melhor e mais efetiva alternativa para a preservação ambiental. Caminhando a favor do meio ambiente, as indústrias procuram cada vez mais produzir seus produtos com tecnologias/materiais biodegradáveis, de forma a beneficiar a gestão e o equilíbrio do meio.

Os resultados do tratamento dependem da natureza dos efluentes, da extensão do tratamento, dos processos aplicados e das condições de operação.

Existem variantes de sistemas biológicos que são aplicadas para efluentes com características mais simples, sendo consideradas, portanto, tratamentos mais econômicos ou viáveis e fornecendo, da mesma forma, viabilidade técnica e econômica.

A eficiência alcançada é expressa em porcentagens de redução de DBO, de sólidos em suspensão e também de bactérias ou coliformes.

A presença em excesso de matéria orgânica na água é considerada um dos principais problemas de poluição, pois favorece a ambientalização (crescimento) de um maior número de microrganismos, que consomem cada vez mais o oxigênio dissolvido contido naturalmente no corpo hídrico,

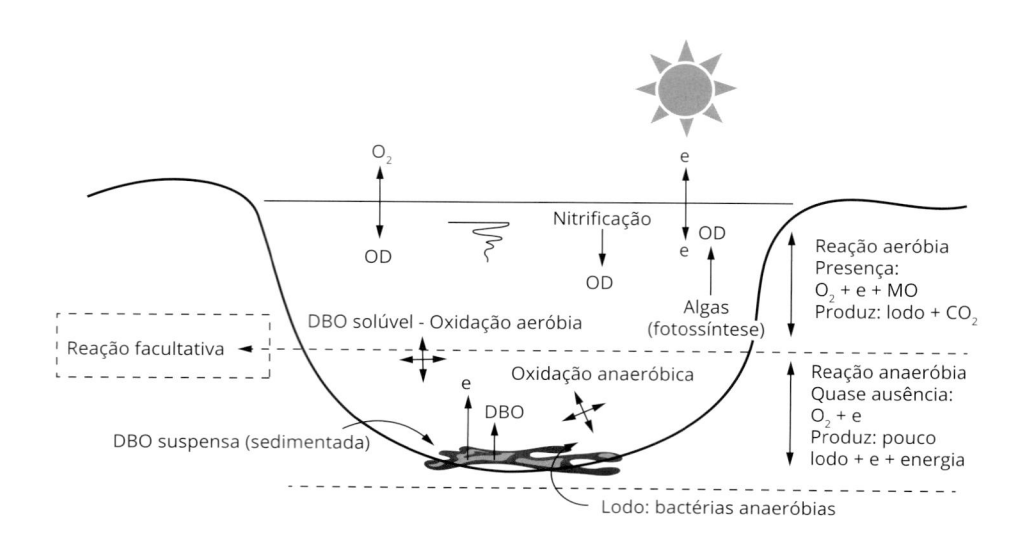

FIG. 4.5 *Biodegradação nos corpos hídricos*

aumentando, portanto, a carga poluidora. Quanto menos oxigênio dissolvido, menor a presença de vida aquática aeróbia e, assim, menor o equilíbrio do meio. Para adquirir o equilíbrio, a natureza atua na estabilização dessa matéria orgânica através da oxidação, em que as bactérias utilizam o oxigênio dissolvido disponível para sua respiração.

A Resolução Conama nº 357/2005, alterada e atualizada pelas Resoluções Conama nº 393/2007, 397/2008, 410/2009 e 430/2011, dispõe sobre a classificação dos corpos de água e as diretrizes ambientais para seu enquadramento. Classifica as águas doces, salobras e salinas no território nacional segundo a qualidade requerida para seus usos preponderantes.

Levando em conta o exposto, pode-se afirmar que o oxigênio dissolvido pode ser considerado um índice de determinação de poluição e de autodepuração em cursos d'água, sendo seu teor expresso em concentrações quantificáveis.

A carga orgânica no esgoto é muito alta, favorecendo o aumento das colônias de microrganismos decompositores. Conforme já explicado, em uma amostra de esgoto sanitário em concentrações normais, considera-se que a matéria orgânica presente consome, em média, cerca de 300 mg/L de oxigênio dissolvido para se degradar.

Essa grande concentração de matéria orgânica favorece o crescimento das colônias de bactérias aeróbias, que por sua vez consumirão o oxigênio dissolvido na água. Conclui-se, portanto, que, quanto maior a presença de matéria orgânica, maior a presença de microrganismos decompositores aeróbios e, por consequência, menor a presença de oxigênio dissolvido na amostra.

Quando o consumo de oxigênio dissolvido no esgoto é superior à sua condição natural de reposição, cria-se um novo ambiente que permite a formação de colônias de microrganismos decompositores anaeróbios.

Pode-se dizer que a junção das ações de síntese das bactérias aeróbias e anaeróbias cria um ciclo de biodegradação natural, forçando o equilíbrio das colônias.

Em águas represadas e lagoas, pode ocorrer um equilíbrio entre o consumo e a produção de oxigênio e gás carbônico, pois, enquanto as bactérias produzem gás carbônico e consomem oxigênio através da respiração, as algas consomem gás carbônico e produzem oxigênio na realização da fotossíntese. Esse é o princípio básico do tratamento por lagoas facultativas.

Para a incorporação de oxigênio em rios de certa velocidade, predominam processos físicos como a turbulência, entre outros. Já em águas represadas e lagoas com a presença de matéria orgânica, a introdução de oxigênio pelas algas pode ser predominante.

A matéria orgânica sedimentada forma o lodo de fundo, que por sua vez também entra em processo de estabilização anaeróbia (demanda bentônica). De acordo com a profundidade do leito aquático, é possível encontrar características que favoreçam ações anaeróbias e de nitrificação (que é a oxidação do nitrogênio amoniacal, transformando-o em nitrogênio na forma de nitrato).

Esse processo (ciclo) ocorrerá enquanto houver ambientalização para a proliferação das colônias, até o momento em que acontecer o equilíbrio do meio.

4.3.2 Processos de tratamento de esgoto

O tratamento do esgoto (ou das águas servidas) significa promover a remoção dos poluentes nele contidos. Baseia-se em parâmetros normatizados e varia de acordo com o volume a ser tratado, o objetivo, o nível de processamento, a qualidade final e o local de lançamento ou reaproveitamento. Pode abranger: depuração de efluentes urbanos; tratamento de despejos líquidos industriais; e tratamento de águas residuárias rurais.

Quando se fala em tratar esgoto, na realidade está se propondo recuperar o volume de água servida, ou seja, retirar o 0,1% de impurezas adquiridas em seu uso. Isso resulta em um volume de sólidos conhecido como lodo, que é um concentrado de poluentes e com um percentual menor de água. Para seu acondicionamento, é necessário realizar o tratamento da fase sólida, com o objetivo de diminuir seu volume e neutralizar seus efeitos nocivos e impactantes, de forma a administrar seu descarte e/ou aproveitamento.

O grau de tratamento, ou nível de eficiência, aplicado ao esgoto está diretamente ligado à tecnologia implementada e ao custo-benefício desse processo, de acordo com o padrão final da água que se deseja após o tratamento proposto (Fig. 4.6).

Quanto maior for a eficiência alcançada na depuração do esgoto, ou seja, de retirada dos sólidos totais presentes nele, melhor será a qualidade da água no final desse processo, podendo-se obter qualidades de água extremamente específicas, como para uso potável, reúso, resfriamento de processos, pura, balneável etc.

Para que haja melhor eficiência no reúso da água que sai do processo de tratamento de esgoto, geralmente são necessários tratamentos posteriores para a adequação de sua qualidade. Para tanto, essa água segue para uma nova fase de tratamento, conhecida como *tratamento terciário*. Dependendo do grau de qualidade que se deseja alcançar, existem desde os tratamentos mais simples, como a filtração seguida de cloração, até os mais avançados, como a filtração por membranas.

No chamado tratamento da fase líquida, normalmente são empregados tipos de processos, operações e sistemas direcionados para remoção de cada poluente (parte sólida), disposição dos subprodutos e destino final à parte líquida tratada.

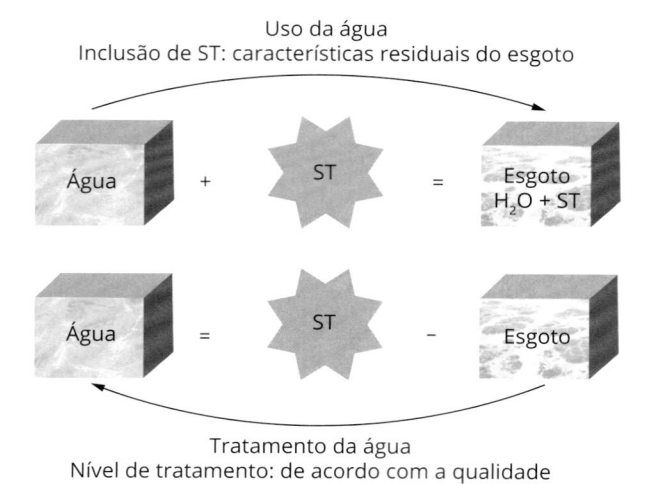

Considerando o esgoto sanitário, pode-se exemplificar esses processos como:

- *remoção dos sólidos grosseiros e sedimentáveis*: gradeamento; caixa de areia, óleos e graxas; e sedimentação primária;
- *remoção dos sólidos finamente particulados e dissolvidos*: lagoas aeradas; lagoas de estabilização; lodos ativados; filtros biológicos; tratamentos anaeróbios; filtro anaeróbio de fluxo ascendente (FAFA); e reator anaeróbio de fluxo ascendente (RAFA);
- *remoção de patogênicos*: lagoas de maturação; disposição no solo; e desinfecção;
- *remoção de nitrogênio*: nitrificação e desnitrificação biológica; disposição no solo; e processos físico-químicos;
- *remoção de fósforo*: remoção biológica; processos físico-químicos; e disposição no solo.

Deve-se ressaltar que, para uma remoção mais eficiente de nitrogênio e fósforo, é sempre necessário prever no projeto unidades adaptadas a essa finalidade.

Todo tratamento de esgoto deve satisfazer a legislação vigente, que direcionará os requisitos a serem atingidos para o efluente e para o corpo receptor, sendo preciso o conhecimento não só dos padrões permitidos para lançamento de efluentes como também da classificação dos rios, qualidades finais e estudo de impactos, entre outros parâmetros, de acordo com a finalidade. Para isso, é necessário o conhecimento de normas, decretos, leis estaduais e leis federais.

Para dados de projeto, parte-se do princípio de que as águas residuárias recolhidas de centros urbanos possuem concentrações maiores de substâncias orgânicas, ou seja, a maioria das impurezas presentes no efluente advém de residências, comércios, centros recreativos, hotelaria, hospitais etc., tais como restos alimentares, detergentes, descarga de bacias sanitárias, asseio

Uso da água
Inclusão de ST: características residuais do esgoto

Água + ST = Esgoto H_2O + ST

Água = ST − Esgoto

Tratamento da água
Nível de tratamento: de acordo com a qualidade final da água desejada

FIG. 4.6 *Objetivo do beneficiamento/tratamento do esgoto*

pessoal, materiais biodegradáveis, lavagens em geral, entre outras.

Devido à alta carga orgânica presente no esgoto sanitário, o tratamento adotado é o biológico, após uma série de fases que apresentam diferentes graus de depuração, considerando-se sempre a relação custo-benefício:

- *tratamento prévio ou preliminar* (1ª fase), caracterizado por ações físicas;
- *tratamento primário* (2ª fase), caracterizado por ações físicas e às vezes com utilização de produtos químicos, embora não seja usual;
- *tratamento secundário* (3ª fase), caracterizado por ações biológicas;
- *tratamento terciário* (4ª fase), já considerado como tratamento avançado do efluente tratado em nível secundário, e caracterizado por ações físicas, podendo usar reações biológicas e químicas (filtração com membranas, filtração com filtros de areia, precipitação, adsorção, desinfecção).

Esses tratamentos atuam na remoção dos poluentes conforme o tamanho do sólido a ser retirado e a condição de remoção de cada um, separando-os em nível de tratamento, de forma a adequar a parte líquida a uma qualidade desejada ou ao padrão de qualidade vigente para seu lançamento no corpo receptor, embora seja mais comum que o efluente tratado em nível terciário seja utilizado como água de reúso. Como o tratamento líquido resulta nos lodos, é preciso proceder a outros tipos de tratamento para a parte sólida, necessários para a logística de descarte desse resíduo, podendo ser inclusive o reúso do lodo.

Portanto, a escolha do tratamento a ser adotado deve considerar a área disponível para o projeto, os recursos financeiros e o grau de eficiência desejado, além da capacidade técnica de quem irá operar e fazer a manutenção. A Tab. 4.3 apresenta a estimativa de eficiência esperada nos diversos níveis de tratamento incorporados numa ETE.

Tratamento prévio ou preliminar

Considerado a primeira fase de separação de sólidos, tem o objetivo de remover sólidos maiores, detritos minerais (areia), materiais flutuantes e carreados, óleos e graxas.

O gradeamento é a primeira fase do tratamento preliminar, e, além de facilitar a remoção dos sólidos grosseiros, também protege contra obstruções e entupimentos as demais unidades de tratamento, os dispositivos de transporte (válvulas, registros, bombas e tubulações). A remoção da areia e dos sólidos sedimentáveis são as etapas seguintes do tratamento primário, e, nessa fase, a remoção de sólidos é relativamente alta (de 50% a 70%), mas a remoção de DBO é considerada muito baixa (de 25% a 40%). Assim, atualmente, quase sempre há a necessidade do tratamento secundário, de forma a melhor proteger os corpos receptores. Segue então uma descrição detalhada dessa sequência.

Tratamento da fase líquida
- *Grades*: barras metálicas paralelas e igualmente espaçadas. Servem para reter os sólidos grosseiros em suspensão e corpos flutuantes, como trapos, papéis, pedaços de madeira, plásticos, tampinhas, garrafas

TAB. 4.3 Estimativa da eficiência esperada nos diversos níveis de tratamento incorporados numa ETE

Tipo de tratamento	Matéria orgânica (% de remoção de DBO)	Sólidos em suspensão (% de remoção)	Nutrientes (% de remoção)	Bactérias (% de remoção)
Preliminar	5-10	5-20	Não remove	10-20
Primário	25-50	40-70	Não remove	25-75
Secundário	80-95	65-95	Pode remover	70-99
Terciário	40-99	80-99	Até 99	Até 99,999

Fonte: Cetesb (1988 apud Mendes et al., 2005).

PET etc. Constituem a primeira unidade de uma estação de tratamento.
- *Caixas de areia*: canais com velocidade de escoamento controlada ou tanques com área adequada à sedimentação de partículas, podendo ser ou não mecanizadas. Retêm a areia e outros detritos minerais inertes e pesados cujas dimensões e densidade favorecem a rápida sedimentação (entulhos, seixos, partículas de metal, carvão etc.), enquanto a matéria orgânica, de sedimentação mais lenta, permanece em suspensão, seguindo para as unidades subsequentes.
- *Tanques de equalização de vazões*: alguns projetos contemplam esse tipo de tanque, com a finalidade de remoção de óleos e graxas e para a equalização de vazões. A remoção de sólidos flutuantes, como fibras, óleos, graxas e gorduras, é mais comumente feita nos decantadores primários (quando existentes no projeto).

Tratamento da fase sólida

Como se trata de sólidos grosseiros e de areia contaminada, o material removido é colocado em caçambas e posteriormente descartado em aterros sanitários. No exterior, existem algumas estações que fazem a incineração desses resíduos e só as cinzas são levadas para aterros sanitários.

Tratamento primário

São unidades sequenciais ao tratamento preliminar, atuando na remoção de sólidos sedimentáveis que contêm parte da matéria orgânica. É nessa fase do processo que se removem os sólidos em suspensão não grosseiros e os sólidos flutuantes ainda presentes no esgoto após o tratamento preliminar.

Nessa etapa são removidos, em média, de 25% a 40% da DBO, de 50% a 70% dos sólidos suspensos e de 30% a 40% dos coliformes. Tais percentuais variam de acordo com as características de cada projeto, como processo, temperatura, pH etc.

Nos tanques de clarificação primária, mais conhecidos no Brasil por *decantadores primários*, acontece uma operação de sedimentação que remove os sólidos que têm peso suficiente para sedimentar por ação da gravidade, chamados de sólidos sedimentáveis, e que contêm parte da matéria orgânica em suspensão. A sedimentação pode ser simples, retirando sólidos sedimentáveis pela gravidade, ou pode ocorrer por precipitação química, caso em que a sedimentação é precedida pela adição de compostos químicos coagulantes e de floculação (o que não é muito comum, pois provoca um custo extra e um aumento significativo de lodo).

Nos decantadores, o esgoto flui vagarosamente, durante um tempo projetado chamado de *tempo de detenção* (t_d), o que permite a sedimentação desejada.

Tais sólidos sedimentados são designados como *lodo primário bruto* e são enviados para o tratamento da fase sólida, começando pelos adensadores de lodo, cuja finalidade é remover parte da água, diminuindo assim o tamanho das unidades de digestão do lodo.

Também nos decantadores primários são removidos, por raspagem da superfície líquida, os flutuantes: sementes, óleos, graxas e fibras.

A Fig. 4.7 mostra um esquema simplificado do tratamento primário.

Tratamento da fase sólida

Conforme já explicado, os materiais sólidos removidos dos decantadores primários constituem o chamado lodo primário bruto.

Para gerenciar a qualidade e o volume da parte sólida retida, o lodo geralmente passa pelos processos de adensamento, digestão, condicionamento químico e desaguamento. Esses processos garantem uma redução de volume a ser disposto e da putrescibilidade, possibilitando sua reutilização controlada.

- *Adensadores*: o lodo primário é um líquido com grande quantidade de sólidos. Os adensadores de lodo são câmaras gravitacionais que promovem a diminuição do

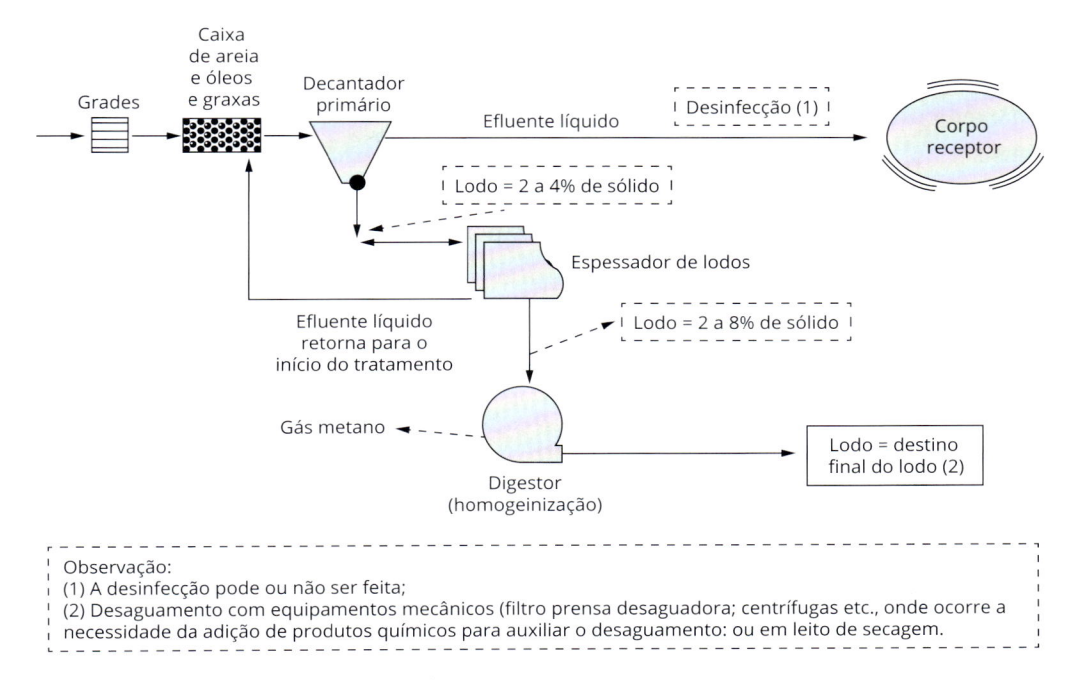

FIG. 4.7 *Esquema do tratamento de esgoto em nível primário*

excesso de água na massa de lodo. Podem ser mecanizados ou não, porém somente os não mecanizados podem ser usados em pequenas estações.

- *Digestores*: unidades hermeticamente fechadas, projetadas para diminuir a putrescibilidade do lodo vindo dos espessadores. Trata-se de um processo de decomposição em ambiente anaeróbio, em condições controladas e com o objetivo de destruir bactérias patogênicas; reduzir os sólidos voláteis, estabilizando a matéria orgânica dos lodos frescos; reduzir o volume de lodo; facilitar o condicionamento químico e o desaguamento do lodo resultante. Algumas ETEs já conseguem aproveitar o gás metano resultante desse processo. Caso contrário, esses gases devem ser queimados.
- *Desaguamento*: o lodo que sai dos digestores possui ainda alto teor de umidade (entre 92% e 95%) e, para diminuir ainda mais seu volume e melhor gerenciar seu descarte ou reúso, deve passar por unidades de desaguamento. Pode ser utilizada uma das seguintes alternativas: leitos de secagem e filtro-prensa de placas ou de esteiras, centrífugas, lagoas de lodo e jardins filtrantes, entre outras.
  ◊ *Leitos de secagem*: são tanques rasos construídos em alvenaria que promovem a drenagem e a evaporação do líquido ainda incorporado no lodo. Possuem eficiência para gerenciar pequenos e médios volumes de lodo e apresentam custo baixo de implantação. Apresentam os seguintes inconvenientes: ocupam grandes áreas e o lodo reidrata em época de chuva.
  ◊ *Filtro-prensa de placas*: é um equipamento que funciona por batelada. Ocupa pouco espaço e é relativamente rápido tanto na manipulação quanto no armazenamento. É constituído por uma série de placas verticais posicionadas em séries e produzidas com membranas filtrantes de placas planas, geralmente quadradas e unidas pelas bordas, formando entre elas um espaço vazio (câmara). Ao receberem o lodo bombeado do sistema, inflam-se e, ao se comprimirem (em efeito sanfona), forçam a passagem do líquido através

das "mangas" e retêm a parte sólida, promovendo o desaguamento do lodo. A parte líquida (sobrenadante) retorna ao sistema de tratamento da fase líquida e a parte sólida produz as chamadas "tortas". O lodo desaguado em filtro-prensa de placas ainda contém um teor de umidade de 60% a 75%, mas já pode ser encaminhado para o aterro sanitário ou para o reúso.

◊ *Filtro-prensa de esteiras*: equipamento que geralmente funciona em fluxo contínuo. O lodo é introduzido entre esteiras de material filtrante que passam por roletes, comprimindo o lodo. A água sai e é encaminhada ao início do tratamento da fase líquida. A torta de lodo deve ter o destino previsto. As desaguadoras de esteiras são equipamentos relativamente baratos, mas que produzem um lodo com teor de umidade ainda considerado alto, na faixa de 80% a 85%.

Apesar de o aproveitamento do lodo já ser uma prática convencional em outros países, no Brasil as diversas alternativas de reúso ainda são pouco utilizadas e a destinação mais comum é o aterro sanitário.

O Art. 3º da Resolução Conama nº 375/2005 define critérios e procedimentos para o uso agrícola de lodos de esgoto gerados em ETE e seus produtos derivados e determina processos de redução de patógenos e da atratividade de vetores, entre outros cuidados de adequação.

Tratamento secundário

São unidades sequenciais ao tratamento primário e têm por finalidade a remoção da matéria orgânica e de eventuais nutrientes (nitrogênio e fósforo) que não foram removidos na fase anterior, através de processos biológicos aeróbios (oxidação) ou anaeróbios, seguidos da decantação final (secundária).

O tratamento secundário pode remover de 60% a 98% da DBO solúvel, 60% a 90% de coliformes e 10% a 50% de nutrientes. Deve-se ressaltar que, para que haja uma maior remoção de nutrientes, são necessários cuidados e unidades específicas ainda na fase de projeto da ETE. As eficiências variam de acordo com as características da carga orgânica (DBO) e do projeto em si (processo, temperatura, pH etc.) (Fig. 4.8).

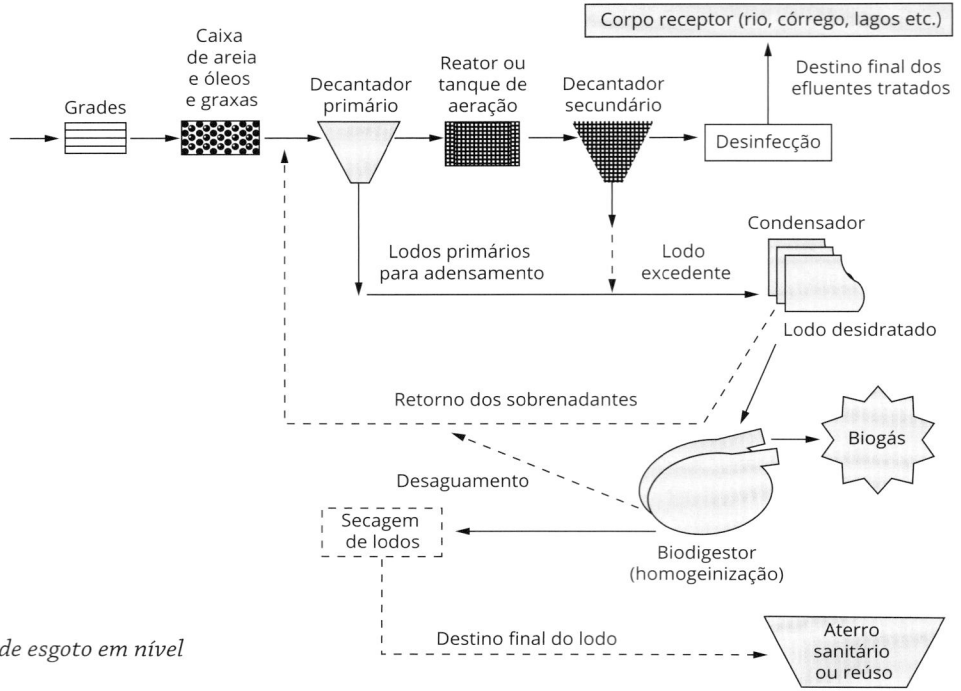

FIG. 4.8 *Croqui de tratamento de esgoto em nível secundário*

Tratamento da fase líquida

Nas ETEs convencionais, geralmente o tratamento secundário é precedido do tratamento primário, já descrito anteriormente. No Brasil tem se tornado muito comum o tratamento secundário por lodos ativados convencional, embora existam algumas variantes desse processo, como a aeração prolongada com reatores tipo carrossel, ou valos de oxidação, ou batelada, e também os filtros biológicos.

Uma alternativa que vem sendo muito utilizada atualmente é a substituição do decantador primário por um sistema anaeróbio conhecido no exterior como *upflow anaerobic sludge blanket* (UASB) e no Brasil como reator anaeróbio de fluxo ascendente (RAFA) ou digestor anaeróbio de fluxo ascendente (DAFA). Os defensores dessa alternativa citam como vantagem a obtenção de uma eficiência maior de remoção da DBO (de até 70%) quando comparada com o decantador primário (em média 30%). Além disso, pode-se fazer a recirculação do lodo secundário e sua digestão no próprio UASB, eliminando a necessidade dos digestores de lodo.

Tratamento secundário por lodos ativados convencional

Esse processo consiste na ação de uma comunidade específica de microrganismos aeróbios, que irão crescer em grande número, tanto pela presença de matéria orgânica na massa líquida quanto pela introdução de oxigênio, nos tanques de aeração. Para que se potencialize a degradação dessa matéria orgânica, é feita a recirculação de uma parte do "lodo biologicamente ativo" que sai do fundo do decantador secundário e que é lançado na entrada do tanque de aeração, junto com o esgoto bruto que vem do decantador primário.

O lodo retirado do fundo do decantador secundário, quando recirculado de forma contínua, ainda contém uma certa quantidade de oxigênio por causa da oxigenação ocorrida no tanque de aeração, mantendo assim uma quantidade elevada de microrganismos aeróbios ativos, capaz de decompor com maior eficiência o material orgânico ainda presente no esgoto. No tratamento secundário por lodos ativados, são então previstas as seguintes unidades:

- *Reator biológico ou tanques de aeração*: unidade responsável pelo fornecimento de oxigênio, elemento necessário para permitir o processo de biodegradação da matéria orgânica em condições aeróbias. Sem o oxigênio presente no ar injetado no tanque, seria impossível aumentar a velocidade das reações bioquímicas e a eficiência do sistema. O crescimento da massa biológica e suas características de viscosidade permitem que os microrganismos se reúnam em flocos de maior peso e que poderão ser removidos no decantador secundário.

- *Decantação secundária*: unidade responsável pela separação dos flocos biológicos produzidos no tanque de aeração, permitindo a saída de um efluente mais clarificado através da sedimentação desses sólidos no fundo do decantador. O efluente líquido é descartado diretamente no corpo receptor ou passa por tratamento para ser reutilizado. Conforme já foi explicitado anteriormente, uma parte do lodo é recirculada de volta ao tanque de aeração visando manter uma quantidade adequada de flocos biológicos ativos no sistema. Uma outra parte do lodo secundário (também conhecida como lodo excedente) é extraída do sistema e segue para o tratamento da fase sólida. Para complementar o tratamento secundário, é recomendável a desinfecção do efluente tratado final antes de lançá-lo no corpo d'água receptor, o que pode ser feito com cloro, ozônio ou UV, de forma a reduzir o número de coliformes presentes (Fig. 4.9).

A Fig. 4.10 mostra uma foto aérea da ETE da cidade de Franca (SP).

O sistema de lodos ativados convencional possui alta eficiência, o que diminui o volume e a área necessária para o reator, e tem sido projetado

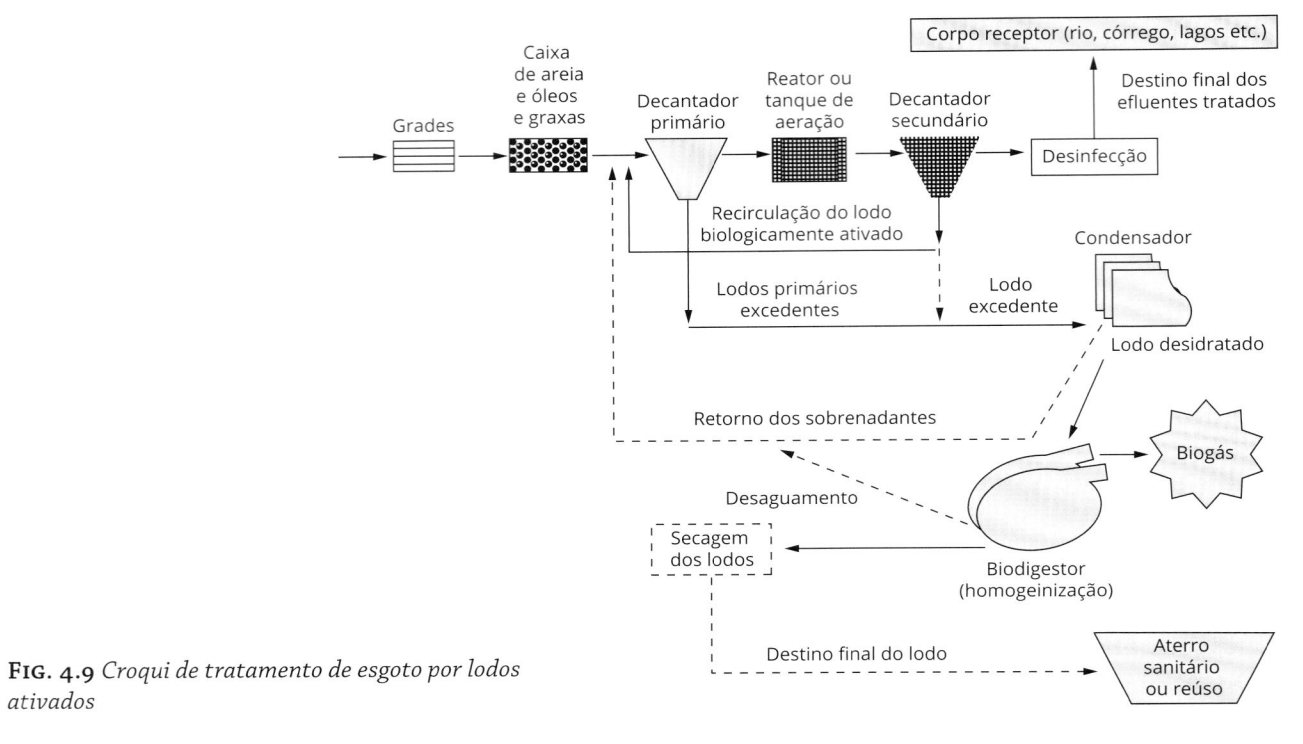

FIG. 4.9 *Croqui de tratamento de esgoto por lodos ativados*

FIG. 4.10 *ETE por lodos ativados convencional (Franca, SP)*
Fonte: Mendes et al. (2005).

315.000 habitantes atendidos
Área total: 200.000 m²
Área construída: 116.000 m²
Potência instalada: 3,5 kW
Consumo de energia: 490.167 kW/h
Capacidade nominal do sistema: 750L/s
Volume médio de esgoto tratado: 25.000 m³/dia
Volume de lodo produzido: 699,00 m³/mês

Desempenho:

	DQO (mg/L)	DBO (mg/L)	SST (mg/L)	RS (mg/L)	N_{total} (mg/L)
Esgoto bruto	751,0	366,01	294,00	4,40	63,00
Efluente final	63,2	12,50	19,83	0,58	16,50

para tempos de detenção hidráulica relativamente baixos (6 h a 8 h) e tempos de detenção da massa biológica (idade do lodo) na faixa de três a dez dias. Demanda área de implantação menor, porém requer alto grau de mecanização, elevado consumo de energia elétrica e necessidade de mão de obra especializada, tanto para operação quanto para manutenção.

Com esse sistema, além da matéria orgânica carbonácea, consegue-se uma certa remoção de nitrogênio e fósforo. Porém, devido ao baixo tempo de detenção hidráulica, a remoção de coliformes é também geralmente baixa, normalmente insuficiente para o lançamento no corpo receptor, e por isso é recomendável que se faça a desinfecção.

As ETEs atuais vêm instalando unidades de produção de água de reúso, para uso interno e para comercialização, utilizando uma parcela do esgoto tratado. O método adotado na produção da água de reúso depende da qualidade desejada para essa água.

Tratamento da fase sólida

O lodo secundário excedente é geralmente misturado e tratado juntamente com o lodo primário, podendo, no entanto, sofrer prévio adensamento separadamente ou não, e depois ambos seguem juntos os mesmos procedimentos: digestão anaeróbia, condicionamento químico e desaguamento.

4.3.3 Variantes do tratamento biológico convencional

Existem disponíveis vários tipos de tratamentos biológicos para o esgoto sanitário. Para a escolha daquele mais adequado, deve-se considerar a vazão do efluente a ser tratado, a qualidade final desejada, a disposição e o tamanho da área para a implantação do projeto, a disponibilidade econômica e a capacidade técnica da equipe de operação e manutenção, entre outros fatores que definirão sua viabilização técnica/econômica.

Há variantes do processo de tratamento de esgoto por lodos ativados convencional. Entre elas, pode-se citar os lodos ativados por aeração prolongada, cujos tanques de aeração podem ser de vários tipos:

- reatores de fluxo intermitente ou *batelada*;
- reatores de fluxo contínuo, como o *carrossel*;
- reatores de fluxo contínuo ou não com formato de *valo de oxidação*.

Como alternativa aos lodos ativados, pode-se também utilizar os leitos percoladores, mais conhecidos como filtros biológicos, que, por sua vez, podem ser de baixa ou de alta carga orgânica.

Lodos ativados – aeração prolongada

Os sistemas de lodos ativados de aeração prolongada também devem ser precedidos de tratamento preliminar (grades e caixas de areia). Porém, a grande diferença é que não se tem o decantador primário. Nesse caso, o tempo de detenção hidráulica está na faixa de 18 h a 24 h e o tempo de detenção da biomassa no reator (idade do lodo) é bem maior, na faixa de 18 a 30 dias.

O reator possui dimensões bem maiores (são três a quatro vezes maiores que os convencionais). Disso resulta menor concentração de DBO solúvel por unidade de volume e, portanto, menor disponibilidade de alimento para os microrganismos. Esse ambiente faz com que as bactérias consumam também suas reservas (matéria orgânica existente em suas próprias células ou nas células mortas, processo esse conhecido como endogenia). Dessa forma, pela baixa quantidade de matéria orgânica e pela alta eficiência de remoção da DBO solúvel, o lodo já sai estabilizado do tanque de aeração, eliminando a necessidade do digestor anaeróbio de lodo. Nesse caso, a estabilização do lodo ocorre de forma aeróbia no reator.

Os sistemas de aeração prolongada apresentam um consumo maior de energia elétrica. Porém, com eles obtém-se a maior eficiência de remoção de DBO dentre os sistemas de lodos ativados, podendo-se chegar a 98% de remoção da DBO solúvel e, se adequadamente projetados, a 100% de nitrificação (transformação do nitrogênio amoniacal em nitrato).

Uma das alternativas de tratamento por aeração prolongada é o sistema carrossel, que pode ser utilizado para comunidades de até 150.000 habitantes. A Fig. 4.11 mostra um sistema tipo carrossel instalado na cidade de Ribeirão Preto (SP).

Lodos ativados por batelada

Os sistemas de lodos ativados por batelada também necessitam de tratamento preliminar (grades e caixas de areia). O tratamento biológico funciona com dois ou mais reatores nos quais ocorrem todas as etapas do tratamento, possuindo ciclos bem definidos de operação: enchimento; aeração, sedimentação; drenagem; e repouso. A sedimentação da biomassa acontece no próprio reator e o lodo permanece no tanque, não havendo necessidade de sistema de recirculação de lodo nem de decantadores secundários.

Esses sistemas exigem a construção de mais de uma unidade, para permitir o tratamento de

	DQO (mg/L)	DBO (mg/L)	SS (mg/L)	pH (mg/L)
Esgoto bruto	502	251	279	6,0
Efluente final	≤ 60	≤ 50	≤ 30	

120.000 habitantes atendidos
Área total: 56.336 m²
Área construída: 25.199 m²
Área prevista para ampliação: 6.500 m²
Potência instalada: 480 kW
Consumo de energia: 129.300 kW/h
Capacidade nominal do sistema: 526 m³/h
Volume médio de esgoto tratado: 8.000 m³/dia
Volume de lodo produzido: 260 m³/mês

Desempenho:

FIG. 4.11 *ETE por lodos ativados por aeração prolongada tipo carrossel (Ribeirão Preto, SP)*
Fonte: Mendes et al. (2005).

forma contínua e também uma eventual manutenção. Quando um reator está cheio, outro deve estar disponível para enchimento. É considerado um sistema de aeração prolongada, ou seja, o lodo não necessita de posterior digestão.

Valos de oxidação

O valo de oxidação é um canal em circuito fechado, tipo pista de hipódromo, onde a aeração é fornecida através de aeradores de eixo horizontal, conhecidos também como aeradores tipo escova. Trata-se de um sistema de lodos ativados por aeração prolongada, onde se obtém excelentes resultados de até 95% de redução da DBO, tratando resíduos industriais e efluentes domésticos.

A sedimentação final dos sólidos em decantadores secundários é uma opção de projeto que possibilitará a remoção e a recirculação dos sólidos biológicos, além de permitir o funcionamento contínuo do sistema.

Tal sistema só pode ser utilizado em pequenas comunidades, de até 5.000 habitantes (Fig. 4.12). Para comunidades maiores, a área ocupada é impeditiva e, nesse caso, pode-se adotar alternativas melhores.

Filtros biológicos

Trata-se de um leito de percolação circular onde o esgoto é lançado sobre um material de enchimento e percola entre os vazios desse material. A

3.880 habitantes atendidos
Capacidade nominal do sistema: 5,72 L/s
Carga orgânica: 209 kg de DBO/dia
Pré-tratamento: gradeamento, caixa de areia e caixa de gordura
Tratamento secundário: pré-tratamento; dois tanques de aeração de fluxo orbital com aeradores do tipo eixo inclinado. Do valo de oxidação, o efluente vai para o decantador secundário para depois ser filtrado nas dunas, enquanto o lodo é recirculado e o excesso é disposto nos leitos de secagem.

FIG. 4.12 *ETE por valo de oxidação (Lagoa de Conceição – Florianópolis, SC)*
Fonte: Casan (s.d.).

biomassa vai se formar e ficar aderida no material de enchimento. A eficiência é de 75% a 90% de DBO. Os tanques podem ser rasos, caso o material de enchimento seja a pedra, ou de alturas maiores (de até 10 m), caso o material de enchimento sejam os módulos plásticos, também conhecidos como anéis de Rashig. Os módulos plásticos, por serem vazados e com área interna onde a biomassa também pode se fixar, apresentam área específica maior e, portanto, eficiência mais elevada do que as pedras.

Assim como os lodos ativados convencional, também necessita de um tratamento primário. O esgoto que previamente passou pelo decantador primário é aplicado na superfície da unidade e percola através do leito, sendo coletado no fundo, de onde segue para o decantador secundário. Uma película de biomassa adere no material do meio filtrante que retém a matéria orgânica, pois tem alta viscosidade. Essa matéria orgânica é então degradada de forma mais lenta. É considerado um processo aeróbio, uma vez que o ar pode circular entre os vazios do material que constitui o leito.

Os vazios do leito podem colmatar (entupir e perder sua capacidade de percolação) à medida que se forma uma camada de biomassa mais espessa, os vazios diminuem de dimensões e aumenta a velocidade com que o efluente passa (Mendes et al., 2005).

O nome *filtro biológico* é inadequado, mas essa é a denominação utilizada no Brasil; deveriam ser chamados de leitos percoladores. A Fig. 4.13 mostra um filtro biológico instalado na cidade de Taubaté (SP).

4.3.4 Tratamento de esgoto nas comunidades menores

Lagoas de estabilização

Consistem em reservatórios escavados no solo, com a proteção dos taludes e do fundo variando de acordo com o tipo de terreno utilizado, e representam um processo simples e natural para tratar esgotos domésticos, tendo como principal objetivo a remoção da matéria orgânica. Essa forma de tratamento biológico é de grande eficiência e utilidade especialmente para esgoto proveniente de pequenas comunidades, em particular nas áreas onde o custo do terreno é relativamente baixo, a mão de obra especializada na operação e na manutenção de sistemas mais complexos é inexistente e a operação de um sistema mais complexo seria cara e desnecessária.

A implantação das lagoas de estabilização depende da área disponível, da topografia do terreno, do grau de eficiência desejado e da verba à disposição. Tem como principais vantagens a facilidade de construção, a operação e a manutenção com custos reduzidos e a resistência a variações de

Montagem de sistema:
filtro biológico + decantador secundário
vazão: 3 m³/h

FIG. 4.13 *Filtro biológico (Taubaté, SP)*
Fonte: Acqua Engenharia (s.d.).

carga. Sua maior desvantagem é a necessidade de grandes áreas de implantação. São indicadas para as condições brasileiras devido ao clima favorável, principalmente em locais com disponibilidade de área. A operação é simples, por utilizar poucos ou, às vezes, nenhum equipamento.

Podem ser classificadas em lagoas primárias, que podem ser anaeróbicas ou facultativas, lagoas secundárias facultativas e lagoas terciárias, de maturação. O sistema de lagoas, por sua vez, pode ser projetado de diferentes formas: só lagoas facultativas (primárias, secundárias e terciárias) ou sistema de lagoas anaeróbias seguidas por lagoas facultativas (sistema australiano). Todas elas são chamadas de lagoas de estabilização e utilizam processos que já ocorrem na natureza.

Lagoas facultativas

As lagoas facultativas são geralmente precedidas de um sistema de gradeamento para remoção de sólidos grosseiros. A areia e os sólidos sedimentáveis presentes no esgoto vão para o fundo e formam uma camada que vai ser decomposta através de microrganismos anaeróbios. Os sólidos orgânicos que não sedimentam (finamente particulados e dissolvidos) ficam na parte superior da lagoa e são decompostos por bactérias aeróbias. Nesse caso, quem fornece o oxigênio necessário para as bactérias são as algas. Estas, durante o período diurno, fazem a fotossíntese, consumindo o gás carbônico produzido pelas bactérias e liberando o oxigênio.

Nas lagoas, o efluente entra por uma extremidade e sai pela outra, com um tempo de detenção calculado em projeto que garanta que o esgoto sofra os processos biológicos de degradação.

De acordo com Nuvolari (2011), cada lagoa pode apresentar eficiência na faixa de 70% a 85% de remoção de DBO. As profundidades variam conforme o tipo de lagoa: as lagoas primárias facultativas estão entre 1,5 m e 2,0 m; as lagoas secundárias facultativas, na faixa de 1,20 m a 1,80 m; e as lagoas terciárias ou de maturação, na faixa de 0,80 m a 1,20 m. Os volumes dessas lagoas são elevados, o que resulta em grandes tempos de detenção. Num sistema dotado de lagoas primárias, secundárias e de maturação, o tempo de detenção total geralmente fica na faixa de 30 a 45 dias.

A Fig. 4.14 apresenta uma lagoa facultativa localizada na cidade de Franca (SP).

Lagoas anaeróbias

Essas lagoas são mais profundas que as facultativas, sendo geralmente projetadas com profundidades da ordem de 3 m. Em seu projeto, aplicam-se cargas orgânicas bem maiores do que nas facultativas com o objetivo de evitar a presença de oxigênio, de forma que a estabilização da matéria orgânica ocorra estritamente em condições anaeróbias.

9.718 habitantes atendidos
Área construída: 3.100 m²
Área espelhada de lagoa facultativa: 17.954 m²
Potência instalada: 480 kW
Capacidade nominal do sistema: 14,96 L/s
Volume médio de esgoto tratado: 1.149,10 m³/dia

Desempenho:

- DBO total: 77,8%
- DBO filtrado: 88,4%
- DQO: 62,9%
- Coli total: 97,1291%
- *E. coli*: 98,5279%

FIG. 4.14 *Lagoa facultativa (Jardim Paulistano I – Franca, SP)*
Fonte: Mendes et al. (2005).

Sabe-se que a decomposição anaeróbia produz o biogás, que é uma mistura de gases, na proporção de 50% a 70% de metano, 30% a 50% de gás carbônico e pequenas percentagens de outros gases. A carga orgânica, apesar de elevada, deve ficar dentro de certos limites. Se for muito excessiva, pode apresentar odor, o que é uma desvantagem. Desse modo, aconselha-se que o sistema seja instalado em áreas afastadas, longe de bairros residenciais.

A lagoa anaeróbia só pode ser instalada como lagoa primária. Ocupa uma área cerca de cinco vezes inferior à de uma lagoa facultativa primária, mas sua eficiência é mais baixa. Assim, o tratamento tem que ser complementado através de lagoas facultativas secundárias e, se possível, terciárias. Tal processo é conhecido como *sistema australiano*.

Lagoas de maturação

São lagoas facultativas terciárias, mais rasas, com profundidades de 0,80 m a 1,20 m. Elas são mais rasas para permitir a entrada de luz solar em profundidade, pois sua principal função é remover patogênicos através da ação dos raios ultravioleta. Costumam apresentar elevado pH e alta concentração de oxigênio dissolvido (Casan, s.d.). Trata-se de uma alternativa mais barata que outros métodos de desinfecção, como a desinfecção por cloração.

A Fig. 4.15 mostra um sistema de lagoas do tipo australiano, composto de uma lagoa anaeróbia primária seguida por uma lagoa facultativa secundária e uma lagoa terciária de maturação, na cidade de Franca (SP).

Lagoas aeradas facultativas

A principal diferença entre esse tipo de sistema e uma lagoa facultativa convencional é que o oxigênio é fornecido, nesse caso, por aeradores mecânicos, que irão funcionar intermitentemente. O tempo de detenção hidráulica varia entre cinco e dez dias e, como consequência, o requisito de área é menor. Ocorre sedimentação da matéria orgânica, formando o lodo de fundo, que será estabilizado anaerobiamente como em uma lagoa facultativa convencional (Mendes et al., 2005).

Esse tratamento é utilizado quando se deseja um sistema predominantemente aeróbio e a disponibilidade de área é insuficiente para a instalação de uma lagoa facultativa convencional. Devido à introdução de equipamentos eletromecânicos, a complexidade e a manutenção operacional do sistema aumentam um pouco, além do consumo de energia elétrica, porém essa pode ser uma solução para lagoas facultativas que operam com cargas elevadas e não possuem área suficiente para expansão (Von Sperling, 1996).

Área construída: 3.100 m²
Área espelhada de lagoa anaeróbia: 2.092 m²
Área espelhada de lagoa facultativa: 4.020 m²
Área espelhada de lagoa de manutenção: 5.550 m²
Capacidade nominal do sistema: 10,84 L/s
Volume médio de esgoto tratado: 2.306,08 m³/dia

Desempenho:

- DBO total: 83,62%
- DBO filtrado: 83,79%
- DQO: 82,14%
- Coli total: 99,1382%
- *E. coli*: 98,5960%

FIG. 4.15 *Lagoa do tipo sistema australiano + lagoa de maturação (remoção de patogênicos) (Jardim Paulistano II – Franca, SP)*
Fonte: Mendes et al. (2005).

Lagoas aeradas de mistura completa seguidas por lagoas de sedimentação

Pode ser considerado um reator semelhante ao dos lodos ativados, mas sem a recirculação do lodo. O grau de aeração introduzido é suficiente para garantir a oxigenação da lagoa e manter os sólidos em suspensão (biomassa) dispersos na massa líquida. Devido a isso, o efluente que sai de uma lagoa aerada de mistura completa possui grande quantidade de sólidos suspensos e não está apto para ser lançado diretamente no corpo receptor. Para que ocorra a sedimentação e a estabilização desses sólidos, é necessária a inclusão de uma unidade de tratamento complementar, que são as lagoas de sedimentação (Mendes et al., 2005).

No entanto, podem existir instalações, como as da Fig. 4.16, em que um decantador secundário foi projetado no lugar da lagoa de sedimentação. Nesse caso, é até possível fazer a recirculação do lodo melhorando a *performance* do sistema, mas aumentando também o grau de mecanização e a complexidade da instalação.

As lagoas aeradas de mistura completa são projetadas com tempo de detenção hidráulica da ordem de três a quatro dias e, nas lagoas de sedimentação, esse tempo não deve ultrapassar dois dias para evitar a proliferação de algas. O acúmulo de lodo nas lagoas de sedimentação é relativamente baixo e sua remoção geralmente é feita com intervalos de um a dois anos. Esse sistema ocupa menos área que outros sistemas compostos por lagoas (Nuvolari, 2011).

Biodiscos

É considerado um sistema com biomassa aderida, a exemplo dos filtros biológicos. Trata-se de um conjunto de tambores vazados, geralmente de plástico, de baixo peso, que gira em torno de um eixo horizontal com velocidades na faixa de 1 RPM a 2 RPM. Metade desse tambor é imerso no esgoto, enquanto a outra metade fica exposta ao ar. A massa biológica, formada predominantemente por bactérias, cria uma película aderida ao tambor e, quando exposta ao ar, recebe o oxigênio necessário, pois o sistema é aeróbio. Quando novamente entra em contato com o efluente, os sólidos presentes no esgoto são adsorvidos na massa biológica e a matéria orgânica presente começa, então, a sofrer o processo de degradação. Quando essa película cresce demasiadamente, desgarra-se dos discos e permanece em suspensão no meio líquido devido ao movimento destes, contribuindo para um aumento da eficiência (Mendes et al., 2005).

O biodisco também necessita de tratamento primário (grades, caixas de areia e decantadores primários) e é geralmente limitado ao tratamento de pequenas vazões. Seu diâmetro máximo fica na faixa de 0,80 m a 1,50 m, sendo necessário um grande número de discos para tratar vazões maiores (Von Sperling, 1996). A Fig. 4.17 mostra um tanque com biodiscos de quatro módulos em série. Em primeiro plano pode-se notar o motor dotado de redutor; observe-se também a cobertura para evitar a proliferação de algas (Nuvolari, 2011).

FIG. 4.16 *Lagoa de aeração com decantador secundário ($100\ m^3/h$) (Uberlândia, MG)*
Fonte: Acqua Engenharia (s.d.).

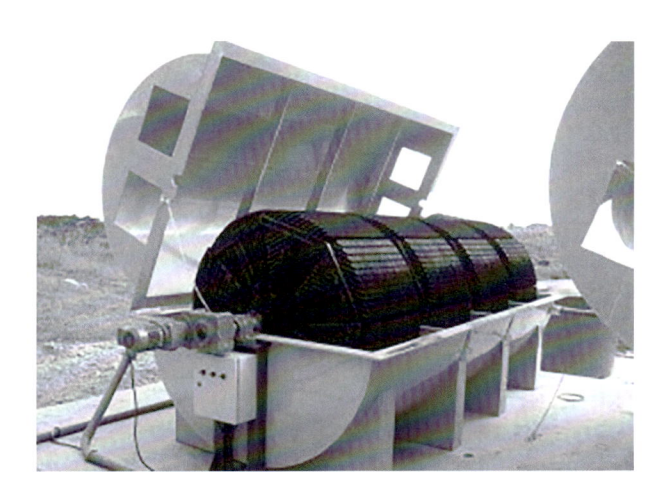

FIG. 4.17 *Biodisco*

Reator anaeróbio de fluxo ascendente (RAFA)

Conhecido como UASB no exterior, é chamado no Brasil de *reator* ou *digestor anaeróbio de fluxo ascendente e manta de lodo* (RAFA ou DAFA). O esgoto, que deve passar anteriormente por grades e caixas de areia, entra pelo fundo da unidade e flui no sentido ascendente. Ao passar pela biomassa anaeróbia, que cresce dispersa no meio líquido, formando pequenos grânulos, os sólidos ficam retidos. A concentração de biomassa é muito elevada, formando uma manta de lodo. No topo desse equipamento, há uma estrutura cônica ou piramidal que possibilita a separação dos gases resultantes do processo anaeróbio (gás carbônico e metano) da biomassa.

A área ocupada por esse sistema é bastante reduzida devido à alta concentração de bactérias. A produção de lodo é baixa e ele já sai estabilizado. Os gases podem ser aproveitados ou queimados e os maus odores são evitados com um projeto adequado, pois o RAFA geralmente é hermeticamente fechado (Von Sperling, 1996). A Fig. 4.18 mostra um desenho esquemático desse sistema.

Alternativas para pequenos núcleos habitacionais

As alternativas apresentadas a seguir visam o atendimento a pequenos núcleos habitacionais, situados em locais isolados, que podem ser também hotéis e pousadas rurais, fazendas e sítios, onde geralmente não existem redes públicas de coleta de esgoto.

Fossas sépticas

As fossas sépticas são as unidades primárias de tratamento de esgoto, no caso desses pequenos núcleos habitacionais isolados. São unidades simples, de fácil manutenção, construídas em concreto ou alvenaria, que não exigem grandes áreas nem muitos recursos para sua implantação. Destinam-se ao esgoto de uma ou mais edificações, sendo que a parte líquida do esgoto permanece por breve tempo, enquanto o lodo sedimentado no fundo é acumulado por vários meses. Mais comumente o sistema é composto de três unidades: caixa de inspeção, fossa séptica, e sumidouro ou vala de infiltração. O sumidouro e também as valas de infiltração são unidades que permitem dar destino final ao efluente através de sua infiltração no solo, o que, no entanto, nem sempre é possível. Muitas vezes esse efluente tem que ser lançado em corpos d'água superficiais. Nesses casos, as fossas sépticas podem anteceder tratamentos como filtros anaeróbios de fluxo ascendente e/ou valas de filtração.

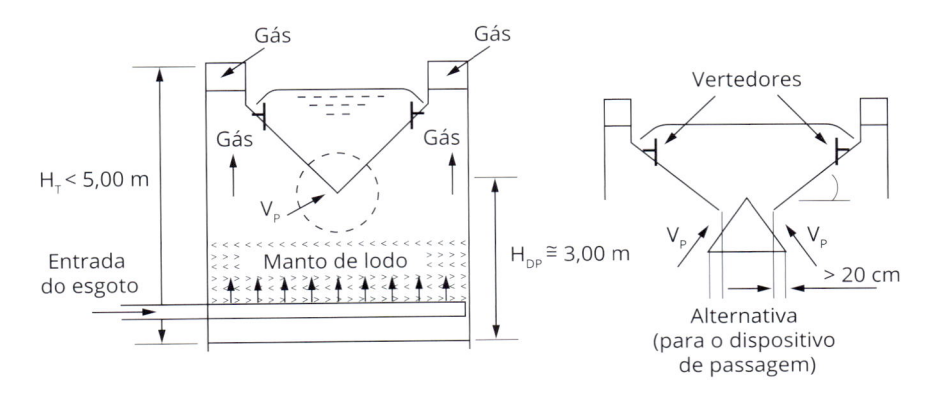

FIG. 4.18 *Desenho esquemático de um RAFA*
Fonte: Nuvolari (2011).

Se comparadas com o tratamento convencional, as fossas sépticas fazem ao mesmo tempo o papel das caixas de areia, dos decantadores primários e dos digestores de lodo, sendo, por esse motivo, também chamadas de *decanto-digestores*. São compostas por uma única câmara fechada com a finalidade de deter os despejos domésticos por um pequeno espaço de tempo estabelecido em projeto. Nessa câmara ocorre a sedimentação dos sólidos sedimentáveis e da areia eventualmente presente no esgoto. Nela também há a retenção de óleos e graxas na superfície líquida e a digestão anaeróbia do lodo depositado no fundo, que é transformado bioquimicamente em substâncias e compostos mais simples e estáveis. É importante que seja feita a limpeza periódica do lodo depositado, que, por já estar mineralizado, serve como excelente condicionador de solos.

As fossas sépticas possuem baixa eficiência na remoção de DBO (de 30% a 40%), mas sua principal função é remover cerca de 50% a 70% dos sólidos totais. Alguns cuidados devem ser tomados em sua construção de forma a não contaminar lençóis subterrâneos e poços de água próximos ao local de sua implantação.

Existem outros tipos de fossas, cabendo aqui uma breve descrição de cada um deles:

- *Fossa negra*: sistema de tratamento primário que consiste em uma simples escavação, às vezes com revestimento das paredes laterais, mas sem revestimento do fundo, onde os dejetos caem diretamente no solo. Se o solo for arenoso, a parte líquida infiltra e pode contaminar o lençol freático, sendo, por esse motivo, contraindicada. A parte sólida fica retida e vai sendo decomposta. Não existe efluente de fossa negra.
- *Fossa seca*: é um tipo rústico de banheiro utilizado em épocas passadas, mormente nos bairros afastados ou nas regiões rurais. Eram escavações com paredes revestidas de tábuas não aparelhadas e com o fundo em solo natural. Eram cobertas na altura do piso por uma laje onde se instalava um "vaso sanitário" ou mesmo uma abertura por onde as pessoas faziam suas necessidades (Carvalho, 1981).

Tanque Imhoff e fossa OMS

São decanto-digestores um pouco mais sofisticados que as fossas sépticas tradicionais e possuem algumas vantagens sobre elas, tais como menor tempo de retenção do líquido, melhor digestão, eficiência um pouco maior na remoção de DBO e atendimento a volumes maiores. Destinam-se também ao tratamento primário do esgoto, à semelhança dos tanques sépticos comuns.

O projeto prevê a construção de duas câmaras superpostas, em que a câmara superior tem a função de sedimentação e a inferior tem a função de armazenar e digerir o lodo. A comunicação entre os dois compartimentos é feita unicamente por uma fenda que dá passagem aos lodos. A diferença entre a fossa OMS e o tanque Imhoff está no detalhe da construção da câmara de decantação. Na OMS, essa câmara é vedada por cima, impedindo qualquer comunicação de gases entre os dois compartimentos (Funasa, 2007).

O líquido efluente das fossas sépticas, dos tanques Imhoff e das fossas OMS pode ser direcionado a uma rede pública (se existir), a um sistema de tratamento específico, que pode ser um filtro anaeróbio de fluxo ascendente (FAFA) ou uma vala de filtração, ou a um destino final no solo através de um sumidouro ou de uma vala de infiltração.

Filtro anaeróbio de fluxo ascendente (FAFA)

É uma unidade para tratamento do efluente das fossas sépticas. Difere do RAFA por ser de menores dimensões e possuir material de enchimento, onde a biomassa anaeróbia irá crescer aderida. Consiste em um tanque dotado de uma laje inferior perfurada que sustenta o material de enchimento. O esgoto entra pelo fundo, abaixo da laje, e atravessa seus furos. O leito de enchimento pode ser feito de material variado, desde que permita a fixação do filme biológico, como pedra britada, módulos plásticos (anéis de Rashig) e até bambu cortado. Esse filtro é considerado uma alternativa ao tratamento do efluente por fossas sépticas, apresentando eficiência menor que as valas de filtração na remoção de DBO (Nuvolari, 2011).

Como o efluente entra pela parte inferior do filtro e atravessa o leito em um fluxo ascendente, o leito permanece sempre afogado, ou seja, os vazios são preenchidos com o efluente. Por esse motivo, e também pela alta concentração de matéria orgânica por unidade de volume, as bactérias envolvidas são anaeróbias. Além disso, por se tratar de um processo anaeróbio, as dimensões do filtro são reduzidas e a unidade é fechada (Von Sperling, 1996).

A Fig. 4.19A mostra esquematicamente o desenho de um FAFA.

Sumidouro

O sumidouro é uma das alternativas para disposição final do efluente das fossas sépticas. Pode ser necessário construir várias unidades, e em cada uma delas é feita uma escavação circular no solo. No centro dessa escavação é colocado verticalmente um tubo pré-moldado perfurado de grande diâmetro (geralmente 1,20 m). O efluente da fossa séptica deve ser lançado no interior desse tubo e passa pelos furos, por uma camada de 0,50 m de brita que envolve externamente o tubo em sua lateral externa e no fundo, e infiltra no solo (Fig. 4.19B).

Vala de infiltração

A vala de infiltração é outra alternativa para disposição final do efluente das fossas sépticas. Trata-se de unidades longitudinais cujos tubos

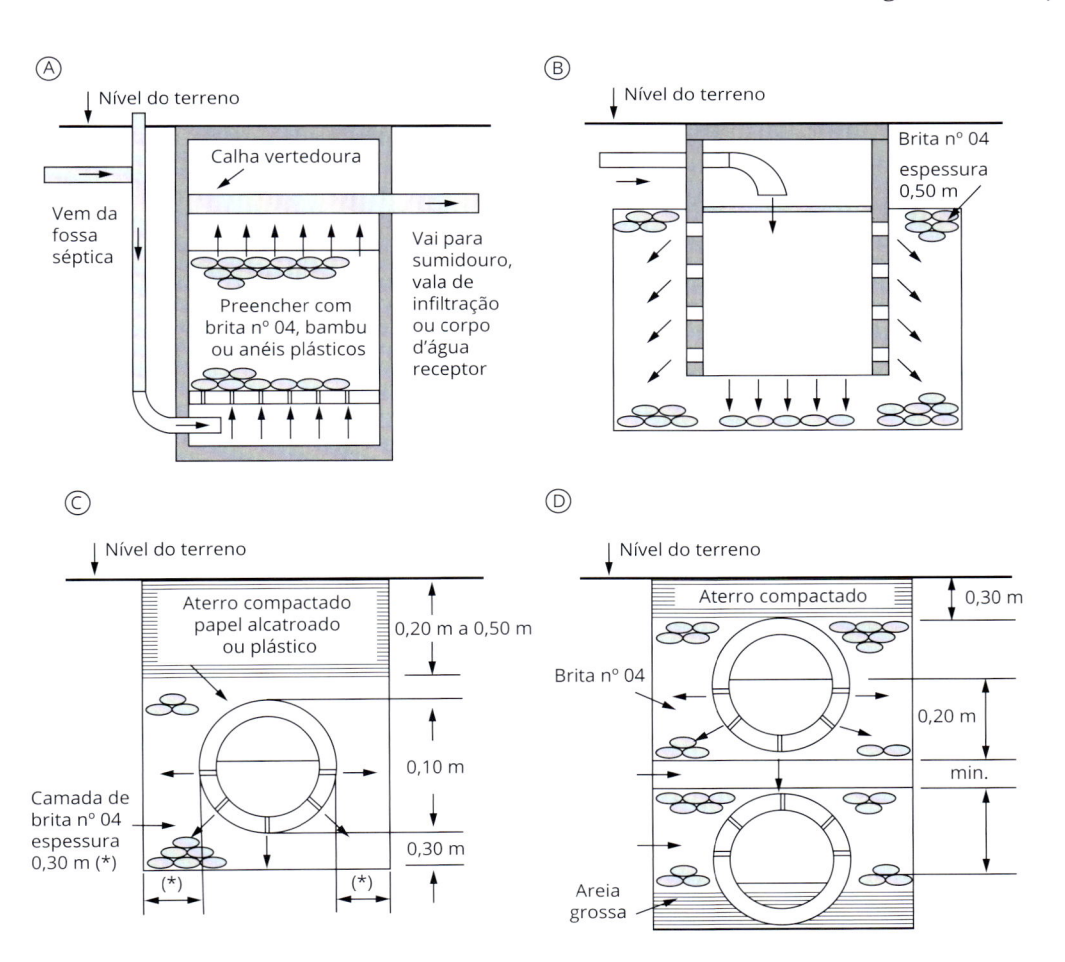

FIG. 4.19 *Alternativas para disposição final ou tratamento do efluente das fossas sépticas: (A) filtro anaeróbio de fluxo ascendente (FAFA); (B) sumidouro; (C) valas de infiltração; (D) valas de filtração*
Fonte: Nuvolari (2011).

perfurados são de menor diâmetro que os dos sumidouros. Também nesse caso o tubo perfurado é envolvido em brita (Fig. 4.19C).

Vala de filtração

É uma alternativa de tratamento biológico aeróbio do efluente das fossas sépticas. Nesse caso, são instaladas duas tubulações de pequeno diâmetro: uma superior perfurada na parte inferior e outra inferior perfurada na parte superior. Ambas as tubulações são envoltas em brita e entre elas existe uma camada de areia, conforme indicado na Fig. 4.19D. O efluente é lançado na tubulação superior e coletado na inferior, passando pela camada de brita e pela camada de areia. Nesse trajeto vai se formando uma biomassa aderida. Segundo alguns pesquisadores, um sistema formado por fossa séptica, FAFA e vala de filtração pode chegar a uma eficiência de 98% de remoção de DBO e ser uma alternativa quando o efluente não pode ser infiltrado no solo e precisa ser lançado em corpos d'água superficiais.

4.3.5 Escolha do tipo de tratamento

Para a escolha do tipo de tratamento a ser adotado para as fases líquida e sólida, é necessário fazer um estudo de critérios técnicos e econômicos, considerando a quantidade e a qualidade de cada efluente.

Existem fatores de importância a serem levados em conta ao selecionar e avaliar as operações e os processos unitários que atuarão diretamente na eficiência do processo e na viabilidade do projeto. Segundo Metcalf & Eddy (1991), destacam-se:
- aplicabilidade do processo;
- vazão (estimada ou esperada);
- variação de vazão aceitável (tolerada);
- características do efluente;
- constituintes inibidores ou refratários;
- aspectos climáticos;
- cinética do processo e hidráulica do reator;
- desempenho;
- subprodutos do tratamento;
- limitações no tratamento do lodo;
- limitações ambientais;
- requisitos de produtos químicos;
- requisitos energéticos;
- requisitos de outros recursos;
- requisitos de pessoal;
- requisitos de operação e manutenção;
- processos auxiliares requeridos;
- contabilidade;
- compatibilidade;
- disponibilidade de área.

Uma análise comparativa dos principais sistemas de tratamento de esgotos, com suas vantagens e desvantagens, é mostrada no Quadro 4.4.

As características do esgoto industrial são normalmente diferentes das do esgoto doméstico, e sua constituição depende do tipo de indústria. Esse tipo de efluente pode apresentar quantidades elevadas de metais, produtos químicos e orgânicos em geral, além dos que já existem no esgoto doméstico e/ou comercial. Não se pode esquecer que parte do esgoto industrial provém das cozinhas e banheiros utilizados por seus empregados.

Normalmente, para seu tratamento são utilizadas técnicas físico-químicas para remoção dos componentes não orgânicos, seguidas de tratamento biológico após mistura com o esgoto de cozinhas e banheiros da própria indústria. Vale lembrar que o industrial pode optar por uma das seguintes alternativas: lançar o efluente de sua indústria nas redes públicas (desde que exista a rede e o efluente atenda a certos requisitos de qualidade); tratá-lo adequadamente para lançá-lo no corpo receptor mais próximo, desde que atenda aos padrões de lançamento, ou tratá-lo de forma a adequar sua qualidade para o reúso interno.

4.4 Tratamento terciário ou avançado

O tratamento terciário normalmente já se classifica como *tratamento avançado de água*, uma vez que, para chegar a esse nível, o esgoto deve ter sido previamente tratado em nível secundário.

Consiste em tratamentos que utilizam tecnologias mais eficientes e mais caras e geralmente visa à obtenção de águas de reúso. Portanto, o

QUADRO 4.4 Comparação dos principais sistemas de tratamento de esgotos

Sistemas de lagoa de estabilização

Sistema	Vantagens	Desvantagens
Lagoa facultativa	– Satisfatória eficiência na remoção de DBO – Eficiência na remoção de patogênicos – Construção, operação e manutenção simples – Reduzidos custos de operação e manutenção – Ausência de equipamentos mecânicos – Requisitos energéticos praticamente nulos – Satisfatória resistência a variações de carga – Remoção de lodo necessária apenas após períodos superiores a 20 anos	– Elevados requisitos de área – Dificuldade de satisfazer padrões de lançamento bem restritos – Simplicidade operacional pode trazer descaso na manutenção (crescimento de vegetação) – Possível necessidade de remoção de algas do efluente para o cumprimento de padrões rigorosos – *Performance* variável com as condições climáticas (temperatura e insolação) – Possibilidade de crescimento de insetos
Sistema de lagoa anaeróbia-lagoa facultativa	– *Idem* lagoa facultativa – Requisitos de área para a lagoa anaeróbia bem inferiores (cerca de quatro a cinco vezes) quando comparados aos de um sistema de lagoa facultativa única	– *Idem* lagoa facultativa – Possibilidade de maus odores na lagoa anaeróbia – Eventual necessidade de elevatórias de recirculação dos efluentes, para controle de maus odores – Necessidade de afastamento razoável das residências circunvizinhas
Lagoa aerada facultativa	– Construção, operação e manutenção relativamente simples – Requisitos de áreas inferiores aos das lagoas facultativas e anaeróbio-facultativas – Maior independência das condições climáticas que os sistemas das lagoas facultativas e anaeróbio-facultativas – Eficiência na remoção de DBO ligeiramente superior à das lagoas facultativas – Satisfatória resistência a variações de carga – Reduzidas possibilidades de maus odores	– Introdução de equipamentos, necessitando de planos de operação e manutenção mais cuidadosos – Ligeiro aumento do nível de sofisticação – Requisitos de área ainda elevados – Requisitos de energia relativamente elevados
Sistema de lagoa aerada de mistura completa – lagoa de sedimentação	– *Idem* lagoas aeradas facultativas – Menores requisitos de área de todos os sistemas de lagoas	– *Idem* lagoas aeradas facultativas (com exceção dos requisitos de área) – Preenchimento rápido da lagoa de sedimentação com o lodo – Necessidade de remoção contínua ou periódica (dois a cinco anos) do lodo

Lodos ativados

Sistema	Vantagens	Desvantagens
Lodos ativados convencional	– Elevada eficiência na remoção de DBO – Nitrificação usualmente obtida – Possibilidade de remoção biológica de N e P – Baixos requisitos de área – Processo confiável desde que supervisionado – Reduzidas possibilidades de maus odores, insetos e vermes – Flexibilidade operacional	– Elevados custos de implantação e operação – Elevado consumo de energia – Necessidade de operação sofisticada – Elevado índice de mecanização – Relativamente sensível a descargas tóxicas – Necessidade de tratamento completo do lodo e de sua disposição final – Possíveis problemas ambientais com ruídos e aerossóis
Aeração prolongada	– *Idem* lodos ativados convencional – Sistema com maior eficiência na remoção de DBO – Nitrificação consistente – Mais simples conceitualmente que lodos ativados convencional – Estabilização do lodo no próprio reator – Elevada resistência a variações de cargas orgânicas e cargas tóxicas – Satisfatória independência das condições climáticas	– Elevados custos de operação e implantação – Sistema com maior consumo de energia – Elevado índice de mecanização (embora inferior ao de lodos ativados convencional) – Necessidade de remoção da unidade do lodo e de sua disposição final (embora mais simples que os lodos ativados convencional)

QUADRO 4.4   (Continuação)

Lodos ativados

Sistema	Vantagens	Desvantagens
Sistemas de fluxo intermitente	– Elevada eficiência na remoção de DBO – Satisfatória remoção de N e possivelmente P – Baixos requisitos de área – Mais simples conceitualmente que os demais sistemas de lodos ativados – Menos equipamentos que os demais sistemas de lodos ativados – Flexibilidade operacional (através da variação dos ciclos) – Decantador secundário e elevatória de recirculação não são necessários	– Elevados custos de implantação e operação – Maior potência instalada que os demais sistemas de lodos ativados – Necessidade do tratamento e da disposição do lodo (variável com a modalidade convencional ou prolongada) – Usualmente mais competitivos economicamente para populações menores

Sistemas aeróbios com biomassa aderida

Sistema	Vantagens	Desvantagens
Filtro biológico de baixa carga	– Elevada eficiência na remoção de DBO – Nitrificação frequente – Requisitos de área relativamente baixos – Mais simples conceitualmente que lodos ativados – Índice de mecanização relativamente baixo – Equipamentos mecânicos simples – Estabilização do lodo no próprio filtro	– Menor flexibilidade operacional que lodos ativados – Elevados custos de implantação – Requisitos de área mais elevados que os de filtros biológicos de alta carga – Relativa dependência de temperatura do ar – Relativamente sensível a descargas tóxicas – Necessidade de remoção da unidade do lodo e de sua disposição final (embora mais simples que os filtros biológicos de alta carga) – Possíveis problemas com moscas – Elevada perda de carga
Filtro biológico de alta carga	– Boa eficiência na remoção de DBO (embora ligeiramente inferior à de filtros de baixa carga) – Mais simples conceitualmente que lodo ativados – Maior flexibilidade operacional que filtros de baixa carga – Melhor resistência a variações de carga que filtros de baixa carga – Reduzidas possibilidades de maus odores	– Operação ligeiramente mais sofisticada que a de filtros de baixa carga – Elevados custos de implantação – Relativa dependência de temperatura do ar – Necessidade de tratamento completo do lodo e de sua disposição final – Elevada perda de carga
Biodisco	– Elevada eficiência na remoção de DBO – Nitrificação frequente – Requisitos de área bem baixos – Mais simples conceitualmente que lodo ativados – Equipamentos mecânicos simples – Reduzidas possibilidades de maus odores – Reduzida perda de carga	– Elevados custos de implantação – Adequado principalmente para pequenas populações (para não necessitar de número excessivo de discos) – Cobertura dos discos usualmente necessária (proteção contra chuvas, ventos e vandalismo) – Relativa dependência de temperatura do ar – Necessidade de tratamento completo do lodo (eventualmente sem digestão, caso os discos sejam instalados sobre tanques Imhoff) e de sua disposição final

Sistemas anaeróbios

Sistema	Vantagens	Desvantagens
Reator anaeróbio de fluxo ascendente e manta de lodo	– Mediana eficiência na remoção de DBO – Baixos requisitos de área – Baixos custos de operação e implantação – Reduzido consumo de energia – Não necessita de meio suporte – Construção, operação e manutenção simples – Baixíssima produção de lodo – Estabilização do lodo no próprio reator – Facilidade no desaguamento e necessidade apenas de secagem e disposição do lodo – Rápido reinício após período de paralisação	– Dificuldade em satisfazer padrões de lançamento bem restritivos – Possibilidade de efluentes com aspecto desagradável – Remoção de N e P insatisfatória – Possibilidade de maus odores (embora possam ser controlados) – Partida do processo geralmente lenta – Relativamente sensível a variações de carga – Usualmente necessita de pós-tratamento

QUADRO 4.4   (Continuação)

Sistema	Vantagens	Desvantagens
Sistemas anaeróbios		
Fossa séptica – filtro anaeróbio	– *Idem* reator anaeróbio de fluxo ascendente (com exceção do quesito necessidade de meio suporte) – Boa adaptação a diferentes tipos e concentrações de esgotos – Boa resistência a variações de carga	– Dificuldade em satisfazer padrões de lançamento mais restritivos – Possibilidade de efluentes com aspecto desagradável – Remoção de N e P insatisfatória – Possibilidade de maus odores (embora possam ser controlados) – Riscos de entupimento
Disposição no solo		
Infiltração lenta	O esgoto é aplicado ao solo, fornecendo água e nutrientes necessários para o crescimento das plantas. Parte do líquido é evaporada, parte percola no solo, e a maior parte é absorvida pelas plantas. As taxas de aplicação nos solos são bem baixas. O líquido pode ser aplicado segundo os métodos de aspersão, do alagamento, e da crista de vala.	
Infiltração rápida	O esgoto é disposto em bacias rasas. O líquido passa pelo fundo poroso e percola no solo. A perda por evaporação é menor, em face das maiores taxas de aplicação. A aplicação é intermitente, proporcionando um período de descanso para o solo. Os tipos mais comuns são: percolação para a água subterrânea, recuperação por drenagem superficial e recuperação por poços freáticos.	
Infiltração subsuperficial	O esgoto pré-decantado é aplicado abaixo do nível do solo. Os locais de infiltração são preenchidos com um meio poroso, no qual ocorre o tratamento. Os tipos mais comuns são as valas de infiltração e os sumidouros.	
Escoamento superficial	O esgoto é distribuído na parte superior de terrenos com uma certa declividade, através dos quais escoa até ser coletado por canaletas na parte inferior. A aplicação é intermitente. Os tipos de aplicação são: aspersores de alta pressão, aspersores de baixa pressão e tubulações perfuradas ou ainda canais de distribuição com aberturas intervaladas.	

Fonte: Von Sperling (1996).

tratamento terciário raramente é aplicado para a vazão total. A água de reúso mais comum é aquela obtida pela passagem do efluente tratado em filtros de areia comuns e em seguida por cloração.

No entanto, se os requisitos de qualidade da água de reúso forem mais restritivos, outras tecnologias, como a filtração por membranas, podem ser utilizadas e têm por objetivo a remoção complementar da matéria orgânica e de compostos não biodegradáveis, de nutrientes, de poluentes tóxicos e/ou específicos, de patogênicos, de metais pesados, de sólidos inorgânicos dissolvidos, de sólidos em suspensão remanescentes, de íons polivalentes e às vezes até de íons monovalentes.

Nesse caso, são etapas específicas e diversas, de acordo com o grau de depuração que se deseja alcançar, caracterizando tratamentos para situações especiais, com o objetivo de completar o tratamento secundário (Fig. 4.20).

Cada tipo de sólido, de acordo com sua dimensão, apresenta-se na água de modo diferente. Pode estar dissolvido, na forma coloidal ou suspenso. Esse conhecimento ajuda a definir a melhor tecnologia a ser implementada para sua remoção.

Os principais processos de tratamento de efluentes líquidos em nível terciário são:

- *remoção de sólidos dissolvidos*: osmose reversa, troca iônica, eletrodiálise e destilação;
- *remoção de sólidos suspensos*: macrofiltração, microfiltração, ultrafiltração, nanofiltração e clarificação (ozonização);
- *remoção de compostos orgânicos*: ozonização e carvão ativado.

4.4.1 Processos de remoção de sólidos dissolvidos

Osmose reversa

A osmose reversa é o processo mais radical de purificação da água, pois remove tudo, até os íons monovalentes. É aplicada basicamente para remover a salinidade da água, porém pode também

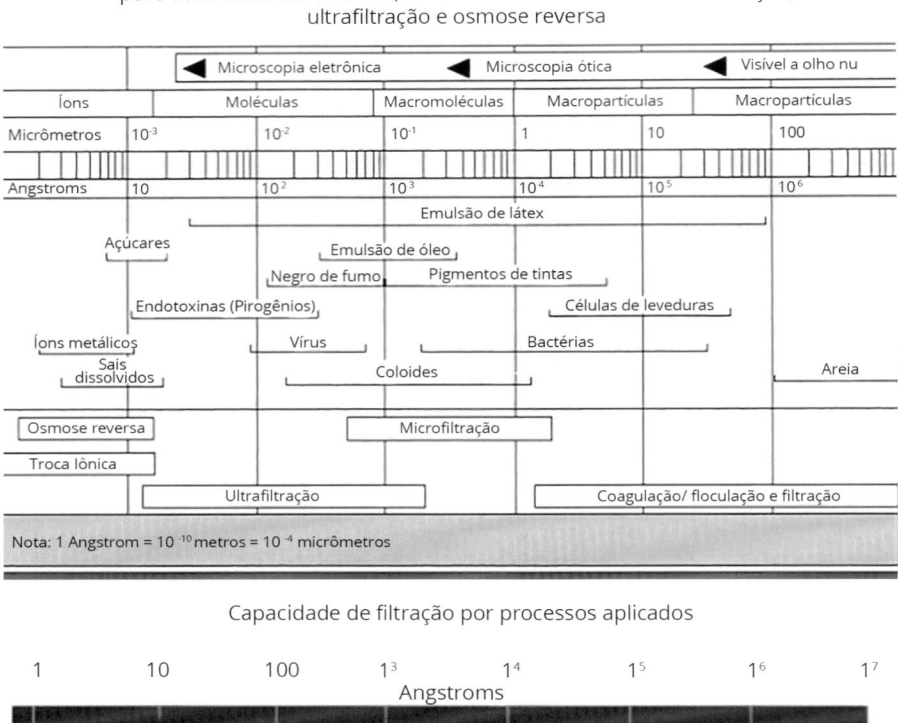

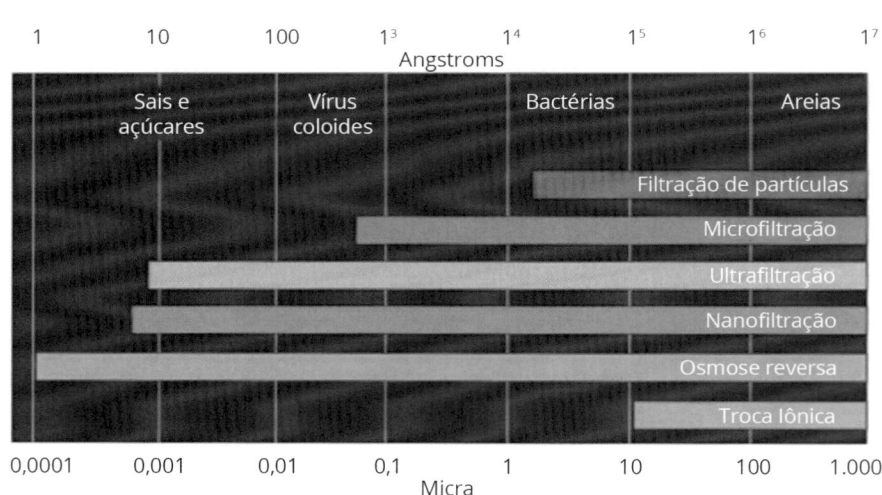

FIG. 4.20 *Tratamentos avançados × tamanho dos sólidos, em que 1 mícron é a milésima parte do milímetro (1/1.000 mm); micra = plural de mícron; 1 nanômetro (nm) = milésima parte do mícron (1/1.000 μ); 1 mμ (milimícron) = 1 nm; 1 nm = 10 angstroms; 1 angstrom = 1/10.000.000 mm*

remover sílica e material orgânico coloidal com alto peso molecular. Esse sistema produz água tratada para as mais diferentes aplicações, servindo cidades, indústrias, comércio, pequenos sistemas para plataformas de petróleo, condomínios, fazendas, hospitais, hotéis e laboratórios. Também possui aplicações na recuperação de proteínas do queijo, na concentração de sucos de frutas, café e chá e na concentração de medicamentos. A capacidade desse sistema varia de alguns litros por hora a milhões de litros por hora (Rozenthal, 1996).

A osmose é um processo natural que acontece quando duas soluções de concentrações diferentes (p.ex., água pura e água salobra) são separadas por uma membrana semipermeável, ou seja, permeável para solventes e impermeável para solutos. A água pura tende a passar pela membrana de forma a equilibrar a concentração de sais nas duas soluções. A osmose reversa é assim chamada porque faz um procedimento inverso, que só ocorre pela aplicação de pressões elevadas na água a ser tratada. A água passa através da membrana semipermeável, que retém o sal e outros componentes, obtendo-se água purificada.

O sistema remove até 99% de cloreto de sódio, além de possuir quase a mesma eficácia para outros minerais presentes na água. Sua utilização serve aos mais diversos tipos de situações presentes na indústria e está sempre ligada à separação de íons. Dessalinização, alimentação para caldeiras e produção de produtos químicos são alguns dos exemplos que necessitam de água praticamente pura.

Troca iônica

O processo de troca iônica é utilizado para a desmineralização da água. Trata-se de um sistema clássico de purificação empregado para a remoção de íons, compostos fracamente ionizáveis (sílica e dióxido de carbono), compostos fenólicos e ácidos orgânicos. Como exemplos de aplicação, têm-se a descoloração do açúcar e a desacidificação de sucos de fruta para a indústria alimentícia, a produção de água ultrapura para a indústria de semicondutores eletrônicos e a indústria farmacêutica, a purificação de condensados e o tratamento de efluentes líquidos.

A utilização de resinas de troca iônica para separações, recuperações, desmineralizações, catálise e abrandamento da escala industrial tornou-se uma realidade com a evolução tecnológica, com o desenvolvimento de novos produtos.

Eletrodiálise

A eletrodiálise é um processo de deionização de águas e efluentes líquidos, através de membranas especiais, quando submetidos a um campo elétrico. A força motriz para ocorrer o fenômeno da eletrodiálise é a diferença de potencial entre eletrodos obtida com a passagem de corrente elétrica pelo sistema. Os cátions (M^{+n}) se direcionam para o eletrodo negativo (cátodo), e os ânions (N^{-m}), para o eletrodo positivo (ânodo).

As membranas são resinas catiônicas e aniônicas e de troca iônica, manufaturadas em forma de lâminas, que ficam dispostas alternadamente entre os eletrodos para limitar a migração dos íons. Dessa maneira, os ânions não podem atravessar as membranas aniônicas (MA) nem os cátions as membranas catiônicas (MC).

A eletrodiálise e a eletrodiálise reversa atualmente usam membrana acrílica aniônica e membrana acrílica catiônica, que possuem alta eficiência, substancial resistência a oxidantes e excepcional resistência a incrustações orgânicas. Essas propriedades tornaram a tecnologia de eletrodiálise reversa técnica e economicamente viável. Sua eficiência para a remoção de sais varia de 50% a 94% em função da qualidade desejada do produto. A recuperação de água varia, também, de 50% a 94%, dependendo da qualidade da carga a ser tratada.

Destilação

É um processo utilizado para a separação de sólidos dissolvidos de uma corrente líquida, através da evaporação do solvente e da concentração dos sólidos na fase líquida (concentrado), reduzindo bastante o volume da solução inicial. Constitui uma das técnicas alternativas para a dessalinização da água do mar, para fins de abastecimento público em áreas carentes de mananciais de água doce.

É uma técnica bastante empregada também para a recuperação de efluentes líquidos que contêm alta concentração de sólidos. Esse sistema não requer pré-tratamento do efluente como os demais, porém possui como principais desvantagens o alto investimento inicial, o elevado consumo de energia e a necessidade de tratamentos adicionais.

4.4.2 Processos de remoção de sólidos suspensos

A velocidade de sedimentação de sólidos suspensos na água varia de acordo com o tamanho e a densidade das partículas. Quando se trata de pequenas partículas finamente divididas, como bactérias e coloides, é praticamente impossível removê-las exclusivamente por efeito da gravidade, sem o auxílio de outros processos.

As principais tecnologias para a remoção de sólidos suspensos são a macrofiltração, a filtração tangencial com membranas (microfiltração, ultrafiltração e nanofiltração) e a clarificação. As maiores diferenças entre os processos de microfiltração, ultrafiltração e nanofiltração são apresentadas na Tab. 4.4.

A escolha da tecnologia mais adequada está relacionada, fundamentalmente, ao tamanho das partículas a serem removidas, aos custos de investimentos operacionais e de manutenção, à concentração de outros contaminantes e à qualidade desejada do produto final.

Macrofiltração

A macrofiltração só é eficiente para a remoção de partículas maiores do que 1 µm, enquanto as demais técnicas são capazes de remover até mesmo partículas coloidais.

Esse sistema funciona pela passagem da corrente de alimentação em uma direção perpendicular ao meio filtrante (areia, carvão, antracito etc.), sendo que todo o fluxo atravessa esse meio filtrante, criando uma única corrente de saída.

Os filtros podem ainda ser classificados como gravitacionais ou pressurizados, de acordo com sua pressão de operação. Para sistemas com alto potencial de incrustação, deve-se utilizar uma taxa de filtração inferior a 10 m³/h · m² ou projetar um segundo leito filtrante em série (Singh, 1997).

Microfiltração (MF)

É um processo de separação por membranas *cross-flow* de baixa pressão para a remoção de partículas coloidais e em suspensão na faixa entre 0,05 µm e 10 µm. É utilizado para remover sólidos em suspensão e também bactérias da água. Acontece pela passagem da água através de um material poroso ou de uma membrana cujos poros são sempre inferiores ao tamanho do sólido que se deverá reter. Dessa forma, para garantir a eficiência do sistema, é necessário implementar pressão controlada.

Parte da contaminação viral é retida, pois, embora os vírus sejam menores que os poros da membrana de microfiltração, muitos se agrupam às bactérias e, por isso, acabam retidos num conjunto. A microfiltração é bastante utilizada para fermentação, clarificação de caldos e clarificação e recuperação de biomassa. Consegue-se reduzir de forma significativa a turbidez da água.

Ultrafiltração (UF)

Processo semelhante à microfiltração, consiste em um sistema de separação física de sólidos através de membranas filtrantes, porém com capacidade de retenção de sólidos ainda menores, utilizando

TAB. 4.4 Processos de filtração tangencial com membranas

Parâmetros	Microfiltração	Ultrafiltração	Nanofiltração
Diâmetro de partículas removidas (µm)	500 a 20.000	10 a 2.000	1 a 50
Índice de densidade de sedimentos (SDI)	< 2	< 1	–
Remoção de sólidos suspensos	Excelente	Boa	Média
Redução de cor (%)	–	65	98
Redução de turbidez (%)	–	98	–
Remoção de orgânicos dissolvidos (%)	Não aplicável	57	93 a 98
Remoção de orgânicos voláteis	Não aplicável	Baixa	Média
Remoção de óleos e graxas (%)	> 97	> 97	> 97
Remoção de DQO (%)	–	72 a 90	–
Remoção de dureza (%)	–	5	67
Remoção de inorgânicos dissolvidos (%)	Não aplicável	2 a 9	20 a 80
Efeito da pressão osmótica	Nenhuma	Pequena	Significativa
Qualidade do produto	Excelente	Excelente	Boa
Pressão requerida (kgf/cm²)	1 a 3	3 a 7	5 a 10

Fonte: Singh (1997).

pressões acima de 145 psi (10 bar). É largamente empregado em fracionamento de leite e soro de leite e no fracionamento proteico.

Consegue concentrar sólidos suspensos e solutos de peso molecular maior do que 1.000. É a barreira mais eficiente para a remoção de sólidos em suspensão, bactérias, vírus e outros patogênicos.

Costuma ser bastante adotado como pré-tratamento de águas superficiais, dessalinização da água do mar e efluentes biologicamente tratados, para os sistemas de desmineralização por membranas. Distingue-se da osmose reversa pelo tamanho das partículas que são retidas pela membrana e pelas características da própria membrana; a da ultrafiltração é densa, e a da osmose reversa é microporosa.

Nanofiltração (NF)

A nanofiltração consegue separar sólidos ainda menores que a ultrafiltração. Consiste na transferência de massa pela difusão, que permite que certas soluções iônicas (tais como sódio e cloretos), predominantemente íons monovalentes, bem como água, propaguem-se. Retém espécies iônicas maiores, como íons bivalentes e multivalentes, e moléculas mais complexas, como cálcio e magnésio, mas não é tão eficiente na remoção de dessalinização, deixando passar um pouco de cloro. Opera de 5 bar a 35 bar.

É muito utilizada para dessalinização parcial do soro, de produtos lácteos, de corantes e abrilhantadores óticos, de produtos ou coprodutos da indústria de bebida; para redução ou alteração de cor em produtos alimentícios; e para concentração de alimentos.

Clarificação

A clarificação é uma tecnologia utilizada para remover partículas coloidais, que conferem cor e turbidez à água. Esse processo ocorre através da adição de produtos químicos para a oxidação da matéria orgânica e para a desestabilização (coagulação) e o crescimento (floculação) das partículas coloidais, de forma a facilitar sua posterior separação por sedimentação. Portanto, a clarificação é uma sequência de processos de oxidação, coagulação, floculação e sedimentação.

Trata-se de uma tecnologia concorrente da ultrafiltração, já que ambas conseguem remover sólidos suspensos na mesma faixa de tamanho.

4.4.3 Processos de remoção de compostos orgânicos

A remoção de compostos orgânicos de efluentes líquidos pode ser realizada através de oxidação, adsorção com carvão ativado, ozonização, processos biológicos, destilação e extração.

A adsorção com carvão ativado é uma tecnologia bastante utilizada em sistemas de purificação de efluentes líquidos, devido à sua grande simplicidade e eficiência.

A ozonização é um dos processos mais utilizados atualmente, pois, além de possuir alta eficiência de remoção de compostos orgânicos, com reduzida formação de subprodutos, é uma excelente técnica para eliminar microrganismos. A oxidação com oxigênio ou peróxido de hidrogênio e a catalítica são outros processos também utilizados, porém em menor escala.

4.5 Reúso

Nas últimas décadas, através de uma maior conscientização ecológica e pela tendência de aumento do valor econômico da água, o reúso de águas servidas surge como uma grande fonte alternativa para suprir a escassez mundial desse produto, juntamente com a necessidade de melhor administrar os grandes volumes de efluentes advindos das diversas estações de tratamento de esgotos.

Essa nova tendência se aplica para os efluentes das estações de tratamento, que podem ser utilizados em atividades diversas, evitando impactos ambientais. Também objetiva a já conhecida substituição de fontes, em que se procura deixar as águas de mananciais para aplicações mais nobres e se buscam, cada vez mais, alternativas de uso de água de qualidade inferior para fins direcionados.

5 Drenagem urbana

Juntamente com o serviço de água potável à população (sistema de abastecimento de água) e a consequente coleta e afastamento das águas servidas (sistema de esgotamento sanitário), é imprescindível que se faça a gestão das águas pluviais, como um conjunto de ações que visam promover a saúde pública e o equilíbrio social e econômico, de responsabilidade da administração pública.

É definida pelo sistema de condutos pluviais de loteamento ou rede primária urbana, responsável pela captação da água pluvial e sua condução até o sistema de macrodrenagem ou corpo receptor. Possui o objetivo de gerenciar a coleta, o escoamento e a disposição final dessas águas, evitando, como já foi dito, prejuízos econômicos, sociais e de saúde pública.

Com a ocorrência das chuvas, ou seja, com a precipitação pluvial, o escoamento superficial ocorrerá existindo ou não um sistema de drenagem adequado. Para a gestão dessas águas é que se propõe um bom sistema de drenagem urbana.

Pode-se definir, então, que *drenagem* é o termo empregado na designação das instalações destinadas a escoar o excesso de água, seja em rodovias, na zona rural ou na malha urbana, de forma a evitar danos e propiciar o conforto e o bem-estar da população.

Em um terreno não impactado, o ciclo hidrológico age em suas funções com equilíbrio – parte da água precipitada infiltra, parte escoa e parte percola e alimenta os lençóis subterrâneos. No entanto, junto com a urbanização, vêm as construções de residências, o asfalto e a necessidade do controle da água, do esgoto, dos resíduos sólidos, das águas de drenagem etc., todos causadores de impactos ambientais que se interligam entre si e à saúde pública e à sustentabilidade.

Uma das consequências do crescimento populacional de uma cidade são os problemas provocados pelo aumento da impermeabilização dos solos, considerando que, quanto maior é a área impermeabilizada, maior é o aumento das águas de escoamento em períodos de chuva. Nesses períodos, as águas que inicialmente infiltrariam se acumulam na superfície (ruas e avenidas), acarretando diversos problemas sociais, econômicos, ambientais e de saúde pública.

Como a drenagem faz parte da infraestrutura urbana, ela deve ser estudada e planejada de forma integrada com a disposição de resíduos sólidos, o esgotamento sanitário, o controle ambiental, o tráfego, o urbanismo etc., para gerenciar e minimizar os impactos gerados pelo contato do escoamento do excesso das águas pluviais com esses sistemas e solucionar os problemas ambientais de modo global, uma vez que todos eles funcionam interligados uns aos outros. A drenagem urbana compreende o conjunto de todas as medidas a serem tomadas que visem à atenuação dos riscos e dos prejuízos decorrentes de inundações aos quais a sociedade está sujeita.

O caminho percorrido pela água da chuva sobre uma superfície pode ser topograficamente bem definido ou não. Após a implantação de uma cidade, o percurso caótico das enxurradas passa a ser determinado pelo traçado das ruas e acaba se comportando, tanto quantitativa como qualitativamente, de maneira bem diferente de seu comportamento original (Tucci, 2001).

A qualidade da água é impactada por vários fatores, podendo ser destacados (Tucci, 2003):
- poluição existente no ar e que se precipita junto com a água;
- lavagem das superfícies urbanas contaminadas por diferentes componentes orgânicos e metais;
- resíduos sólidos representados por sedimentos erodidos pelo aumento da vazão (velocidade do escoamento) e lixo urbano depositado ou transportado para a drenagem;
- esgoto urbano que não é coletado e escoa através da drenagem.

A carga de contaminação dos três primeiros itens pode ser superior à carga resultante do esgoto sem tratamento. Deve-se considerar que 90% da carga do escoamento pluvial ocorre na fase inicial da precipitação – os primeiros 25 mm (Tucci, 2003).

Quanto maior é a cidade, maiores tendem a ser os impactos e, por consequência, mais poluídas são as águas de escoamento superficial, ou seja, o fato de essas águas "lavarem" toda a área urbana lhes confere características químicas, físicas e biológicas muito próximas às dos esgotos sanitários, variando em sua concentração. Essa característica possibilita que as águas de chuva sejam geridas junto com o sistema de coleta de esgoto local, isto é, com a rede de esgoto sanitário.

Pode-se destacar como partes importantes da escolha do sistema a ser implementado: o controle e a prevenção de doenças; as condições de higiene que promovem a saúde; as condições de segurança e de conforto; o desenvolvimento de atividades comerciais e industriais; a não contaminação das águas superficiais, freáticas e do solo; e a promoção da saúde pública e da gestão de impactos ambientais.

5.1 Impactos causados por sistema de drenagem inadequado ou inexistente

São muito importantes os estudos dos efeitos do ciclo hidrológico com relação ao equilíbrio do meio, refletindo ações em cadeia para toda a região afetada. A recarga de um aquífero, por exemplo, processa-se através das águas de chuva. Como os aquíferos subterrâneos são responsáveis pelo abastecimento de toda nascente d'água, a impermeabilização do solo poderá eliminar essas nascentes e, consequentemente, os rios desaparecerão. Em áreas urbanas, é comum a inundação localizada devido ao estrangulamento de um curso d'água por pilares de pontes, adutoras, aterros e rodovias, que reduzem a seção de escoamento do rio.

A enchente é um fenômeno natural do regime do rio no qual ele ocupa sua área de inundação em tempos de chuva. As inundações passam a ser um problema quando os seres humanos deixam de respeitar os limites naturais dos rios, ocupando suas áreas marginais. A drenagem urbana deve ter um sistema preventivo contra inundações, principalmente nas áreas mais baixas das comunidades sujeitas a alagamentos e nas áreas marginais aos cursos d'água.

Segundo a FEAM (2014), as inundações urbanas podem ser:
- *em áreas ribeirinhas*: os rios possuem dois leitos – o menor, em que a água escoa durante a maior parte do tempo, e o maior, que costuma ser inundado pelo menos uma vez a cada dois anos;
- *decorrentes da urbanização*: o aumento da densidade de ocupação por edificações e obras de infraestrutura viária resulta em maiores áreas impermeáveis e, como consequência, no incremento das velocidades e dos volumes de escoamento superficial e na redução de recarga do lençol freático.

Um dos efeitos causados pela urbanização são as enchentes, lentas ou rápidas, que se avolumam no decorrer dos dias, podendo causar prejuízos materiais e provocar mortes.

A principal causa das enchentes deve-se à ocupação desordenada do solo, não só no território municipal como também a montante em toda a área da bacia de contribuição, e ao sistema de drenagem urbana, que transfere os escoamentos para jusante, sem qualquer preocupação com a retenção de volumes escoados. Um sistema de drenagem eficiente é o que drena os escoamentos sem produzir impactos nem no local, nem a jusante.

A estratégia utilizada para solucionar os problemas de drenagem urbana esteve voltada, durante anos, para a retificação dos rios e córregos e o revestimento de suas calhas, com graves reflexos ambientais, destacando-se: aumento das velocidades de escoamento e consequente transferência de inundação para jusante; eliminação de ecossistemas aquáticos; processos erosivos nas margens dos cursos d'água; e elevados custos para o município, sem, necessariamente, obter resultados efetivos.

Atualmente, o sistema de drenagem urbana aponta para a preservação dos cursos d'água, sua despoluição e a manutenção das várzeas de inundação, de forma que não sejam necessárias obras estruturantes, reduzindo custos de implantação e problemas provocados por elas e tirando proveito do potencial urbanístico dos cursos d'água como áreas verdes e parques lineares.

À medida que as áreas de cobertura vegetal vão sendo substituídas por materiais impermeáveis, estimula-se a redução da infiltração do solo e gera-se um aumento na erosão e na produção de sedimentos, acarretando cada vez mais a ausência de proteção das superfícies. Assim, há aumento significativo das vazões máximas (de até sete vezes) e redução do tempo de escoamento dessas águas. Esse processo se agrava conforme as tendências climatológicas locais vão sendo cada vez mais impactadas pelo crescimento desordenado das cidades, colaborando para que os sistemas de drenagem aplicados tornem-se gradativamente deficitários, pois não atendem mais as demandas para as quais foram estruturados no instante de sua construção.

O balanço hídrico da bacia depende dos fluxos verticais, que estão relacionados aos processos de precipitação, evapotranspiração, umidade e fluxo no solo. Assim, o ciclo hidrológico fica comprometido pelo aumento de precipitação a partir do aquecimento dos centros urbanos; pela menor evaporação, com a redução da capacidade de infiltração e evapotranspiração pela vegetação natural; pelo aumento das vazões de pico; pela menor recarga do aquífero; e pelo aumento da erosão e dos transportes de sedimentos. Dessa forma, nota-se que o escoamento superficial está relacionado com o dimensionamento e o controle da drenagem pluvial, pois está diretamente ligado com a cobertura do solo e sua infiltração (Tavanti, 2009).

A Fig. 5.1 representa quanto o aumento do grau de urbanização influencia os fatores do ciclo hidrológico.

O planejamento urbano engloba planos e programas de gestão de políticas públicas, por meio de intervenções de forma harmônica no espaço urbano. De modo personalizado a cada localidade, o planejamento busca estabelecer regras de ocupação do solo e políticas de desenvolvimento de maneira a proporcionar melhorias à qualidade de vida da população.

Planejar o crescimento da estrutura da cidade faz parte do plano de gestão, de forma a garantir a melhoria contínua desse processo.

Segundo Azevedo (2015), a urbanização sem planejamento urbano adequado gera crescimento desordenado, com falta de infraestrutura capaz de propiciar uma qualidade ambiental aceitável. Esse desequilíbrio estrutural resulta em vários problemas: deteriora o ambiente urbano; provoca desorganização social por carência de habitação, desemprego, problemas de higiene e de saneamento básico; modifica a utilização do solo; e transforma a paisagem urbana. A solução desses problemas é obtida pela intervenção do poder público através de um planejamento urbano de forma integrada e visando a preservação ambiental.

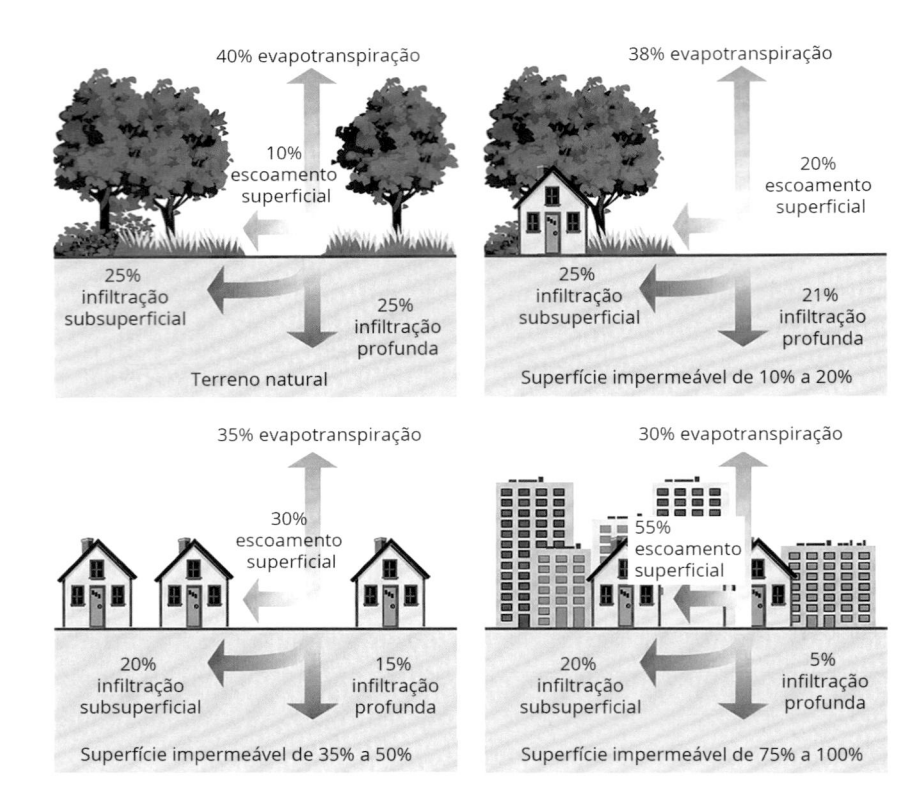

Fig. 5.1 *Alterações das parcelas do ciclo hidrológico em diferentes fases da urbanização*
Fonte: Cardoso (2008 apud Azevedo, 2015).

O processo de desenvolvimento urbano desordenado trouxe diversas consequências no que concerne à água, destacando-se, segundo Tucci e Bertoni (2003):

- contaminação dos mananciais superficiais e subterrâneos por efluentes urbanos como esgoto doméstico, pluvial e resíduos sólidos;
- inadequada disposição de esgotos, águas pluviais e resíduos sólidos;
- intensificação de processos erosivos e de sedimentação, gerando áreas degradadas;
- ocupação de áreas ribeirinhas com elevado risco de inundação e de áreas com grandes declividades como morros, propensas a deslizamentos após períodos chuvosos.

A fim de atender a suas necessidades e propiciar conforto, o homem provoca alterações ambientais muito impactantes, cujos efeitos podem e devem ser administrados, como desmatamento; movimentações de terra, como alinhamento, corte e aterro; impermeabilização do solo; alterações de ecossistemas; aterramento e assoreamento de corpos hídricos; descarte de resíduos; esgoto a céu aberto; lixões; e poluições em geral. A Fig. 5.2 esquematiza os efeitos no meio ambiente decorrentes da urbanização e que consequências podem ser sofridas quando não há a preocupação com a manutenção da sustentabilidade do ciclo hidrológico.

5.2 Classificação dos sistemas de drenagem

Como já discutido na seção 4.2, os sistemas de esgotamento sanitário possuem objetivos sanitários, econômicos, ecológicos e legais e podem ser projetados de três formas, que variam de acordo com a união ou não da condução das águas pluviais: sistema de esgotamento unitário, sistema de esgotamento misto ou separador parcial, e sistema separador absoluto.

Os sistemas de drenagem devem estabelecer infraestruturas de forma a direcionar rápida e eficientemente as águas pluviais para sua disposição final, evitando grande acúmulo de água e enchentes em áreas urbanas e os consequentes impactos econômicos e de saúde na população atingida. São divididos de acordo com a vazão a ser gerenciada:

- *Microdrenagem*: são sequências de condutos e unidades componentes do sistema

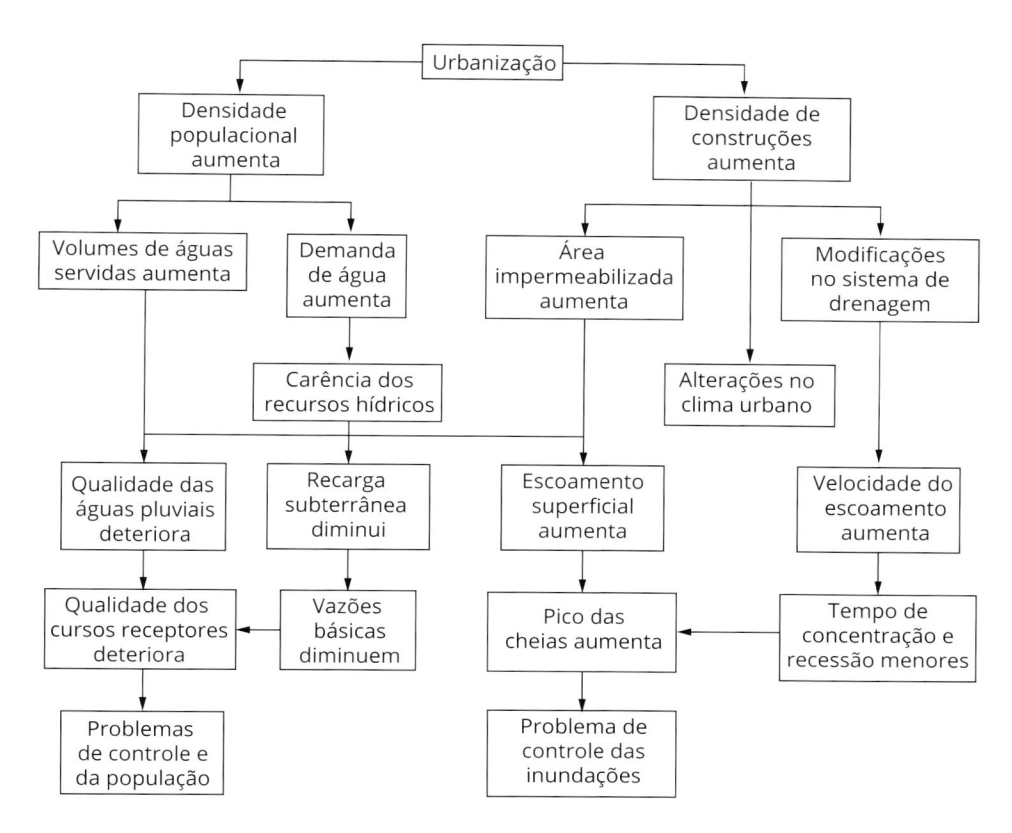

FIG. 5.2 *Fluxograma de processos decorrentes da urbanização e seus impactos*
Fonte: Porto (1995 apud Benini, 2006).

que recebem e conduzem as águas pluviais do escoamento superficial para as galerias ou os canais de macrodrenagem, de forma a preservar a estrutura urbana. É constituída por redes coletoras de águas pluviais, poços de visita, sarjetas, bocas de lobo e meios-fios e trabalha com o período de retorno projetado associado de dois a dez anos.

- *Macrodrenagem*: são dispositivos responsáveis pelo escoamento final das águas pluviais provenientes do sistema de microdrenagem urbana. Considera a formação hidrográfica natural, constituída pelos principais talvegues, fundos de vales e cursos d'água, independentemente da execução de obras específicas e tampouco da localização de extensas áreas urbanizadas. O projeto pode apresentar grandes intervenções hidráulicas, como retificação de rios, aumento de capacidade de escoamento, controle de riscos de áreas de alagamentos e escoamentos, reservatórios de acumulação, diques etc., e trabalha com o período de retorno projetado associado de dez a cem anos.

É importantíssima a manutenção dos sistemas para não se tornarem obsoletos rapidamente, pois perdem sua eficiência por mau uso, falta de limpeza e reparos, lixiviações urbanas etc.

A falta da educação ambiental e a ineficiente manutenção dos sistemas estruturais e não estruturais são os maiores responsáveis pelos impactos e pela ineficácia do sistema de drenagem. Atualmente, registra-se um enorme impacto provocado pela quantidade de lixo transportado pelas águas de drenagem, que, por exemplo, obstrui o acesso das águas nos reservatórios, diminui a capacidade de reserva hídrica e causa problemas econômicos e de saúde pública.

5.3 Gestão básica de um sistema de drenagem urbana

Para implementar medidas sustentáveis na cidade, é necessário desenvolver o Plano Diretor de Drenagem Urbana, cujos princípios principais são os seguintes:

- os novos desenvolvimentos não podem aumentar a vazão máxima de jusante;
- o planejamento e o controle dos impactos existentes devem ser elaborados considerando a bacia como um todo;
- o horizonte de planejamento deve ser integrado ao Plano Diretor da cidade;
- o controle dos efluentes deve ser avaliado de forma integrada com o esgotamento sanitário e os resíduos sólidos.

O Plano Diretor deve ser desenvolvido utilizando medidas não estruturais para os novos desenvolvimentos (loteamentos e lotes) e medidas estruturais por sub-bacia urbana da cidade.

A principal medida não estrutural é a legislação para controle dos futuros desenvolvimentos, que deve ser incorporada no Plano Diretor urbano e/ou em decretos municipais específicos.

É importante que o Plano Diretor de Drenagem Urbana evite medidas locais de caráter restritivo, pois frequentemente deslocam o problema para outras localidades, chegando mesmo a agravar as inundações a jusante. Para a elaboração de um bom plano, são necessários:
- a elaboração de um estudo da bacia hidrográfica como um todo considerando as normas e os critérios de projeto adotados;
- o estabelecimento de um período de retorno uniforme, assim como dos gabaritos de pontes, travessias etc.;
- o Plano Diretor deve possibilitar a identificação das áreas a serem preservadas e a seleção das que possam ser adquiridas pelo poder público antes que sejam ocupadas ou loteadas ou que seus preços se elevem e tornem a aquisição proibitiva;
- a elaboração do zoneamento da várzea de inundação;
- um escalonamento cronológico e espacial da implantação das medidas necessárias de gestão e controle de acordo com os recursos disponíveis;
- deve ser articulado com as outras atividades urbanas (abastecimento de água e de esgoto, transporte público, planos viários, instalações elétricas etc.), de forma a possibilitar o desenvolvimento harmônico;
- a elaboração de campanhas educativas que visem a informar a população sobre a natureza e a origem do problema das enchentes, sua magnitude e suas consequências;
- a solicitação de recursos deve ser respaldada técnica e politicamente, dando sempre preferência à adoção de medidas preventivas de maior alcance social e menor custo.

O primeiro passo no processo de planejamento é determinar as características da bacia urbana estudando e referenciando:
- simulação do comportamento hidrológico da bacia para condições atuais e futuras;
- identificação das possíveis medidas estruturais e não estruturais cabíveis;
- elaboração de cenários que quantifiquem os resultados de diferentes políticas de atuação;
- deliberação da várzea de inundação;
- quantificação dos reflexos da aplicação do plano em termos de custo, benefícios e eficiência de seus objetivos.

5.4 Projeto do sistema de drenagem urbana

De maneira geral, as águas decorrentes da chuva são coletadas nas vias públicas por meio de bocas de lobo, descarregadas em condutos subterrâneos e posteriormente lançadas em cursos d'água naturais, no oceano, em lagos ou, no caso de solos bastante permeáveis, esparramadas sobre o terreno, por onde infiltram até o subsolo.

O sistema de drenagem pluvial sofre grande influência das demais atividades urbanas, impactando e sofrendo impacto de cada uma delas. Entre as relações existentes entre o sistema de drenagem e setores da gestão das cidades, destacam-se (Azevedo, 2015):
- *Planejamento urbano*: como já mencionado, a alteração do uso dos solos reflete em um

aumento dos volumes de águas escoados superficialmente.
- *Transportes*: a malha viária, via de regra, é projetada de forma a impermeabilizar o solo. Conduz águas com baixa qualidade devido ao vazamento de fluidos automotivos, direciona o trajeto do sistema de drenagem, que segue adjacente a suas vias, e, em locais mais baixos, sofre com inundações urbanas que impedem o tráfego de veículos e pessoas.
- *Limpeza urbana*: a deposição indevida de lixo, rejeitos e entulhos de diversas origens entope os dispositivos de drenagem urbana, que, muitas vezes, não são dimensionados para considerar tais circunstâncias. Por consequência, têm-se inundações urbanas que, por sua vez, espalham o lixo que seria coletado, dificultando a operação de limpeza urbana.
- *Esgoto sanitário*: conexões irregulares acabam por conduzir esgotos domiciliares às redes de águas pluviais. Isso acarreta a redução da qualidade da água escoada, bem como o aumento do volume conduzido, podendo sobrecarregar o sistema projetado.
- *Setor construtivo*: os sedimentos provenientes desse setor são conduzidos pelos dispositivos de drenagem urbana. A sedimentação desses materiais reduz a vida útil do sistema, além de deteriorar a qualidade da água e assorear os corpos receptores.

A escolha do destino da água pluvial deve ser feita segundo critérios técnicos e econômicos, após análise criteriosa das condições locais, sendo recomendável que o trajeto dessas águas (de sua origem a seu destino) seja o menor possível, com escoamento por gravidade e utilizando estações de bombeamento quando necessário.

5.4.1 Microdrenagem urbana – traçado preliminar

O traçado das galerias deve ser desenvolvido simultaneamente com o projeto das vias públicas e dos parques, com homogeneidade na distribuição das galerias para que o sistema possa proporcionar condições adequadas de drenagem a todas as áreas da bacia.

Devem ser estudados diversos traçados da rede de galerias, considerando os dados topográficos e o pré-dimensionamento hidrológico-hidráulico.

A concepção inicial é a etapa mais importante para a economia global do sistema e deve ser desenvolvida simultaneamente com o plano urbanístico das ruas e quadras.

O dimensionamento de uma rede de águas pluviais é baseado nas seguintes etapas:
- cadastro, plantas, levantamentos topográficos e planialtimétricos;
- subdivisão da área e traçado;
- determinação das vazões que afluem à rede de condutos;
- dimensionamento da rede de condutos;
- tendências da urbanização local;
- levantamento dos dados relativos ao curso de água receptor;
- levantamento dos divisores de bacias e áreas contribuintes a cada trecho;
- identificação dos trechos de escoamento nas sarjetas, das galerias e do sistema coletor;
- escolha da solução mais adequada em cada rua, estabelecida economicamente em função de sua largura e das condições de pavimentação.

Pode-se entender a microdrenagem como a estrutura de entrada das águas no sistema de drenagem das bacias urbanas. É constituída por estruturas de captação e condução de águas pluviais que chegam aos elementos viários, como ruas, praças e avenidas, e provenientes não apenas da precipitação direta sobre eles, mas também das captações existentes nas edificações e nos lotes lindeiros.

A Fig. 5.3 exemplifica um sistema simples de condutos pluviais em nível de loteamento ou rede primária urbana.

Os elementos da microdrenagem podem ser definidos conforme indicado a seguir:

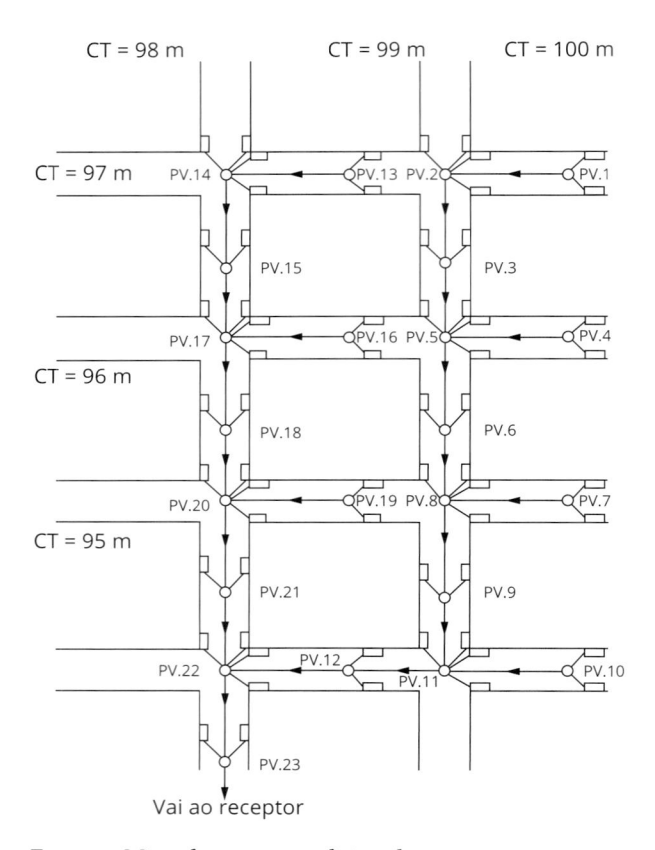

Fig. 5.3 *Microdrenagem tradicional*
Fonte: Bidone e Tucci (1995).

- *Leitos carroçáveis*: são as ruas ou vias públicas. Representam importantes elementos da drenagem urbana porque, além de receber diretamente parte das precipitações, também orientam e conduzem as descargas provenientes do interior das quadras.
- *Meios-fios*: são estruturas de concreto ou pedra alocadas entre a via pública e o passeio, paralelamente ao eixo da via e com a face superior no mesmo nível do passeio.
- *Sarjetas*: são canais, em geral de seção transversal triangular, situados entre o limite do leito carroçável e os passeios para pedestres, destinados a receber e coletar as águas de escoamento superficial e transportá-las até as bocas coletoras. Limitadas verticalmente pela guia do passeio, têm seu leito em concreto ou no mesmo material de revestimento da pista de rolamento. A capacidade de descarga das sarjetas depende de sua declividade, rugosidade e forma. Se não houver vazão excessiva, o abaulamento das vias públicas fará com que as águas provenientes da precipitação escoem pelas sarjetas. O excesso de vazão ocasiona inundação das calçadas, e as velocidades altas podem até erodir o pavimento. Pode-se calcular a capacidade de condução das ruas e das sarjetas sob duas hipóteses:
    ◊ Água *escoando por toda a calha da rua*: admite-se que a declividade da via pública seja de 3% e que a altura da água na sarjeta seja de 15 cm.
    ◊ Água *escoando somente pelas sarjetas*: nesse caso, admite-se que a declividade da via seja também de 3%, porém com 10 cm de altura da água na sarjeta.
- *Sarjetões*: são calhas instaladas nos cruzamentos entre vias públicas com o intuito de direcionar o fluxo de escoamento das águas advindas das sarjetas.
- *Bocas de lobo*: são dispositivos localizados nas sarjetas para a captação das águas pluviais que por elas escoam. Usualmente são instaladas em ambos os lados da via, com um espaçamento máximo de 60 m entre si. Recomenda-se que sua localização obedeça aos seguintes critérios (SUDERHSA, 2002; Watanabe, 2021):
    ◊ Devem propiciar segurança e bem-estar a veículos e transeuntes. Em dias de chuva, a água superficial da rua forma uma enxurrada, que, quando toma certo volume, pode acarretar riscos e inseguranças, como inundar lojas, derrubar e arrastar pessoas e até dificultar o cruzamento da rua.
    ◊ Devem respeitar o critério de eficiência na condução das vazões superficiais para as galerias, sendo que é necessário colocar bocas de lobo nos pontos mais baixos do sistema, para impedir alagamentos e águas paradas em zonas mortas, e em ambos os lados da rua, quando a saturação da sarjeta assim o exigir ou quando forem ultrapassadas suas capacidades de engolimento.

A água, ao se acumular sobre a boca de lobo com entrada pela guia, gera uma lâmina d'água mais fina que a altura da abertura no meio-fio, fazendo com que a abertura se comporte como um vertedouro de seção retangular.

A Fig. 5.4 e o Quadro 5.1 demonstram as localizações das bocas de lobo em um projeto de microdrenagem e os efeitos se estiverem mal locadas, ausentes ou entupidas. Para evitar que a vazão de água ultrapasse a capacidade da sarjeta, deve-se levar em conta a área de contribuição da chuva.

As bocas de lobo de guia devem ter uma tampa de concreto ou de aço capaz de suportar a roda de um veículo. Nas bocas de lobo de sarjeta, a própria grelha pode ser a tampa para o acesso à caixa coletora.

Não se deve confundir boca de lobo com *bueiro*, que consiste em um conduto livre ou forçado, de pequeno comprimento, intercalado em um curso d'água, geralmente destinado à passagem da água (da chuva, de rios e de esgoto) por baixo de rodovias e ferrovias (Fig. 5.5).

As bocas de lobo devem estar acopladas a caixas coletoras confeccionadas em alvenaria, para onde as águas coletadas são direcionadas.

- *Caixa coletora*: uma caixa coletora pode receber a água de diversas bocas de lobo, de forma a conduzi-la e não deixá-la empoçar. Essa caixa deve ter declividade mínima de 3% e seu fundo deve ser preenchido com concreto magro. O ideal é que ela possua uma caixa acoplada para reter lixiviados; apesar de essa não ser sua função principal, esse acessório colabora muito com a manutenção do sistema (Fig. 5.6).
- *Tubos de ligação*: são tubulações destinadas a conduzir as águas pluviais captadas nas bocas de lobo para as galerias ou os poços de visita.
- *Galerias*: são canalizações públicas usadas para conduzir as águas pluviais provenientes das bocas de lobo e das ligações privadas; em outras palavras, consistem em um sistema voltado para a coleta e a condução dos dejetos líquidos e sólidos da drenagem urbana. Requerem manutenção intensa depois de uma chuva torrencial e depois da lavagem semanal das ruas. Além de recolher as águas superficiais, acabam por apanhar também todo o lixo lançado na rua, como papel de bala, lata de refrigerante, garrafa de bebida, folhas e pequenos galhos de árvores e sedimentos trazidos pelo vento e pela enxurrada e que vêm de terrenos baldios e de ruas sem pavimentação (Fig. 5.7).
- A rede coletora formada pelas galerias pode se situar sob o meio-fio ou sob o eixo da via pública, com recobrimento mínimo de 1,00 m, possibilitando a ligação das tubulações de escoamento das bocas de lobo, ligação essa que deve ter um recobrimento mínimo de 60 cm.
- *Condutos forçados*: são obras destinadas à condução, de maneira segura e eficiente, das águas superficiais coletadas. São estruturas semelhantes às galerias, porém, apesar de os condutos fechados destinados à drenagem urbana trabalharem convencionalmente como regime livre, há situações em que se deve operar em plena seção, favorecendo o escoamento em regime forçado.
- *Trecho*: é a porção da galeria situada entre dois poços de visita.
- *Poços de visita*: trata-se de dispositivos de manutenção que permitem a inspeção e a limpeza da rede, posicionados ao longo das galerias em pontos estratégicos. Consistem em câmaras visitáveis através de uma abertura existente em sua parte superior, no nível do terreno, destinadas a possibilitar a manutenção nos trechos a elas ligados. Normalmente esses poços são posicionados onde há reunião de dois ou mais trechos consecutivos; mudanças de

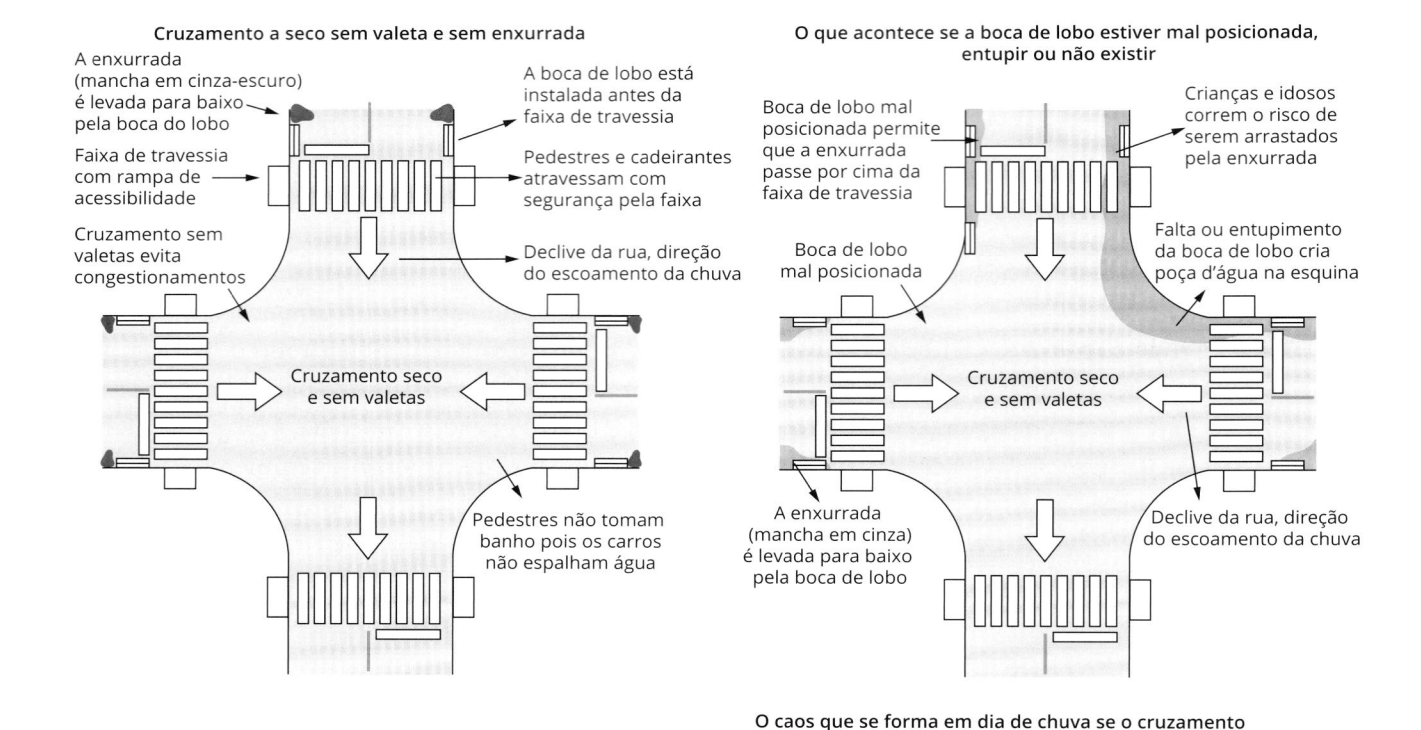

FIG. 5.4 *Posicionamento de bocas de lobo*
Fonte: Watanabe (2021).

direção, declividade e/ou diâmetro; convergência de galerias; em trechos longos, projetados em média a cada 100 m, para facilitar a inspeção; e em cruzamento de ruas.

Um poço de visita convencional possui dois compartimentos distintos, que são a chaminé e o balão, construídos de forma a proporcionar fácil entrada e saída do operador e espaço suficiente para ele executar as manobras necessárias ao desempenho das funções para as quais a câmara foi projetada.

- *Estações de bombeamento*: são o conjunto de obras e equipamentos destinados a bombear a água de um canal de drenagem quando não mais houver condições de escoamento por gravidade ou para outro canal em nível mais elevado ou receptor final da drenagem em estudo.

Quadro 5.1 Tipos de boca de lobo de acordo com o tipo de rua

Somente a rua e os imóveis da própria rua		
Caso	Tipo de boca	Distância máxima
1	Boca de guia simples	Uma boca a cada 18,1 m
2	Boca de guia dupla	Um conjunto de boca dupla a cada 36,3 m
3	Boca conjugada	Um conjunto de boca conjugada a cada 25,9 m
4	Duas bocas conjugadas	Um conjunto de bocas conjugadas a cada 51,8 m
A rua e os imóveis da vizinhança a montante		
Caso	Tipo de boca	Distância máxima
1	Boca de guia simples	Uma boca a cada 10,2 m
2	Boca de guia dupla	Um conjunto de boca dupla a cada 20,4 m
2	Boca de guia tripla	Um conjunto de boca tripla a cada 30,6 m
3	Boca conjugada	Um conjunto de boca conjugada a cada 14,6 m
4	Duas bocas conjugadas	Um conjunto de bocas conjugadas a cada 29,2 m
4	Três bocas conjugadas	Um conjunto de bocas conjugadas a cada 43,8 m

Fonte: Watanabe (2021).

Fig. 5.5 *Bueiro*
Fonte: Watanabe (2021) e Araújo et al. (2017).

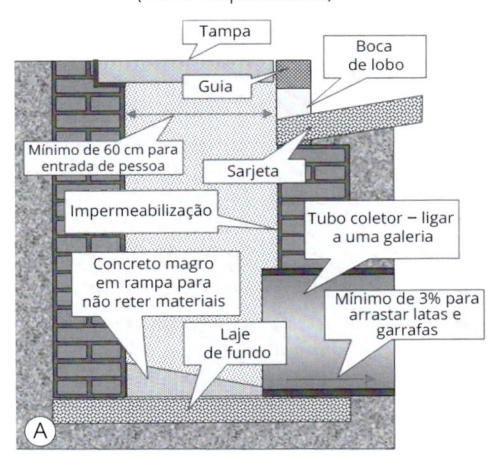

Fig. 5.6 *Caixa de coleta de boca de lobo: (A) corte esquemático; (B) manutenção da caixa*
Fonte: Watanabe (2021).

Atualmente muito se discute sobre alternativas para criar condições melhores de infiltração das águas superficiais, de modo a controlar os impactos por elas causados. A proposta é trazer a estrutura necessária para a urbanização de forma eficiente e menos impactante, harmônica, resistente, ecologicamente aceitável e economicamente viável.

Fig. 5.7 *Galeria pré-moldada: túnel sob a Avenida Antártica*
Fonte: São Paulo (2015).

O espaço urbano recebe toda sorte de materiais que são lançados em telhados, calçadas e vias. Todo esse material acumulado em calçadas e sarjetas propicia a proliferação de ratos, baratas e outros parasitas que trazem muitas doenças, como leptospirose, toxoplasmose, salmonelose, ornitose, candidíase etc. Justamente por isso, a Prefeitura tem a obrigação de lavar as ruas semanalmente.

A chuva é outro elemento que faz a limpeza das ruas. Como já mencionado, toda vez que chove forte, as águas "lavam" os espaços públicos. Por esse motivo, calçadas, leitos carroçáveis e todo piso devem ter um caimento mínimo de 3% para que a enxurrada consiga carregar, arrastar e transportar pequenos materiais sólidos. Ao mesmo tempo, para possibilitar sua lavagem, pela Prefeitura ou pela chuva, as ruas precisam ser dotadas de componentes de drenagem.

5.4.2 Classificação das vias públicas

As vias públicas, conforme já descrito anteriormente, possuem uma função fundamental no gerenciamento e no direcionamento das águas pluviais. O Quadro 5.2 classifica as ruas de acordo com suas características.

Verifica-se que a classificação das ruas define suas possíveis áreas de alagamento, que consequentemente influenciam a capacidade de escoamento admissível das sarjetas.

O sistema de drenagem a ser projetado para as vias públicas visa propiciar o desenvolvimento urbano de forma ordenada; o controle de

Quadro 5.2 Classificação das ruas segundo suas características e condições de inundação

Classificação	Características	Condições de inundação
Ruas secundárias ou vias tributárias	– São aquelas destinadas ao tráfego local em uma área urbana. Geralmente possuem duas faixas de trânsito, sendo permitido o estacionamento ao longo do meio-fio – O controle do tráfego é feito apenas por sinalização	Sem transbordamento sobre a guia. O escoamento pode atingir até a crista da rua
Ruas principais ou vias coletoras	– Têm a função de coletar e distribuir o tráfego de vias de maior movimento para as ruas secundárias – Podem ter de duas a quatro faixas de trânsito – O estacionamento ao longo do meio-fio pode ou não ser permitido – Têm tráfego preferencial sobre as ruas secundárias	Sem transbordamento sobre a guia. O escoamento deve preservar pelo menos uma faixa de trânsito livre
Avenidas	– Devem permitir um trânsito rápido e relativamente desimpedido através de uma cidade – Podem ter de quatro a seis faixas de trânsito, sendo que geralmente não é permitido o estacionamento ao longo do meio-fio	Sem transbordamento sobre a guia. O escoamento deve preservar pelo menos uma faixa de trânsito livre em cada direção
Vias expressas e vias perimetrais de contorno	– Têm a função de limitar o perímetro urbano quanto aos diferentes fluxos de veículos, promovendo a ligação entre os acessos rodoviários e a malha viária urbana propriamente dita – Devem permitir um trânsito rápido e desimpedido através ou em torno de uma cidade, possuindo acessos controlados para entrada e saída – Podem ter até oito faixas de tráfego, porém não é permitido o estacionamento ao longo do meio-fio	Nenhuma inundação é permitida em qualquer faixa de trânsito

prejuízo do tráfego, de pedestres e de veículos; a redução do custo de manutenção das ruas; evitar enchentes e transbordamentos em pontos baixos; proteger o pavimento das ruas de processos erosivos; promover benefício à saúde e à segurança pública; e recuperar terras inaproveitadas. Sua eficiência depende do tipo de rua, de sua classe de uso e de seu tipo de construção e pode variar de acordo com as interferências do tráfego e o controle das seguintes ocorrências dentro de limites aceitáveis: lâmina d'água, escoamento transversal, poças, espirro, gotejamento etc.

5.5 Medidas de controle de enchentes

Existem ações chamadas de *medidas de controle de enchentes*, que consistem em planejamentos e obras públicas visando a contenção de inundações e suas consequências. Elas são classificadas como estruturais e não estruturais.

Como o próprio nome diz, *medidas estruturais* são aquelas que envolvem ações de engenharia na adequação da situação-problema do meio, ou seja, intervenções nas características naturais da paisagem, como área de drenagem da bacia, seções de escoamento, declividades, trajetórias hidráulicas etc., utilizando canalizações, barragens e reservatórios de detenção, entre outras obras que conseguem propor o controle de escoamento das águas precipitadas.

Já as *medidas não estruturais* não envolvem obras, e sim intervenções geralmente jurídicas, legais, informativas ou educacionais que buscam adaptar a população às características hidrológicas e estruturais locais. São soluções indiretas voltadas à preservação do meio, como uso e ocupação do solo; estabelecimento de padrões arquitetônicos e urbanísticos; projeto, controle e preservação da cobertura vegetal do solo; zoneamentos, Plano Diretor, proposta de diretrizes, regulamentos e normas; sistema de prevenção contra enchentes; controle de vulnerabilidade populacional; restrição da ocupação da planície de inundação etc.

Segundo Rezende (2010), enquanto as medidas estruturais são consideradas medidas de controle imprescindíveis para ações corretivas, as não estruturais se encaixam mais no perfil de medidas preventivas, com ações indiretas (Quadro 5.3). As duas devem trabalhar harmoniosamente para potencializar a eficiência do programa de controle de enchentes.

De acordo com o componente da drenagem, essas medidas de controle também podem ser classificadas em:

- *medidas na fonte*: envolvem o controle em nível de lote ou qualquer área primária de desenvolvimento;
- *medidas na microdrenagem*: adotadas em nível de loteamento;
- *medidas na macrodrenagem*: adotadas nos principais rios urbanos.

As principais medidas de controle na fonte têm sido a detenção de lote (pequeno reservatório), que controla apenas a vazão máxima; o uso de áreas de infiltração para receber a água de áreas impermeáveis e recuperar a capacidade de infiltração da bacia; os pavimentos permeáveis;

Quadro 5.3 Medidas de controle de inundações

Estruturais	Extensivas	Agem na bacia, modificando as relações entre precipitação e vazão	
	Intensivas	Agem diretamente na calha do rio, modificando as grandezas hidráulicas e características hidrodinâmicas do escoamento	Aceleram o escoamento
			Retardam o escoamento
			Derivam o escoamento
Não estruturais	Preservação da cobertura vegetal – florestas e matas ciliares		
	Regulamentação do uso do solo e zoneamento das áreas de inundação		
	Construção à prova de inundações		
	Sistema de previsão e alerta de inundações		
	Educação ambiental voltada ao controle da poluição difusa, da erosão e do lixo		

Fonte: Rezende (2010).

a adequação urbana com novos padrões; o controle e a minimização dos impactos da poluição; o zoneamento etc.

As medidas de micro e macrodrenagem são as detenções e as retenções. As *detenções* são reservatórios urbanos que, quando cheios, retêm as águas de chuva, as quais são lentamente liberadas para o sistema, e que em períodos de estiagem são mantidos secos, sendo o espaço integrado à paisagem urbana. Já as *retenções* são reservatórios que retêm as águas pluviais, mas não as liberam para o sistema, para o controle do pico e do volume do escoamento, assim como da qualidade das águas.

Existem ainda outras propostas sustentáveis de armazenamento das águas de chuva que podem ser implementadas como apoio ao sistema de drenagem de um centro urbano. As chamadas *técnicas compensatórias e de controle na fonte* possibilitam a reserva de uma pequena quantidade de água durante a precipitação para posteriormente dispô-la no sistema de drenagem, evitando assim maiores impactos e prejuízos socioeconômicos da região. As mais conhecidas são as cisternas, os poços de infiltração, os jardins filtrantes, as bacias, trincheiras e planos de infiltração, e os telhados verdes, entre outras (Fig. 5.8).

A proposta mais comum é a substituição das calçadas, ou de parte delas, por áreas permeáveis como gramados e jardins. Esses jardins podem ser projetados com uma estrutura de drenagem acoplada, aumentando sua capacidade de infiltração e evitando o acúmulo das águas superficiais provenientes de enxurradas. Por sua vez, a aplicação do *pavimento semipermeável* é bastante viável em passeios, estacionamentos, quadras esportivas e ruas de pouco tráfego (Fig. 5.9). Como vantagens desse tipo de cobertura, pode-se destacar a redução do escoamento superficial e da lâmina d'água e a redução dos condutos da drenagem pluvial e dos custos desse sistema de drenagem como um todo.

FIG. 5.9 *Exemplo de pavimento semipermeável*
Fonte: Brett VA (CC BY 2.0, https://w.wiki/3FZc).

FIG. 5.8 *Sistemas alternativos de drenagem – técnicas compensatórias*
Fonte: Tassi et al. (2016).

Outra alternativa são as *valas de infiltração* (Fig. 5.10). Trata-se de dispositivos de drenagem lateral, projetados para fluírem como canais, muitas vezes utilizados paralelamente a ruas, estradas, estacionamentos e conjuntos habitacionais. A inclinação do terreno permite que as águas das áreas adjacentes escoem para eles e cria condições para uma infiltração ao longo de seu comprimento. Funcionam como pequenos reservatórios de detenção, na medida em que a drenagem que escoa para eles é superior à sua capacidade de infiltração. Após uma precipitação intensa, o nível sobe e, como a infiltração é mais lenta, a vala mantém-se com água durante algum tempo. Nos períodos com pouca precipitação ou de estiagem, ela é mantida seca.

As medidas de controle mostram potencialidades diversas, conforme indicado no Quadro 5.4, mas sua utilização está condicionada aos seguintes fatores (SUDERHSA, 2002):

- área da bacia de contribuição a ser controlada;
- capacidade de infiltração do solo;
- nível do lençol freático;
- risco de contaminação de aquífero;
- fragilidade do solo à ação da água;
- permeabilidade do subsolo;
- declividade do terreno;
- ausência de exutório;
- disponibilidade de área;
- presença de instalações subterrâneas;
- restrição de urbanização;
- afluência poluída;
- afluência com alta taxa de sedimentos;
- risco sanitário por falha de operação;
- risco sedimentológico por falha de operação;
- sistema viário adjacente e intensidade de tráfego;
- flexibilidade de desenho;
- limites de altura ou profundidade da medida de controle.

5.5.1 Macrodrenagem

Entende-se a macrodrenagem como o conjunto de ações estruturais e não estruturais destinadas a minimizar riscos e prejuízos em áreas de extensão significativa causados por cheias com períodos de retorno relativamente grandes (tipicamente $T = 25$ a 100 anos).

A macrodrenagem recebe geralmente os aportes da microdrenagem e é constituída por córregos, riachos e rios da zona urbana, sendo que frequentemente cursos d'água menores, como córregos e riachos, são retificados e encapados (engalerizados). Outras estruturas hidráulicas também compõem esse sistema, tais como:

- canais naturais com seções retificadas e ampliadas;
- canais artificiais;
- galerias de grandes dimensões;
- estruturas auxiliares de controle, dissipação de energia, amortecimento de picos, proteção contra erosões e assoreamento, travessias e estações de bombeamento;
- obras hidráulicas construídas na bacia;

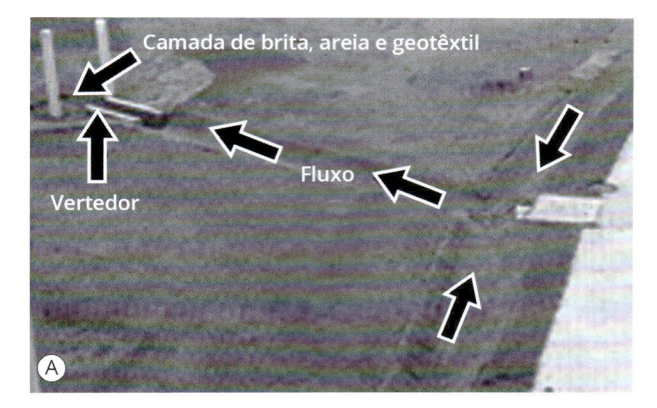

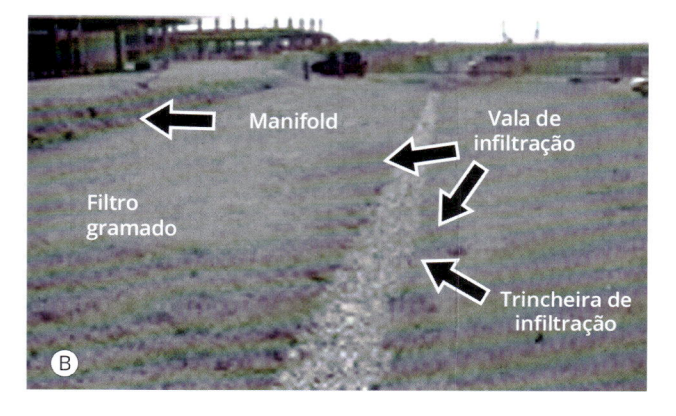

FIG. 5.10 *Vala de infiltração*
Fonte: Lucas et al. (2015).

QUADRO 5.4 — Lista de medidas de controle básicas

Obra	Característica principal	Variantes	Função	Efeito
Pavimento poroso	Pavimento com camada de base porosa como reservatório	Revestimento superficial pode ser permeável ou impermeável, com injeção pontual na camada de base porosa. Esgotamento por infiltração no solo ou para um exutório	Armazenamento temporário da chuva no local do próprio pavimento. Áreas externas ao pavimento podem também contribuir	Retardo e/ou redução do escoamento pluvial gerado pelo pavimento e por eventuais áreas externas
Trincheira de infiltração	Reservatório linear escavado no solo preenchido com material poroso	Trincheira de infiltração no solo ou de retenção, com esgotamento por um exutório	Infiltração no solo ou retenção, de forma concentrada e linear, da água da chuva caída em superfície limítrofe	Retardo e/ou redução do escoamento pluvial gerado em área adjacente
Vala de infiltração	Depressões lineares em terreno permeável	Vala de infiltração efetiva no solo ou vala de retenção sobre solo pouco permeável	Infiltração no solo, ou retenção, no leito da vala, da chuva caída em áreas marginais	Retardo e/ou redução do escoamento pluvial gerado em área vizinha
Poço de infiltração	Reservatório vertical e pontual escavado no solo	Poço preenchido com material poroso ou sem preenchimento, revestido. Poço efetivamente de infiltração ou de injeção direta no freático	Infiltração pontual, na camada não saturada e/ou saturada do solo, da chuva caída em área limítrofe	Retardo e/ou redução do escoamento pluvial gerado na área contribuinte ao poço
Microrreservatório	Reservatório de pequenas dimensões tipo "caixa d'água" residencial	Vazio ou preenchido com material poroso. Com fundo em solo ou vedado, tipo cisterna	Armazenamento temporário do esgotamento pluvial de áreas impermeabilizadas próximas	Retardo e/ou redução do escoamento pluvial de áreas impermeabilizadas
Telhado reservatório	Telhado com função reservatório	Vazio ou preenchido com material poroso	Armazenamento temporário da chuva no telhado da edificação	Retardo do escoamento pluvial da própria edificação
Bacia de detenção	Reservatório vazio (seco)	Reservatório sobre leito natural ou escavado. Com leito em solo permeável ou impermeável, ou com leito revestido	Armazenamento temporário e/ou infiltração no solo do escoamento superficial da área contribuinte	Retardo e/ou redução do escoamento da área contribuinte
Bacia de retenção	Reservatório com água permanente	Reservatório com leito permeável (freático aflorante) ou com leito impermeável	Armazenamento temporário e/ou infiltração no solo do escoamento superficial da área contribuinte	Retardo e/ou redução do escoamento da área contribuinte
Bacia subterrânea	Reservatório coberto, abaixo do nível do solo	Reservatório vazio, tampado e estanque. Reservatório preenchido com material poroso	Armazenamento temporário do escoamento superficial da área contribuinte	Retardo e/ou redução do escoamento da área contribuinte
Condutos de armazenamento	Condutos e dispositivos com função de armazenamento	Condutos e reservatórios alargados. Condutos e reservatórios adicionais em paralelo	Armazenamento temporário do escoamento no próprio sistema pluvial	Amortecimento do escoamento afluente à macrodrenagem
Faixas gramadas	Faixas de terreno marginais a corpos d'água	Faixas gramadas ou arborizadas	Áreas de escape para enchentes	Amortecimento de cheias e infiltração de contribuições laterais

Fonte: SUDERHSA (2002).

- unidades de retenção ou detenção de água;
- emissários em condutos circulares;
- obras de extremidade para dissipação de energia hidráulica em regiões suscetíveis a erosão acelerada;
- reservatórios de detenção para amortecimento de cheias;
- diques e *polders* nas zonas inundáveis de rios urbanos;
- barragens para estabilização de cheias;
- córregos e rios dragados.

As obras de macrodrenagem não constituem solução definitiva para os problemas de inundações, sendo conveniente que sejam complementadas por outras medidas que visem a aumentar a proteção por elas oferecida.

O projeto de um sistema de drenagem integrado com o desenvolvimento da cidade, buscando reduzir impactos sobre o ciclo hidrológico, atuando nos processos de infiltração e permitindo a detenção em reservatórios urbanos artificiais, juntando as preocupações, restrições e sinergias da Engenharia Hidráulica e do Urbanismo, aparece como uma opção fundamental para tratar as inundações urbanas.

Canais

Um projeto de canalização e retificação de cursos d'água propõe modificações no leito e no trajeto de rios, riachos, ribeirões ou córregos.

Retificar o rio significa alterar seu trajeto, que inicialmente serpenteia conforme o relevo, para um traçado linear. Atualmente, entende-se que a retificação é um processo muito danoso, pois altera as características naturais do corpo hídrico, envolvendo mudanças físicas, biológicas e ambientais no geral. A nova proposta é a recuperação de matas ciliares, onde se busca a renovação e a recuperação da área de várzea dos rios.

Canalização é quando se cobre o leito do rio ou se altera sua calha, com uma superfície dura e impermeável (geralmente concreto), modificando e adequando suas características hidrológicas e hidráulicas à necessidade do projeto. Pode ser construída a céu aberto, coberta ou subterrânea, a depender do Plano Diretor e das exigências apontadas.

Normalmente, adotam-se esses procedimentos para aumentar a calha do rio devido ao assoreamento, que o torna mais raso por lixiviação, carreamento de lixos/resíduos sólidos, descarga de esgotos ou vários outros reflexos de impactos causados pela urbanização descontro-

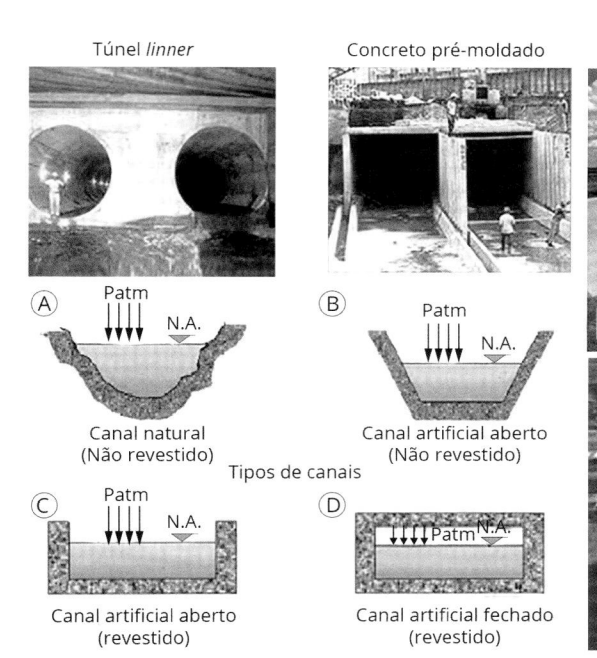

FIG. 5.11 *Exemplos de canais*
Fonte: Porto et al. (2014).

lada, que diminuem sua capacidade hidráulica de retenção e escoamento.

No caso do sistema de macrodrenagem, usa-se o rio como um canal condutor das águas que advêm do sistema de microdrenagem. Serve também para reter grandes vazões de períodos de chuvas intensas, evitando ocorrências como alagamentos, enxurradas e enchentes (Fig. 5.11).

Possui aspectos negativos, tais como a diminuição da permeabilidade, uma vez que impede a infiltração da água no leito do rio, além de alterar a paisagem e gerar impactos ambientais. Para manter os canais funcionando, é necessário conter o assoreamento, replantar e recuperar a mata ciliar, impedir o lançamento de lixos e entulhos, fazer limpeza periódica de fundo e de várzea e implementar instrução e informação com a educação ambiental.

Piscinões

São reservatórios de detenção superficiais ou subterrâneos com o objetivo de minimizar a ocorrência e a amplitude das enchentes.

Normalmente são projetos de grandes áreas de inundações, que fazem o papel hidráulico-hidrológico de acumular e retardar no tempo o escoamento das águas de chuva intensa. Passado o pico maior das chuvas, as águas acumuladas no reservatório vão sendo liberadas lentamente, de acordo com a capacidade de fluidez do sistema de drenagem.

É comum que sua área tenha uma segunda utilidade para as épocas de estiagem; normalmente parques, praças, pistas de esportes populares ou mesmo áreas de descanso ou atividades sociais públicas.

No Brasil, alguns piscinões são subterrâneos, mas a maioria fica a céu aberto, gerando problemas sanitários e desvalorizando os bairros em que estão instalados. Falta manutenção e limpeza e a maior parte se encontra assoreada (Fig. 5.12).

FIG. 5.12 *Piscinão da Região Metropolitana de São Paulo*
Fonte: PINIweb.

6 | Resíduos sólidos urbanos

Popularmente conhecidos como "lixo", os resíduos sólidos referem-se a todo tipo de material sólido ou semissólido resultante das atividades humanas; são advindos de produtos já utilizados ou não, que mantêm ou não suas características originais, mas que não servem mais para suas funções primárias. Considerados pelos geradores como inúteis, indesejáveis ou descartáveis, podem apresentar novas funções e utilidades através dos processos chamados de *gerenciamento dos resíduos sólidos*, que incluem a reciclagem, o reaproveitamento, o reúso, a reintegração, a incineração, a compostagem, o aterro sanitário ou outras ações implementadas para seu descarte.

No ambiente comum, a maioria da população entende que todos os materiais que resultam de usos e atividades em geral são considerados descartáveis, sendo, portanto, popularmente conhecidos como *lixo*. Com o decorrer do tempo, foi-se entendendo que nem tudo o que resulta de alguma atividade perdeu a serventia e/ou seu valor monetário, podendo então ser reaproveitado. Esse conceito de que o lixo pode ser matéria-prima para outras atividades/produtos mudou completamente o comportamento público, a ponto de abrir um novo conceito mercadológico.

6.1 Geração de resíduos e reflexos sociais, econômicos e ambientais

As atividades humanas geram resíduos diários e frequentes de diferentes características e quantidades, popularmente conhecidos como *lixo*, que necessitam de gerenciamento adequado para não provocar poluição ao meio ambiente e danos à saúde humana. Quanto mais complexa for a produção dos bens de consumo, mais complexo será o resíduo oriundo dessa manufatura (Lopes, 2007).

O homem sempre gerou resíduos em todas as atividades de sobrevivência, seja em grupo ou individualmente. O problema é que sempre enxergou o planeta como um grande quintal, e a disposição desses resíduos, o "jogar fora", nunca foi devidamente considerada como um problema a ser gerenciado.

A história do homem está diretamente ligada à história do lixo, às formas como começou a tratar essa questão a partir do momento em que iniciou a vida em comunidades, chegando à Revolução Industrial, com o consumismo crescente, que o forçou a ver a necessidade da gestão desse lixo e as dificuldades para seu correto gerenciamento.

De poucos anos para cá, a gestão dos resíduos sólidos tem sido feita com olhos mais críticos. Atualmente, entende-se que o gerenciamento desses resíduos é uma atividade multidisciplinar que engloba a administração pública e privada, a economia, o jurídico, a ética social e, principalmente, a educação ambiental. A educação ambiental é uma importante ferramenta de conscientização da humanidade para a mudança da cultura consumista.

O rápido processo de urbanização gerou uma série de problemas inerentes a esse crescimento, entre as quais a geração de resíduos sólidos vem ocupando uma posição de destaque na preocupação dos órgãos da Administração Pública.

O crescente volume de lixo a ser coletado, transportado e disposto ou tratado, assim como a limpeza de grandes extensões de áreas urbanas, tem provocado sérios e inúmeros inconvenientes de ordem sanitária e estética e riscos potenciais à saúde pública.

As metrópoles passam pelo grande desafio:

> O que fazer com os resíduos gerados? E como?

O desafio deve-se ao fato de que a grande quantidade e também a elevada variação de qualidade do resíduo gerado dificultam uma solução que atenda ao mesmo tempo às necessidades ambiental e de saúde pública e às exigências econômicas e sociais.

A capacidade do planeta em absorver essa quantidade de resíduo está à beira do esgotamento e, se não houver medidas preventivas que amenizem a forma como esse resíduo é deposto, a tendência é que o planeta entre em colapso e, com isso, afete e comprometa o bem-estar das futuras gerações.

As disposições inadequadas dos resíduos sólidos causam impactos socioambientais, estando entre os mais importantes a degradação do solo, o comprometimento dos corpos d'água e dos mananciais, a intensificação de enchentes, a contribuição para a poluição do ar e a proliferação de vetores de doenças nos centros urbanos.

Os lixões, por exemplo, causam sérios danos às regiões em que se encontram, com seus impactos se refletindo de forma progressiva e em cadeia sobre o solo e o ar, comprometendo o lençol freático, promovendo um criadouro de vetores e afetando diretamente a saúde pública e o meio, sem contar o reflexo negativo à economia.

Pode-se sumarizar os impactos dos lixões no meio ambiente do seguinte modo:
- *Poluição do solo*: altera suas características físico-químicas e representa uma séria ameaça à saúde pública, tornando o ambiente propício ao desenvolvimento de transmissores de doenças, além do visual degradante associado aos montes de lixo.
- *Poluição da água*: altera as características do ambiente aquático através da percolação do líquido gerado pela decomposição da matéria orgânica presente no lixo, o que é agravado pelas águas pluviais e nascentes existentes nos locais de descarga dos resíduos.
- *Poluição do ar*: a massa de lixo provoca a formação de gases naturais pela decomposição dos resíduos com e sem a presença de oxigênio no meio, originando riscos de migração de gás, explosões e até doenças respiratórias, se em contato direto com eles.

As exigências da sociedade no que se refere à preservação ambiental têm impulsionado ações de minimização dos impactos causados pelo avanço tecnológico na sociedade moderna. Novas prioridades na gestão sustentável de resíduos sólidos representam uma mudança gradual e paradigmática, direcionando a atuação dos governos, da sociedade e da indústria para ações que levem em conta a preservação ambiental.

Dentro dessas prioridades, incluem-se a redução de resíduos nas fontes geradoras, a redução da disposição final diretamente no solo ou em aterros sanitários, a maximização do reaproveitamento, da coleta seletiva e da reciclagem com inclusão sócio-produtiva de catadores e participação da sociedade, a compostagem e a recuperação de energia. No entanto, é importante mencionar que a hierarquização dessas estratégias é função das condições legais, sociais, econômicas, culturais e tecnológicas existentes, bem como das especificidades de cada tipo de resíduo (Bravo et al., 2017).

O ideal é que se busquem soluções e práticas de gerenciamento para os resíduos sólidos urbanos minimizando os impactos negativos ao meio ambiente e à sociedade, tendo como foco integrar os caminhos de busca por padrões mais sustentáveis de produção e consumo através da análise das alternativas de gestão e gerenciamento integrado que sejam economicamente viáveis, eficazes e que tenham inclusão social para as pessoas que vivem do lixo.

Vale destacar que *não existe uma forma única* para solucionar a problemática da constante geração de resíduos sólidos urbanos, e sim uma adequação de várias ações que levam ao gerenciamento dessas atividades (da produção ao descarte) de forma coerente com a sustentabilidade, unidas pelo conceito de desenvolvimento planejado.

Para tanto, é necessário caracterizar os tipos de processos, os resíduos gerados, sua quantidade e qualidade, seus aspectos físicos, químicos e biológicos, o grau de comprometimento, a disposição final etc.

6.2 Conceitos e práticas voltados à sustentabilidade

É muito importante reconhecer que o consumidor é continuamente impulsionado pela enorme indução do marketing ao consumo absoluto, compulsivo e inconsequente, objetivando apenas o aquecimento do mercado econômico. Considerado uma ferramenta mercadológica importantíssima que garante o fluxo econômico de toda uma região, chegando a dimensões internacionais, historicamente o marketing não se preocupava necessariamente com o gerenciamento do ciclo de vida do produto, influenciando o consumo e a aceitação dos produtos com uma intensidade e efetividade muito maiores do que a consciência econômica e pretensamente ambiental do consumidor. Assim, além de causar o consumo exacerbado, não induzia o consumidor à conscientização da sustentabilidade, e menos ainda à prática comprometida e responsável de gerenciar seus próprios resíduos.

Existem muitas indústrias que "abraçam" o conceito da sustentabilidade e do ciclo de vida do produto como uma ferramenta de marketing ativa em seus processos, porém no Brasil a conscientização ambiental popular está muito embrionária, morosa e aquém do necessário. Faltam campanhas diretas ao consumidor que instiguem o consumo "inteligente", de forma a aquecer o mercado com responsabilidade e consciência ambiental, econômica e social.

Essas campanhas visam implementar o consumo contínuo, consciente, saudável, sem desperdícios e que valoriza o meio ambiente. Para tanto, é necessário considerar a educação ambiental como base intrínseca do marketing, trabalhando como uma nova proposta de aquecimento mercadológico. Esse contexto já se encontra bem implementado nos países mais desenvolvidos e aos poucos se expande mundialmente.

A gestão dos resíduos deve ser iniciada na fonte da geração do produto, desde a adequação da matéria-prima, das práticas operacionais, da implementação de novas tecnologias etc. até o marketing de uso e descarte de seus produtos.

Esse novo conceito atua na fonte dos grandes produtores, ou seja, na própria indústria, que, em vez de trabalhar com matéria-prima nova e mais cara, adéqua o uso de materiais recicláveis e reutilizáveis para compor seu processo, sendo que a tecnologia garante a qualidade final de seu produto.

O reflexo desse conceito é a mudança de comportamento do cidadão, que vem cada vez mais se preocupando em gerenciar seus resíduos e salvaguardar o meio ambiente.

6.2.1 3Rs e 5Rs

Nesse contexto, vale mencionar o conceito dos 3Rs (reduzir, reutilizar e reciclar), sugerido durante a Conferência das Nações Unidas sobre o Meio Ambiente e o Desenvolvimento (Rio-92), que busca aliar conceitos mercadológicos a políticas de proteção ambiental.

O objetivo inicial e de maior importância proposto pelos 3Rs é a redução do consumo, porém, como em algumas situações não é possível reduzi-lo, deve-se também considerar o impacto do resíduo gerado e qual a melhor forma de reutilizá-lo através de novos hábitos de consumo e descarte.

Atualmente muito se discute sobre a importância de considerar os impactos que serão gerados (no presente e no futuro) por consequência da excessiva produção de resíduos e da escolha por materiais não reutilizáveis ou não recicláveis, assim como sobre as perdas materiais e econômicas advindas do desperdício. Por outro lado, o retorno benéfico da utilização de matéria-prima modificada, do manejo sustentável das florestas, da diminuição e controle do extrativismo e do uso de produtos naturais e renováveis vem sendo cada vez mais considerado como um ganho organizacional ao trabalhar dentro dos padrões "ecologicamente corretos".

Com o decorrer dos anos, desde 1992 até hoje, a proposta dos 3Rs foi sendo incorporada na cadeia produtiva, e, alegadamente para atingir a sustentabilidade ambiental e garantir um futuro ecologicamente correto, foram implementadas ações e conceitos complementares – *repensar* e *recusar* –, chegando-se aos atuais *5Rs*. A política dos 5Rs se diferencia da política dos 3Rs pois apresenta a vantagem de permitir às empresas e aos consumidores uma reflexão crítica sobre o consumismo, em vez de focar somente a reciclagem.

Cada uma dessas ações busca propagar iniciativas ambientais ao longo da cadeia produtiva. O ciclo se completa quando, além da indústria, também se incorporam dentro desses conceitos o comércio e o próprio consumidor.

- *Reduzir*: a primeira consequência do consumo desnecessário é o volume de lixo gerado. Desse modo, a medida mais eficiente e racional para diminuir a quantidade de lixo é reduzir o consumo, o que reflete em ações contra o desperdício. Na indústria, ocorre o mesmo: ao identificar os pontos de desperdício nas etapas do processo de fabricação, implementam-se melhorias, aumentando a eficiência e consequentemente o lucro.

  A proposta é adotar conceitos e ações básicas, como escolher melhor os produtos dentro da real necessidade; usar embalagens em menor quantidade e/ou mais econômicas; priorizar embalagens retornáveis; adquirir produtos a granel; reutilizar sobra de processos; compostar orgânicos; reciclar e reaproveitar energia etc.

- *Reutilizar*: como o próprio nome diz, trata-se de "utilizar novamente". Aproveitar melhor os bens de consumo antes de descartá-los amplia sua vida útil. Um novo uso ou aplicabilidade é muito comum em embalagens retornáveis, roupas, móveis, sacolas, artesanato etc. Nas empresas, permite diminuir os custos de aquisição e melhorar o gerenciamento de estoque e o aproveitamento da vida útil dos materiais (alumínio, vidro, papelão, caixas etc.), desde que não comprometa a qualidade e a eficiência do processo.

- *Reciclar*: das ações dos Rs, é a mais aceita popularmente. O mercado já a absorveu de tal forma que se adequou com profissionais, ONGs e processos que vivem o "ciclo da reciclagem". É o processo de transformação dos materiais que podem voltar para seu estado original ou virar outro produto; consiste em devolver os materiais usados ao ciclo da produção, poupando todo o percurso dos insumos virgens, com enormes vantagens econômicas e ambientais. A reciclagem reduz a pressão sobre os recursos naturais, economiza água e energia e gera trabalho e renda para milhares de pessoas, seja no mercado formal ou informal de trabalho, daí a importância da separação de resíduos em casas ou condomínios.

- *Repensar*: a proposta de reduzir a geração de resíduos, focar a mudança de comportamento de cada indivíduo e priorizar a redução do consumo e o reaproveitamento dos resíduos tem como ponto-chave levar a sociedade a repensar seus valores e práticas, diminuindo o consumo exagerado e o desperdício. Faz parte desse processo reclassificar conceitos, hábitos e valores implementando novas formas de consumo, uso e descarte dos resíduos.

- *Recusar*: trata-se de não aceitar produtos que tenham um significativo impacto ambiental. O ato de recusá-los incentiva os fornecedores a buscar tecnologias que melhorem seus processos em concordância com a sustentabilidade ou composições dos produtos menos agressivas ao meio ambiente.

Apesar de as propostas de ações dos 5Rs serem padronizadas, atualmente se encontram definições e terminologias variadas dependendo do autor ou da empresa que implementa o projeto de gestão, tais como *recuperar* e *reintegrar* em vez de *repensar* e *recusar*. Quando se avalia a diferença conceitual dessas outras propostas, conclui-se que são praticamente uma subdivisão do conceito de *reciclar*, favorecendo a personalização de algumas atividades comerciais já reconhecidas pelo mercado econômico.

- *Recuperar*: ocorre por meio das usinas de compostagem, por exemplo, que são unidades recuperadoras de matéria orgânica. Os catadores também recuperam as sucatas antes de elas receberem a mesma destinação do lixo comum.
- *Reintegrar*: trata-se de reintegrar o produto à natureza, ou seja, transformá-lo novamente em um recurso natural. Como exemplo, pode-se citar a compostagem de resíduos orgânicos para produzir húmus ou adubo.

Os conceitos de reciclagem e reutilização (ou reaproveitamento) também são discutidos na seção 6.5.7.

6.2.2 Economia circular

Na atualidade, muito se discute sobre os conceitos dos Rs como ações fundamentais para a aplicabilidade do desenvolvimento sustentável e do planejamento ambiental a fim de trabalhar favoravelmente aos conceitos econômicos (reduzir, reciclar, reaproveitar, repensar etc. – ver seção 6.5.7). Dentro desse parâmetro, surge uma nova dinâmica de gestão de processos que deixa de ser linear (da extração ao descarte) e passa para um novo conceito cíclico de produção, de forma a estender a vida útil dos produtos e/ou matérias-primas, aquecendo a economia de forma sustentável, ou seja, a *economia circular*.

O termo *economia circular* traz uma nova visão de logística que engloba a gestão sustentável desde o *produzir* até o *consumir* e o *descartar*. Ao contrário do convencional desperdício que acontece no sistema linear, na economia circular propõem-se ações mercadológicas e comportamentais para uma melhor gestão dos recursos naturais, o uso de novas tecnologias (produção e fabricação), a comercialização e o consumo conscientes, assim como o descarte ideal dos materiais utilizados, que até então eram considerados "lixo", promovendo, dessa forma, novas percepções de mercado.

A eficiência desse modelo não depende apenas do processo de fabricação, mas de todos os que estão envolvidos no ciclo de vida de cada produto. Sendo assim, a educação ambiental, fundamentada no *saber-conscientizar-participar*, é um fator importantíssimo para a efetivação desse conceito, pois se faz necessário mudar o comportamento de consumo a tal ponto que o reflexo dessas ações redirecione o comportamento comercial e, por consequência, o modelo de fabricação dos produtos.

Segundo a Univasf (2018), esse novo conceito é baseado na *inteligência da natureza*, em que os resíduos são insumos para a produção de novos produtos. Também chamado de *cradle to cradle* (do berço ao berço), esse conceito propõe eliminar o que até então se entendia como resíduo, sugerindo que tudo faça parte, continuamente, de um novo ciclo. Interpreta ainda que o uso em cascata dos materiais favorece que eles permaneçam maior tempo na economia, tendo sua utilização ampliada, e, dessa forma, desconstrói a concepção de resíduo, favorecendo a evolução de projetos e sistemas que privilegiem materiais naturais que possam ser totalmente recuperados. Assim, os restos orgânicos se transformam em húmus e a cadeia produtiva industrial é repensada para favorecer que os produtos já utilizados, como a linha branca (entre outros), sejam reprocessados e reintegrados à cadeia de produção como componentes ou materiais para a fabricação de outros produtos similares ou não. Salienta que:

> O sistema de economia circular agregou diversos conceitos criados no último século, como *design* regenerativo, economia de performance, *cradle to cradle* (do berço ao berço), ecologia industrial, biomimética, *blue economy* e biologia sintética, para desenvolver um modelo estrutural para a regeneração da sociedade. [...]
> Além dos resíduos, o esgotamento de matérias-primas também é uma grande preocupação. De acordo com relatório da Ellen MacArthur Foundation – organização que estuda e estimula a adoção da economia circular –, 65 bilhões de toneladas de matéria-prima foram inseridas no sistema produtivo mundial em 2010. O instituto projeta que, até 2020, essa quantidade terá subido para 82 bilhões de toneladas por ano. (Univasf, 2018).

A Fundação Ellen MacArthur, especializada em difundir e apoiar a mudança das empresas para esse novo modelo, criou uma rede de parceria entre empresas líderes e emergentes com o objetivo de promover um salto coletivo para essa nova estrutura produtiva. Chamada de CE100 (*Circular Economy Hundred*), agrega nomes como Coca-Cola, Unilever, Philips e Renault. Em sua experiência com esse processo, a fundação alega que essa adequação de mercado é capaz de gerar mais de US$ 1 trilhão de lucro para a economia global (eCycle, s.d.). Descreve ainda que, além da vantagem comercial, a parceria cria uma rede coletiva para a solução de problemas e viabiliza mecanismos para integrar a economia circular dentro de cada empresa. Dentro das adequações de atividades que visam a implantação desse formato, considera que uma atividade econômica contribui para a transição ao novo modelo se:

- utilizar mais eficientemente os recursos naturais na produção, incluindo matérias-primas obtidas de forma sustentável;
- aumentar a durabilidade, a reparabilidade, a atualização ou a reutilização dos produtos, em especial no âmbito da concepção da fabricação;
- aumentar a reciclabilidade dos produtos, incluindo a reciclabilidade dos seus diferentes componentes materiais, através da substituição ou da redução da utilização de produtos e materiais não recicláveis, em especial no âmbito da concepção e da fabricação;
- reduzir substancialmente o teor de substâncias perigosas e substituir as substâncias que suscitam elevada preocupação nos materiais e produtos ao longo de todo o seu ciclo de vida, em conformidade com os objetivos estabelecidos no direito da União, substituindo essas substâncias por alternativas mais seguras e garantindo a rastreabilidade;
- prolongar a utilização de produtos, através da sua reutilização, tendo em vista a longevidade, aproveitamento para outros fins, desmontagem, refabricação, atualização e reparação, e partilha de produtos;
- intensificar a utilização de matérias-primas secundárias e melhorar a sua qualidade, através de uma reciclagem de elevada qualidade dos resíduos;
- prevenir ou reduzir a produção de resíduos, notadamente a produção de resíduos no âmbito da extração de minerais e resíduos da construção e demolição de edifícios;
- melhorar a preparação para a reutilização e reciclagem de resíduos;
- aumentar o desenvolvimento das infraestruturas de gestão de resíduos necessárias para a prevenção, a preparação para reutilização e a reciclagem, assegurando simultaneamente que os materiais recuperados daí resultantes sejam reciclados como matérias-primas secundárias de elevada qualidade destinadas

à produção, evitando assim a conversão em produtos de qualidade inferior (*downcycling*);
- minimizar a incineração de resíduos e evitar a eliminação de resíduos, incluindo a sua deposição em aterro, de acordo com os princípios da hierarquia dos resíduos;
- evitar e reduzir o lixo;
- potencializar qualquer uma das atividades enumeradas nos itens anteriores.

[...] Diversos países sabem da importância e estão progressivamente implantando os conceitos. A Política Nacional de Resíduos Sólidos (PNRS), lei implantada no Brasil em 2010, visa garantir a responsabilidade compartilhada pelo ciclo de vida dos produtos, a operação reversa e o acordo setorial. Assim, todos os agentes do ciclo produtivo, os consumidores e os serviços públicos devem minimizar o volume de resíduos sólidos gerados e adotar práticas que assegurem que os produtos sejam reintegrados ao ciclo produtivo. Na China, a economia circular faz parte da Lei de Promoção da Produção Limpa, promulgada em 2002. Medidas como a rotulagem ecológica de produtos, difusão de informações sobre questões ambientais na mídia e cursos oferecidos pelas instituições de ensino são importantes para familiarizar a sociedade com a economia circular. (eCycle, s.d.).

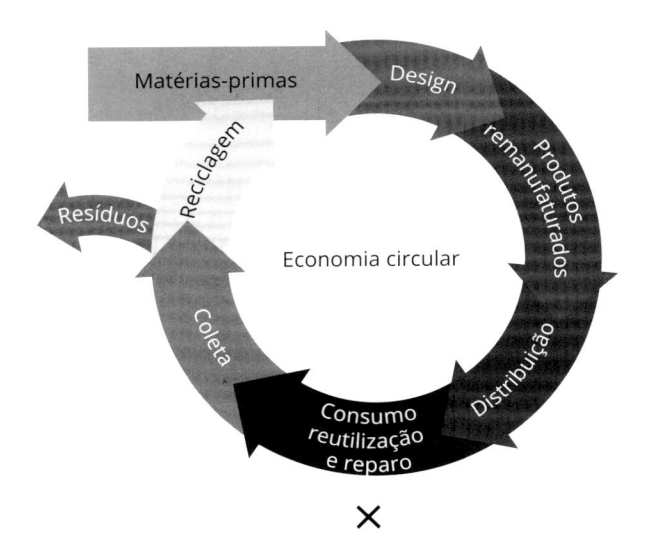

A Fig. 6.1 representa um comparativo entre a economia linear e a nova proposta da economia circular.

6.3 Classificação dos resíduos sólidos

A Lei nº 12.305, de 2 de agosto de 2010, que instituiu a Política Nacional de Resíduos Sólidos (PNRS), propõe conceitos modernos de gestão de resíduos sólidos e se dispõe a trazer novas ferramentas à legislação ambiental brasileira, oferecendo inovações extremamente importantes que refletem na qualidade de vida da população, na saúde pública, no controle ambiental e na economia. Apresenta ações que geram a obrigatoriedade de os municípios elaborarem planos de resíduos sólidos que abrangem todos os resíduos sólidos produzidos, e não somente os resíduos urbanos coletados pela Prefeitura. Propõe o Sistema de Informações sobre a Gestão dos Resíduos Sólidos (SINIR), que tem como objetivo armazenar, tratar e fornecer informações que apoiem as funções ou processos de uma organização. Incentiva mecanismos que fortaleçam a atuação de associações ou cooperativas de materiais recicláveis. Coloca diversas obrigações para os consumidores e, em especial, para os grandes fabricantes e comerciantes, que passaram a ser responsáveis pelos resíduos pós-consumo dos produtos que produzem ou comercializam (ciclo de vida do produto).

O Quadro 6.1 apresenta um resumo da Lei nº 12.305/2010. Nesse quadro, observam-se alguns fatores importantes levantados por essa lei de modo a melhor dispor a PNRS, que apresenta um modelo descentralizado de gestão ambiental, criando uma rede articulada de organizações nos diferentes âmbitos da Federação.

FIG. 6.1 *Comparação entre economia linear e economia circular*
Fonte: Kafruni (2019).

QUADRO 6.1 Política Nacional de Resíduos Sólidos (Lei nº 12.305/2010)

A Política Nacional de Resíduos Sólidos integra a Política Nacional do Meio Ambiente e articula-se com a Política Nacional de Educação Ambiental, regulada pela Lei nº 9.795, de 27 de abril de 1999, com a Política Federal de Saneamento Básico, regulada pela Lei nº 11.445, de 2007, e com a Lei nº 11.107, de 6 de abril de 2005.

Aplicam-se aos resíduos sólidos, além do disposto nesta Lei, nas Leis nº 11.445, de 5 de janeiro de 2007, nº 9.974, de 6 de junho de 2000, e nº 9.966, de 28 de abril de 2000, as normas estabelecidas pelos órgãos do Sistema Nacional do Meio Ambiente (Sisnama), do Sistema Nacional de Vigilância Sanitária (SNVS), do Sistema Unificado de Atenção à Sanidade Agropecuária (Suasa) e do Sistema Nacional de Metrologia, Normalização e Qualidade Industrial (Sinmetro).

Principais conceitos da PNRS

A Constituição Federal diz que o meio ambiente é um bem de uso comum do povo, necessário para a qualidade de vida, e afirma que sua preservação para as presentes e futuras gerações é um dever de todos: poder público e coletividade.

Acordo setorial	Ato de natureza contratual firmado entre o poder público e fabricantes, importadores, distribuidores ou comerciantes, tendo em vista a implantação da responsabilidade compartilhada pelo ciclo de vida do produto
Área contaminada	Local onde há contaminação causada pela disposição, regular ou irregular, de quaisquer substâncias ou resíduos
Área órfã contaminada	Área contaminada cujos responsáveis pela disposição não sejam identificáveis ou individualizáveis
Ciclo de vida do produto	Série de etapas que envolvem o desenvolvimento do produto, a obtenção de matérias-primas e insumos, o processo produtivo, o consumo e a disposição final
Coleta seletiva	Coleta de resíduos sólidos previamente segregados conforme sua constituição ou composição
Controle social	Conjunto de mecanismos e procedimentos que garantam à sociedade informações e participação nos processos de formulação, implementação e avaliação das políticas públicas relacionadas aos resíduos sólidos
Destinação final ambientalmente adequada	Destinação de resíduos que inclui a reutilização, a reciclagem, a compostagem, a recuperação e o aproveitamento energético ou outras destinações admitidas pelos órgãos competentes do Sisnama, do SNVS e do Suasa
Disposição final ambientalmente adequada	Distribuição ordenada de rejeitos em aterros, observando normas operacionais específicas de modo a evitar danos ou riscos à saúde pública e à segurança e a minimizar os impactos ambientais adversos
Geradores de resíduos sólidos	Pessoas físicas ou jurídicas, de direito público ou privado, que geram resíduos sólidos por meio de suas atividades, nelas incluído o consumo
Gerenciamento de resíduos sólidos	Conjunto de ações exercidas, direta ou indiretamente, nas etapas de coleta, transporte, transbordo, tratamento e destinação final ambientalmente adequada dos resíduos sólidos e disposição final ambientalmente adequada dos rejeitos
Gestão integrada de resíduos sólidos	Conjunto de ações voltadas para a busca de soluções para os resíduos sólidos, de forma a considerar as dimensões política, econômica, ambiental, cultural e social, com controle social e sob a premissa do desenvolvimento sustentável
Logística reversa	Instrumento de desenvolvimento econômico e social caracterizado por um conjunto de ações, procedimentos e meios destinados a viabilizar a coleta e a restituição dos resíduos sólidos ao setor empresarial, para reaproveitamento, em seu ciclo ou em outros ciclos produtivos, ou outra destinação final ambientalmente adequada
Padrões sustentáveis de produção e consumo	Produção e consumo de bens e serviços de forma a atender as necessidades das atuais gerações e permitir melhores condições de vida, sem comprometer a qualidade ambiental e o atendimento das necessidades das gerações futuras
Reciclagem	Processo de transformação dos resíduos sólidos que envolve a alteração de suas propriedades físicas, físico-químicas ou biológicas, com vistas à transformação em insumos ou novos produtos, observadas as condições e os padrões estabelecidos por lei
Rejeitos	Resíduos sólidos que, depois de esgotadas todas as possibilidades de tratamento e recuperação por processos tecnológicos disponíveis e economicamente viáveis, não apresentem outra possibilidade que não a disposição final ambientalmente adequada

QUADRO 6.1 (Continuação)

Resíduos sólidos	Material, substância, objeto ou bem descartado resultante de atividades humanas em sociedade, a cuja destinação final se procede [...] nos estados sólido ou semissólido, bem como gases contidos em recipientes e líquidos cujas particularidades tornem inviável o seu lançamento na rede pública de esgotos ou em corpos d'água, ou exijam para isso soluções técnica ou economicamente inviáveis em face da melhor tecnologia disponível
Responsabilidade compartilhada pelo ciclo de vida dos produtos	Conjunto de atribuições individualizadas e encadeadas dos fabricantes, importadores, distribuidores e comerciantes, dos consumidores e dos titulares dos serviços públicos de limpeza urbana e de manejo dos resíduos sólidos, para minimizar o volume de resíduos sólidos e rejeitos gerados, bem como para reduzir os impactos causados à saúde humana e à qualidade ambiental decorrentes do ciclo de vida dos produtos, nos termos desta Lei
Reutilização	Processo de aproveitamento dos resíduos sólidos sem sua transformação biológica, física ou físico-química, observadas as condições e os padrões estabelecidos por lei
Art. 6º – Princípios da PNRS	
I	A prevenção e a precaução
II	O poluidor-pagador e o protetor-recebedor
III	A visão sistêmica, na gestão dos resíduos sólidos, que considere as variáveis ambiental, social, cultural, econômica, tecnológica e de saúde pública
IV	O desenvolvimento sustentável
V	A ecoeficiência, mediante a compatibilização entre o fornecimento, a preços competitivos, de bens e serviços qualificados que satisfaçam as necessidades humanas e tragam qualidade de vida e a redução do impacto ambiental a um nível, no mínimo, equivalente à capacidade de sustentação estimada do planeta
VI	A cooperação entre as diferentes esferas do poder público, o setor empresarial e demais segmentos da sociedade
VII	A responsabilidade compartilhada pelo ciclo de vida dos produtos
VIII	O reconhecimento do resíduo sólido reutilizável e reciclável como um bem econômico e de valor social, gerador de trabalho e renda e promotor de cidadania
IX	O respeito às diversidades locais e regionais
X	O direito da sociedade à informação e ao controle social
XI	A razoabilidade e a proporcionalidade
Art. 7º – Objetivos da PNRS	
I	Proteção da saúde pública e da qualidade ambiental
II	Não geração, redução, reutilização, reciclagem e tratamento dos resíduos sólidos, bem como disposição final ambientalmente adequada dos rejeitos
III	Estímulo à adoção de padrões sustentáveis de produção e consumo de bens e serviços
IV	Adoção, desenvolvimento e aprimoramento de tecnologias limpas como forma de minimizar impactos ambientais
V	Redução do volume e da periculosidade dos resíduos perigosos
VI	Incentivo à indústria da reciclagem, tendo em vista fomentar o uso de matérias-primas e insumos derivados de materiais recicláveis e reciclados
VII	Gestão integrada de resíduos sólidos
VIII	Articulação entre as diferentes esferas do poder público, e destas com o setor empresarial, com vistas à cooperação técnica e financeira para a gestão integrada de resíduos sólidos
IX	Capacitação técnica continuada na área de resíduos sólidos
X	Regularidade, continuidade, funcionalidade e universalização da prestação dos serviços públicos de limpeza urbana e de manejo de resíduos sólidos, com adoção de mecanismos gerenciais e econômicos que assegurem a recuperação dos custos dos serviços prestados, como forma de garantir sua sustentabilidade operacional e financeira, observada a Lei nº 11.445, de 2007

Quadro 6.1 (Continuação)

XI	Prioridade, nas aquisições e contratações governamentais, para: – produtos reciclados e recicláveis – bens, serviços e obras que considerem critérios compatíveis com padrões de consumo social e ambientalmente sustentáveis
XII	Integração dos catadores de materiais reutilizáveis e recicláveis nas ações que envolvam a responsabilidade compartilhada pelo ciclo de vida dos produtos
XIII	Estímulo à implementação da avaliação do ciclo de vida do produto
XIV	Incentivo ao desenvolvimento de sistemas de gestão ambiental e empresarial voltados para a melhoria dos processos produtivos e ao reaproveitamento dos resíduos sólidos, incluídos a recuperação e o aproveitamento energético
XV	Estímulo à rotulagem ambiental e ao consumo sustentável

Art. 8º – Instrumentos da PNRS

· Planos de resíduos sólidos
· Inventários, registros e o sistema declaratório anual de resíduos sólidos
· Implantação de ferramentas relacionadas à responsabilidade compartilhada pelo ciclo de vida dos produtos
· Incentivo à criação e ao desenvolvimento de cooperativas ou de outras formas de associação de catadores de materiais reutilizáveis e recicláveis
· Monitoramento e fiscalização ambiental, sanitária e agropecuária
· Cooperação técnica e financeira entre os setores público e privado
· Educação ambiental; pesquisas; incentivos fiscais
· Apoio e participação de órgãos federais, estaduais e municipais com acordos setoriais
· Definir os padrões de qualidade ambiental e manter o Cadastro Técnico Federal de atividades potencialmente poluidoras ou utilizadoras de recursos ambientais, assim como de atividades e instrumentos de defesa ambiental; a avaliação de impactos ambientais; o Sistema Nacional de Informação sobre Meio Ambiente (Sinima); o licenciamento e a revisão de atividades efetiva ou potencialmente poluidoras; os termos de compromisso e os termos de ajustamento de conduta; e o incentivo à adoção de consórcios ou de outras formas de cooperação

Disposições

· Na gestão e gerenciamento de resíduos sólidos, deve ser observada a ordem de prioridade: não geração, redução, reutilização, reciclagem, tratamento dos resíduos sólidos e disposição final ambientalmente adequada dos rejeitos
· Poderão ser utilizadas tecnologias visando à recuperação energética dos resíduos sólidos urbanos, desde que tenha sido comprovada sua viabilidade técnica e ambiental e com a implantação de programa de monitoramento de emissão de gases tóxicos aprovado pelo órgão ambiental
· Incumbe ao Distrito Federal e aos Municípios a gestão integrada dos resíduos sólidos gerados nos respectivos territórios [...]
· Cada Estado tem seus próprios órgãos, que possuem atribuições adequadas à sua identidade, criando e adaptando leis e normas complementares (podendo ser mais restritivas) às existentes em nível federal

Classificação dos resíduos sólidos

I – Quanto à origem:
a) Resíduos domiciliares: os originários de atividades domésticas em residências urbanas
b) Resíduos de limpeza urbana: os originários da varrição, limpeza de logradouros e vias públicas e outros serviços de limpeza urbana
c) Resíduos sólidos urbanos: os englobados nas alíneas "a" e "b"
d) Resíduos de estabelecimentos comerciais e prestadores de serviços: os gerados nessas atividades, excetuados os referidos nas alíneas "b", "e", "g", "h" e "j"
e) Resíduos dos serviços públicos de saneamento básico: os gerados nessas atividades, excetuados os referidos na alínea "c"
f) Resíduos industriais: os gerados nos processos produtivos e instalações industriais
g) Resíduos de serviços de saúde: os gerados nos serviços de saúde, conforme definido em regulamento ou em normas estabelecidas pelos órgãos do Sisnama e do SNVS
h) Resíduos da construção civil: os gerados nas construções, reformas, reparos e demolições de obras de construção civil, incluídos os resultantes da preparação e escavação de terrenos para obras civis
i) Resíduos agrossilvopastoris: os gerados nas atividades agropecuárias e silviculturais, incluídos os relacionados a insumos utilizados nessas atividades
j) Resíduos de serviços de transportes: os originários de portos, aeroportos, terminais alfandegários, rodoviários e ferroviários e passagens de fronteira
k) Resíduos de mineração: os gerados na atividade de pesquisa, extração ou beneficiamento de minérios

QUADRO 6.1 (Continuação)

II – Quanto à periculosidade:
a) Resíduos perigosos: aqueles que, em razão de suas características de inflamabilidade, corrosividade, reatividade, toxicidade, patogenicidade, carcinogenicidade, teratogenicidade e mutagenicidade, apresentam significativo risco à saúde pública ou à qualidade ambiental, de acordo com lei, regulamento ou norma técnica
b) Resíduos não perigosos: aqueles não enquadrados na alínea "a"
Parágrafo único. Respeitado o disposto no art. 20, os resíduos referidos na alínea "d" do inciso I do *caput*, se caracterizados como não perigosos, podem, em razão de sua natureza, composição ou volume, ser equiparados aos resíduos domiciliares pelo poder público municipal

	Conteúdo mínimo da PNRS
I	Diagnóstico da situação atual dos resíduos sólidos
II	Proposição de cenários, incluindo tendências internacionais e macroeconômicas
III	Metas de redução, reutilização, reciclagem, entre outras, com vistas a reduzir a quantidade de resíduos e rejeitos encaminhados para disposição final ambientalmente adequada
IV	Metas para o aproveitamento energético dos gases gerados nas unidades de disposição final de resíduos sólidos
V	Metas para a eliminação e recuperação de lixões, associadas à inclusão social e à emancipação econômica de catadores de materiais reutilizáveis e recicláveis
VI	Programas, projetos e ações para o atendimento das metas previstas
VII	Normas e condicionantes técnicas para o acesso a recursos da União, para a obtenção de seu aval ou para o acesso a recursos administrados, direta ou indiretamente, por entidade federal, quando destinados a ações e programas de interesse dos resíduos sólidos
VIII	Medidas para incentivar e viabilizar a gestão regionalizada dos resíduos sólidos
IX	Diretrizes para o planejamento e demais atividades de gestão de resíduos sólidos das regiões integradas de desenvolvimento instituídas por lei complementar, bem como para as áreas de especial interesse turístico
X	Normas e diretrizes para a disposição final de rejeitos e, quando couber, de resíduos
XI	Meios a serem utilizados para o controle e a fiscalização, no âmbito nacional, de sua implementação e operacionalização, assegurado o controle social

Fonte: adaptado de Brasil (2010).

6.3.1 Origem dos resíduos

A classificação de resíduos, segundo a NBR 10004 (ABNT, 2004), envolve a identificação do processo ou atividade que lhes deu origem, de seus constituintes e características, e a comparação desses constituintes com listagens de resíduos e substâncias cujo impacto à saúde e ao meio ambiente é conhecido. O Laudo de Classificação de Resíduo (LCRS) é um documento que comprova o enquadramento do resíduo em uma das classes descritas nessa norma.

Para não haver erros na destinação final do resíduo, deve-se identificar primeiramente qual o seu processo de origem e depois quais os seus constituintes:

a] Descrição detalhada da origem do resíduo
- estado físico;
- aspecto geral;
- cor;
- odor;
- grau de heterogeneidade.

b] Denominação do resíduo com base em
- estado físico;
- processo de origem;
- atividade industrial;
- constituinte principal.

c] Destinação
- aterro para resíduo perigoso;
- aterro sanitário (não perigoso);
- aterro de resíduo inerte (solubilidade);
- tratamento térmico;
- compostagem;
- incineração;
- coprocessamento.

O Quadro 6.2 apresenta resumidamente a classificação dos resíduos sólidos urbanos.

6.3.2 Periculosidade dos resíduos

Segundo a NBR 10004 (ABNT, 2004), em termos de periculosidade, os resíduos sólidos podem ser classificados em:

- *Resíduos perigosos (classe I)*: apresentam risco à saúde pública ou ao meio ambiente, pois podem ser corrosivos, inflamáveis, reativos, tóxicos ou patológicos. Exemplos: resíduos hospitalares, industriais e agrícolas, pilhas, baterias, lâmpadas fluorescentes, medicamentos e produtos químicos vencidos, embalagens de produtos químicos em geral (inclusive de limpeza pesada e inseticidas), restos de tintas e solventes etc.
- *Resíduos não perigosos e não inertes (classe II-A)*: podem ter propriedades como combustibilidade, biodegradabilidade ou solubilidade. Não apresentam perigo ao homem ou ao meio ambiente nem possuem tendência a sofrer reação química. Exemplos: a maioria dos resíduos domésticos, sucatas de materiais ferrosos e não ferrosos, embalagens de plástico etc.
- *Resíduos não perigosos e inertes (classe II-B)*: não contêm nenhum constituinte solubilizável em concentração superior ao padrão de potabilidade das águas. Exemplos: entulhos de demolição, como pedras, areias e concreto, e outros resíduos, como o vidro.

Os resíduos perigosos devem ser armazenados separadamente, transportados em diferentes veículos, possuir placa de identificação e receber uma destinação final específica e adequada. Seu tratamento deve ser feito de maneiras específicas para cada produto, de forma cuidadosa e com muita atenção às necessidades especiais de armazenamento e descarte que eles demandam. Assim como os poderes público e privado, cada indivíduo dentro da sociedade deve estar ciente em fazer sua parte quando o quesito é proteger o planeta das consequências do consumo humano.

6.4 Gestão dos resíduos sólidos

A gestão dos resíduos sólidos consiste no controle técnico de sua geração, segregação, acondicionamento, coleta, transporte, processamento, recuperação ou destinação final, através de ações tecnicamente coerentes, ambientalmente corretas e economicamente viáveis e vantajosas.

Como já visto anteriormente, no Brasil, a Lei nº 12.305/2010 disciplina a gestão dos resíduos sólidos, determinando diretrizes relativas à sua gestão integrada e ao seu gerenciamento e fazendo distinção entre o lixo que pode ser reciclado ou reaproveitado e o lixo perigoso, aquele que deve ser rejeitado. A mesma lei também incentiva a coleta seletiva e a reciclagem em todos os municípios brasileiros.

A Lei nº 12.305/2010 estabelece, no âmbito local ou regional, os órgãos públicos que serão a referência para a entrega do plano de gerenciamento, garantindo, dessa maneira, a atualização anual, que visa o controle e a fiscalização. Estão sujeitas à elaboração de plano de gerenciamento de resíduos sólidos as seguintes atividades:

- industriais;
- agrossilvopastoris;
- estabelecimentos de serviços de saúde;
- serviços públicos de saneamento básico;
- empresas e terminais de transporte;
- mineradoras;
- construtoras;
- estabelecimentos comerciais e de prestação de serviço.

A Lei nº 12.305/2010, em seu art. 21, § 2º, também estabelece que a inexistência do Plano Municipal de Gestão Integrada de Resíduos Sólidos (PMGIRS) não atrapalha a elaboração, a implantação e a operação do Plano de Gerenciamento de Resíduos Sólidos (PGRS). O Decreto nº 7.404/2010, que a regulamenta, em seu art. 56 diz que os responsáveis pelo plano de gerenciamento devem liberar anualmente ao órgão

Quadro 6.2 Classificação dos resíduos sólidos

	Quanto à origem (produção)	Responsabilidade
Domiciliar	Gerado diariamente pelas atividades domésticas residenciais. É composto por restos de alimentos, produtos deteriorados, jornais, revistas, embalagens em geral, resíduos da cozinha, do banheiro, da lavanderia, do quintal etc. Sua composição é na maioria de matéria orgânica.	Prefeitura do município
Comercial	Gerado diariamente pelas atividades comerciais e de serviços, como supermercados, bares, estabelecimentos bancários, escritórios, lojas, restaurantes etc. É composto principalmente por papéis, plásticos, restos de alimentos e embalagens.	Prefeitura do município
Público e de saneamento básico	São os resíduos presentes nos logradouros públicos, gerados constantemente e originados dos serviços de limpeza pública, incluindo varrição de vias públicas, ruas e rodovias, repartições públicas, praças e banheiros públicos, limpeza de áreas de feiras livres, córregos etc. É constituído principalmente por restos de vegetais, podas de árvores, embalagens, jornais, madeira, papéis, plásticos, pneus e toda a sorte de resíduos lançados pelo homem.	Prefeitura do município
De serviços de saúde e hospitalar	Gerado por serviços hospitalares, clínicas em geral (veterinárias, odontológicas, corretivas e plásticas etc.), laboratórios, ambulatórios, farmácias e postos de saúde, serviços de tatuagem e similares. É composto por variados tipos de resíduos sépticos, seringas, agulhas, bisturis, ampolas, materiais radioativos etc. Esse tipo de lixo deve receber tratamento especial (por exemplo, incineração), pois, em contato com o meio ambiente ou misturado ao lixo doméstico, pode ser vetor de várias doenças.	Gerador
De serviços de transportes	Gerado por terminais alfandegários, passagens de fronteira, portos, aeroportos, rodoviárias e ferroviárias. É proveniente de Estados, cidades ou outros países.	Gerador
Industrial	Oriundo das diversas atividades industriais. A composição desses resíduos varia conforme o tipo de indústria, podendo ser formada por cinzas, lodos, resíduos alcalinos ou ácidos, papéis, plásticos, metais, vidros, cerâmica, borracha e madeira, entre outros. Engloba toda a gama de materiais e substâncias que compõem um processo industrial e/ou um beneficiamento de matéria-prima até a geração do produto final.	Gerador
Agrícola	Gerado nas atividades agropecuárias e silviculturais, incluindo os relacionados a insumos utilizados nessas atividades.	Gerador
Radioativo	Rejeitos radioativos são quaisquer materiais resultantes de atividades que contenham radioatividade em quantidades superiores aos limites de isenção especificados na norma CNEN-NE-6.02 ("Licenciamento de instalações radiativas"). Devem ser tratados e seguir as recomendações da Comissão Nacional de Energia Nuclear (CNEN).	Gerador
De mineração	Gerado nas atividades de pesquisa, extração ou beneficiamento de minérios.	Gerador
Da construção civil	Proveniente de construções, reformas, reparos e demolições de obras, como tijolos, blocos cerâmicos, concreto em geral, solos, rochas, metais, resinas, colas, tintas, madeiras e compensados, forros etc.	Gerador
De limpeza urbana	São os resíduos de varrição, capina e raspagem, entre outros; são provenientes dos logradouros públicos (ruas e praças), bem como móveis velhos, grandes volumes, galhos grandes, aparelhos de cerâmica, entulhos de obras descartados ilegalmente, outros materiais inúteis deixados pela população indevidamente etc.	Prefeitura do município

Quanto à composição química

· Orgânico (ou biodegradável): restos de alimentos, cascas de frutas, de legumes e de ovos, cabelos, podas de jardim, excremento de animais etc.
· Inorgânico:
   o Reciclável
   o Não reciclável

Quanto à periculosidade

· Resíduos classe I: perigosos
· Resíduos classe II: não perigosos
   o Classe II-A: não inertes
   o Classe II-B: inertes

Fonte: adaptado de Costa (2019).

municipal competente, ao órgão licenciador do Sistema Nacional do Meio Ambiente (Sisnama) e às demais autoridades competentes informações completas e atualizadas sobre a implantação e a operacionalização do plano, consoante as regras estabelecidas pelo órgão coordenador do Sistema Nacional de Informações sobre a Gestão dos Resíduos Sólidos (Sinir).

Devido à grande produção diária de resíduos, conforme já observado anteriormente, a situação do lixo hoje é considerada caótica. Por esse motivo, os municípios necessitam criar um Sistema de Gerenciamento Integrado de Resíduos Sólidos (SGIRS). Seu objetivo é proceder a um conjunto de ações normativas, operacionais, financeiras, administrativas e de planejamento que os municípios devem desenvolver para a coleta, o afastamento, o tratamento e a disposição final dos resíduos gerados.

Como primeira atitude, propõe-se a diminuição da quantidade de resíduos gerados, sempre considerando a sustentabilidade do sistema. É primordial entender que muitos sólidos descartados que inicialmente são considerados "lixo" podem ter valor comercial e retornar ao sistema como matéria-prima ou com novas utilidades. Pensando assim, implementa-se no mercado a valorização de técnicas como os sistemas de compostagem, reciclagem, reúso, engenharia reversa etc.

Dessa maneira, a responsabilidade pela proteção do meio ambiente, assim como o combate à poluição e o acesso ao saneamento básico, fica a cargo da gestão administrativa do município, sempre lembrando que a comunidade é quem dá suporte às ações administrativas.

Tendo por objetivo principal propiciar a melhoria ou a manutenção da saúde, isto é, o bem-estar físico, social e mental da comunidade, a *gestão* e o *gerenciamento*, em geral, adquirem conotações distintas para grande parte dos técnicos que atuam na área de resíduos sólidos urbanos, embora possam ser empregados como sinônimos. A gestão representa decisões, ações e procedimentos adotados em nível estratégico, enquanto o gerenciamento visa à operação do sistema de limpeza urbana.

Para além das atividades operacionais, o gerenciamento integrado de resíduos sólidos destaca a importância de considerar as questões econômicas e sociais envolvidas no cenário da limpeza urbana e, portanto, as políticas públicas – locais ou não – que possam estar associadas ao gerenciamento do lixo, sejam elas nas áreas de saúde, trabalho ou renda.

Para municípios de pequeno porte, observa-se muitas vezes uma organização hierárquica construída com base no princípio da especialização funcional, no qual a cadeia de comando flui do topo para a base da organização, como mostra a Fig. 6.2.

6.4.1 Importância do serviço de limpeza pública urbana

Muitos fatores intervêm na produção do lixo público, entre os quais se destacam a arborização, a densidade de trânsito, a população flutuante, o movimento de pedestres, o clima, a presença de animais, vendedores ambulantes, lanchonetes, bares, feiras livres, casas de diversões, atrações turísticas, estabelecimentos escolares etc.

A limpeza pública urbana constitui uma condição fundamental para a higiene e a beleza de uma cidade, tendo inclusive influência na saúde pública, na segurança dos pedestres e veículos, no desenvolvimento do turismo local e até no conforto e na disposição psíquica de seus habitantes.

É de responsabilidade da prefeitura local atuar na conservação, manutenção e limpeza de partes específicas da cidade, favorecendo: a) manutenção do sistema de drenagem, como bocas de lobo, galerias, calhas de rios, piscinões etc.; b) capinação, podas e manutenção de árvores, jardins e outras áreas verdes; c) gerenciamento de resíduos de grandes volumes, como aqueles provenientes dos pontos de coleta conhecidos como "ecopontos"; d) limpeza de praças, monumentos, túneis, parques e praias, complementarmente à limpeza pública usual; e) limpezas especiais, como de animais mortos e despejos ilegais.

```
                    ┌─────────────────────┐
                    │ Prefeitura Municipal│
                    └──────────┬──────────┘
        ┌──────────────────────┤
┌───────┴────────┐             │
│Assesoria Jurídica│           │
└────────────────┘             │
        ┌──────────────────────┼──────────────────────┐
┌───────┴────────┐   ┌─────────┴────────┐   ┌─────────┴────────┐
│  Secretaria    │   │   Secretaria de  │   │   Secretaria de  │
│  de Finanças   │   │Saneamento Ambiental│ │   Administração  │
└────────────────┘   └─────────┬────────┘   └─────────┬────────┘
                               │           ┌──────────┴─────────┐
                               │           │   Conselho de      │
                               │           │Saneamento Ambiental│
                               │           └────────────────────┘
              ┌────────────────┴──────────────────┐
              │Gerência de Planejamento, Projeto e│
              │  Operação De Resíduos Sólidos Urbanos│
              └────────────────┬──────────────────┘
                      ┌────────┴──────────┐
                      │Setor de Fiscalização│
                      │   e Atendimento    │
                      └───────────────────┘
```

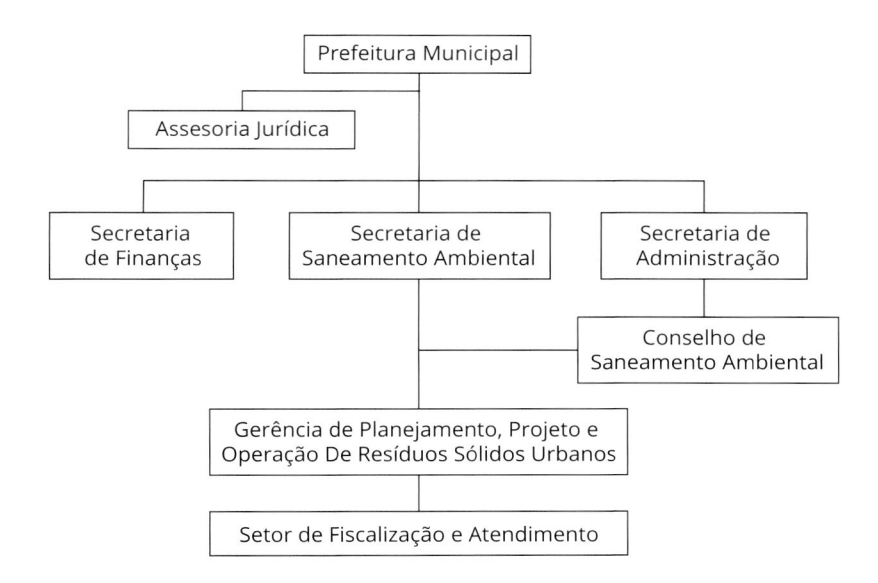

FIG. 6.2 *Esquema simplificado de estrutura organizacional do sistema de gerenciamento para um município de pequeno porte*

É preciso deixar claro que, apesar de a limpeza das áreas públicas ser de responsabilidade da Administração Pública (prefeituras), é importantíssimo que a população saiba conservar o ambiente, colaborando como agente mantenedor.

Deve-se intensificar, nos vários níveis escolares, as propostas de conscientização das responsabilidades quanto à gestão dos resíduos sólidos urbanos, de forma a desenvolver atitudes solidárias e coletivas, fundamentadas em conceitos como a redução do consumo e do descarte, a escolha de embalagens menos poluidoras, a valorização daquilo que se adquire e o cuidado com sua conservação.

6.4.2 Gerenciamento dos resíduos sólidos industriais

O parque industrial brasileiro, por sua diversidade, gera resíduos sólidos de diferentes características e quantidades, que necessitam ser gerenciados de maneira correta e adequada para que não ocorram episódios de poluição em grande escala e normalmente de alto impacto ambiental, gerando problemas de saúde pública e danos ao meio ambiente. Os resíduos industriais são gerados tanto nos processos produtivos quanto nas atividades auxiliares, como manutenção, atividades de limpeza, obras e outros serviços. Portanto, as práticas desenvolvidas dentro de uma indústria desde sua concepção até sua operação estão interligadas aos rejeitos que serão gerados nesse processo.

Segundo Santos, Yamanaka e Pacheco (2005), os resíduos estão ligados à ideia de desperdício e podem ser relacionados a três fatores:

- uso ineficiente de espaço, equipamento, trabalho, tempo ou energia;
- materiais gerados no processo que não podem ser reaproveitados;
- gerenciamento deficiente de recursos.

A economia já apresenta soluções sustentáveis nesse contexto e vem favorecendo várias indústrias que já enxergam esse novo nicho mercadológico, geralmente as multinacionais, que dispõem de recursos financeiros e incentivos para adotar tecnologias limpas e eficientes em seus processos produtivos. As mudanças no comportamento da indústria brasileira, apesar de pequenas, são visíveis, porém na maior parte das vezes ainda se restringem ao atendimento das legislações de controle.

É notório que o mercado nacional vem tomando ações no sentido de desenvolver estratégias de aplicação dos conceitos de redução, não geração, reciclagem, tratamento e disposição final ambientalmente adequados, sobretudo dentro das grandes empresas. No entanto, diversas barreiras ainda precisam ser vencidas, como a necessidade de disseminação dessas práticas e conhecimentos para as médias e pequenas empresas e de maiores incentivos para o convênio entre universidades e empresas, de modo a obter alternativas de desenvolvimento tecnológico mais acessíveis, de fácil utilização e de retorno econômico.

Outro desafio para a implementação dessas práticas em vários parques industriais nacionais é o fato de que muitos dos dirigentes de empresas que se enquadram como agentes poluidores buscam falhas nas leis que favoreçam processos lucrativos, mesmo que se sobreponham aos procedimentos ambientalmente corretos e venham a causar impactos e problemas à saúde pública.

Sendo assim, entende-se a importância da adoção de práticas sustentáveis e de regulamentações cada vez mais rigorosas, para que as empresas sejam levadas a tomar medidas de controle da poluição ambiental. O maior desafio é adotar estratégias economicamente viáveis e ambientalmente sustentáveis de forma a reduzir os rejeitos. Dentro desse mesmo conceito, destaca-se a imprescindível necessidade da educação ambiental implementada em todos os níveis sociais, econômicos, administrativos e políticos.

A PNRS define um conjunto de ações e regras a serem exercidas direta ou indiretamente através de um plano de metas, objetivos e prazos definidos para as empresas poderem se organizar a fim de alcançar melhorias contínuas no gerenciamento de resíduos sólidos.

Para que as soluções sustentáveis sejam implementadas em massa e definitivamente aceitas pela cadeia produtor-consumidor, além do conceito ambiental, é necessário o entendimento de que elas possuem retorno econômico, pois é intrínseco que os produtos advindos desses processos serão mais bem aceitos pelo consumidor, movimentando o mercado econômico e incentivando sua produção.

Do ponto de vista da sociedade, materiais descartados que são aproveitados deixam de ser resíduos e tornam-se matéria-prima. Somente quando não se tem nenhum aproveitamento (seja energético, de matéria-prima, ou econômico) por qualquer processo tecnológico disponível é que esse material passa a ser caracterizado como rejeito, conforme esquematiza a Fig. 6.3.

6.5 Tratamento e disposição final dos resíduos sólidos (lixo)

O lixo urbano, por suas características físicas, químicas e biológicas, genericamente é considerado orgânico em sua maior parte, apesar de também apresentar resíduos inorgânicos. Sua composição varia de acordo com a região, a cultura, a economia, o clima etc., que definem os tipos de produtos consumidos pela população e, por consequência, a característica de seus resíduos.

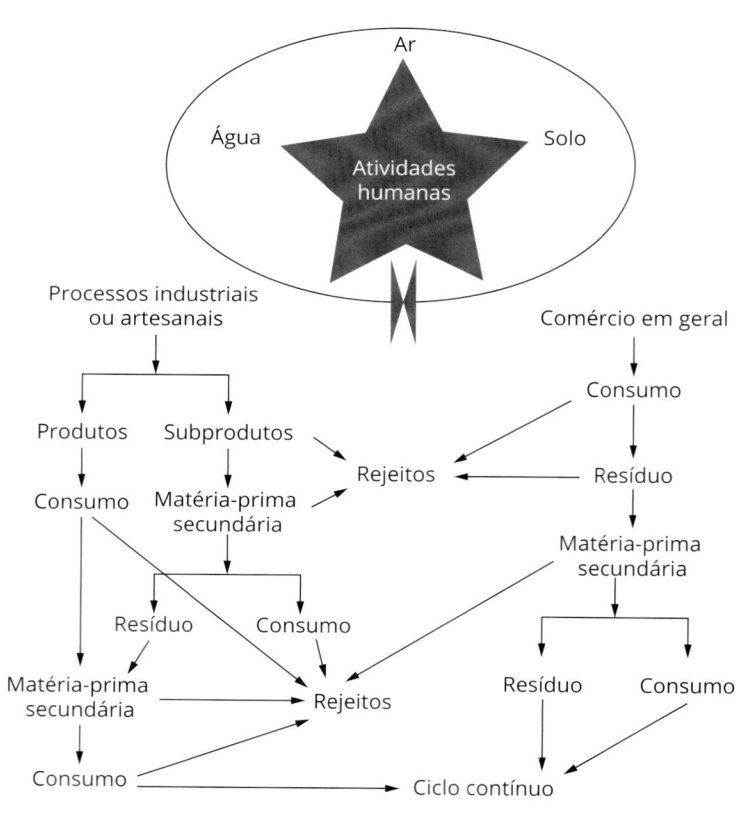

FIG. 6.3 *Diagrama do ciclo sustentável da vida do produto*

Para definir qual é o melhor processo de tratamento e/ou disposição dos resíduos sólidos, é necessário conhecer sua composição e suas características. A Tab. 6.1 apresenta o tempo que alguns materiais encontrados no lixo demoram para se decompor.

Os principais componentes químicos do lixo orgânico são proteínas, lipídios, carboidratos, sais de ferro, magnésio, cálcio, fósforo, sódio, potássio e vitaminas, os quais são de fácil decomposição tanto pela via aeróbia como pela via anaeróbia.

A biodegradação é o processo natural de decomposição dos materiais orgânicos feito pelos microrganismos decompositores, que estão presentes em grande número no tratamento de águas residuais, no solo e nos cursos d'água e desenvolvem-se através da decomposição desses produtos. A degradação dos resíduos sólidos urbanos também passa por esses processos biológicos, porém, devido a suas características diversas, existem nesses rejeitos produtos não biodegradáveis, tóxicos, perigosos etc., que são mais difíceis e demorados para se reintegrarem no meio ambiente ou que requerem práticas específicas para a gestão de seu descarte.

Genericamente, pode-se dizer que a parcela presente de papéis e papelão é constituída basicamente de celulose, que é um polissacarídeo e, portanto, biodegradável. Já as podas de árvore e os materiais provenientes da limpeza de jardins possuem como componentes básicos amido, celulose e lignina. Nos dois casos, o processo de degradação é lento, sendo que suas reações são responsáveis pela demanda química de oxigênio (DQO).

Os materiais metálicos são geralmente latas de ferro e alumínio. Sua presença é sempre baixa em aterros brasileiros devido à ação dos catadores. A lixiviação dos metais é responsável pela ocorrência dos correspondentes sais no chorume.

Os metais pesados são elementos químicos que possuem número atômico superior a 23. Entretanto, a definição mais aceita é aquela segundo a qual metais pesados são os que, mesmo em pequenas concentrações, apresentam efeitos adversos à saúde humana, desde a toxicidade até a morte.

TAB. 6.1 Tempo de decomposição por tipo de material

Material	Tempo aproximado
Papel (em geral)	Cerca de 6 meses
Jornais	2 a 6 semanas
Papelão	Cerca de 6 meses
Embalagens de papel	1 a 5 meses
Guardanapos	3 meses
Canudos biodegradáveis	6 meses a 2 anos
Canudos de plástico	200 a 500 anos
Copos plásticos	200 a 450 anos
Sacos plásticos finos	30 a 100 anos
Sacos e sacolas plásticas estruturadas	Cerca de 450 anos
Plásticos (embalagens e equipamentos)	Cerca de 450 anos
Embalagens longa vida	Mais de 100 anos
Embalagens e garrafas PET	Mais de 100 anos
Aço	10 a 100 anos
Latas de aço	Cerca de 10 anos
Latas de alumínio	100 a 500 anos
Chicletes	5 anos
Corda de *nylon*	30 a 40 anos
Bituca/ponta de cigarro	5 a 20 anos
Cascas de fruta	3 meses
Fósforo	2 a 5 anos
Pilhas e baterias	100 a 500 anos
Couro	30 anos
Pano	6 meses a 1 ano
Metais (componentes e equipamentos)	Cerca de 450 anos
Fralda descartável comum	Cerca de 450 anos
Madeira pintada	Cerca de 15 anos
Borracha	Cerca de 600 anos
Luvas de borracha	Indeterminado
Pneus	Indeterminado
Garrafas de vidro	Indeterminado
Cerâmica	Indeterminado
Louças	Indeterminado
Isopor	Indeterminado

Os vidros, por sua vez, são constituídos basicamente de silicatos e não são biodegradáveis, mas é muito comum seu reaproveitamento e/ou reprocessamento.

Os materiais à base de plástico, como garrafas, copos, canudos, sacolas e outros objetos em polipropileno, PVC, PET etc., são de longa e difícil decomposição.

Os resíduos da limpeza pública contêm todos os materiais citados anteriormente, como areia, pontas de cigarro, papel, madeira, tampas plásticas e metálicas, pedaços de vidro, diversos tipos de plásticos e embalagens e toda a sorte de descarte de rejeitos do dia a dia de uma cidade. A Tab. 6.2 mostra a composição do lixo urbano brasileiro.

TAB. 6.2   Composição do lixo urbano brasileiro

Material	%
Materiais metálicos	2,1
Papel/papelão	13,2
Vidro	2,3
Plástico	16,5
Matéria orgânica	57,4
Outros	8,5

Fonte: adaptado de Silva Filho (2011).

Uma consequência da decomposição do lixo é o *chorume*. Trata-se de uma substância líquida resultante do processo de putrefação (apodrecimento) de matérias orgânicas, com alta concentração de substâncias tóxicas, contaminantes e impactantes. Muito encontrado em lixões e aterros sanitários, esse líquido é viscoso e possui cheiro muito forte e desagradável ("odor de coisa podre"). Seu processo de tratamento é muito importante, pois, em estado bruto, não só é extremamente poluente ao meio ambiente, podendo atingir e contaminar lençóis freáticos, rios e córregos, como também alimenta e atrai vetores de doenças aos seres humanos. Nesse caso, os peixes podem ser contaminados e, se a água for usada na irrigação agrícola, a contaminação pode inclusive chegar aos alimentos (frutas, verduras, legumes etc.).

Existe também o necrochorume, que é o líquido resultante do processo de decomposição de cadáveres. Seu tratamento é necessário nos cemitérios, contudo não é usual no Brasil.

6.5.1   Lixão

Conhecidos também como *vazadouros a céu aberto*, os lixões representam o que há de mais primitivo em termos de disposição final de resíduos. Todo o lixo coletado é transportado para um local afastado e descarregado diretamente no solo, sem tratamento algum e sem nenhuma preocupação com o meio ambiente, com a saúde pública ou com qualquer tipo de contaminação que possa advir desse processo.

Infelizmente, é dessa forma que muitas cidades brasileiras ainda "tratam" seus resíduos sólidos domiciliares. Existem também essas "desovas" de lixo em áreas não preestabelecidas feitas pela própria população. Nesses depósitos ilegais de lixo, não há nenhum controle dos descartes, podendo-se encontrar os mais variados tipos de produtos que se possa imaginar.

Mesmo com leis prevendo prazos para as cidades se adequarem a uma nova forma de gestão dos resíduos por elas gerados, lamentavelmente ainda existem muitas cidades que administram seus resíduos sólidos urbanos através de descartes irregulares, como os lixões. Para que eliminem essa prática, além da questão educacional, são necessários recursos orçamentários para implementar e custear novos programas de gestão.

Devido à total falta de critério sanitário, o resultado do lixão é a constante contaminação da água, do ar, do solo e do lençol freático, atraindo vetores de doenças como dengue, febre amarela, febre tifoide, cólera, disenteria, leptospirose, malária, esquistossomose, giardíase, peste bubônica, tétano e hepatite A.

Estudos mostram que, quanto menor é a concentração urbana, menor é o volume de resíduos produzidos e menor é o orçamento para sua destinação, favorecendo, assim, a existência de lixões.

Considerando como base o ano de 2019, são muitos os municípios no Brasil que não conseguiram cumprir o prazo de quatro anos, dado pela Lei nº 12.305/2010, para erradicar seus lixões. Mesmo tendo a PLS nº 425/2014 proposto a dilatação dos prazos até 2021, o cenário que se observa é a enorme dificuldade e o baixo empenho em alcançar esse objetivo.

É urgente que se faça a recuperação dessas áreas. Para isso, o ideal seria a remoção completa de todo o lixo depositado, trasladando-o para um aterro sanitário devidamente projetado, proporcionando, assim, uma melhor condição de recuperação dessa área escavada com solo natural da região. No entanto, os custos envolvidos são muito elevados, o que inviabiliza esse procedimento.

Tem-se ainda um sério problema social, reflexo da existência dos lixões, que são as pessoas (inclusive crianças) que vivem abaixo da linha de pobreza, em completa miséria, e sobrevivem dos restos orgânicos putrefatos desses locais e coletando qualquer tipo de material que possa ser vendido no mercado, expondo-se a doenças, machucados e contaminações (Fig. 6.4).

Segundo Machado (s.d.), os principais procedimentos para a recuperação de áreas contaminadas pelos lixões são:

- conhecer, com a precisão possível, a extensão da área que recebeu o lixo;
- delimitar a área no campo, cercando-a completamente;
- efetuar sondagens a trado para definir a espessura da camada de lixo ao longo da área degradada;
- remover o lixo com espessura menor que 1 m, espalhando-o sobre a zona mais espessa;
- conformar os taludes laterais com a declividade de 1:3 (V:H);
- conformar o platô superior com declividade mínima de 2%, na direção das bordas;
- proceder à cobertura da pilha de lixo exposto com uma camada mínima de 50 cm de argila, inclusive nos taludes laterais;
- recuperar a área escavada com solo natural da região;
- executar valetas retangulares de pé de talude, escavadas no solo, ao longo de todo o perímetro da pilha de lixo;
- executar um ou mais poços de reunião para acumulação do chorume coletado pelas valetas;
- construir poços verticais para drenagem de gás;
- espalhar uma camada de solo vegetal, com 60 cm de espessura, sobre a camada de argila;
- promover o plantio de espécies nativas de raízes curtas, preferencialmente gramíneas;
- aproveitar três furos da sondagem realizada e implantar poços de monitoramento, sendo um a montante do lixão recuperado e dois a jusante;
- recircular periodicamente para dentro da massa de lixo o chorume acumulado nos poços de reunião.

FIG. 6.4 *Lixão*
Fonte: Edilson Rodrigues/Agência Senado (CC BY 2.0, https://w.wiki/3DuW).

6.5.2 Aterro controlado

É o nome que se dá a um lixão que, em algum momento, passou a ser tecnicamente gerenciado, com a implementação de ações de controle de impactos, sem a recuperação da área até então degradada pelo lixão.

Representa uma alternativa melhor que o lixão, pois passa a ter diariamente uma cobertura de solo sobre os resíduos ali descartados e o controle de entrada e saída de pessoas. No visual aparenta ser um aterro sanitário, porém é apenas um lixão coberto de terra, sendo que alguns poucos operam com o controle superficial de chorume e gases, mas somente a partir do momento em que passaram a ser considerados aterros controlados.

Em geral a área de disposição é minimizada e normalmente *não* possui impermeabilização de base de modo a preservar a qualidade das águas subterrâneas, nem sistemas de tratamento de chorume ou de dispersão dos gases gerados pelos resíduos enterrados na época em que havia ali um lixão. Ainda não existe registro de caso para que se possa avaliar a recuperação de impactos desse processo.

Esse método não é aconselhável, pois apresenta problemas ambientais, relativos custos de operação e qualidade inferior à do aterro sanitário, que é o procedimento recomendado. Pode-se, então, considerar o aterro controlado como uma categoria intermediária entre o lixão e o aterro sanitário.

6.5.3 Aterro sanitário

Como o nome mesmo diz, trata-se de um aterro construído de forma planejada para alcançar o controle sanitário.

Antes de iniciar a obra, é necessária a aprovação de um projeto de engenharia, seguindo as normas da ABNT, em que se propõe a adequação do ambiente; a terraplenagem local para nivelamento do solo; a impermeabilização do solo de forma a evitar vazamento e contaminação do terreno e do lençol subterrâneo; a previsão de instalação de drenos para captação e tratamento do chorume e do gás produzidos pelo processo de degradação; ETE para tratar o chorume; e poços de monitoramento para que se avalie constantemente a qualidade das águas subterrâneas e eventuais contaminações.

O chorume é extremamente impactante, pois é o líquido concentrado que advém da decomposição dos resíduos orgânicos. Deve ser separado e

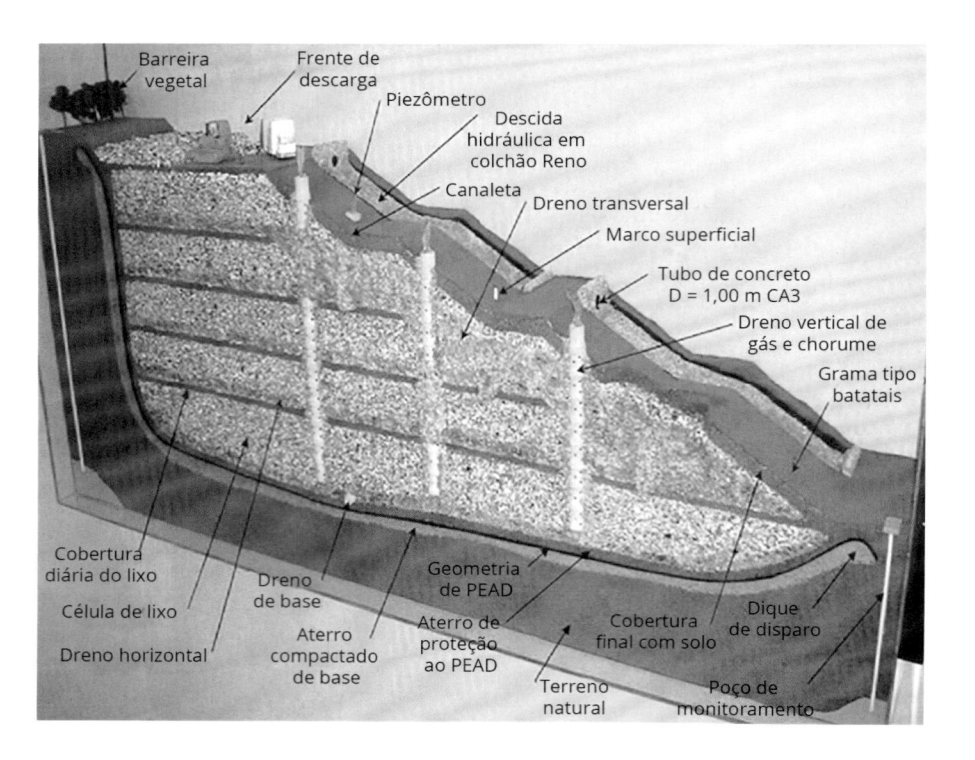

FIG. 6.5 *Corte de um aterro sanitário*
Fonte: Viana (2018).

direcionado para uma estação de tratamento projetada no próprio local ou ser encaminhado para outra estação com capacidade de tratamento.

Essa decomposição também gera um gás conhecido como biogás, que deve ser coletado e queimado no local de produção, como forma de controle de impactos, ou ser aproveitado como fonte energética. Conforme discutido no Cap. 4, o biogás é um ótimo combustível proveniente dos processos de biodegradação em condições anaeróbias, perfeitamente capaz de ser aproveitado (ou, segundo alguns autores, reaproveitado).

Considerado um tratamento baseado em técnicas sanitárias, o aterro sanitário recebe os resíduos e os dispõe em seções, sendo constantemente nivelado, coberto com solo e compactado com tratores, de maneira a dificultar o acesso de vetores de doenças e de oxigênio, impedindo a proliferação de bactérias aeróbias (Fig. 6.5).

A implantação de um bom projeto de aterro sanitário evita os aspectos negativos da deposição final do lixo, como vetores de doenças, mau cheiro, contaminações e transtorno do visual desolador, além de ser economicamente viável. Contudo, se não for bem preparado, pode resultar nos mesmos problemas do vazadouro a céu aberto (lixão). Além disso, é necessário haver controle do tipo de lixo recebido, evitando lixos perigosos, como resíduos hospitalares e nucleares.

Para melhorar seu desempenho, o aterro sanitário precisa ser associado à coleta seletiva de lixo e à reciclagem, o que permite inclusive que sua vida útil seja bastante prolongada. É importantíssimo também implementar a educação ambiental, desenvolvendo coletivamente uma consciência ecológica, cujo resultado é sempre uma maior participação da população na defesa e na preservação social e do meio ambiente.

Os aterros sanitários são projetados para receber resíduos sólidos urbanos respeitando a legislação e a classificação dos resíduos:

- *Aterro classe I*: destina-se aos resíduos considerados perigosos, como cinzas de incineradores, resíduos inflamáveis, tóxicos etc. Esse aterro é dotado de uma estrutura capaz de minimizar os riscos de contaminação do solo e do lençol freático, pois é operado com cobertura total, a fim de evitar a formação de percolado em razão da incidência das águas pluviais, e ainda possui um sistema de dupla impermeabilização com manta de polietileno de alta densidade (PEAD). Deve estar em conformidade com a NBR 10157 (ABNT, 1987), que define os critérios de projeto, construção e operação desse tipo de aterro.
- *Aterro classe II-A*: destina-se aos resíduos não perigosos e não inertes e também aos resíduos domiciliares. Possui as seguintes características: impermeabilização com argila e geomembrana de PEAD, sistema de drenagem e tratamento de efluentes líquidos e gasosos e completo programa de monitoramento ambiental.
- *Aterro classe II-B*: destina-se aos resíduos inertes. Devido à característica inerte dos resíduos dispostos, esse aterro dispensa a impermeabilização do solo. Possui sistema de drenagem de águas pluviais e programa de monitoramento ambiental que contempla o acompanhamento geotécnico (movimentação, recalque e deformação) do maciço de resíduos.

Pode-se citar como desvantagens do aterro sanitário sua vida útil curta (cerca de 20 anos); mesmo depois de desativado, continua produzindo gases e chorume; o uso de novas áreas, que são cada vez mais difíceis de encontrar próximo aos centros urbanos; os gastos com sua operação se elevam de acordo com seu maior distanciamento; o crescimento populacional aumenta muito a produção de lixo, diminuindo o tempo de vida útil inicialmente projetado para seu funcionamento; a educação ambiental ainda se restringe a um percentual muito baixo da população, que, em sua maioria, não realiza a seleção de lixo no ato de sua produção e descarte, o que, além de diminuir muito o volume do rejeito, aquece o mercado de reciclagem, beneficiando catadores e ONGs.

A Fig. 6.6 apresenta uma comparação entre o lixão, o aterro controlado e o aterro sanitário, com suas principais características.

6.5.4 Compostagem

A compostagem é uma forma de reciclagem que, através de reações biológicas, acelera a decomposição da matéria orgânica, transformando os restos orgânicos em húmus. Promove a redução de volume dos resíduos e sua transformação em composto. É muito comum para lodos de esgoto, resíduos agrícolas e, em especial, resíduos urbanos.

Esse procedimento, além de diminuir o volume dos resíduos nos aterros sanitários, promove um retorno econômico e ambiental sustentável devido à aplicabilidade de seu produto na agricultura, na jardinagem, em vasos, na manutenção de áreas verdes e na recuperação de solos degradados, entre outras atividades que precisam de nutrição de solo. Os Estados Unidos e alguns países da Europa fomentam essa prática através da distribuição gratuita de húmus à população, incentivando o uso desse adubo em pequena e grande escala.

Para melhor aproveitamento do produto desse processo, é necessário certificar-se de que o material orgânico a ser compostado não esteja misturado com substâncias tóxicas e contaminantes, pois isso pode inviabilizar sua comercialização. Sua produção também exige cuidados, uma vez que pode resultar em odores desagradáveis no pátio de cura.

Na biodegradação ocorrem transformações bioquímicas complexas em que os microrganismos utilizam a matéria orgânica presente como fonte de energia e, por consequência, disponibilizam nutrientes para o solo. Os produtos do processo de decomposição são gás carbônico, calor, água e matéria orgânica compostada (composto orgânico).

De acordo com os materiais de que é feito, o composto pode possuir nutrientes minerais como nitrogênio, fósforo, potássio, cálcio, magnésio e enxofre, que são assimilados em maior quantidade pelas raízes, motivo pelo qual são denominados macronutrientes, além de ferro, zinco, cobre, manganês e boro, entre outros, que são absorvidos em quantidades menores e, por isso, são denominados micronutrientes. Essas características lhe conferem a condição de fazer a *adubação de disponibilidade controlada*, que consiste em fornecer os nutrientes necessários às plantas de acordo com suas necessidades e ao longo do tempo.

FIG. 6.6 *Ilustrações de lixão, aterro controlado e aterro sanitário*

Lixão
Os lixões são terrenos que recebem resíduos a céu aberto, sem tratamento adequado para o lixo. Isso quer dizer que nos lixões resíduos vindos de residências, comércio, indústria e até hospitais são jogados livremente. Além disso, são locais sem controle de entrada e saída de pessoas, ou seja, qualquer um pode acessar o terreno quando desejar.

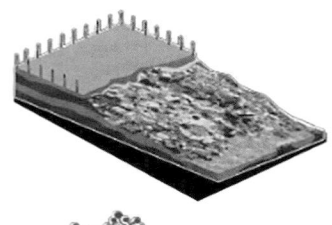

Aterro controlado
É um intermediário entre o lixão e o aterro sanitário. Geralmente são cercados e a entrada de pessoas é restrita a trabalhadores autorizados. São locais onde os resíduos são despejados e recebem cobertura de terra. Em geral, não têm impermeabilização do solo nem tratamento do chorume gerado, tampouco licenciamento ambiental.

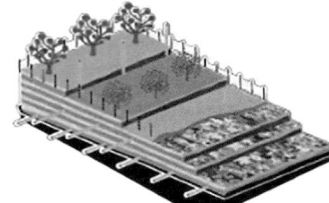

Aterro sanitário
Os aterros sanitários seguem regras da Associação Brasileira de Normas Técnicas (ABNT). Neles, os aterros são preparados e impermeabilizados com mantas para que os lençóis freáticos não sejam contaminados. Tem chaminés para escape dos gases, sistema de drenagem de chorume e nivelamento de terra. A cobertura do lixo é feito com terra e há licenciamento ambiental.

Esse composto também melhora a condição física, biológica e estrutural do solo através de sua união com partículas sólidas, como areia, limo e argila, formando pequenos grânulos que ajudam a retenção e a drenagem da água e melhoram a aeração. Da mesma forma, sua presença no solo aumenta o número de minhocas, insetos e microrganismos desejáveis, o que reduz a incidência de doenças de plantas.

A compostagem imita o processo natural de biodegradação, porém com técnicas para obter uma ação mais rápida e controlada. Preparar o composto de forma correta significa proporcionar um ambiente adequado de proliferação e desenvolvimento dos organismos decompositores que vão atuar na estabilização da matéria orgânica do meio. Para tanto, a pilha de composto deve possuir resíduos orgânicos, umidade, temperatura e oxigênio em condições adequadas (Fig. 6.7). Quanto mais variados e mais picados (fragmentados) forem os componentes usados, melhor será a qualidade do composto e mais rápido ocorrerá o término do processo de compostagem.

Produzem um excelente composto os restos de alimentos, estercos animais, folhas, galhos e podas de parques e jardins, talos, cascas, sementes, palhas, restos de culturas agrícolas, enfim, todo material de origem animal ou vegetal que pode sofrer processo de biodegradação.

Por outro lado, existem alguns materiais que não devem ser usados na compostagem, como materiais de difícil degradabilidade, como óleo, tinta, couro e papel; materiais não biodegradáveis, como vidros e metais; e materiais impactantes, como plásticos, derivados de petróleo e materiais contaminados e tóxicos, inclusive madeira tratada com pesticidas.

Em condições favoráveis de temperatura, umidade e aeração, o composto fica pronto em 60 a 90 dias, variando o período de acordo com o tipo de material e a forma como foi montada a pilha de compostagem. Para preparar uma pilha eficiente, deve-se atentar para alguns fatores:

- Escolher um local com facilidade de acesso e que proporcione disponibilidade de água, impermeabilidade de solo, sombras e proteção contra ventos intensos.
- Para a construção da pilha ou da leira (pilha alongada), são dispostas camadas intercaladas de material vegetal seco (como folhas, palhas, gravetos etc., que absorvam o excesso de água e permitam a recirculação do ar) e de material orgânico fragmentado até que se atinja a altura aproximada de 1,5 m.
- Deve-se manter a pilha com umidade uniforme em toda a sua massa.
- A parte superior da pilha deve ser plana, de modo a manter o calor e a umidade, porém não pode ocorrer a formação de poças d'água.
- Uma vez que a pilha de composto é montada, não se deve acrescentar novos materiais. Em vez disso, pode-se começar a juntá-los novamente e fazer novas pilhas nas proximidades.
- Com o passar dos dias, a pilha perde até um terço de seu volume inicial devido às ações de biodegradação. É importante que se faça seu revolvimento usando pás e enxadas pelo menos duas vezes por mês.

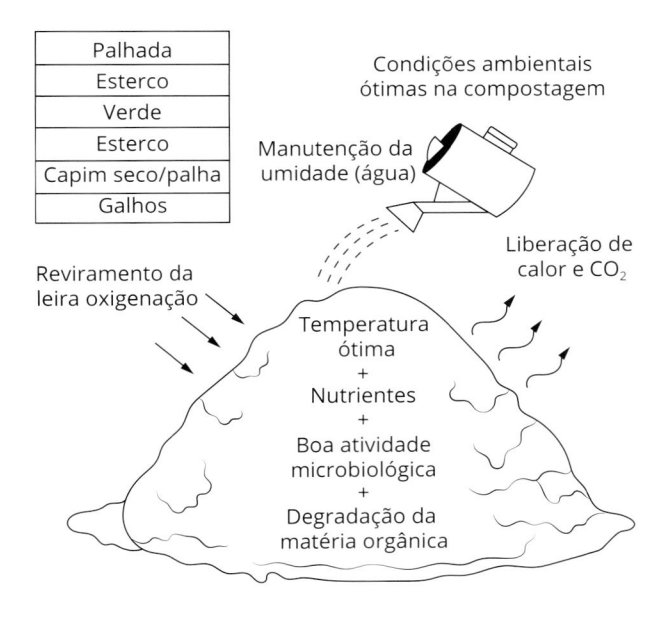

FIG. 6.7 *Esquema de uma pilha ou leira de compostagem*

- Deve ser mantida a umidade da pilha de tal modo que, quando se aperta um punhado de material nas mãos, pinga água, mas não escorre. Em caso de períodos chuvosos longos, é necessário protegê-la com manta plástica.
- Para evitar o ressecamento e manter a umidade mínima necessária em dias muito quentes e secos, costuma-se cobri-la com folhagens.

6.5.5 Incineração

Esse tratamento é baseado na combustão (queima) do lixo e consegue reduzir drasticamente seu volume, além de destruir os microrganismos causadores de doenças. É uma ótima proposta para a redução e a estabilização dos resíduos sólidos urbanos e também muito eficiente para a gestão dos resíduos perigosos, como os hospitalares e os industriais, porém é cara para implantar e exige manutenção constante para preservar sua eficiência e o controle de emissão de poluentes atmosféricos.

Funciona como um processo de oxidação térmica sob alta temperatura, com a transformação do resíduo (sólido ou gasoso) em material particulado (cinzas), resíduos gasosos e energia térmica. Quando advindas de materiais perigosos, as cinzas devem ser dispostas em aterros classe I.

A produção em massa de produtos químicos e plásticos torna, hoje em dia, a eliminação do lixo por meio da incineração um processo complexo, de custo elevado, sendo necessário um eficiente e rigoroso controle de emissão de poluentes gerados por essas queimas, pois do contrário podem vir a ser altamente poluidoras.

A incineração é realizada em fornos especiais que variam conforme as características dos resíduos. Para o controle de seus impactos, como a emissão de dióxido de carbono, principal agente causador do efeito estufa, é preciso instalar equipamentos adequados para o tratamento e a retenção dos poluentes emitidos na atmosfera, como filtros lavadores de gases, retentores de particulados, tratamento de efluente líquido etc. (ver Cap. 7), efetuando manutenção contínua do sistema.

Para assegurar a eficiência do processo, é preciso investir tempo e recursos no treinamento de profissionais e em tecnologias de gestão dos resíduos gerados (como queima de gases residuais ou retentores de particulados).

Atualmente já existem incineradores que utilizam a energia térmica resultante do processo para outras aplicações, como a produção de eletricidade ou calor.

Quando se fala em redução de volume, vale destacar que esse valor é bastante significativo, girando em torno de 90% do montante inicial. Essa se torna uma enorme vantagem em comparação a outros processos quando se têm grandes volumes de resíduos a serem tratados. Imagine-se, por exemplo, que cem caminhões de resíduos incinerados resultam em apenas dez caminhões de cinzas estabilizadas a serem enviadas para o aterro sanitário. Essa diminuição de volume impulsiona consideravelmente a vida útil do aterro, além de as cinzas estabilizadas serem resíduos livres de contaminantes biológicos.

Para melhor eficiência desse processo, é necessário promover comportamentos sustentáveis, tais como:
- reduzir ao máximo a produção de lixo;
- dar destinação correta aos resíduos recicláveis, reutilizáveis e reaproveitáveis;
- compostar os orgânicos, desde que se tenha utilidade para o composto;
- descartar toda a sobra de resíduos que não teve outra opção a não ser a incineração.

Depois de incinerados, os resíduos viram cinzas inertes que podem ser descartadas em aterros sanitários ou ser reutilizadas em artesanatos, fabricação de borracha e cerâmica, entre outros. Atualmente vêm sendo estudadas opções de sua incorporação em produtos sobretudo da construção civil.

A incineração é muito útil na eliminação de resíduos combustíveis, porém não é muito eficiente quando se trata de vidros, metais e plásticos, e requer maiores cuidados com a queima e o descarte de produtos ou subprodutos tóxicos, como metais pesados, alguns ácidos, dioxinas, furanos, clorobenzenos, clorofenois etc.

6.5.6 Esterilização

A autoclavagem consiste na esterilização de materiais expondo-os ao contato com vapor d'água em temperaturas elevadas, nas autoclaves, durante um tempo suficiente para destruir todos os agentes patogênicos. Normalmente é aplicada em serviços de saúde e materiais contaminados, podendo também ser utilizada para inertizar resíduos sólidos classe I, para seu posterior descarte em aterros sanitários.

Existem também os processos de esterilização por micro-ondas, em que os resíduos são triturados, expostos em fornos específicos, resfriados e então encaminhados aos aterros sanitários.

6.5.7 Reciclagem, reutilização e reaproveitamento

A reciclagem consiste no aproveitamento dos materiais descartados que inicialmente foram considerados lixo. Esses materiais devem ser separados do restante dos resíduos por ocasião de sua geração e podem ser reutilizados no ciclo de produção onde foram originados ou ser processados para serem utilizados como matéria-prima na manufatura de novos produtos.

Segundo a Lei nº 12.305/2010, em seu art. 3º, inciso XIV, reciclagem é o "processo de transformação dos resíduos sólidos que envolve a alteração de suas propriedades físicas, físico-químicas ou biológicas, com vistas à transformação em insumos ou novos produtos [...]".

Os materiais recicláveis devem ser separados do restante dos resíduos por ocasião de sua geração e processados para serem utilizados como matéria-prima na manufatura de novos produtos.

A coleta seletiva é muito importante para alimentar a "indústria" da reciclagem, pois, separando corretamente o material descartado, seu aproveitamento supera os 70% (Fig. 6.8).

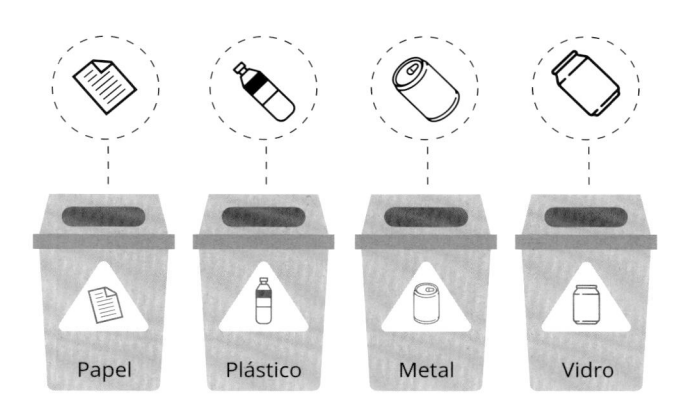

Fig. 6.8 *Lixeiras para coleta seletiva*

Na literatura existem várias interpretações de *reaproveitar*, *reutilizar* e *reusar*, de acordo com o estudo de cada autor. A forma como se propõe o retorno do produto ao consumo é que diferencia as nomenclaturas. Apesar das polêmicas de mercado, genericamente os conceitos são definidos como:

- *Reusar* ou *reutilizar*: conforme já explicado, nesses casos os materiais são reutilizados, em sua função original ou não, sem precisar sofrer um novo ciclo de produção, podendo passar, contudo, por processos de adequação ou embelezamento. É um costume comum da população brasileira, como no caso do pote de vidro de palmito que é encapado e se torna um porta-canetas ou mesmo da garrafa PET de refrigerante que passa a guardar e gelar água.

  Todos esses processos são importantíssimos para o meio ambiente, pois combatem o desperdício, diminuem o volume de rejeitos, colaboram com a redução de impactos ambientais, prolongam a vida útil de materiais e de aterros sanitários e, por consequência, reduzem o extrativismo e promovem a empregabilidade e o aquecimento do mercado econômico.

- *Reaproveitar*: consiste no reaproveitamento do material. Pode ser considerado também como uma reciclagem do material mantendo-se as mesmas características do produto original. Esse termo é muito utilizado na indústria, que reaproveita as peças defeituosas ou as sobras de matéria-prima advindas do próprio processo de produção. Essa ação gera uma economia considerável, pois o material não só não é descartado como volta ao processo de produção.

A ideia de que os resíduos sólidos urbanos possuem valor econômico já está bastante difundida no mercado brasileiro. A reciclagem é muito ativa no Brasil, envolvendo desde processos industriais até processos artesanais. São vários os tipos de materiais que podem ser reciclados, como papel, metal, vidro, tecido, plástico, baterias, lâmpadas, componentes eletrônicos, sucatas, PET, embalagens longa vida etc.

Muitos empreendedores estão atentos a esse nicho mercadológico. Indústrias nacionais e subsidiárias estrangeiras possuem programas de substituição de embalagens descartáveis, dando lugar a materiais recicláveis, com o objetivo específico de recuperação da matéria-prima original e revenda no mercado (logística reversa). Várias prefeituras já iniciaram programas de coleta seletiva do lixo, contando, para isso, com o apoio da população, que está sensível a essas questões graças às ações de educação ambiental. As ONGs possuem papel importantíssimo nesse processo, administrando um trabalho "de formiguinha" e propiciando renda aos catadores, além de pontos de coleta, seleção e adequação para reincluir a matéria-prima da reciclagem no mercado.

6.5.8 Logística reversa e engenharia reversa

O nome *engenharia reversa* já define seu conceito. Enquanto a engenharia estuda a construção de um produto, a engenharia reversa estuda sua desconstrução. Inicialmente esse processo tem o objetivo de analisar e entender a logística de fabricação de um produto, seus defeitos e como ele pode ser melhorado ou que outras funções ele comporta.

Segundo a Lei nº 12.305/2010, em seu art. 3º, inciso XII, logística reversa é um "instrumento de desenvolvimento econômico e social caracterizado por um conjunto de ações, procedimentos e meios destinados a viabilizar a coleta e a restituição dos resíduos sólidos ao setor empresarial, para reaproveitamento, em seu ciclo ou em outros ciclos produtivos, ou outra destinação final ambientalmente adequada".

Já a Resolução SMA nº 38/11 de São Paulo, por exemplo, define obrigações de estruturação e implementação de sistemas de logística reversa para fabricantes, importadores, distribuidores e comerciantes, mediante o retorno dos produtos após o uso pelo consumidor.

Entende-se, portanto, que a logística reversa em resíduos sólidos urbanos engloba a gestão, o reprocessamento e a redistribuição do material descartado ou que entra em desuso, tornando possível seu retorno como matéria-prima reprocessada ou agregando-lhe valor econômico, ecológico e legal. Pode ser adotada em processos internos, quando se recirculam seus resíduos adequando os próprios processos, ou externos, quando se opta por comprar a matéria-prima de empresas especializadas nesse tipo de reprocessamento de produtos.

6.6 Novo marco legal do saneamento

Lei nº 14.026, de 15 de julho de 2020
Atualiza o marco legal do saneamento básico e altera a Lei nº 9.984, de 17 de julho de 2000, para atribuir à Agência Nacional de Águas e Saneamento Básico (ANA) competência para editar normas de referência sobre o serviço de saneamento, a Lei nº 10.768, de 19 de novembro de 2003, para alterar o nome e as atribuições do cargo de Especialista em Recursos Hídricos, a Lei nº 11.107, de 6 de abril de 2005, para vedar a prestação por contrato de programa dos serviços públicos de que trata o art. 175 da Constituição Federal, a Lei nº 11.445, de 5 de janeiro de 2007, para aprimorar as condições estruturais do saneamento básico no País, a Lei nº 12.305, de 2 de agosto de 2010, para tratar

dos prazos para a disposição final ambientalmente adequada dos rejeitos, a Lei nº 13.089, de 12 de janeiro de 2015 (Estatuto da Metrópole), para estender seu âmbito de aplicação às microrregiões, e a Lei nº 13.529, de 4 de dezembro de 2017, para autorizar a União a participar de fundo com a finalidade exclusiva de financiar serviços técnicos especializados.

A Lei nº 14.026/2020 altera as regras para a prestação de serviços no setor de saneamento, fomentando a ampliação da participação de empresas do setor privado de forma a promover novos investimentos com o objetivo último de universalizar o acesso ao saneamento para toda a população brasileira até o ano de 2033.

Para melhor entendê-la, é necessário conhecer a abrangência do chamado *saneamento básico*. Vale destacar que, por princípio, esse termo se refere à gestão do conjunto de fatores que levam à melhoria de vida da população, de forma a manter e garantir a saúde pública. De acordo com a Lei nº 11.445/2007, pode-se definir como saneamento básico o conjunto de serviços, infraestruturas e instalações operacionais de abastecimento de água potável, esgotamento sanitário, limpeza urbana e manejo de resíduos sólidos e drenagem e manejo das águas pluviais urbanas.

Com referência ao abastecimento público de água e ao consequente esgotamento sanitário, os serviços de saneamento básico em nível federal vêm sendo de responsabilidade da gestão pública, que, por sua vez, pode contratar prestadores de serviços particulares, variando a concessionária de acordo com cada Estado, entre empresas estaduais, municipais e privadas.

De maneira a resumir o histórico referente às disposições federais quanto à gestão dos serviços de saneamento básico, vale descrever um pequeno histórico legislativo.

A Constituição Federal de 1988 destaca a responsabilidade do Poder Público em conceder ou permitir as concessões de prestação de serviços públicos, dispondo sobre as condições contratuais dos direitos dos usuários, a política tarifária e a responsabilidade em manter o serviço adequado (EOS, 2019).

Já a Lei nº 8.987/1995 dispõe sobre o regime de concessão e permissão da prestação desses serviços públicos, pelo poder concedente (União, Estado, Distrito Federal ou Município), mediante licitação à pessoa jurídica ou consórcio de empresas capacitadas para desempenhar, por sua conta e risco e por prazo determinado, a prestação do serviço público.

Quando se fala especificamente sobre os serviços de saneamento básico, a Lei nº 11.445/2007 destaca que os titulares dos serviços públicos de saneamento básico poderão delegar a organização, a regulação, a fiscalização e a prestação de seus serviços, autorizando a gestão associada deles. A mesma lei estabelece diretrizes para o exercício da titularidade das empresas de saneamento, dando condições de validade dos contratos de prestação de serviços de saneamento, sendo que, entre eles, estão a existência de plano de saneamento básico, o estudo de viabilidade técnica e econômico-financeira e as normas de regulação para o cumprimento da lei (EOS, 2019).

Também com a função de regulamentar a lei do saneamento, o Decreto nº 7.217/2010 estabelece diretrizes para o planejamento e a execução desses serviços, apresentando diretrizes gerais de serviços públicos como abastecimento de água, coleta de esgoto, manejo de resíduos sólidos urbanos e manejo de águas pluviais urbanas. Segundo esse decreto, não se constituem como serviço público as ações de saneamento executadas por soluções individuais sem a dependência de terceiros e as ações e serviços de saneamento de responsabilidade privada.

De acordo com o Sistema Nacional de Informações sobre Saneamento (SNIS, 2016), 25% dos municípios brasileiros são atendidos por prestadores locais públicos, através da gestão direta, quando intermediada por um departamento municipal criado pela administração pública, ou da gestão indireta, geralmente feita por autarquias criadas por lei específica e com total autonomia jurídica, administrativa e financeira.

O SNIS (2016) informa ainda que os prestadores regionais públicos atendem 3.950 municípios, o que representa 70% de todos os municípios brasileiros, constituindo, assim, o maior segmento no setor (Fig. 6.9).

A EOS (2019) destaca que, segundo a Associação Brasileira das Concessionárias Privadas de Serviços Públicos de Água e Esgoto (Abcon), a iniciativa privada opera em 5% dos municípios do país, sendo que, em 2016, havia o registro de 316 municípios atendidos por concessões privadas.

Os indicadores de coleta e tratamento de esgoto mostram avanços muito pequenos, e grande parte do país, somando 88 milhões de brasileiros, ainda não possui esgotamento sanitário, valor que aumenta para 112 milhões quando se fala em tratamento de esgoto (Fig. 6.10) (Abcon; Sindcon, s.d.). Salienta-se ainda que:

> Os dados do Ministério do Desenvolvimento Regional mostram a dificuldade do setor em acompanhar o crescimento da população, tendo em vista a redução do percentual da população atendida pelo abastecimento de água.
> A prosseguir no atual ritmo de investimentos, nenhum desses indicadores será universalizado

5,2%
Empresas privadas

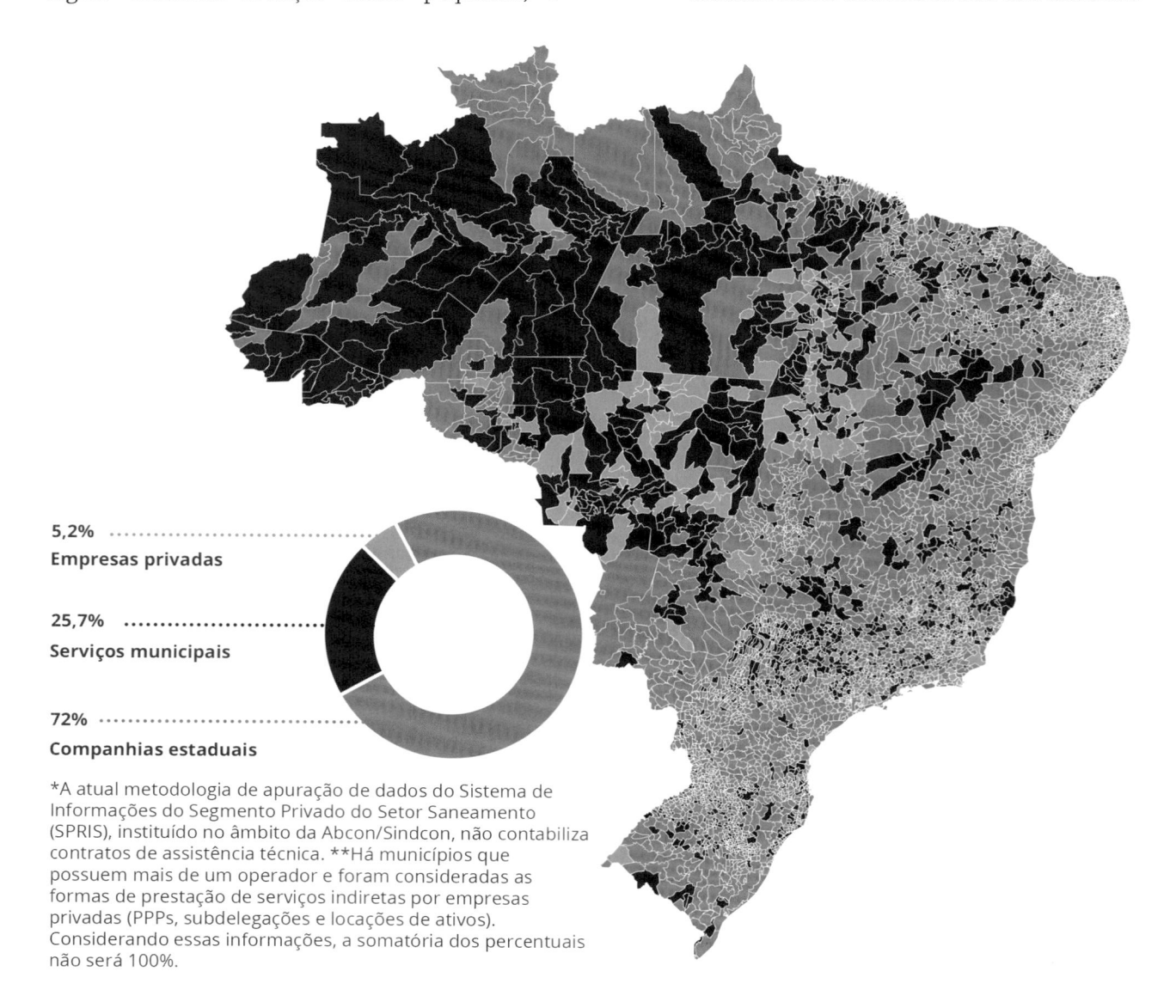

25,7%
Serviços municipais

72%
Companhias estaduais

*A atual metodologia de apuração de dados do Sistema de Informações do Segmento Privado do Setor Saneamento (SPRIS), instituído no âmbito da Abcon/Sindcon, não contabiliza contratos de assistência técnica. **Há municípios que possuem mais de um operador e foram consideradas as formas de prestação de serviços indiretas por empresas privadas (PPPs, subdelegações e locações de ativos). Considerando essas informações, a somatória dos percentuais não será 100%.

FIG. 6.9 *Participação nos municípios brasileiros dos operadores de serviços de água e esgoto por tipo de operador (%)*
Fonte: SPRIS e SNIS (2018 apud Abcon; Sindcon, s.d.).

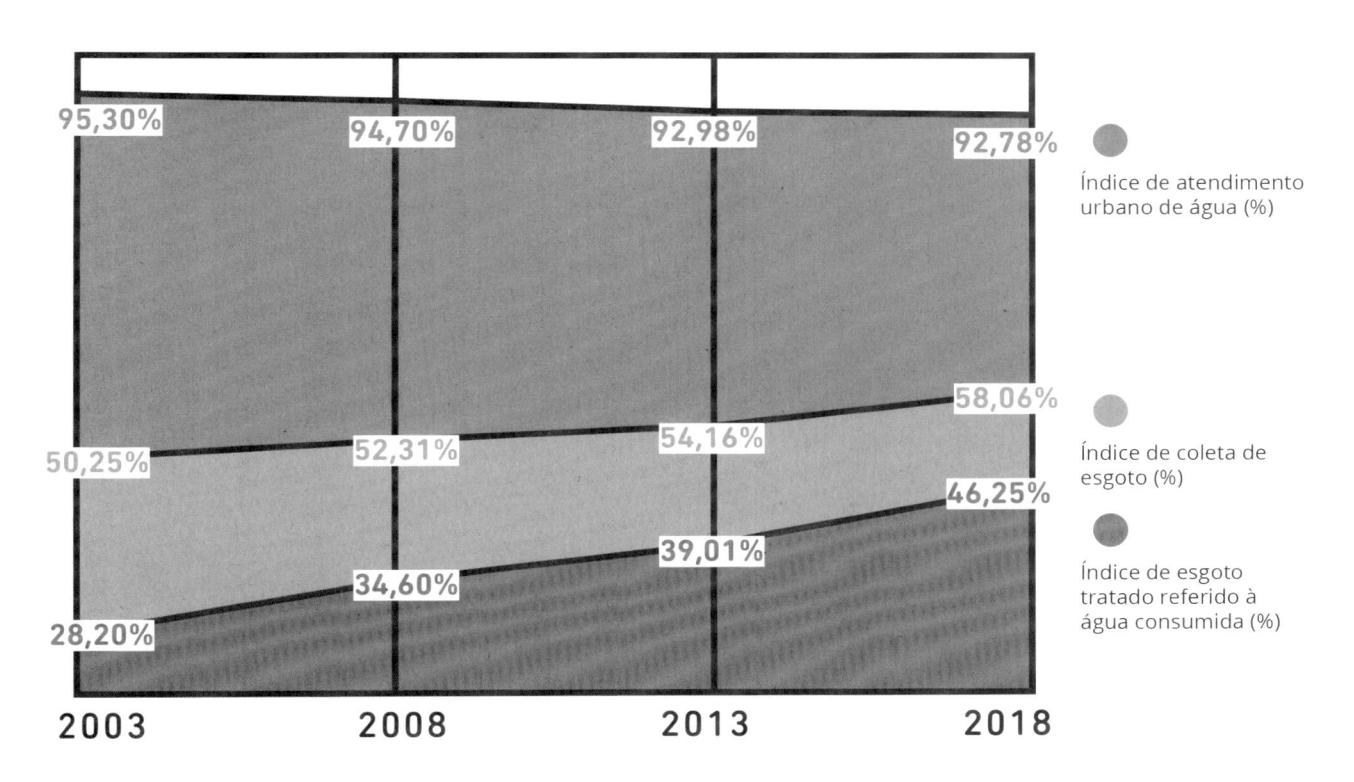

FIG. 6.10 *Evolução da cobertura dos serviços de água e esgoto (%)*
Fonte: SNIS (apud Abcon; Sindcon, s.d.).

até 2033; todos estarão longe da meta fixada pelo Plano Nacional de Saneamento Básico (Plansab). Apesar de corresponder a apenas 5,2% do mercado, as concessões privadas de saneamento têm mantido historicamente uma média igual ou superior a 20% do total investido pelos operadores no setor. São investimentos sólidos, baseados em contratos com metas estabelecidas. (Abcon; Sindcon, s.d.).

6.6.1 Novo marco regulatório

Antes de qualquer discussão sobre a privatização ou não dos serviços de saneamento básico do país, é necessário lembrar que a saúde constitui um direito humano e que, independentemente de os serviços serem privatizados ou não, é de responsabilidade pública manter a saúde da população. O saneamento básico é um dos principais parâmetros para que isso aconteça, proporcionando reflexos sociais, econômicos e educacionais, sendo, por certo, mantenedor da saúde pública e da qualidade de vida da população.

A realidade das condições atuais do saneamento básico no Brasil é absurdamente deficitária e alarmante, sobretudo ao se afastar das grandes capitais, sendo que os serviços de gestão do saneamento, em sua maioria, estão sob responsabilidade de empresas públicas, mesmo não havendo impedimento legal para a participação de empresas privadas.

É fácil constatar que não é o fato de esses serviços serem privados ou públicos que garantirá a universalização do acesso da população ao saneamento. Fica notório que o maior problema a ser enfrentado para regularizar o *deficit* desses serviços é a difícil meta de conseguir estabilidade das políticas públicas.

De acordo com o SNIS (2019), a cidade de Manaus (AM), por exemplo, tem serviços de saneamento prestados por empresa privada e apresenta uma condição tão deficitária que possui um dos cinco piores indicadores nacionais, com apenas 10,8% do esgoto coletado e somente 23,8% desse volume tratado. Isso demonstra que os serviços privatizados não necessariamente vêm acompanhados de eficiência e eficácia.

Emrich (2020) destaca um estudo realizado pelo Instituto Transnacional da Holanda (TNI) mostrando que 312 municípios de 36 países reestatizaram seus serviços na área de abastecimento de água e/ou esgotamento sanitário entre os anos de 2000 e 2019, entre eles Atlanta, Berlim, Paris, Budapeste, Buenos Aires e La Paz.

A proposta de privatização dos serviços de saneamento básico é polêmica, com muitas discussões e posicionamentos positivos e negativos sendo questionados, porém espera-se que o novo marco regulatório viabilize a melhoria deles.

Esse marco regulatório representa um avanço importante para o desenvolvimento social e econômico do país, uma vez que a segurança jurídica proposta atrairá investimentos que, devidamente regularizados, promoverão condições para assegurar a universalização dos serviços de água e esgoto (Aesbe, 2020).

Como principais mudanças do novo marco regulatório do saneamento, pode-se destacar (Emrich, 2020):
- amplia a possibilidade de envolvimento de empresas privadas, a partir da exigência de licitações e metas de desempenho para contratos;
- coloca fim aos contratos de programas municipais de execução dos serviços de saneamento por empresas públicas estaduais, sem licitação, obrigando sua substituição por licitações abertas a empresas públicas e também empresas privadas;
- vincula o recebimento de recurso federal à realização de licitações pelos municípios;
- estipula metas de universalização dos serviços de saneamento até 2033 e define a Agência Nacional de Águas e Saneamento Básico (ANA) como o órgão que dará diretrizes regulatórias para o setor;
- determina que os Estados formem grupos de municípios que contratarão os serviços de forma coletiva, com a proposta de viabilizar economicamente a prestação de serviços de abastecimento de água e esgotamento sanitário para cidades menores.

Emrich (2020) descreve, ainda, alguns pontos principais que devem ser salientados:

- Meta de 99% da população com água potável em casa até dezembro de 2033.
- Meta de 90% da população com coleta e tratamento de esgoto até dezembro de 2033.
- Ações para diminuição do desperdício de água e aproveitamento da água da chuva.
- Estímulo de investimento privado através de licitação entre empresas públicas e privadas.
- Fim do direito de preferência a empresas estaduais.
- Se as metas não forem cumpridas, empresas podem perder o direito de executar o serviço.
- Fim dos lixões nas capitais até 2021 e nas cidades com até 50 mil habitantes até 2024.
- Manutenção dos contratos, sem anuência dos municípios, no caso de as estatais serem privatizadas.
- Os municípios deverão cobrar tarifa para poda de árvores, varrição das vias públicas, limpezas no sistema de drenagem. Caso não estipulem como fazer isto em 1 ano de vigência da lei estarão em desacordo e podem ser acusados de renúncia de receita.
- De acordo com o Ministério da Economia, o novo marco legal do saneamento deve alcançar mais de 700 bilhões de reais em investimentos e gerar por volta de 700 mil empregos no país nos próximos 14 anos.

Segundo Souza (s.d.), todos os novos contratos de serviços de saneamento deverão incorporar as mudanças promovidas pelo novo marco legal, incluindo os objetivos de universalização. Esse autor descreve alguns pontos básicos de entendimento:
- A regulação e a fiscalização do setor serão definidas pela nova Agência Nacional de Águas e Saneamento Básico (ANA),

que deverá promover a centralização e a uniformização da regulação do setor de saneamento, principalmente no que tange às tarifas a serem cobradas dos consumidores de serviços. Atualmente, existem cerca de 60 agências reguladoras municipais, intermunicipais e estaduais de saneamento, porém apenas 52,2% dos municípios estão amparados por agências reguladoras.
- A obrigatoriedade da contratação de serviços através de licitações abre caminho para ampliar a participação da iniciativa privada no mercado. Além do incentivo financeiro, a nova legislação veda a celebração de novos contratos de programa sem concorrência. No entanto, os serviços públicos não necessariamente serão privatizados, uma vez que as atuais empresas públicas de saneamento podem concorrer com a iniciativa privada e vencer o processo licitatório.
- Atualmente, cerca de 5% do total de municípios brasileiros são atendidos por empresas privadas. Com a abertura das licitações, estima-se que haverá um aumento dessa participação, com possíveis novos investimentos. Empresas da Espanha, França, China e Canadá já demonstraram interesse no mercado brasileiro de saneamento.
- A nova legislação também permite aos Estados a celebração de contratos dos serviços "em bloco", agrupando cidades de modo a favorecer que municípios vizinhos integrem o mesmo processo licitatório. Os municípios terão um prazo para adesão a essas modalidades. A aglutinação e a regionalização tornam os blocos de municípios mais atrativos para os investimentos privados.
- O novo marco legal propicia um ambiente de negócios convidativo aos investimentos privados, viabilizando grandes investimentos no setor diante de um cenário de restrições fiscais.
- Como ponto muito favorável à população, a nova legislação acaba por pressionar as empresas estatais a promover iniciativas que busquem maior eficiência.

Emrich (2020) levanta uma lacuna no novo marco regulatório do saneamento devida à omissão em relação aos direitos humanos defendidos em resolução da ONU em 2010. Entende esse fator como uma violação dos direitos humanos, uma vez que "o saneamento deve ser encarado como um direito e necessidade da população, deve ser fornecido independentemente do local de moradia, da posição social, de gênero, de raça etc.".

Uma coisa é certa: faz-se urgente a implantação do saneamento básico em todo o território nacional, proporcionando a melhoria da qualidade de vida para todos, seja em área rurais, seja nos centros urbanos, seja nas ocupações informais, promovendo, enfim, a saúde pública a toda a população brasileira.

6.7 Considerações finais

Vale destacar que o pior "vilão" no mercado nacional são os costumes enraizados de desvalorização dos procedimentos de manutenção, fazendo com que todos os processos de tratamento e disposição final dos resíduos sólidos (não só a incineração) percam sua eficiência pela ausência ou má gestão do sistema tecnológico. Esse problema só vai ser minimizado quando todos entenderem que a manutenção existe para manter os processos eficientes, sendo que os gastos necessários para a manutenção de um equipamento ou sistema nunca devem ser considerados como de alto custo, inviabilizando o processo ou mesmo enquadrando-o com prioridade reduzida ou até descartada.

Ao escalonar a eficiência da gestão dos resíduos sólidos em relação ao impacto ambiental comparando as principais técnicas implementadas no Brasil, fica bastante evidente que os interesses econômicos estão acima do conceito de sustentabilidade ou dos cuidados ambientais e de saúde pública:

- *Lixão*: não existem vantagens.
- *Aterro controlado*: possui a vantagem de remediar os terríveis lixões, porém não recupera o histórico de impactos anteriores à sua adequação. Não existem históricos de estabilização (inativação de reações biológicas, químicas e físicas) da área onde é implantado.
- *Aterro sanitário*: apresenta muitas vantagens sobre os métodos anteriores, pois é projetado para controlar os impactos ambientais de sua atividade, dispondo, por exemplo, da gestão de gases e chorume. Contudo, além de ocupar grandes áreas, por mais que haja alguns cuidados com a saúde pública, é foco de grandes impactos e fonte de vários vetores. A estabilização da área de aterro pode demorar muitas décadas, e os aterros encerrados continuam necessitando de controle e manutenção até que se encerre a geração de chorume e biogás.
- *Compostagem*: é considerada um processo extremamente eficiente e barato. Exige certos cuidados em sua manipulação e pode causar fortes odores, se não processada de forma correta, o que incomoda muito a população do entorno. Apesar de não exigir alta tecnologia e, portanto, ser um processo bem acessível monetariamente, dependendo da distância entre os locais de produção e consumo, o transporte do composto pode inviabilizar seu uso.
- *Incineração*: reduz muito o volume do resíduo a ser descartado. Mesmo sendo um processo mais caro e que exige muita manutenção, é a melhor proposta para resíduos hospitalares e tóxicos. Produz material estabilizado e inerte, que pode ser reaproveitado, mas que convencionalmente é descartado em aterros sanitários. Gera também resíduos de processos que podem vir a ser bastante impactantes, porém existem equipamentos para evitar o lançamento desses poluentes na atmosfera, como retentores de particulados e filtros lavadores de gases.
- *Reciclagem, reutilização e reaproveitamento*: essas técnicas são ambiental e economicamente vantajosas. Além de reduzirem muito a quantidade de rejeitos, promovem a reinclusão do produto para novo consumo e aquecem o mercado, propiciando um novo nicho favorável à inclusão econômica de catadores, ONGs e artesãos. Também geram economia na indústria, pois, dependendo do material que se recupera ou reúsa, favorecem o controle de extrativismo e alimentam a engenharia reversa.

Avaliando as características e as eficiências de cada processo de tratamento disponível para a gestão dos resíduos sólidos, é correto afirmar que não há uma única ação que seja eficiente o suficiente para solucionar todos os problemas dos resíduos sólidos urbanos, devendo-se promover ações conjuntas que atuem em cada realidade para que o esforço final seja satisfatório em todos os aspectos avaliados: socialmente corretos, ambientalmente adequados, politicamente coerentes, eficazes e eficientes ao promover a saúde pública, o conforto e o bem-estar da população.

Por fim, cabe mencionar o conceito de *saneamento* e sua importância no desenvolvimento econômico, social e político de um país. A Lei nº 11.445/2007 caracteriza o saneamento básico em alguns aspectos que valem ser destacados:

- *Conceito*: saneamento básico consiste no "conjunto de serviços públicos, infraestruturas e instalações operacionais de abastecimento de água potável, esgotamento sanitário, limpeza urbana e manejo de resíduos sólidos, e drenagem e manejo das águas pluviais urbanas".
- *Integralidade*: "compreendida como o conjunto de atividades e componentes de cada um dos diversos serviços de saneamento que propicie à população o acesso a eles em conformidade com suas necessidades e

maximize a eficácia das ações e dos resultados".
- *Universalização*: "ampliação progressiva do acesso de todos os domicílios ocupados ao saneamento básico".
- *Controle social*: "conjunto de mecanismos e procedimentos que garantem à sociedade informações, representações técnicas e participação nos processos de formulação de políticas, de planejamento e de avaliação relacionados com os serviços públicos de saneamento básico".
- *Política Federal de Saneamento Básico*: os sistemas de saneamento devem "contribuir para o desenvolvimento nacional, a redução das desigualdades regionais, a geração de emprego e de renda, a inclusão social e a promoção da saúde pública".

Partindo do princípio de que a coleta e o afastamento dos resíduos sólidos urbanos gerados pela população são uma ação *obrigatória* e *fundamental* para o desenvolvimento social, econômico, ambiental e mantenedor da saúde pública (sem contestação) e de responsabilidade da Administração Pública, não deveria sequer existir registro de regiões que ainda apresentam esse serviço deficitário, falho ou, pior, inexistente.

É notória a necessidade de incentivos econômicos para essa área, assim como campanhas educacionais que ajudem a população a entender melhor a fundamental importância da gestão dos resíduos sólidos urbanos. Quando se coloca o interesse econômico à frente do bem-estar da população, desenha-se o cenário de países subdesenvolvidos e carentes de saúde pública.

No Brasil, devido à sua enorme extensão geográfica, esse cenário só piora quanto mais se afasta dos grandes centros urbanos e mais se aproxima, por consequência, da população mais carente e deficiente de educação, informação, intelecto, cultura e poder de fiscalização e cobrança dos serviços e direitos ao saneamento, à saúde e ao conforto. Essa realidade é muito pior quando se analisam regiões extremamente pobres, desestruturadas e abandonadas pelo poder público, sendo retrato da incompetência, do descaso e da falta de responsabilidade e respeito da Administração Pública com a população.

Segundo a Organização das Nações Unidas (ONU), o saneamento adequado é um direito humano e define a luta contra infecções mortais. Sua ausência obstrui o direito à saúde, à educação e à vida. Um saneamento precário agrava a transmissão de doenças infecciosas, como cólera, febre tifoide e hepatite.

Segundo a Organização Mundial da Saúde (OMS):
- *saúde*: é o estado de completo bem-estar físico, mental e social;
- *saúde pública*: ciência e arte de promover, proteger e recuperar a saúde, através de medidas de alcance coletivo e de modificação da população;
- *saneamento*: controle de todos os fatores do meio físico do homem que exercem ou podem exercer efeito deletério sobre seu bem-estar físico, mental ou social;
- *direito à saúde*: o gozo de melhor estado de saúde constitui um direito fundamental de todos os seres humanos, sejam quais forem suas raças, religiões, opiniões políticas e condições econômicas e sociais.

Para promover o crescimento tecnológico, é preciso haver pesquisas, direcionamento de verbas, incentivos políticos e empreendedorismo. Para desenvolver um país promissor e saudável, é necessário investir em instrução, educação e cultura.

A viabilidade de acesso à educação é de interesse político. Um país pode ter tecnologia, porém, sem educação e boa administração, não tem saúde pública, desenvolvimento econômico, conforto, bem-estar e equilíbrio social da população, e mais difícil ainda se torna a construção do conceito de respeito ao meio ambiente e o reconhecimento da sustentabilidade como matriz do desenvolvimento planejado.

Por sua vez, o desenvolvimento planejado é a maior ferramenta para a construção de um futuro saudável e promissor em todas as áreas – política, econômica, social e ambiental.

> A espinha dorsal de um país saudável é a educação em massa.
> População culta e intelectualizada = país desenvolvido.

7 | Poluentes atmosféricos

O desenvolvimento industrial e urbano em todo o mundo tem como consequência a geração de resíduos, entre eles os responsáveis pela poluição atmosférica. O acréscimo de poluentes na atmosfera, bem como seus reflexos no solo, na água, nos vegetais e nos materiais, é responsável por danos à saúde pública e a todos os seres vivos, além de promover a degradação ambiental, agrícola e de materiais, incluindo danos às florestas, degradação de construções e obras de arte etc., desequilibrando o ecossistema.

Devido às características da circulação atmosférica e à permanência de alguns poluentes na atmosfera por largos períodos de tempo, a poluição do ar apresenta caráter transfronteiriço e é responsável por alterações físicas no planeta, o que obriga a conjugação de esforços em nível mundial para prevenir ou reduzir os efeitos da degradação da qualidade do ar.

A gestão da qualidade do ar envolve a definição de limites de concentração dos poluentes na atmosfera, a limitação de sua emissão, a intervenção no processo de licenciamento, a criação de estruturas de controle da poluição em áreas especiais, e apoios e programas de implementação de tecnologias menos poluentes.

Pode-se destacar alguns parâmetros de impactos causados pela poluição atmosférica:

- *Na saúde humana*: afetam o sistema respiratório, podendo agravar ou mesmo provocar diversas doenças crônicas, tais como asma, bronquite crônica, infecções e cancro do pulmão, enfisema pulmonar e doenças do coração.
- *Na vegetação*: ocorrem por duas vias, direta e indireta. Os efeitos diretos resultam da destruição dos tecidos das folhas das plantas em virtude da deposição seca de SO_2, das chuvas ácidas ou do O_3, refletindo-se na redução da área fotossintética. Os efeitos indiretos são provocados pela acidificação dos solos, com a consequente redução de nutrientes e a libertação de substâncias prejudiciais às plantas, levando a uma menor produtividade e a uma maior susceptibilidade a pragas e doenças.
- *Nos materiais*: resultam da abrasão, de reações químicas diretas ou indiretas, da corrosão eletroquímica ou da necessidade de aumentar a frequência das ações de limpeza. As rochas calcárias são as mais afetadas, nomeadamente pela acidificação das águas da chuva.
- *Nos efeitos psicológicos*: os odores decorrentes desse tipo de poluição promovem importantes efeitos psicológicos, estando associados, sobretudo, aos locais de deposição e tratamento de resíduos sólidos e a algumas indústrias, como as fábricas de pasta de papel.
- *Na temperatura*: a absorção da radiação terrestre é efetuada por diversos compostos, entre os quais se salienta o CO_2, podendo-se citar também o CH_4, o O_3, o

N_2O e os CFCs. Eles funcionam como os vidros de uma estufa, deixando passar a radiação solar que aquece o solo e retendo a radiação terrestre. É por essa razão que o acréscimo na concentração desses elementos poluentes pode ter como reflexo o aumento da temperatura do ar. Estudos apontam que a elevação dessa temperatura terá como resultados prováveis o aumento das áreas desérticas e o degelo das calotas polares, com a consequente subida do nível das águas dos oceanos.

Vale destacar que se utiliza o ar em diversas funções e, em cada uma delas, podem ocorrer alterações das condições ditas de "normalidade", conforme se apresentem as concentrações dos poluentes. A abrangência das funções do ar é muito grande e, a princípio, imperceptível à maioria da população, como propagação das ondas eletromagnéticas e sonoras (comunicação), fenômenos naturais importantes relacionados com o clima e o metabolismo, recepção e transporte de resíduos, geração de eletricidade, transporte de cargas e pessoas, combustão, processos industriais etc.

7.1 Composição do ar

Ar é o nome da mistura de gases presentes na atmosfera da Terra. A *atmosfera* é uma fina camada que envolve alguns planetas, composta basicamente por gases e poeira, retidos pela ação da força da gravidade.

O ar seco é composto por 78% de nitrogênio, 21% de oxigênio e 1% de outros gases, incluindo o argônio (0,93%), o dióxido de carbono e pequenas proporções de outros gases (0,039%), entre os quais se incluem os poluentes (Quadro 7.1). Pode ainda conter de 0% a 7% de vapor d'água, sendo que sua composição se altera com a altitude.

Quando se avaliam os gases de acordo com seus efeitos à saúde humana, consideram-se os efeitos conforme o contato, a concentração e o tempo de exposição. Assim, há os inofensivos (oxigênio, hélio), quando dispersos em quantidade normal na atmosfera, e os venenosos, capazes de levar a óbito. Entre os últimos, é possível citar:

- *Tóxicos*: toxicidade é a qualidade que caracteriza o grau de virulência de qualquer substância nociva para um organismo vivo ou para uma parte específica desse organismo (um órgão, como o fígado). Os gases tóxicos mais conhecidos são o ácido cianídrico (produz a morte quase instantaneamente), o amoníaco, o dióxido de carbono, a benzina, a iodacetona, os cianuretos alcalinos de potássio, sódio etc.
- *Asfixiantes*: asfixia é a insuficiência de oxigenação sistêmica devida a baixo conteúdo de oxigênio do ar ambiente ou a obstáculo mecânico à respiração. Esses gases provocam a cessação das trocas orgânicas (promovendo a redução do teor de oxigênio e o consequente aumento de gás carbônico no sangue), sendo exemplos o oxicloreto, o tetraclorossulfureto de carbono, o cloroformiato de metila clorado, o bromo e o fosgênio.

As Figs. 7.1 a 7.4 apresentam o esquema de alguns ciclos naturais muito importantes para o equilíbrio do meio ambiente.

7.2 Poluição do ar

Entende-se que poluição é a matéria ou energia em quantidades tais que possam causar danos ou incômodos à população, bem como danos aos materiais, à flora e à fauna, alterando o conceito de "normalidade" estipulado por padrão normativo.

Segundo a Lei nº 6.938/1981, poluição é

> a degradação da qualidade ambiental resultante de atividades que direta ou indiretamente: prejudiquem a saúde, a segurança e o bem-estar da população; criem condições adversas às atividades sociais e econômicas; afetem desfavoravelmente a biota; afetem as condições estéticas ou sanitárias do meio ambiente; lancem matérias ou energia em desacordo com os padrões ambientais estabelecidos.

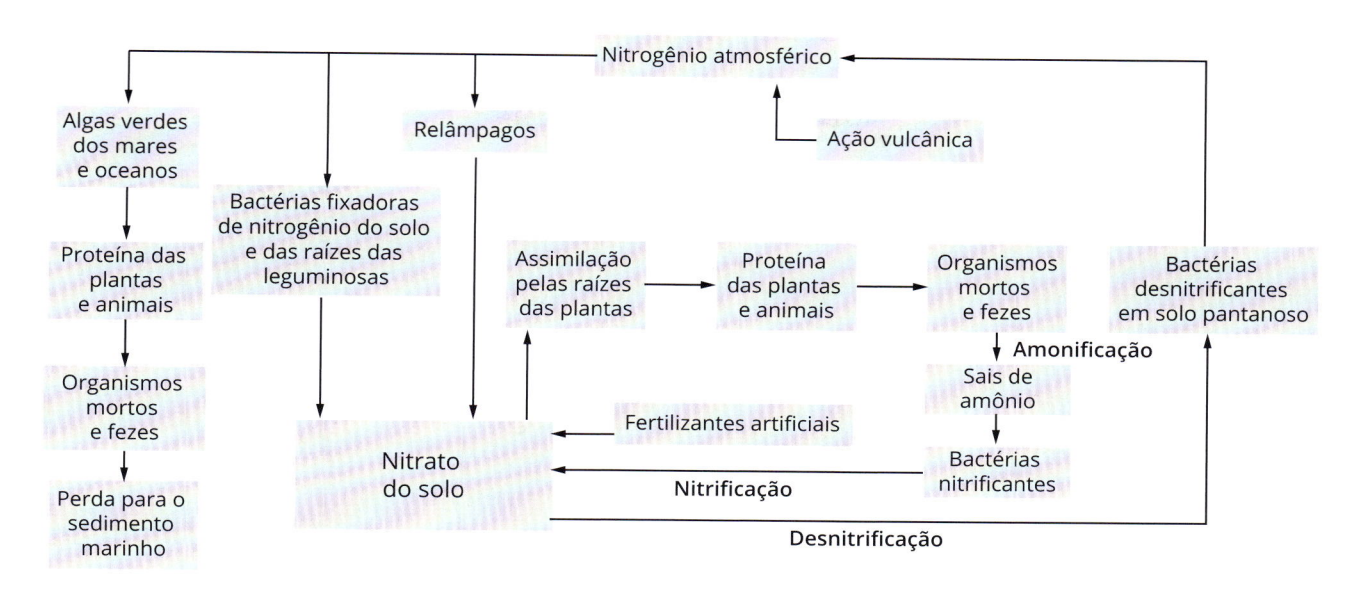

FIG. 7.1 *Ciclo do nitrogênio*
Fonte: adaptado de Ciclo... (s.d.-a).

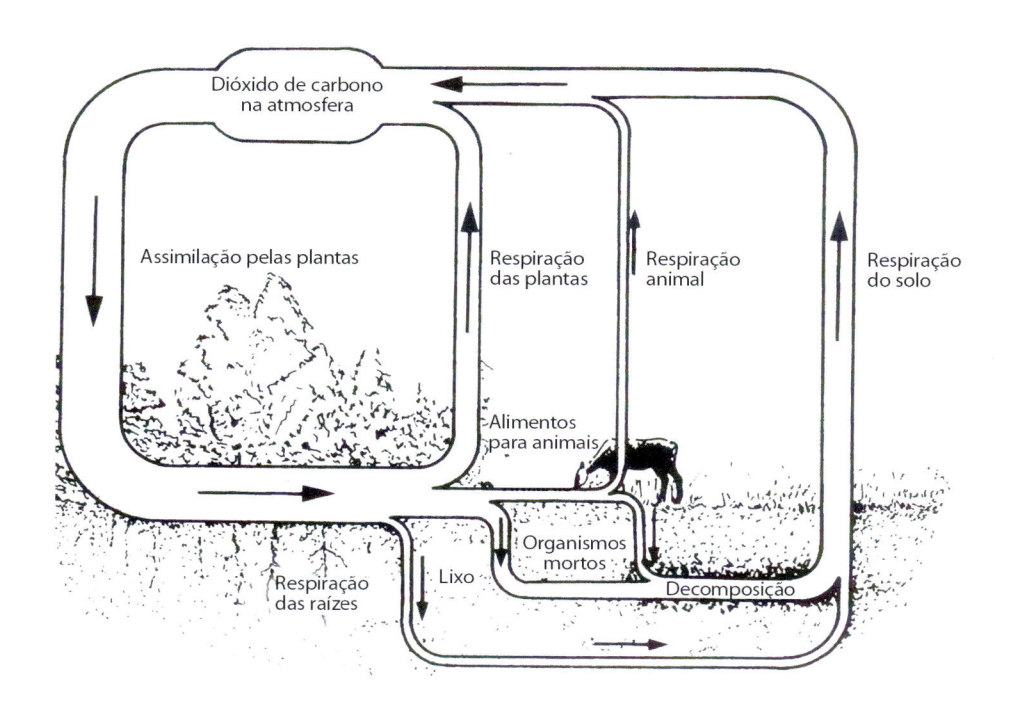

FIG. 7.2 *Ciclo do carbono: CO_2 é um transferidor de energia térmica; ao refletir o calor, aquece a atmosfera e causa o efeito estufa, impactando o vento, calotas polares, umidades, calor etc.*
Fonte: Derisio (2017).

Considera-se que o termo popular *ar puro* corresponde àquele com presença de oxigênio (O_2), devido à importância de seu fator metabólico. Porém, o conceito de *ar puro* dos técnicos especialistas é muito mais abrangente e incorpora estudos e definições do conjunto de gases que formam a atmosfera e que, no fundo, constituem a base para o controle moderno da poluição do meio ambiente e da saúde pública, nesse caso não só da poluição do ar como também das águas e do solo, pois esses ambientes interagem constantemente.

A Resolução Conama nº 491/2018, por meio do Programa Nacional de Controle da Qualidade do Ar (Pronar), estabelece os padrões nacionais de qualidade do ar, reproduzidos na Tab. 7.1, tendo como referência os valores recomendados pela Organização Mundial da Saúde (OMS). São adotadas as seguintes definições:

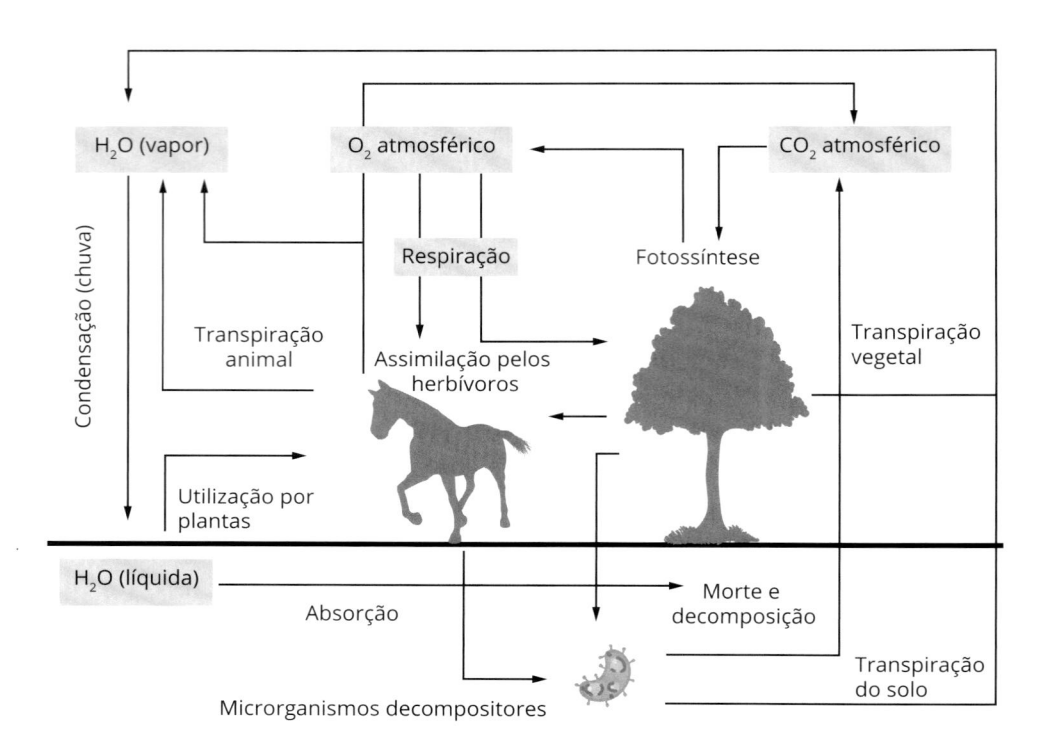

FIG. 7.3 *Ligação entre os ciclos do oxigênio e do carbono*
Fonte: adaptado de Ciclo... (s.d.-b).

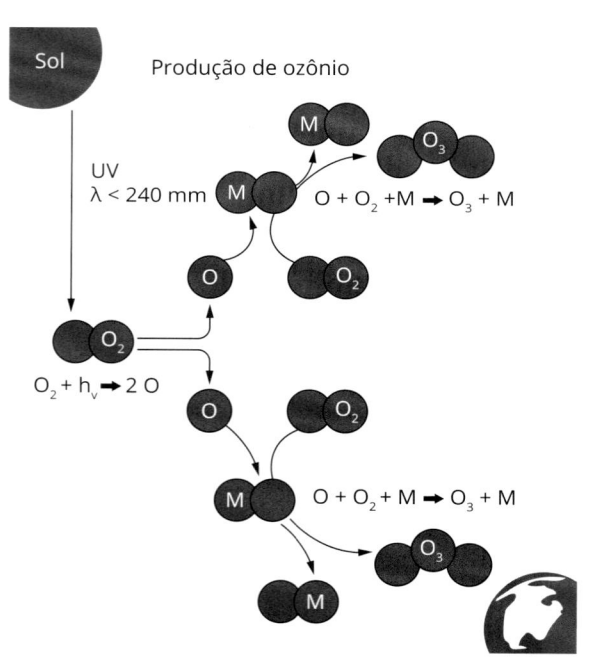

FIG. 7.4 *Produção do ozônio*
Fonte: adaptado de Lorena (s.d.).

- *Poluente atmosférico*: qualquer forma de matéria em quantidade, concentração, tempo ou outras características, que tornem ou possam tornar o ar impróprio ou nocivo à saúde, inconveniente ao bem-estar público, danoso aos materiais, à fauna e flora ou prejudicial à segurança, ao uso e gozo da propriedade ou às atividades normais da comunidade;
- *Padrão de qualidade do ar*: um dos instrumentos de gestão da qualidade do ar, determinado como valor de concentração de um poluente específico na atmosfera, associado a um intervalo de tempo de exposição, para que o meio ambiente e a saúde da população sejam preservados em relação aos riscos de danos causados pela poluição atmosférica;
- *Padrões de qualidade do ar intermediários – PI*: padrões estabelecidos como valores temporários a serem cumpridos em etapas;
- *Padrão de qualidade do ar final – PF*: valores guia definidos pela Organização Mundial da Saúde – OMS em 2005;
- *Episódio crítico de poluição do ar*: situação caracterizada pela presença de altas concentrações de poluentes na atmosfera em curto período de tempo, resultante da ocorrência de condições meteorológicas desfavoráveis à dispersão dos mesmos;
- *Plano de Controle de Emissões Atmosféricas*: documento contendo abrangência, identificação de fontes de emissões atmosféricas, diretrizes e ações, com respectivos objetivos, metas e prazos de implementa-

POLUENTES ATMOSFÉRICOS

QUADRO 7.1 Composição do ar seco

Nome	Proporção/concentração	Apresentação	Características principais	Aplicações
Nitrogênio (N_2)	78,08%	Nas condições ambientais, é encontrado no estado gasoso, sendo o componente principal da atmosfera terrestre.	É um gás inerte, não metal, incolor, inodoro e insípido, não participando da combustão nem da respiração. Há largas cadeias e compostos cíclicos de nitrogênio, porém são muito instáveis. Composto com o hidrogênio, forma o amoníaco (NH_3) e a hidrazina (N_2H_4). O amoníaco atua como base em solução aquosa, formando íons amônio (NH_4^+), e como ácido em ausência de água (NH_2^-). Composto com o oxigênio, forma vários óxidos, como o óxido nitroso (N_2O) ou gás hilariante, o óxido nítrico (NO) e o dióxido de nitrogênio (NO_2), que são produtos de processos de combustão contaminante (*smog* fotoquímico). Também pode apresentar outras reações instáveis e/ou explosivas e impactantes, tais como N_2O_3, N_2O_5, ácido nitroso (HNO_2) e ácido nítrico (HNO_3), que, por sua vez, formam os sais nitritos e nitratos. É vital para os seres vivos. As leguminosas são capazes de desenvolver simbiose e, portanto, absorvem o nitrogênio. Após reduções, é posteriormente utilizado pela planta para formar o grupo amino dos aminoácidos das proteínas, que, finalmente, se incorporam à cadeia trófica.	É aplicado em tanques de armazenamento de líquidos explosivos, durante a fabricação de componentes eletrônicos (transistores, diodos, circuitos integrados etc.) e na fabricação do aço inoxidável. O gás amoníaco é usado na fabricação de fertilizantes e ácido nítrico. O nitrogênio líquido, obtido pela destilação do ar líquido, é empregado em criogenia. Outros usos gerais são: como refrigerante; no congelamento e transporte de alimentos; na fabricação de pólvora; como combustível em foguetes; no exame PET em medicina nuclear. Riscos: os fertilizantes azotados são uma poderosa fonte de contaminação do solo e das águas. Os compostos que contêm íons cianeto formam sais extremamente tóxicos e são mortais para numerosos animais, entre os quais os mamíferos.
Oxigênio (O_2)	20,95%	Nas condições normais de pressão e temperatura, encontra-se no estado gasoso.	Em temperatura ambiente é incolor, insípido, inodoro, comburente, mas não combustível, e pouco solúvel em água. É um dos elementos mais importantes da química orgânica, participando de maneira relevante no ciclo energético dos seres vivos, sendo essencial na respiração celular dos organismos aeróbicos, participando da conversão de nutrientes em energia intracelular. É o elemento mais abundante da crosta terrestre (cerca de 46,7%) e dos oceanos (em torno de 87%, como componente da água). Os óxidos de metais, silicatos (SiO_4^{4-}) e carbonatos (CO_3^{2-}) são encontrados com frequência em rochas e no solo. Reage praticamente com a totalidade dos metais, exceto com os metais nobres, como ouro, platina e outros, provocando a corrosão. É formado durante a fotossíntese das plantas e, posteriormente, utilizado pelos animais na respiração. É usado na biodegradação de plantas e animais mortos.	Sua principal utilização é como oxidante, devido à sua elevada eletronegatividade, superada somente pela do flúor. Por isso, o oxigênio líquido é usado como comburente nos motores de propulsão dos foguetes. Em indústrias, é aplicado em soldadura e fabricação de aço e metanol. Na medicina, é empregado como suplemento em pacientes com dificuldades respiratórias. Em medicina nuclear, o oxigênio-15, radioativo, com emissão de pósitron, é usado no exame PET do cérebro. É engarrafado para ser respirado em diversas práticas ou no acesso a locais de pouca ou nenhuma ventilação ou com atmosferas contaminadas. Riscos: pode ser tóxico a elevadas pressões parciais (ozônio, peróxido de hidrogênio e radicais hidroxila).

Quadro 7.1 (Continuação)

Nome	Proporção/ concentração	Apresentação	Características principais	Aplicações
Oxigênio (O_2)	20,95%	Nas condições normais de pressão e temperatura, encontra-se no estado gasoso.	O ciclo do oxigênio encontra-se intimamente ligado ao ciclo do carbono, uma vez que o fluxo de ambos está associado aos mesmos fenômenos: fotossíntese e respiração. Na atmosfera, existe como oxigênio molecular (O_2) e, em menor proporção, monóxido de carbono (CO), ozônio (O_3), dióxido de nitrogênio (NO_2), monóxido de nitrogênio (NO), dióxido de enxofre (SO_2) e outros compostos. A presença do ozônio na atmosfera protege a Terra da incidência de radiação ultravioleta procedente do Sol. Reage com quase qualquer elemento químico, excetuando alguns poucos gases nobres. Seu composto mais notável é a água (H_2O). Outros compostos: álcoois (R-OH), aldeídos (R-CHO), ácidos carboxílicos (R-COOH) e epóxidos. Os radicais clorato (ClO_3^-), perclorato (ClO_4^-), cromato (CrO_4^{2-}), dicromato ($Cr_2O_7^{2-}$), permanganato (MnO_4^-) e nitrato (NO_3^-) são fortes agentes oxidantes. O oxigênio provoca uma resposta de euforia quando inalado. A redução de seu nível provoca a hipoxemia, e sua falta total ocasiona a anoxia, podendo levar à morte do organismo.	Fontes de oxigênio como cloratos, percloratos, dicromatos e outros compostos com alto poder oxidante podem, também, provocar queimaduras químicas.
Dióxido de carbono e carbono (CO_2 e C)	382 ppm	Mais de 99% do carbono terrestre está contido na litosfera. O dióxido de carbono também é chamado de anidrido carbônico ou gás carbônico.	O carbono é o quarto elemento mais abundante no universo, depois do hidrogênio, do hélio e do oxigênio, e é o pilar da vida como a conhecemos. Existem basicamente duas formas de carbono: uma orgânica, presente nos organismos vivos e mortos, não decompostos, e outra inorgânica, presente nas rochas. No planeta Terra, o carbono circula através dos oceanos, da atmosfera, da terra e de seu interior, num grande ciclo biogeoquímico. Esse ciclo pode ser dividido em dois tipos: o ciclo "lento" ou geológico e o ciclo "rápido" ou biológico. O ciclo biológico do carbono é relativamente rápido: estima-se que a renovação do carbono atmosférico ocorra a cada 20 anos. Desconsiderando a influência antropogênica (causada pelo homem), no ciclo biológico existem três reservatórios ou *stocks* de carbono: terrestre (20.000 Gt), atmosférico (750 Gt) e oceanos (40.000 Gt). Esse ciclo desempenha um papel importante nos fluxos de carbono entre os diversos *stocks*, através dos processos da fotossíntese e da respiração. Por meio do processo da fotossíntese, as plantas absorvem energia solar e CO_2 da atmosfera, produzindo oxigênio e hidratos de carbono (açúcares, como a glucose), que servem de base para seu crescimento.	O CO_2 é utilizado em bebidas para dar-lhes efervescência (bebidas carbonatadas). É também empregado em extintores contra incêndio para isolar o oxigênio do combustível. Riscos: se ingerido, pode causar irritações, náuseas, vômitos e hemorragias no trato digestivo. Se inalado, produz muita asfixia. O gelo seco, em contato com a pele, provoca queimaduras. Acarreta fenômenos como efeito estufa, ilhas de calor, inversão térmica e *smog* fotoquímico.

| Dióxido de carbono e carbono (CO_2 e C) | 382 ppm | Mais de 99% do carbono terrestre está contido na litosfera. O dióxido de carbono também é chamado de anidrido carbônico ou gás carbônico. | Juntamente com a decomposição orgânica (forma de respiração de bactérias e fungos), a respiração dos animais e das plantas devolve o carbono, biologicamente fixado nos *stocks* terrestres, na forma de hidrato de carbono (nos tecidos da biota, na camada de solo e na turfa), para a atmosfera, na forma de CO_2. A quantidade de CO_2 que o oceano absorve depende da temperatura da superfície: temperaturas baixas potencializam uma maior absorção de CO_2 atmosférico, enquanto temperaturas mais quentes podem causar sua emissão. Outro processo de remoção de carbono da atmosfera ocorre quando a fotossíntese excede a respiração e, lentamente, a matéria orgânica forma depósitos sedimentares, que, na ausência de oxigênio e ao longo de milhões de anos, se transformam em combustíveis fósseis. O armazenamento de carbono em depósitos fósseis supõe uma diminuição dos níveis atmosféricos de CO_2. No entanto, as atividades antropogênicas, principalmente a queima de combustíveis fósseis e a desflorestação, têm vindo a incorporar fluxos de carbono novos no ciclo biológico provenientes desses depósitos, com significativa influência no ciclo global do carbono. Mantido em determinadas quantidades no ar atmosférico, o CO_2 é um dos gases responsáveis pela manutenção da temperatura terrestre. Sem ele, a Terra seria um bloco de gelo. Por outro lado, seu excesso impede a saída de calor da atmosfera, provocando o efeito estufa. Nas últimas décadas, devido à enorme queima de combustíveis fósseis, a quantidade de CO_2 na atmosfera tem aumentado muito, contribuindo para o aquecimento do planeta. |
| Argônio (Ar) | 0,934% | Encontrado no estado gasoso em temperatura ambiente, é o terceiro elemento da classe dos gases nobres. | Tem uma solubilidade em água 2,5 vezes maior que a do nitrogênio ou a do oxigênio. É um gás monoatômico inerte, incolor e inodoro tanto no estado líquido quanto no estado gasoso. Não são conhecidos compostos verdadeiros de argônio, apesar do anúncio de um composto com flúor, muito instável, feito em 2003 pelo químico suíço Helmut Durrenmatt. É empregado como gás de enchimento em lâmpadas incandescentes, prolongando sua vida útil. Substitui o neônio nas lâmpadas fluorescentes, obtendo-se coloração verde-azulada em vez do roxo do neônio. No âmbito industrial e científico, é utilizado na recriação de atmosferas inertes (não reagentes) para evitar reações químicas indesejadas em vários tipos de operações; na soldagem em arco elétrico e oxicorte; na fabricação de titânio e outros elementos químicos reativos; e na fabricação de monocristais. |

QUADRO 7.1 (Continuação)

Nome	Proporção/concentração	Apresentação	Características principais	Aplicações
Argônio (Ar)				O argônio-39 é usado, entre outras aplicações, para a datação de núcleos de gelo e águas subterrâneas. Em mergulhos profissionais, o argônio é empregado para inflar trajes, proporcionando estufamento. O *laser* de argônio tem usos médicos em odontologia e oftalmologia.
Neônio (Ne)	18,18 ppm	Encontra-se usualmente na forma de gás monoatômico. É obtido pelo resfriamento do ar e pela destilação do líquido criogênico resultante.	É um gás nobre incolor, praticamente inerte, presente em pequena quantidade no ar atmosférico, porém muito abundante no universo, e que proporciona um tom arroxeado característico à luz das lâmpadas fluorescentes nas quais é empregado. É o segundo gás nobre mais leve, com poder de refrigeração, por unidade de volume, 40 vezes maior que o do hélio líquido e três vezes maior que o do hidrogênio líquido. Na maioria das aplicações, o uso de neônio líquido é mais econômico que o do hélio. Compostos: ainda que o neônio seja praticamente inerte, tem-se obtido um composto com flúor em laboratório. Os íons Ne$^+$, (NeAr)$^+$, (NeH)$^+$ e (HeNe)$^+$ têm sido observados em investigações espectrométricas de massa e ópticas. Entretanto, sabe-se que o neônio forma um hidrato instável.	O tom roxo-alaranjado da luz emitida pelo tubo de neônio é utilizado profusamente na fabricação de indicadores publicitários. Tubos de cores distintas que, na realidade, contêm gases diferentes também recebem a denominação de tubos de neônio. Outros usos do neônio são: em indicadores de alta voltagem; em tubos de televisão; junto com o hélio, para a obtenção de um tipo de *laser*; na forma líquida, é comercializado como refrigerante criogênico.
Hélio (He)	5,24 ppm	Além de existir na atmosfera terrestre, é encontrado também como produto de desintegração em diversos minerais radioativos de urânio e tório. Está presente em algumas águas minerais, em gases vulcânicos, principalmente nos vulcões de lama, e em certas acumulações comerciais de gás natural.	É um gás monoatômico, incolor e inodoro. É mais leve que o ar, diferenciando-se do hidrogênio por não ser inflamável, entretanto apresenta poder ascensional 8% menor. Em temperatura ambiente, encontra-se no estado gasoso, apresenta nível de energia completo, com propriedades de um gás nobre, e é inerte (não reage), como os demais elementos. É o segundo elemento químico em abundância no universo, atrás do hidrogênio, mas na atmosfera terrestre encontram-se apenas traços, provenientes da desintegração de alguns elementos. Tem o menor ponto de evaporação de todos os elementos químicos, e torna-se líquido somente em condições extremas (de alta pressão e baixa temperatura). Possui o ponto de solidificação mais baixo de todos os elementos químicos, sendo o único líquido que não pode solidificar-se baixando a temperatura, já que permanece no estado líquido no zero absoluto à pressão normal. O hélio sólido só existe a pressões da ordem de 100 MPa e a temperaturas da ordem de 15 K (−248,15 °C).	A mistura hélio-oxigênio é usada para mergulhos a grande profundidade, reduzindo o tempo necessário para a descompressão, que, apesar de iniciar-se em maior profundidade, elimina o risco de narcose por nitrogênio (embriaguez das profundidades). Devido a seu baixo ponto de liquefação e evaporação, pode ser usado como refrigerante a temperaturas extremamente baixas em ímãs supercondutores e na investigação criogênica a temperaturas próximas do zero absoluto. Em cromatografia de gases, é adotado como gás transportador inerte. É empregado na soldadura por arco e na fabricação de cristais de silício e germânio; para pressurizar combustíveis líquidos de foguetes; em túneis de vento supersônicos; como agente refrigerante em reatores nucleares; para o enchimento de balões e dirigíveis.

Hélio (He)			O hélio líquido tem seu maior uso em aplicações médicas de imagem por ressonância magnética (RMI). Precauções/riscos: os depósitos de gás hélio de 5 K a 10 K devem ser armazenados como líquido devido ao grande incremento de pressão que se produz ao aquecer o gás a temperatura ambiente. Quando aspirado, o hélio distorce a voz (343 m/s). Deve-se tomar cuidado ao fazer isso, pois, apesar de não ser tóxico, esse gás pode provocar sufocamento por supressão de oxigênio.
Monóxido de nitrogênio (NO)	5 ppm	A maior produção natural é no relâmpago. A atividade humana produz óxido nítrico em câmaras de combustão. No ar, pode converter-se mais tarde em ácido nítrico, um dos implicados nas chuvas ácidas. Além disso, tanto NO quanto NO_2 participam da depleção da camada de ozônio.	Gás solúvel, altamente lipofílico, sintetizado pelas células endoteliais, macrófagos e certo grupo de neurônios do cérebro. É um importante sinalizador intracelular e extracelular e atua induzindo o relaxamento do músculo liso, o que provoca, como ações biológicas, a vaso e a broncodilatação. É produzido por uma ampla variedade de tipos celulares, que incluem células epiteliais, nervosas, endoteliais e inflamatórias. Existem três formas de NO_x: duas denominadas constitutivas e dependentes do cálcio (cNOS), que são a endotelial e a neuronal, as quais sintetizam NO em condições normais, e a independente do cálcio (iNOS), que não se expressa ou o faz em muito pouca quantidade em condições fisiológicas.	Tem poucas aplicações industriais. É um intermediário no processo Ostwald, que converte a amônia em ácido nítrico. Pode ser usado para detectar radicais de superfície em polímeros; bombardear a superfície do polímero com óxido nítrico resulta na incorporação do nitrogênio, que pode ser quantificado por espectroscopia fotoeletrônica por raios X. Atua no mecanismo do sildenafil ou Viagra e no tratamento da doença coronária, dilatando as artérias coronárias e aumentando a irrigação. É adotado como composto nocivo para bactérias. Possui funções de neurotransmissor entre as células nervosas. Mas, em certas circunstâncias, pode trazer efeitos colaterais indesejáveis, como a vasodilatação generalizada, podendo ser uma das causas da hipotensão.
Criptônio (Kr)	1,14 ppm	É um gás raro na atmosfera terrestre. É encontrado entre os gases vulcânicos e águas termais e em diversos minerais em quantidades muito pequenas. Pode-se extraí-lo do ar ou por destilação fracionada.	Em temperatura ambiente, encontra-se no estado gasoso. Faz parte do grupo dos gases nobres (18,0 ou 8A) da classificação periódica dos elementos. É incolor, inodoro, insípido, de muito pequena reatividade e caracterizado por um espectro de linhas verde e vermelho-alaranjada muito brilhante. É um dos produtos da fissão nuclear do urânio. O criptônio sólido é branco, de estrutura cristalina cúbica centrada nas faces, igual aos demais gases nobres.	É usado, de modo isolado ou misturado com neônio e argônio: em lâmpadas fluorescentes; em sistemas de iluminação de aeroportos, já que o alcance da luz vermelha emitida é maior que o da luz comum, inclusive em condições climatológicas adversas; e em lâmpadas incandescentes de filamento de tungstênio de projetores cinematográficos. O *laser* de criptônio é adotado em medicina para a cirurgia da retina do olho, enquanto o isótopo Kr-81m é empregado em medicina nuclear para o estudo do pulmão. Já o criptônio-85 é usado em análises químicas, incorporando o gás em sólidos.

QUADRO 7.1 (Continuação)

Nome	Proporção/ concentração	Apresentação	Características principais	Aplicações
Criptônio (Kr)				Também é utilizado em *flashs* fotográficos para fotografias de alta velocidade, na detecção de fugas em depósitos selados e para excitar o fósforo de fontes de luz sem alimentação externa de energia.
Metano (CH_4)	1,7 ppm	É um gás inodoro e incolor, e sua molécula é tetraédrica e apolar, de pouca solubilidade na água. Quase todos os gases naturais o contêm. Quando adicionado ao ar, transforma-se em mistura de alto teor explosivo. É o mais simples dos hidrocarbonetos.	O entendimento do metano explica praticamente todo o ciclo geoquímico do carbono na Terra. Suas reações ocorrem por combustão e halogenação. Suas principais fontes são: emanação através de vulcões de lama e falhas geológicas; decomposição de resíduos orgânicos; fontes naturais (pântanos); extração de combustível mineral (o metano é extraído de depósitos geológicos como um combustível mineral, juntamente com outros combustíveis hidrocarbonetos); processo de digestão de animais; bactérias encontradas em plantações de arroz; e aquecimento ou combustão de biomassa anaeróbica. É um gás provocador do efeito estufa, sendo cerca de 20 vezes mais potente do que o dióxido de carbono. Durante os últimos 200 anos, sua concentração na atmosfera aumentou de 0,8 ppm para 1,7 ppm. Uma quantidade desconhecida, mas provavelmente enorme de metano, está presa no sedimento marinho. A liberação desse metano do sedimento é sugerida como possível causa de aquecimento global em eras antigas na Terra. Bactérias que vivem no interior da Terra ou no fundo do mar alimentam-se de metano, criando espetaculares ecossistemas, como as comunidades quimiossintéticas e os corais de águas profundas. Ele também interage com turfas, formando depósitos de carvão e trazendo de profundidades metais como vanádio, cromo, níquel, selênio, mercúrio, arsênio, cádmio, urânio e outros metais tóxicos. Nas áreas vulcânicas, reage com o oxigênio, formando o dióxido de carbono, que é expelido pelos vulcões.	Pode ser produzido e utilizado na indústria, assim como na natureza (vulcões), em processos químicos e em processos de biodegradação anaeróbia.
Hidrogênio (H_2)	0,5 ppm	É o elemento mais abundante do universo, constituindo 75% da massa e 90% dos átomos.	Em temperatura ambiente, é um gás diatômico, inflamável, incolor, inodoro, insípido e insolúvel em água.	Industrialmente são necessárias grandes quantidades de hidrogênio para a obtenção de amoníaco, na hidrogenação de graxas e azeites e na obtenção de metanol.

| Hidrogênio (H_2) | Encontra-se em abundância nas estrelas e nos planetas gigantes gasosos. Entretanto, na atmosfera terrestre, é encontrado em pequena quantidade. | É o elemento químico mais leve e abundante do universo, como já mencionado, existindo nas estrelas em grande quantidade no estado de plasma. Aparece também em milhões de substâncias, como na água e nos compostos orgânicos, incluindo todas as formas de vida conhecidas, os combustíveis fósseis e o gás natural, e é capaz de reagir com a maioria dos elementos. Pode formar compostos com elementos de maior ou menor caráter metálico, bem como com elementos ametálicos, resultando em hidretos. Nos hidretos metálicos, está presente na forma de H^-, e, nos ametálicos, está presente como íons H^+, porque estes últimos têm caráter ácido.

Alguns compostos binários do hidrogênio são o amoníaco (NH_3), a hidrazina (N_2H_4), a água (H_2O), a água oxigenada (H_2O_2), o sulfeto de hidrogênio (H_2S) etc.

Em laboratório, é obtido mediante a reação de ácidos com metais como o zinco ou o alumínio e, industrialmente, pelo processo da eletrólise da água. Existem estudos com a intervenção de algas verdes para sua obtenção. O metano, produto da decomposição orgânica, está adquirindo crescente importância como sua fonte. Pode também ser obtido de várias outras formas, como fotólise da água (4% da produção mundial), atualmente em investigação; reação de hidrocarbonetos com vapor d'água (96% da produção mundial); e ataque de metais com hidróxido de sódio ou potássio.

Nas condições normais de pressão e temperatura, tem ponto de ebulição em 20,27 K (−252,88 °C) e ponto de fusão em 14,02 K (−259,13 °C).

Quando submetido a alta pressão, tal como ocorre no núcleo das estrelas gigantes gasosas, muda sua natureza e se torna um líquido metálico. Quando submetido a pressão muito baixa, como no espaço, tende a existir na forma de átomos individuais, e quando isso acontece podem se formar nuvens de H_2 que se associam para a criação das estrelas.

Esse elemento tem uma função fundamental no universo, já que, através da fusão estelar (combinação de átomos de hidrogênio resultando em átomos de hélio), ocorre a liberação de uma imensa quantidade de energia. | Outros usos que podem ser citados são: produção de ácido clorídrico, combustível alternativo (para foguetes, por exemplo), redução de minerais metálicos e, recentemente, fornecimento de energia às células de combustíveis.

O hidrogênio líquido apresenta aplicações criogênicas, incluindo a investigação da supercondutividade.

Riscos: reage violentamente com o flúor e o cloro. Também é perigosa sua despressurização rápida. Com expansão acima de −40 °C, ocorre aquecimento, podendo inflamar-se. O hidrogênio é extremamente inflamável no ar e a energia necessária para inflamá-lo é muito pequena, podendo inclusive ocorrer autoinflamação. Queima no ar com uma chama muito quente e quase invisível, que pode se difundir rapidamente através de materiais e sistemas que estejam presentes no ar ou em outros gases comuns. |

QUADRO 7.1 (Continuação)

Nome	Proporção/concentração	Apresentação	Características principais	Aplicações
Protóxido de nitrogênio (N_2O)	0,5 ppm	Também chamado de óxido nitroso, é um gás incolor e não inflamável em temperatura ambiente, sendo muito conhecido como gás hilariante ou nitro (NOS). É produzido naturalmente no meio ambiente ou em indústrias para diversas aplicações. O gás é lavado, comprimido e estocado em cilindros metálicos. Precisa ter pureza de 97%, entretanto, atualmente a pureza do gás se aproxima de 99,5%.	É um gás não irritante, de cheiro adocicado e incolor. É o único composto inorgânico, além do CO_2, que tem a propriedade de deprimir o sistema nervoso central e é o único gás inorgânico usado para produzir anestesia em humanos. É convertido em um líquido límpido e transparente à temperatura de −28 °C e à pressão de 50 atm. Seu ponto de ebulição é de −89 °C e é aquecido acima de 450 °C. Seu coeficiente de solubilidade em água-óleo é de 3,2 e seu coeficiente de solubilidade sangue-gás é de 0,47. É comercializado em cilindros como líquido pressurizado, retornando para o estado gasoso assim que é liberado deles. As paredes do cilindro se tornam frias, e, em alguns casos, congelamentos podem ser evidenciados ao redor da válvula de saída do gás. As impurezas mais comumente associadas à produção de N_2O são: nitrogênio (N_2), óxido nítrico (NO), dióxido de nitrogênio (NO_2), amônia (NH_3), H_2O (em estado de vapor) e CO. O NO é a impureza mais perigosa, porque pode sofrer combinações, lesar o pulmão e produzir edema.	É empregado como anestésico, sem contraindicações ao uso se combinado com adequada porcentagem de O_2. Deve-se ter precauções com os sistemas nervoso central, cardiovascular, respiratório, digestivo e urinário.
Xenônio (Xe)	0,087 ppm	Em temperatura ambiente, encontra-se no estado gasoso. É um dos gases nobres ou inertes (porém, alguns elementos desse grupo formam compostos), sendo inodoro, muito pesado, incolor e encontrado como traço na atmosfera terrestre. Faz parte do primeiro composto de gás nobre sintetizado.	É obtido comercialmente por extração dos resíduos do ar líquido. É encontrado naturalmente nos gases emitidos por alguns mananciais naturais. Os isótopos Xe-133 e Xe-135 são sintetizados mediante irradiação de nêutrons em reatores nucleares refrigerados a ar. Antigamente considerado inerte, apresenta na atualidade compostos como difluoreto de xenônio, hexafluoreto de xenônio, perxenato de sódio, tetrafluoreto de xenônio, deutereto de xenônio e hidróxido de xenônio. O trióxido de xenônio é um composto altamente explosivo.	Sua principal aplicação é na fabricação de dispositivos emissores de luz, como lâmpadas estroboscópicas, lâmpadas bactericidas, tubos eletrônicos e *flashes* fotográficos, assim como em lâmpadas para excitar *laser* de rubi, que geram luz coerente. Emite um bonito brilho azul quando excitado com uma descarga elétrica, e tem-se obtido xenônio metálico aplicando-lhe pressões de várias centenas de kilobars. Outros usos são: como anestésico em anestesia geral, em instalações nucleares, em câmaras de bolha, em sondas e em outras áreas onde seu alto peso molecular é desejável; os perxenatos são empregados como agentes oxidantes em química analítica; na medicina nuclear, o isótopo Xe-133 é utilizado como radioisótopo na cintigrafia de ventilação do pulmão.

Poluente	Concentração	Características	Efeitos
Dióxido de nitrogênio (NO_2)	0,02 ppm	É formado pela reação do óxido de nitrogênio e do oxigênio reativo presentes na atmosfera.	É considerado um gás muito comum e tóxico e conhecido por seu cheiro forte e coloração castanha em algumas situações. O nitrogênio gasoso (N_2) e o oxigênio molecular (O_2) reagem, formando o monóxido de nitrogênio (NO), proveniente da queima de combustível no motor de carros ou em fornos industriais, onde a temperatura é muito elevada. O NO oxidado na atmosfera pelo O_2 forma NO_2.	Pode provocar irritação da mucosa do nariz manifestada através de coriza, bem como danos severos aos pulmões semelhantes aos provocados pelo enfisema pulmonar. Além dos efeitos diretos à saúde, também está relacionado à formação do ozônio e da chuva ácida. Tem propriedades anestésicas, porém é tóxico para pessoas e animais, e a exposição de longa duração resulta em danos sérios à saúde.
Ozônio (O_3)	0 a 0,01 ppm	É uma variedade alotrópica do oxigênio. É um gás extremamente oxidante e reativo, e sua ocorrência natural se dá na estratosfera, através de raios ultravioleta do Sol. Pode ser produzido artificialmente.	Ocorre através da transformação do oxigênio bombardeado pela luz ultravioleta em condições específicas da alta atmosfera. É 50% mais denso que o oxigênio. O gás se liquefaz à temperatura de $-112\,°C$, seu ponto de congelamento se dá a $-251{,}4\,°C$ e sua decomposição ocorre acima de $100\,°C$, ou em temperatura ambiente quando são usados catalisadores. Liquefeito, sua coloração é azul-escura.	Na indústria, é utilizado em misturas com outros gases devido à sua poderosa capacidade oxidante, sobretudo na transformação de alcenos em aldeídos, cetonas ou ácidos carboxílicos. Também é um poderoso germicida, empregado na esterilização de água potável e na remoção de sabores e odores indesejáveis. Serve como agente branqueador para compostos orgânicos. Riscos: curiosamente o ozônio presente na troposfera é um perigoso poluente que, além de provocar problemas respiratórios e o *smog* fotoquímico, também degrada tecidos e danifica plantas, o que contrasta com o papel protetor que geralmente é atribuído ao ozônio estratosférico. O ozônio é produzido principalmente por motores, tanto a combustão como elétricos.
Radônio (Rn)	$6{,}0 \times 10^{-14}$ ppm	Em temperatura ambiente, encontra-se no estado gasoso. É um dos gases nobres, e seu nome provém do elemento rádio.	É um elemento gasoso radioativo, incolor e inodoro, pertencente ao grupo 18 da tabela periódica e produzido pelo decaimento radioativo do rádio e do urânio. Está sempre presente na atmosfera onde há depósitos minerais de rádio, os quais estão largamente distribuídos pela crosta terrestre. Ocorre também em alguns tipos de solo, sendo que a quantidade de radônio está diretamente relacionada à composição química desses solos. O Rn-222 é produto do decaimento radioativo do urânio-238; por ser um gás nobre, difunde-se a ambientes de convívio humano através de materiais de construção, solos e água, podendo continuar seu processo de fissão emitindo partículas alfa, beta e gama.	É produzido para uso terapêutico em alguns hospitais, como fonte de radiação para o tratamento de pacientes com câncer. Também é utilizado em sismógrafos. Combinado com berílio ou outros metais leves, é fonte de nêutrons.

Fonte: adaptado de Martinelli Jr. (2002) e diversos outros autores.

ção, visando ao controle da poluição do ar no território estadual ou distrital, observando as estratégias estabelecidas no Programa Nacional de Controle da Qualidade do Ar – Pronar;

- *Material particulado MP10*: partículas de material sólido ou líquido suspensas no ar, na forma de poeira, neblina, aerossol, fuligem, entre outros, com diâmetro aerodinâmico equivalente de corte de 10 micrômetros;
- *Material particulado MP2,5*: partículas de material sólido ou líquido suspensas no ar, na forma de poeira, neblina, aerossol, fuligem, entre outros, com diâmetro aerodinâmico equivalente de corte de 2,5 micrômetros. (Conama, 2018).

Já o Decreto Estadual nº 59.113/2013 estabelece os padrões de qualidade do ar para o Estado de São Paulo, tendo por base as diretrizes estabelecidas pela OMS. A Tab. 7.2 apresenta esses padrões, sendo que os vigentes estão assinalados em negrito.

Para melhor entender a caracterização dos poluentes atmosféricos, pode-se definir, de forma simplificada, que:

- *Poluente*: resumidamente, é a substância que promove a poluição.
- *Poluentes atmosféricos*: resumidamente, refere-se ao concentrado de poluentes no ar.
- *Poluição do ar*: refere-se à liberação dos poluentes atmosféricos para o ar. É a presença de matéria ou energia em quantidades tais que possam vir a causar incômodos ou danos à saúde da população, bem como danos aos materiais, à fauna e à flora.
- *Matéria ou energia*: é muito comum associar a poluição do ar à matéria, mas a energia também pode ser considerada como tal (som, luz, descargas elétricas, irradiações etc.).
- *Quantidade*: está diretamente ligada ao controle da poluição do ar. Devem ser seguidos padrões de referência relativos a quantidades mínimas e máximas de substâncias e/ou poluentes para que se mantenha o padrão de "normalidade". Esse parâmetro está sempre ligado à qualidade, ao efeito e à concentração de cada poluente analisado. Pode-se admitir a presença de

TAB. 7.1 Padrões nacionais de qualidade do ar (Resolução Conama nº 491/2018)

Poluente atmosférico	Período de referência	PI-1 mg/m³	PI-2 m/m³	PI-3 mg/m³	PF mg/m³	ppm
Material particulado (MP_{10})	24 horas	120	100	75	50	–
	Anual[1]	40	35	30	20	–
Material particulado ($MP_{2,5}$)	24 horas	60	50	37	25	–
	Anual[1]	20	17	15	10	–
Dióxido de enxofre (SO_2)	24 horas	125	50	30	20	–
	Anual[1]	40	30	20	–	–
Dióxido de nitrogênio (NO_2)	1 hora[2]	260	240	220	200	–
	Anual[1]	60	50	45	40	–
Ozônio (O_3)	8 horas[3]	140	130	120	100	–
Fumaça	24 horas	120	100	75	50	–
	Anual[1]	40	35	30	20	–
Monóxido de carbono (CO)	8 horas[3]	–	–	–	–	9
Partículas totais em suspensão (PTS)	24 horas	–	–	–	240	–
	Anual[4]	–	–	–	80	–
Chumbo (Pb)[5]	Anual[1]	–	–	–	0,5	–

Notas: 1 – média aritmética anual; 2 – média horária; 3 – máxima média móvel obtida no dia; 4 – média geométrica anual; 5 – medido nas partículas totais em suspensão.

TAB. 7.2   Padrões de qualidade do ar do Estado de São Paulo (Decreto Estadual nº 59.113/2013)

Poluente	Tempo de amostragem	MI 1 (µg/m³)*	MI 2 (µg/m³)	MI 3 (µg/m³)	PF (µg/m³)**
Partículas inaláveis (MP$_{10}$)	24 horas	120	100	75	50
	MAA¹	40	35	30	20
Partículas inaláveis finas (MP$_{2,5}$)	24 horas	60	50	37	25
	MAA	20	17	15	10
Dióxido de enxofre (SO$_2$)	24 horas	60	40	30	20
	MAA	40	30	20	–
Dióxido de nitrogênio (NO$_2$)	1 hora	260	240	220	200
	MAA	60	50	45	40
Ozônio (O$_3$)	8 horas	140	130	120	100
Monóxido de carbono (CO)	8 horas	–	–	–	9 ppm
Fumaça*** (FMC)	24 horas	120	100	75	50
	MAA	40	35	30	20
Partículas totais em suspensão*** (PTS)	24 horas	–	–	–	240
	MGA²	–	–	–	80
Chumbo**** (Pb)	MAA	–	–	–	0,5

Notas: 1 – média aritmética anual; 2 – média geométrica anual; *MI 1, MI 2 e MI 3 – metas intermediárias 1, 2 e 3; **PF – padrão final; ***fumaça e partículas totais em suspensão – parâmetros auxiliares a serem utilizados apenas em situações específicas, a critério da Cetesb; ****chumbo – a ser monitorado apenas em áreas específicas, a critério da Cetesb.
Fonte: Cetesb (s.d.-a).

quantidades residuais, que não provocam efeitos danosos, pois não existem controles absolutos para os poluentes atmosféricos, ou seja, não há equipamentos de controle com 100% de eficiência.

- *Incômodos e danos*: são os efeitos causados pela presença dos diversos poluentes atmosféricos. Existem incômodos que, em baixas concentrações, não provocam efeitos diretos à saúde, mas que, de acordo com o conceito técnico, são considerados poluição do ar e devem ser controlados pelos órgãos ambientais.
- *Materiais, fauna e flora*: devem ser preservados, pois são considerados bens ou patrimônios da humanidade e também porque, se forem deteriorados ou contaminados, podem causar danos indiretos à saúde pública e prejuízos econômicos e culturais.

Para propor o controle e/ou a gestão da poluição, é necessário primeiro conhecer o poluente, ou seja, defini-lo de forma a identificar suas características, fontes, concentrações, padrões físicos, químicos e biológicos, áreas de abrangência, efeitos deletérios ao meio e à saúde pública etc.

A Fig. 7.5 esquematiza os principais poluentes que normalmente degradam os ecossistemas ar, água e solo e que se integram a eles.

As unidades de medida mais utilizadas para os poluentes atmosféricos são: para poeira, mmpc (milhões de partículas por pé cúbico de ar); para névoas, neblinas e fumos, mg/m³ (miligrama por metro cúbico); e para gases e vapores, ppm (partes por milhão).

7.2.1 Medidas de controle da poluição atmosférica

O controle da poluição do ar envolve o gerenciamento de todo um processo, desde o planejamento do assentamento de núcleos urbanos e industriais e do sistema viário até a ação direta sobre a fonte de emissão.

As ações para conseguir esse controle devem ser fundamentadas em um estudo detalhado do

Principais poluentes que degradam os ecossistemas

Ar
- Gás sulfídrico
- Óxido de enxofre
- Amônia
- Nitrato
- Ferro
- Cloreto
- Chumbo
- Mercúrio
- Ozona
- Hidrocarbonetos
- Particulados

Águas
- Particulados
- Matéria inogârnica
- Nutrientes em excesso
- Metais pesados
- Derivados de petróleo
- Agrotóxicos

Orgânicos
- Derivados de petróleo
- Agrotóxicos

Solos

Metais pesados
- Mercúrio
- Cádmio
- Chumbo
- Zinco
- Manganês
- Cobre

Outros inorgânicos
- Cloro
- Ferro
- Nutrientes em excesso

Fig. 7.5 *Principais poluentes que degradam o meio ambiente e se integram a ele*

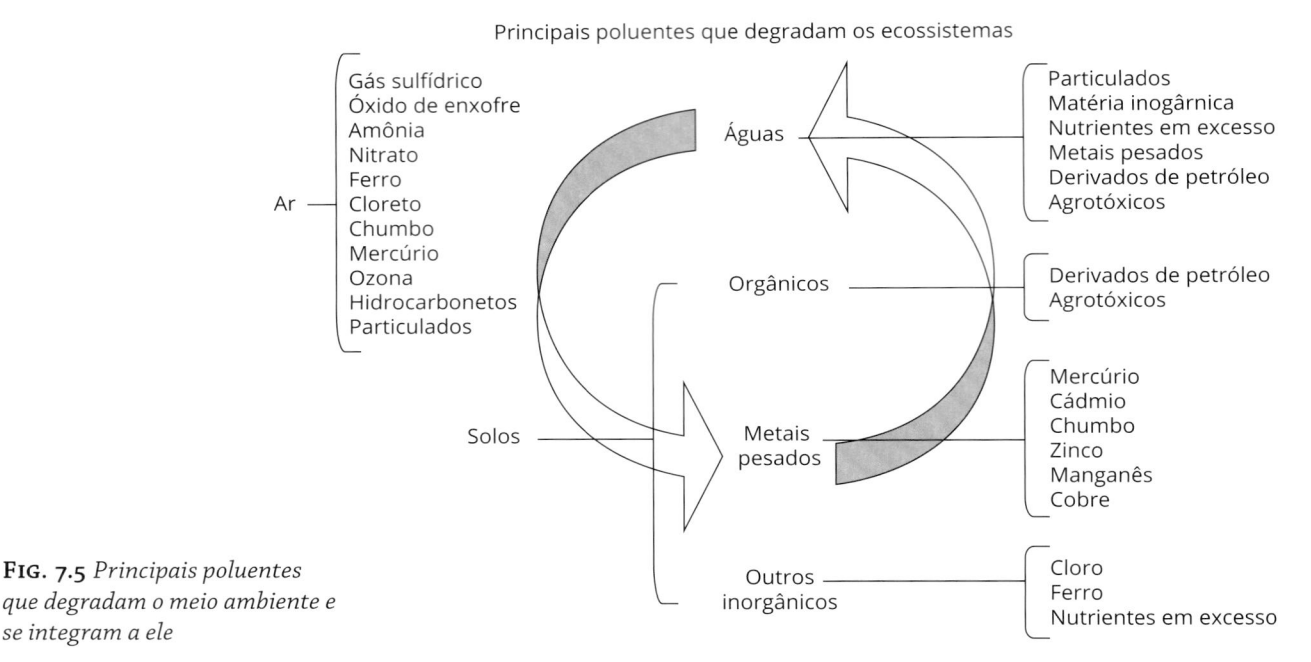

registro da avaliação da qualidade do ar da região, assim como na execução de um minucioso inventário das fontes com potencial poluidor da região, de forma a obter uma adequada associação entre os verdadeiros poluentes presentes e os responsáveis pelas emissões, garantindo, assim, que as ações de controle sejam direcionadas objetivamente a seus causadores.

Por exemplo, a Companhia Ambiental do Estado de São Paulo (Cetesb) é a agência do governo do Estado responsável pelo controle, fiscalização, monitoramento e licenciamento de atividades geradoras de poluição, com a preocupação fundamental de preservar e recuperar a qualidade das águas, do ar e do solo. Para tanto, ela mantém estações automáticas e manuais de controle da qualidade do ar, de modo que as diversas concentrações medidas sejam comparadas com os padrões ou índices de qualidade existentes na legislação.

Para reduzir a concentração dos poluentes atmosféricos, são necessárias medidas tanto preventivas como corretivas, assumindo a informação um papel fundamental na mobilização dos cidadãos. Entre os principais meios de intervenção disponíveis, conta-se com:

- Medidas de adequações legais e normativas
  ◊ estabelecimento de limites de qualidade do ar ambiente;
  ◊ definição de normas de emissão;
  ◊ licenciamento das fontes poluidoras.
- Medidas de adequações tecnológicas
  ◊ incentivo à utilização de novas tecnologias;
  ◊ utilização de equipamento de redução de emissões (por exemplo, catalisadores nos automóveis e equipamento de despoluição de efluentes gasosos nas indústrias).
- Medidas de incentivo, de educação ambiental e de responsabilidade social
  ◊ controle dos locais de deposição de resíduos sólidos, impedindo os fogos espontâneos e a queima de resíduos perigosos;
  ◊ incentivo à permanência de florestas naturais;
  ◊ criação de serviços de informação e de auxílio às populações sujeitas ou afetadas pela poluição atmosférica.
- Medidas de planejamento e gestão
  ◊ utilização de redes de monitorização da qualidade do ar;
  ◊ estabelecimento de planos de emergência para situações de poluição atmosférica graves.

- Medidas de disciplinamento do uso e da ocupação do solo através do planejamento
  ◊ afastamento das fontes poluidoras em relação às outras áreas;
  ◊ utilização de barreiras, naturais ou artificiais, dificultando a propagação dos poluentes;
  ◊ planejamento da distribuição adequada de edificações de modo a permitir a circulação do ar e facilitar a dispersão dos poluentes;
  ◊ melhoria do sistema de circulação de veículos, aumentando a velocidade média deles e, com isso, diminuindo a emissão de poluentes;
  ◊ melhoria e incentivo do uso do transporte coletivo.
- Controle das fontes poluidoras
  ◊ estabelecimento de altura adequada das chaminés de indústrias, em função das condições de dispersão dos poluentes;
  ◊ uso de matérias-primas e combustíveis que resultem em resíduos menos poluidores;
  ◊ modificação dos processos industriais, operação e manutenção adequadas dos equipamentos e melhoria da combustão;
  ◊ estabelecimento de padrões de emissão de poluentes pelos veículos leves e pesados fabricados no Brasil;
  ◊ instalação de equipamentos de retenção de partículas e gases (coletores úmidos, filtros, condensadores de vapores etc.).

Conforme o exposto, conclui-se que, para o efetivo controle dos poluentes atmosféricos, é necessário o estabelecimento de valores dos limites de qualidade do ar, definindo-se os níveis de concentração de poluentes necessários para garantir a saúde pública e o equilíbrio ambiental. A avaliação desses poluentes é feita por meio dos indicadores da qualidade do ar.

É preciso que as normas e as leis sejam implementadas e fiscalizadas em todos os tipos de agentes poluidores, desde as fontes pontuais, sobretudo industriais, até as fontes móveis, tais como carros de passeio, utilitários e/ou veículos de transporte de carga etc.

As normas estão intimamente relacionadas com o licenciamento das atividades produtivas. O processo de licenciamento deve considerar a realização do estudo de impacto ambiental, sendo muito importante que se faça o aconselhamento da utilização das tecnologias disponíveis para minimizar as emissões para a atmosfera.

O incentivo ao uso de novas tecnologias é de suma importância para o controle de emissão e a gestão dos poluentes. A chamada produção mais limpa (P+L) incentiva a implementação de processos de gestão tanto nas fontes pontuais como nas fontes móveis, apresentando novos conceitos econômicos, políticos e ambientais, através de:

- redução do consumo de energia através da utilização de energias alternativas e renováveis, com menores emissões de poluentes;
- substituição de compostos nocivos, tais como CFCs e alguns solventes, por outros inócuos ou de menores inconvenientes;
- utilização de tecnologias geradoras de menor quantidade de poluentes;
- diminuição ao máximo da utilização de produtos com CFCs, prejudiciais à camada de ozônio;
- controle e gestão de resíduos (sólidos, líquidos e gasosos);
- gestão e implementação de sistemas de manutenção de materiais e processos;
- uso de logística na produção desde a extração, a industrialização e seus processos, a comercialização, até o consumo e o descarte;
- incentivo à economia circular e à tecnologia limpa.

De forma a melhor buscar esse objetivo, após a classificação dos poluentes, deve-se projetar medidas e métodos que atuem diretamente no controle da poluição atmosférica. Para tanto, são propostas algumas medidas de acordo com as fases do processo de poluição. Essas medidas podem ser consideradas diretas, quando realizadas diretamente nas fontes, e indiretas, quando se objetiva impedir a geração do poluente ou diminuir a quantidade gerada.

Medidas indiretas

São ações que visam a eliminação, redução ou afastamento dos poluentes, incentivando adequações de processos, como a substituição de matérias-primas e reagentes, assim como a implementação de tecnologias mais limpas.

Para reduzir a quantidade de poluentes produzidos, é necessário implementar novos comportamentos que atuem na gestão sustentável e no desenvolvimento planejado, como capacitar funcionários, realizar operação e manutenção de equipamentos, adequar estoques, combustíveis, fornecedores, *layout* etc. Enfim, é preciso favorecer ações técnicas que também atuem na gestão ambiental, na produtividade e na saúde pública.

Dentro desse planejamento, pode-se destacar como exemplos:

- *planejamento territorial*: melhor definição da localização de forma a controlar o impacto da poluição atmosférica no meio ambiente e na saúde, considerando a densidade populacional do entorno, a velocidade de dispersão, o sentido dos ventos etc.;
- *mudança de processos*: utilização de operações contínuas automáticas, uso de sistemas completamente fechados, condensação e reutilização de vapores (indústria petrolífera), processos úmidos em vez de secos etc.

Medidas diretas

As medidas diretas, sejam elas realizadas através de ações corretivas, preventivas ou especiais, são projetadas para controlar as emissões originadas nas fontes, propondo um tratamento efetivo antes de seu lançamento na atmosfera.

Uma das medidas diretas é propiciar o tratamento da concentração dos poluentes ainda na fonte de emissão, impedindo sua dispersão. Para tanto, existem vários equipamentos que possuem a função de controlar e tratar a emissão desses poluentes. Os chamados equipamentos de controle de poluição do ar (ECPs) são classificados de acordo com o estado físico do poluente e através de alguns parâmetros, como o mecanismo de controle e o uso ou não da água, que lhes conferem diferentes graus de eficiência. Entre esses equipamentos, pode-se destacar:

- *equipamentos de controle de material particulado*: coletores secos, coletores mecânicos inerciais e gravitacionais, coletores mecânicos centrífugos (ciclones), receptadores dinâmicos secos, filtros de tecido (filtros-manga), precipitadores eletrostáticos secos etc.;
- *coletores úmidos*: torres de *spray* (pulverizadores), lavadores ciclônicos, lavadores de gases, lavadores de leito móvel etc.;
- *equipamentos de controle para gases e vapores*: adsorventes, absorventes, incineradores de gás com chama direta, incineradores de gás catalíticos, tratamento biológico etc.

Adequação do projeto de controle de poluentes

Para a elaboração de um projeto de adequação de controle de poluentes, é necessário que se conheça o padrão de qualidade do ar tido como normal e o padrão de emissão do agente poluidor em questão. A adequação da condição real àquela necessária imposta pela legislação é o que se propõe e se define como *projeto de condicionamento*. Esse processo varia de acordo com o tipo de poluente, sua concentração, seu padrão de emissão e seus efeitos ao meio ambiente e à saúde pública.

Nesse estudo consideram-se, entre outros índices:

- *padrão de qualidade do ar (PQA)*: avalia a intensidade, a concentração, a quantidade e as características dos poluentes de uma amostra, de forma a considerá-los normais ou não;
- *padrão de emissão (PE)*: nível permitido de emissão de poluentes atmosféricos considerando suas características quanto a intensidade, concentração e quantidade

máximas admitidas no conceito de normalidade;
- *padrão de condicionamento e projeto (PCP)*: condições de lançamento e demais características dos poluentes, bem como condições de localização e utilização e demais características de fontes poluidoras;
- *sinergismo*: é a interferência de uma substância na ação de outra substância, de forma a potencializar seu risco. No caso de poluição do ar, por exemplo, o sinergismo entre o material particulado e o dióxido de enxofre apresenta efeitos deletérios à saúde e ao meio ambiente.

Diante do exposto, entende-se a necessidade de conhecer as características ambientais de modo a elaborar planos, projetos e obras necessárias para agir adequadamente contra a poluição atmosférica, tais como:
- medir e conhecer a concentração dos poluentes no ar;
- definir as fontes poluentes;
- definir a qualidade do ar;
- analisar os valores-limites;
- observar a evolução da qualidade do ar;
- planejar ações que promovam melhor qualidade do ar, tais como reordenar atividades socioeconômicas, alterar o percurso rodoviário e reduzir as emissões de poluentes atmosféricos.

7.2.2 Fontes de poluição do ar

Ao analisar ou classificar a fonte de poluição do ar, é importante saber qual é o poluente emitido e quem foi o responsável por essa emissão, ou seja, de onde vem determinado poluente, para que se consiga, dessa forma, propor a melhoria do processo.

Existem alguns processos que convencionalmente são considerados agentes poluidores potenciais, podendo ser relacionados:
- combustão;
- geração de energia elétrica;
- processos realizados em fábricas de pasta de papel, siderúrgicas, cimenteiras, refinarias, indústrias de minerais não metálicos, pedreiras, indústria química e de adubos e áreas em construção;
- uso de solventes em colas, tintas, produtos de proteção de superfícies, aerossóis, limpeza de metais e lavanderias;
- queima de resíduos urbanos, industriais, agrícolas e florestais, feita muitas vezes em situações fora de controle; a queima de resíduos de explosivos, resinas, tintas, plásticos e pneus é responsável pela emissão de compostos perigosos;
- os fogos florestais, em sua maioria provenientes da ação humana, são responsáveis por emissões significativas de CO_2 nos últimos anos;
- o uso de fertilizantes e o excesso de concentração agropecuária são os principais contribuintes de emissões de metano, amoníaco e N_2O.

Os resíduos que advêm das diversas fontes de poluição são divididos em *poluentes naturais*, emitidos pela própria natureza, e *poluentes artificiais* ou *antropogênicos*, emitidos pela ação direta ou indireta do homem:
- *Naturais*:
  ◊ cinzas e gases de emissões vulcânicas;
  ◊ tempestades de areia e poeira;
  ◊ decomposição de animais e vegetais;
  ◊ partículas e gases de incêndios florestais naturais;
  ◊ poeira;
  ◊ evaporação natural;
  ◊ maresia dos mares e oceanos.
- *Antropogênicos*:
  ◊ fontes industriais;
  ◊ fontes móveis (veículos a gasolina, álcool, diesel e GNV);
  ◊ queima de lixo a céu aberto e incineração de lixo;
  ◊ comercialização e armazenamento de produtos voláteis;
  ◊ queima de combustíveis na indústria e em termelétricas;
  ◊ emissões de processos químicos.

De acordo com o MMA (Brasil, s.d.-e), a classificação dos poluentes atmosféricos é feita de acordo com sua natureza ou pela área que ocupam (*fontes específicas* ou *fontes múltiplas*), sendo avaliadas segundo as fontes de emissão (*fontes fixas* ou *fontes móveis*).

Ao caracterizar os poluentes em função do *local onde são produzidos e emitidos*, definem-se duas categorias:

- *Fontes específicas*: fontes fixas que ocupam uma área limitada do local onde estão instaladas, por exemplo, uma indústria. São chamadas também de pontuais ou localizadas. São assim caracterizadas por serem um foco de fácil identificação da emissão de seus poluentes.
- *Fontes múltiplas*: localizadas em áreas diversas da região estudada, podem ser fixas ou móveis. Por serem dispersas, apresentam maior dificuldade de serem avaliadas e classificadas. Um exemplo de fontes múltiplas móveis são os veículos automotores.

Ao caracterizar os poluentes de acordo com as *fontes de emissão*, busca-se o responsável pela emissão do poluente. Também são definidas duas categorias:

- *Fontes fixas*: são aquelas que ocupam uma área relativamente limitada, permitindo uma avaliação direta na fonte.
- *Fontes móveis*: são as que se dispersam pela localidade, não sendo possível a avaliação na base de fonte por fonte.

Fontes estacionárias/fixas

São aquelas cujos poluentes provêm de processos industriais, chaminés, combustão, queima de resíduos sólidos (incineração) etc.

Para emitir um diagnóstico ambiental a partir da percepção do observador, é imprescindível que se avaliem (registrem) fatores que influenciam diretamente a qualidade do ar, tais como localização geográfica, topografia e condições climáticas locais, constância da emissão e intensidade e direção dos ventos, entre outros fatores que podem favorecer os períodos de variações na concentração ou a dispersão dos poluentes, muito comuns em áreas urbanas, como os ventos, a inversão térmica, os bolsões térmicos etc.

Segundo o MMA (Brasil, s.d.-e), é o Conama que determina os limites máximos de emissões de poluentes atmosféricos através de resoluções, sendo que esses limites são coordenados e discutidos pelo Conama, pelo MMA e pelo Ibama. Os órgãos estaduais de meio ambiente, por atuarem nos licenciamentos e nas fiscalizações, participam na edição das resoluções, pois detêm o conhecimento empírico da realidade de seus territórios.

Os estudos e as avaliações dos impactos ambientais oriundos das emissões de poluentes atmosféricos promoveram adequações das resoluções, de forma a alinhar as tolerâncias da qualidade do ar à proteção do meio ambiente e à saúde humana.

As principais resoluções do Conama associadas às fontes fixas são:

- *Resolução Conama nº 5, de 15 de junho de 1989*: cria o Programa Nacional de Controle da Poluição do Ar (Pronar) e fixa parâmetros de emissão de poluentes gasosos e de materiais particulados, adotando padrões nacionais de qualidade do ar.
- *Resolução Conama nº 3, de 28 de junho de 1990*: estabelece padrões de qualidade do ar previstos no Pronar e adota recomendações da OMS considerando limites de concentrações compatíveis com a saúde, a segurança e o bem-estar humanos, bem como assegura a flora e a fauna, os materiais e o meio ambiente em geral e também estabelece padrões primários e secundários.
- *Resolução Conama nº 8, de 6 de dezembro de 1990*: estabelece limites máximos de emissão dos poluentes no ar para processos de combustão externa de fontes de poluição. Também complementa o Pronar, estabelecendo limites de concentração para determinados poluentes no ar.

- *Resolução Conama nº 382, de 26 de dezembro de 2006*: estabelece limites máximos para fontes fixas. Configurando uma grande alteração na abordagem do tema das resoluções anteriores, fixa limites específicos de emissão para cada tipo de fonte ou combustível utilizado, aplicáveis a todas as fontes fixas instaladas a partir de sua vigência, em 2007.
- *Resolução Conama nº 436, de 22 de dezembro de 2011*: estipula limites máximos de emissão de poluentes atmosféricos para fontes fixas instaladas ou com pedido de licença de instalação anterior a 2 de janeiro de 2007. Complementando a Resolução nº 436/2006, impõe novos limites às fontes antigas.

Segundo o MMA (Brasil, s.d.-e), a Resolução Conama nº 436/2011 trouxe profunda mudança tecnológica aos processos industriais nacionais, forçando adaptações que diminuíram de forma expressiva suas emissões, promovendo menor impacto poluidor.

As indústrias são as fontes mais significativas ou de maior potencial poluidor. No entanto, deve-se ainda destacar a crescente demanda por usinas termelétricas, utilizadoras de carvão ou óleo combustível, bem como por incineradores de resíduos, os quais também se destacam por seu elevado potencial poluidor.

As fontes industriais apresentam uma enorme variedade no que se refere à quantidade e à qualidade dos poluentes emitidos, relacionada aos fatores de fabricação. As matérias-primas e os combustíveis envolvidos no processo, a eficiência do processo, o produto fabricado e o grau de medidas de controle de emissões influem diretamente no tipo e na concentração do poluente expelido. O Quadro 7.2 lista alguns dos principais poluentes atmosféricos, com suas fontes e efeitos.

São inúmeras as atividades consideradas como fontes fixas que são responsáveis por emissões de poluentes atmosféricos. O Quadro 7.3 apresenta os indicadores das principais fontes fixas por setor.

Fontes móveis

As fontes móveis de poluição do ar (veículos automotores, trens, aviões, helicópteros e embarcações marítimas diversas) produzem uma quantidade considerável de poluentes, essencialmente devido às emissões dos gases de escape, mas também como resultado da evaporação de combustíveis. São os principais emissores de NO_x, CO, CO_2 e compostos orgânicos voláteis (COVs), além de emitirem poluentes específicos, como o chumbo.

Poluentes como o SO_2 e o NO_x são os principais responsáveis pelo problema da acidificação. Em contato com a água, transformam-se em ácidos sulfúrico e nítrico, os quais, dissolvidos na chuva e na neve (deposição úmida), atingem o solo sob a forma de sulfatos (SO_4^{2-}), nitratos (NO^{3-}) e íons de hidrogênio (H^+). No entanto, o SO_2 e os NO_x também podem ser depositados diretamente no solo ou nas folhas das plantas como gases ou associados a poeiras (deposição seca). A acidez é dada pela concentração de H^+ libertados pelos ácidos e é normalmente indicada pelos valores de pH.

De acordo com o combustível utilizado, há maior ou menor quantidade de resíduos dessa combustão e, portanto, ele é mais ou menos poluidor. Quando se fala em combustão, tem-se a seguinte escala de graus de poluição:
- *diesel*: combustível mais poluente;
- *gasolina*: combustível de média poluição;
- *álcool*: combustível de menor poluição;
- *biodiesel*: quando bem gerenciado, praticamente sem resíduos;
- *gás natural e biogás*: praticamente sem resíduos.

Novas fontes energéticas consideradas "limpas" já estão sendo implementadas ainda em pequena escala, mas se prevê que seu crescimento será muito grande nas próximas décadas. São as chamadas *energias renováveis*, podendo-se citar:
- energias solar, eólica, maremotriz e geotérmica;
- hidrogênio como combustível;
- biocombustíveis (etanol, biodiesel e biogás);

QUADRO 7.2 Principais poluentes atmosféricos: fontes e efeitos

Poluente	Características	Fontes principais	Efeitos gerais ao meio ambiente
Partículas inaláveis finas ($MP_{2,5}$)	Partículas de material sólido ou líquido suspensas no ar, na forma de poeira, neblina, aerossol, fumaça, fuligem etc., que podem permanecer no ar e percorrer longas distâncias. Faixa de tamanho $\leq 2,5$ µm.	Processos de combustão (industrial, veículos automotores), aerossol secundário (formado na atmosfera), como sulfato e nitrato, entre outros.	Danos à vegetação, deterioração da visibilidade e contaminação do solo e da água.
Partículas inaláveis (MP_{10}) e fumaça	Partículas de material sólido ou líquido que ficam suspensas no ar, na forma de poeira, neblina, aerossol, fumaça, fuligem etc. Faixa de tamanho ≤ 10 µm.	Processos de combustão (indústria e veículos automotores), poeira ressuspensa, aerossol secundário (formado na atmosfera).	Danos à vegetação, deterioração da visibilidade e contaminação do solo e da água.
Partículas totais em suspensão (PTS)	Partículas de material sólido ou líquido que ficam suspensas no ar, na forma de poeira, neblina, aerossol, fumaça, fuligem etc. Faixa de tamanho ≤ 50 µm.	Processos industriais, veículos motorizados (exaustão), poeira de rua ressuspensa, queima de biomassa. Fontes naturais: pólen, aerossol marinho e solo.	Danos à vegetação, deterioração da visibilidade e contaminação do solo e da água.
Dióxido de enxofre (SO_2)	Gás incolor, com forte odor, semelhante ao gás produzido na queima de palitos de fósforos. Pode ser oxidado a SO_3, que, na presença de vapor d'água, passa rapidamente a H_2SO_4. É um importante precursor dos sulfatos, um dos principais componentes das partículas inaláveis.	Processos que utilizam queima de óleo combustível, refinarias de petróleo, veículos a diesel, produção de polpa de celulose e papel, fertilizantes.	Pode levar à formação de chuva ácida, causar corrosão aos materiais e danos à vegetação: folhas e colheitas.
Dióxido de nitrogênio (NO_2)	Gás marrom-avermelhado, com odor forte e muito irritante. Pode levar à formação de ácido nítrico, nitratos (os quais contribuem para o aumento das partículas inaláveis na atmosfera) e compostos orgânicos tóxicos.	Processos de combustão envolvendo veículos automotores, processos industriais, usinas térmicas, incinerações.	Pode levar à formação de chuva ácida, danos à vegetação e à colheita.
Monóxido de carbono (CO)	Gás incolor, inodoro e insípido.	Combustão incompleta em veículos automotores.	
Ozônio (O_3)	Gás incolor, inodoro nas concentrações ambientais e o principal componente da névoa fotoquímica.	Não é emitido diretamente para a atmosfera. É produzido fotoquimicamente pela radiação solar sobre os óxidos de nitrogênio e compostos orgânicos voláteis.	Danos às colheitas, vegetação natural, plantações agrícolas e plantas ornamentais.

Fonte: Cetesb (2017c).

- células combustíveis;
- energias nuclear, hidráulica etc. (convencionalmente já implementadas no mercado).

A título de exemplo, cabe mencionar que as fontes móveis são as maiores responsáveis pela poluição atmosférica da Região Metropolitana de São Paulo (RMSP), como pode ser visto na Tab. 7.3. Enquanto boa parte das indústrias da RMSP foi desativada ou deslocada para outras regiões, sua frota de veículos aumenta significativamente a cada ano. Convém destacar que, mesmo sendo o ônibus a diesel um vilão poluidor, o transporte individual emite 4,9 vezes mais poluentes locais e 1,8 vez mais CO_2 que o transporte público, já que o ônibus substitui entre 10 e 40 veículos particulares.

QUADRO 7.3 Principais setores de poluição do ar no Brasil – fontes fixas

Setor	Características
Produção de energia	Emissões antrópicas resultantes da produção, transformação e consumo de energia; inclui emissões em consequência da queima de combustíveis e emissões fugitivas da indústria de petróleo, gás e carvão mineral (CO_2, CH_4, N_2O, CO, NO_X e NMVOCs)
Processos industriais	Emissões resultantes dos processos produtivos nas indústrias e que não resultam da queima de combustíveis (CO_2, CH_4, N_2O, PFCs). Inclui produtos minerais, metalurgia e química, além da produção e do consumo de HFCs e SF_6
Uso de solventes e outros produtos	Emissões de gases de efeito estufa indiretos (NMVOCs)
Agropecuária	Emissões resultantes da fermentação entérica do gado, manejo de dejetos animais, solos agrícolas, cultivo de arroz e queima de resíduos agrícolas (CH_4, N_2O)
Mudança no uso da terra e florestas	Emissões e remoções resultantes das variações no estoque de carbono da biomassa aérea, do solo, considerando todas as transições possíveis entre os diversos usos da terra, além das emissões relativas à aplicação de calcário nos solos (CO_2) e à queima de biomassa nos solos (CH_4 e N_2O); foram consideradas somente as áreas manejadas
Tratamento de resíduos	Emissões resultantes da disposição de resíduos sólidos (CH_4) e do tratamento de esgotos (domésticos, comerciais e industriais) (CH_4 e N_2O), bem como emissões de incineração de resíduos (CO_2 e N_2O)

Fonte: Kozuf (s.d.).

7.3 Classificação dos poluentes do ar

O padrão de qualidade do ar define legalmente as concentrações máximas de componentes sólidos ou gasosos presentes na atmosfera, de modo a garantir a proteção da saúde e do bem-estar das pessoas, assim como o equilíbrio ambiental.

De maneira a propor o melhor gerenciamento e controle dessas emissões, também se faz necessário o conhecimento e a caracterização dos poluentes em si. Sua classificação é realizada de quatro formas:

- quanto à origem;
- quanto ao estado físico;
- quanto à composição;
- quanto aos efeitos fisiológicos, materiais e ambientais.

7.3.1 Quanto à origem

A interação entre a atmosfera e a poluição determina a qualidade do ar e os efeitos dessa poluição sobre os receptores. Por exemplo, as emissões dos automóveis promovem um impacto imediato no ambiente circundante e no nível do solo, ao contrário das emissões das chaminés altas, as quais causam sobretudo problemas de poluição no solo a uma maior distância de sua fonte.

Quanto à sua origem, os poluentes atmosféricos podem ser *primários* ou *secundários*, conforme ilustrado na Fig. 7.6.

Poluentes primários

São emitidos diretamente pelas fontes de emissão. São formados no próprio local onde a queima se processa, ou seja, no próprio espaço delimitado por aquilo que se denomina fonte de poluição do ar. Saem da fonte de emissão e chegam ao receptor sem transformações químicas, sendo fácil "encontrar o culpado". Pode-se destacar como principais poluentes primários: material particulado (fumos, poeiras, névoas), monóxido de carbono (CO), dióxido de carbono (CO_2), óxidos de nitrogênio (NO e NO_2), hidrocarbonetos (gasolina, diesel) e clorofluorcarbonos, chumbo, mercúrio, dióxido de enxofre etc.

Suas características ambientais são as seguintes (Machado; Morini, s.d.):

- são estáveis;
- integram-se nos ciclos biológicos;
- são facilmente detectáveis em análise química;
- sua concentração depende da emissão e da dispersão na atmosfera;
- controle direto na fonte;
- solução: aperfeiçoamento e tecnologia.

TAB. 7.3 Contribuição relativa de poluentes atmosféricos na RMSP

Categoria			Combustível	Poluentes (%)				
				CO	HC	NO$_x$	MP$_{10}$[1]	SO$_x$
Móveis[2]	Automóveis		Gasolina C	33,94	24,20	7,91	0,83	0,97
			Etanol hidratado	8,15	5,22	1,20	nd	nd
			Flex-gasolina C	11,54	14,27	2,07	0,86	1,10
			Flex-etanol hidratado	9,28	9,32	1,29	nd	nd
	Comerciais leves		Gasolina C	5,93	5,83	1,07	0,16	0,28
			Etanol hidratado	0,48	0,40	0,07	nd	nd
			Flex-gasolina C	1,75	2,33	0,37	0,13	0,22
			Flex-etanol hidratado	1,59	1,43	0,22	nd	nd
			Diesel	0,63	0,55	4,66	4,67	2,48
	Caminhões	Semileves	Diesel	0,13	0,14	1,25	1,33	0,36
		Leves		0,60	0,60	5,98	5,63	1,78
		Médios		0,39	0,42	3,95	4,39	1,05
		Semipesados		0,95	0,30	4,77	3,20	3,62
		Pesados		0,90	0,77	10,11	5,86	3,59
	Ônibus	Urbanos	Diesel	1,52	1,05	13,65	8,50	0,16
		Micro-ônibus		0,11	0,08	0,99	0,59	0,01
		Rodoviários		0,29	0,27	3,12	2,16	0,94
	Motocicletas		Gasolina C	17,67	7,71	1,13	1,57	0,11
			Flex-gasolina C	0,61	0,26	0,07	0,12	0,02
			Flex-etanol hidratado	0,32	0,16	0,03	nd	nd
	% emissão veicular (2017)			96,76	75,30	63,92	40,00	16,70
Fixas	Operação de processo industrial (2008)			3,24	14,91	36,08	10,00	83,30
	Base de combustível líquido (2008)			–	9,80	–	–	–
Outras	Ressuspensão de partículas			–	–	–	25,00	–
	Aerossóis secundários			–	–	–	25,00	–
Total				100,00	100,00	100,00	100,00	100,00

Notas:
nd: não disponível.
[1]Contribuição conforme estudo de modelo receptor para partículas inaláveis (Cetesb, 2002). A contribuição dos veículos (40%) foi rateada entre todos os veículos de acordo com os dados de emissão disponíveis.
[2]Ano de referência do inventário de fontes móveis: 2017.
Fonte: Cetesb (2019).

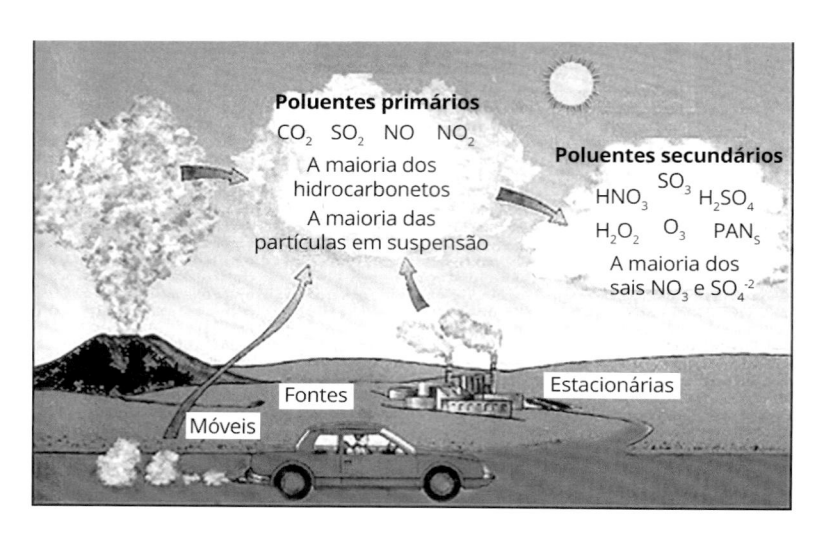

FIG. 7.6 *Fontes de poluentes atmosféricos*
Fonte: Poluição... (2012).

Poluentes secundários

São formados na atmosfera por meio da reação química entre poluentes primários e componentes naturais da atmosfera. Os mais conhecidos são o ozônio (O_3), o peroxiacetilnitrato (PAN), o peróxido de hidrogênio (H_2O_2) e os aldeídos.

Entre os poluentes secundários específicos, os mais importantes são os denominados oxidantes fotoquímicos, como o ozônio, que é formado por reações complexas no meio ambiente envolvendo, entre outros, COVs e NO_x. Esse ozônio é conhecido como ozônio troposférico ou maléfico e pode causar danos à saúde da população exposta. Existe, por outro lado, o ozônio mesosférico ou benéfico, que possui a qualidade de funcionar como filtro para a radiação ultravioleta proveniente do Sol, a qual pode provocar males (câncer de pele) na população a ela exposta.

Como esses poluentes sofrem sinergismos, podem apresentar subprodutos diversos, que atacam o receptor, e não se consegue "encontrar o culpado".

Suas características ambientais são as seguintes:
- são formados na atmosfera a partir de poluentes primários;
- são pouco estáveis (duração curta na atmosfera) e muito reativos;
- não se integram na atmosfera por serem muito reativos;
- sua concentração depende dos precursores poluentes e da radiação que desencadeia reações seguintes;
- são de difícil controle devido à dificuldade de descobrir sua fonte.

Alguns materiais particulados encontrados no ar são gerados diretamente por emissões primárias de partículas, e outros são partículas secundárias, formadas pelas reações químicas na atmosfera. Entre estes, incluem-se o SO_4, o NO_3 e o NH_4. Existem, também, os compostos orgânicos semivoláteis, que se aderem às superfícies das partículas.

7.3.2 Quanto ao estado físico

Quanto ao estado físico, pode-se verificar que, em todo ambiente natural ou antrópico, encontram-se poluentes atmosféricos provenientes das mais variadas fontes e origens: do solo, que fornece poeiras de terra, resíduos vegetais levantados pelos ventos ou pólen; dos rios e mares, que contribuem com gotículas de água carregadas ou não de sais e disseminadas pelos ventos; de vulcões, florestas, desertos, cidades etc., com suas mais variadas fontes, naturais ou não, emitindo sólidos, líquidos, gases e vapores, que podem "inundar" uma região com impurezas em qualidade e quantidade indesejáveis. Vale destacar que as descargas elétricas atmosféricas, as neblinas, os nevoeiros e a garoa por si só não são considerados poluentes (Herbário, 2007).

A identificação dos poluentes de acordo com seu estado físico é feita do seguinte modo:
- *partículas sólidas e líquidas*: poeiras, fumos, névoas e fumaças;
- *gases e vapores*: CO, CO_2, SO_2, NO_2 etc.

Grosseiramente, pode-se dizer que os poluentes sólidos particulados (ou poeiras) podem ser (Machado; Morini, s.d.):
- *Poluentes metálicos*: quando apresentados de forma particulada, têm poder acumulativo e, portanto, causam problemas ao meio ambiente. Quando acumulam no sistema, passam a ser um problema muito sério por sua toxicidade.
- *Poluentes não metálicos*: quartzo (partículas de areia), rochas fragmentadas, cal, carbonatos, fertilizantes, amianto etc. Não apresentam nenhum problema ao meio ambiente devido a seu baixo percentual.

Já os poluentes gasosos podem ser ácidos ou oxidantes:
- ácidos *(pH baixo)*: alguns gases, como cloreto (CL^-), fluoreto (F^-), óxido de nitrogênio (NO_x), dióxido de enxofre (SO_2) e gás sulfídrico (H_2S), quando combinados com a água, geram um ácido (H^+, hidrogênio);

- *oxidantes (pH alto)*: não se acumulam e seu efeito maior é a queima (oxidação), como é o caso do ozônio.

O tamanho das partículas sólidas ou líquidas, suas concentrações e sua exposição no ar determinam diferentes condições de gestão, variando características físicas e químicas e o processo de controle e tratamento.

Segundo Flores (2016), a classificação de agentes químicos mais utilizada no cotidiano é baseada em seu estado físico. O primeiro grande grupo é o dos materiais particulados ou aerodispersoides, que são divididos em particulados sólidos (poeiras, fumos e fibras) ou líquidos (névoas e neblinas) e que, devido a seu tamanho, se dispersam no ar.

Os contaminantes da fase gasosa são aqueles que, em condições normais, estão no estado gasoso. Os vapores se referem aos contaminantes líquidos em condições normais, mas que estão em sua fase gasosa (Flores, 2016).

Os aerossóis são a dispersão de partículas sólidas ou líquidas no ar, de tamanho reduzido, que podem manter-se em suspensão por um longo tempo. São facilmente inaláveis e podem trazer sérios problemas de saúde. Por sua vez, a fumaça é constituída de partículas formadas pela combustão incompleta dos combustíveis.

O *fog* é um termo que denomina altos níveis de vapor d'água, representando um nevoeiro intenso. Já o *smog* ocorre pela junção da neblina (particulado líquido) com a fumaça (particulado sólido). Essa junção causa condições extremamente poluentes e perigosas, sendo também conhecida como "fumaça negra", que, em 1952, foi responsável pela morte de centenas de pessoas em Londres por sérias complicações no trato respiratório.

Segundo Herbário (2007), pode-se descrever os poluentes atmosféricos de acordo com seu estado físico da seguinte maneira:

- *Poeiras*: são pequenas partículas sólidas com diâmetro de 0,1 µm a mais de 100 µm, originadas de parcelas maiores, por processos mecânicos de desintegração, como lixamento e moagem, ou poeiras naturais, como pólen e esporos. São exemplos as partículas de rochas, de metais, de cimento etc. Podem também ser definidas como um aerossol de partículas sólidas.
- *Fumos*: são partículas sólidas com diâmetro inferior a 1 µm, formadas pela condensação de vapores de materiais sólidos, geralmente metais, e consequentemente por sua solidificação. Normalmente esse mecanismo é acompanhado de oxidação. Os fumos são inorgânicos, sendo exemplos os fumos de óxidos de chumbo, de zinco etc.
- *Fumaças*: geralmente, mas não obrigatoriamente, são partículas sólidas em suspensão no ar, oriundas da combustão incompleta de materiais orgânicos. As fumaças industriais de importância são formadas por partículas com diâmetro inferior a 0,5 µm.
- *Neblina*: é constituída de partículas líquidas de pequeníssimas dimensões em suspensão no ar, originadas de um processo mecânico de subdivisão, como a nebulização.
- *Nevoeiro*: é uma nuvem *stratus* formada também por partículas líquidas de pequeníssimas dimensões, mas resultantes da condensação de vapores. *Stratus* são nuvens muito baixas (0 a 1.000 m) que cobrem largas faixas horizontais do céu, como um tapete com uma cor cinzenta mais ou menos uniforme.
- *Vapores*: é a forma gasosa de substâncias que se encontram sob a forma líquida ou sólida a 25 °C de temperatura e a 1 atm de pressão.
- *Gases*: são substâncias que se encontram em estado gasoso a 25 °C de temperatura e a 1 atm de pressão. Os gases são fluidos sem forma própria e que possuem a tendência de ocupar qualquer espaço inteira e uniformemente.
- *Aerossóis*: são substâncias sólidas ou líquidas de tamanho microscópico, em suspensão no meio gasoso sob forma particulada.

- *Névoas*: são partículas líquidas (gotículas) formadas por condensação de vapores, normalmente vapor d'água.
- *Névoas fotoquímicas*: são produtos de reação fotoquímica, em geral combinados com um valor de água. As partículas são normalmente menores que 1,5 μm.
- *Smog*: sob certas condições, os gases oriundos da queima de combustíveis fósseis e carvão, para geração de energia, aquecimento, alimentação e transporte nas grandes cidades, podem se combinar e formar um nevoeiro denominado *smog*, cujos ingredientes mais importantes são luz solar, óxidos de nitrogênio e hidrocarbonetos. Os principais produtos são ozônio, peroxiacetilnitrato (PAN) e aldeídos.

Segundo a Cetesb (s.d.-b), o material particulado pode ser classificado, segundo seu tamanho e efeito, em:
- *Partículas totais em suspensão (PTS)*: apresentam tamanho menor ou igual a 50 μm e causam impactos ao meio ambiente e à saúde pública.
- *Partículas inaláveis (MP_{10})*: apresentam tamanho menor ou igual a 10 μm e, devido a seu tamanho reduzido, causam complicações no sistema respiratório, podendo comprometer os alvéolos pulmonares.
- *Partículas inaláveis finas ($MP_{2,5}$)*: apresentam tamanho menor ou igual a 2,5 μm e também provocam complicações no sistema respiratório, podendo comprometer os alvéolos pulmonares.
- *Fumaça (FMC)*: associada ao material particulado suspenso na atmosfera proveniente dos processos de combustão, causa danos ambientais, econômicos e à saúde pública.
- *Compostos orgânicos voláteis (COVs)*: são gases e vapores resultantes da queima incompleta e da evaporação de combustíveis e de outros produtos orgânicos. Muitos desses compostos participam ativamente das reações de formação do ozônio (por exemplo, benzeno, tolueno, etilbenzeno, xilenos etc.).

Pode-se resumir, então, que a poluição particulada do ar é uma mistura de partículas sólidas e líquidas suspensas no ar e que podem ser orgânicas e inorgânicas. Essas partículas suspensas variam em tamanho, forma, composição e origem. As partículas líquidas constituem, junto às sólidas, os aerossóis (Salgado, 2003).

A composição química do material particulado é determinada após a análise das amostras coletadas, e a complexidade do material depende da diversidade das fontes antropogênicas e naturais e das condições meteorológicas na região considerada.

As propriedades aerodinâmicas das partículas estão associadas à sua composição química, origem, transporte e remoção do ar, bem como à sua deposição no trato respiratório. Os níveis ambientais de concentração de massa são medidos em microgramas por metro cúbico ($\mu g/m^3$) e os atributos de tamanho são, geralmente, medidos em diâmetro aerodinâmico.

As áreas urbanas apresentam praticamente os mesmos poluentes, variando em suas concentrações. Dentro desse parâmetro, pode-se destacar: sulfato (constituinte primário ou secundário), nitrato, sulfato de amônio, carbono orgânico e inorgânico, cloreto de sódio, materiais geológicos e biológicos, e metais.

Os aerossóis são constituídos por muitos compostos químicos, sendo que sulfato, amônio, nitrato e espécies orgânicas são as maiores frações, e causam grandes danos à saúde humana.

O aerossol secundário orgânico (SOA) é um produto da oxidação atmosférica de gases orgânicos reativos (ROGs), que são emitidos por diversas fontes antropogênicas e naturais, como a queima de combustíveis fósseis e madeira, a queima de biomassa, o uso de solventes e as emissões pelos vegetais e oceanos. Os ROGs atmosféricos comuns incluem os alcanos, os alcenos, os aromáticos e os fenóis (Salgado, 2003).

A Fig. 7.7 apresenta a classificação dos poluentes e suas propriedades segundo o tamanho e a condição física e química.

7.3.3 Quanto à composição

De acordo com sua composição, os poluentes podem ser *orgânicos* (por exemplo, hidrocarbonetos, aldeídos e cetonas) ou *inorgânicos* (por exemplo, H_2S, HF, NH_3).

A Química Orgânica estuda a estrutura, a composição, as reações e a síntese de compostos orgânicos, que, por definição, são aqueles que contêm carbono, podendo também apresentar outros elementos, como o oxigênio e o hidrogênio. Muitos deles contêm nitrogênio, halogênio e, mais raramente, fósforo, boro e enxofre. As moléculas orgânicas podem ser:

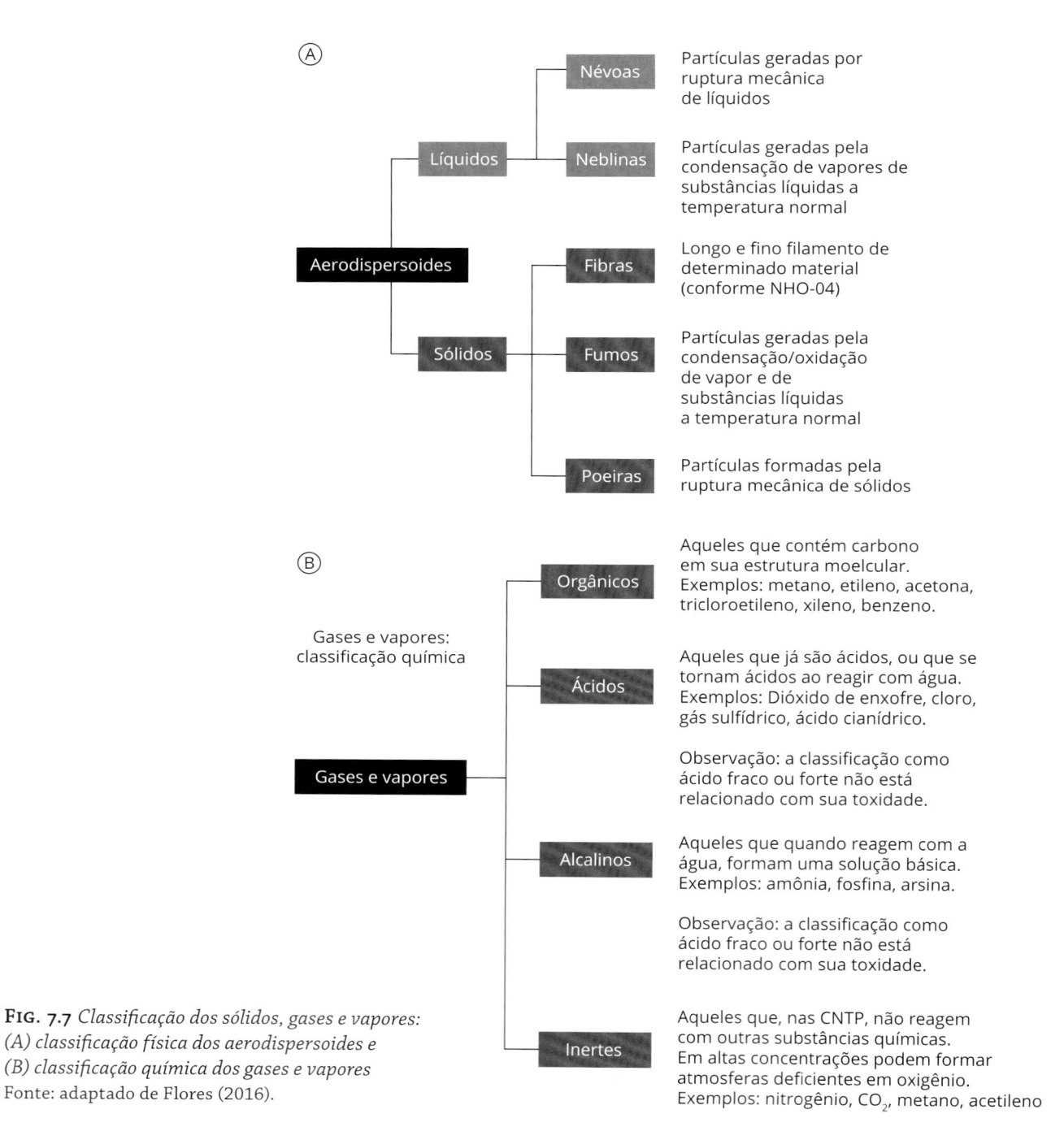

(A)

Aerodispersoides
- Líquidos
  - Névoas: Partículas geradas por ruptura mecânica de líquidos
  - Neblinas: Partículas geradas pela condensação de vapores de substâncias líquidas a temperatura normal
- Sólidos
  - Fibras: Longo e fino filamento de determinado material (conforme NHO-04)
  - Fumos: Partículas geradas pela condensação/oxidação de vapor e de substâncias líquidas a temperatura normal
  - Poeiras: Partículas formadas pela ruptura mecânica de sólidos

(B)

Gases e vapores: classificação química

Gases e vapores
- Orgânicos: Aqueles que contém carbono em sua estrutura moelcular. Exemplos: metano, etileno, acetona, tricloroetileno, xileno, benzeno.
- Ácidos: Aqueles que já são ácidos, ou que se tornam ácidos ao reagir com água. Exemplos: Dióxido de enxofre, cloro, gás sulfídrico, ácido cianídrico.
  - Observação: a classificação como ácido fraco ou forte não está relacionado com sua toxidade.
- Alcalinos: Aqueles que quando reagem com a água, formam uma solução básica. Exemplos: amônia, fosfina, arsina.
  - Observação: a classificação como ácido fraco ou forte não está relacionado com sua toxidade.
- Inertes: Aqueles que, nas CNTP, não reagem com outras substâncias químicas. Em altas concentrações podem formar atmosferas deficientes em oxigênio. Exemplos: nitrogênio, CO_2, metano, acetileno

FIG. 7.7 *Classificação dos sólidos, gases e vapores: (A) classificação física dos aerodispersoides e (B) classificação química dos gases e vapores*
Fonte: adaptado de Flores (2016).

- *Moléculas orgânicas naturais*: são as sintetizadas pelos seres vivos e estudadas pela Bioquímica, sendo denominadas biomoléculas. São exemplos o petróleo, o metano e os carboidratos.
- *Moléculas orgânicas artificiais*: são substâncias fabricadas pelo homem, como os plásticos, a gasolina e os medicamentos. A maioria dos compostos orgânicos puros são produzidos artificialmente.

A linha que divide as moléculas orgânicas das inorgânicas tem originado polêmicas e historicamente tem sido arbitrária, porém, geralmente os compostos orgânicos apresentam carbono ligado a hidrogênio, e os compostos inorgânicos, não.

A tecnologia de criar substâncias orgânicas a partir de outras inorgânicas divide a Química em duas: Química Orgânica, que estuda os compostos de carbono, e Química Inorgânica, que estuda os outros elementos químicos.

Os átomos das cadeias carbônicas se unem, originando as moléculas orgânicas, que agrupam compostos de mesmas características. Essas classes funcionais são divididas em hidrocarbonetos, álcoois, aldeídos, ésteres e fenóis, entre outras. Esses compostos apresentam como resultado a combustibilidade, a polaridade e a solubilidade.

Os hidrocarbonetos são compostos formados apenas por carbono e hidrogênio. Como avaliação de seus aspectos enquanto poluente atmosférico, cabe mencionar que os hidrocarbonetos são resultantes da queima incompleta de combustíveis e da evaporação desses combustíveis e de outros materiais, como os solventes orgânicos. Suas principais fontes são o escape dos veículos motorizados, a evaporação de solventes, os processos industriais e os lixos sólidos.

A Química Inorgânica ou Química Mineral é o ramo da Química que estuda os elementos químicos e as substâncias da natureza que não possuem o carbono coordenado em cadeias, investigando suas estruturas e propriedades e a explicação do mecanismo de suas reações e transformações.

Os materiais inorgânicos compreendem cerca de 95% das substâncias existentes no planeta Terra.

Segundo a Cetesb (s.d.-b), essas substâncias poluentes podem ser classificadas conforme demonstra o Quadro 7.4.

Com relação às substâncias apresentadas, cabe mencionar que:
- *Dióxido de enxofre (SO_2)*: resulta da queima de combustíveis que contêm enxofre, como óleo diesel, óleo combustível industrial e gasolina. É um dos principais formadores da chuva ácida.
- *Monóxido de carbono (CO)*: é um gás incolor e inodoro que resulta da queima incompleta de combustíveis de origem orgânica (combustíveis fósseis, biomassa etc.). Altas concentrações de CO são encontradas em áreas de intensa circulação de veículos.

QUADRO 7.4 Classificação das substâncias poluentes

Compostos de enxofre	Compostos de nitrogênio	Compostos orgânicos	Monóxido de carbono	Compostos halogenados	Metais pesados	Material particulado	Oxidantes fotoquímicos
SO_2	NO	Hidrocarbonetos Álcoois		HCl	Pb	Mistura de compostos no estado sólido ou líquido	O_3
SO_3	NO_2	Aldeídos		HF	Cd		Formaldeído
Compostos de enxofre reduzido:	NH_3	Cetonas	CO	Cloretos	As		Acroleína
(H_2S, mercaptanas, dissulfeto de carbono etc.)	HNO_3	Ácidos orgânicos		Fluoretos	Ni		PAN
Sulfatos	Nitratos			etc.			etc.

Fonte: Cetesb (s.d.-b).

- *Oxidantes fotoquímicos, como o ozônio (O_3)*: provêm de reações entre óxidos de nitrogênio e COVs, na presença de luz solar. Tais poluentes formam a chamada névoa fotoquímica ou *smog* fotoquímico. Além de prejuízos à saúde, o ozônio pode causar danos à vegetação.
- *Óxidos de nitrogênio (NO_x)*: são formados durante processos de combustão. Dependendo das concentrações, causam prejuízos à saúde.

7.3.4 Quanto aos efeitos fisiológicos, materiais e ambientais

Efeitos sobre a saúde humana

Pode ser considerada poluição atmosférica qualquer contaminação do ar por meio de desperdícios gasosos, líquidos ou sólidos ou por quaisquer outros produtos que possam vir (direta ou indiretamente) a ameaçar a saúde humana, animal ou vegetal, atacar materiais, reduzir a visibilidade ou produzir odores indesejáveis.

Os efeitos dos poluentes atmosféricos variam em função do tempo e de suas concentrações. Podem ser classificados como *efeitos agudos*, em que as altas concentrações de um determinado poluente causam reações nos receptores no momento em que são atingidos, e *efeitos crônicos*, relacionados à exposição dos receptores em concentrações mais baixas, porém durante períodos mais prolongados (Oga; Camargo; Batistuzzo, 2014).

Com o crescimento das cidades e o surgimento de indústrias cada vez maiores, a quantidade de poluentes espalhados pela atmosfera aumentou significativamente, afetando a qualidade do ar que respiramos e a saúde dos seres vivos.

As consequências para os seres vivos variam desde a despigmentação nas plantas até problemas respiratórios e risco de câncer em animais e humanos. Os poluentes podem atacar a pele, os olhos, os ouvidos, os ossos, os órgãos internos e, de forma mais grave, o pulmão e as vias aéreas, de acordo com as caraterísticas do poluente, além de causar problemas cardiovasculares. Particularmente durante o inverno, a poluição e as doenças tendem a aumentar, já que nesse período a quantidade de chuva é menor e o ar fica mais seco e com pouco vento.

No sistema respiratório, pode-se citar problemas tais como secreção de mucosa nas vias aéreas superiores; danos nas fossas nasais, nas cordas vocais e nos brônquios, chegando até aos bronquíolos a depender do tipo e do tamanho do poluente; tosse e espirro; e reações alérgicas e até tóxicas.

Santos (s.d.) descreve alguns registros de problemas graves na saúde pública advindos desses poluentes:

> Segundo um estudo divulgado pela Organização Mundial de Saúde, no dia 25 de março de 2014, a poluição atmosférica levou quase sete milhões de pessoas a óbito em 2012. Segundo a OMS, mais da metade de todas as mortes ocorreram em decorrência da chamada poluição interior ou doméstica, que se caracteriza pelo uso de materiais como madeira e carvão para cozinhar. Esse hábito, apesar de parecer longe da realidade de muitas pessoas, ainda é bastante comum em áreas pobres. [...]
> Dentre as principais causas das mortes em decorrência da poluição atmosférica, podemos destacar os acidentes vasculares cerebrais, doenças cardíacas e doenças respiratórias. Além disso, os dados publicados mostram uma íntima relação entre a poluição do ar e as mortes em consequência do câncer de pulmão.
> Outros problemas podem ser desencadeados a curto prazo pela poluição do ar, entre eles, a irritação das mucosas, da garganta e bronquite. Apesar de não serem alvo do estudo, merecem destaque por causarem desconforto em pessoas submetidas à alta concentração de poluentes.

Estudos de exposições agudas, englobando os de mortalidade prematura, podendo referir-se a mortalidades total, respiratória, cardiovascular, por doença pulmonar obstrutiva crônica ou por doença cardiopulmonar, são citados no Quadro 7.5, destacando os poluentes e seus efeitos.

QUADRO 7.5 Relação de substâncias com seus efeitos

Substância	Efeitos
Alcatrão de hulha, produtos voláteis como aerossóis em benzeno	Câncer
Algodão	Danos aos pulmões; bissinose
Alumínio e seus compostos	
– Poeiras metálicas	– Irritação
– Poeiras pirofóricas	– Danos aos pulmões
– Fumos de solda	– Irritação
Amido	Danos aos pulmões; dermatite
Antimônio	
– Sb e seus compostos	– Danos aos pulmões; irritação
– Sb_2O_3 A2	– Efeitos cardiovasculares; pneumoconiose; câncer (pulmões)
Asbesto (todas as formas)	Asbestose; câncer
Asfalto (betume), fumo, como aerossol solúvel em benzeno	Irritação
Bário (sulfato)	Pneumoconiose (baritose)
Berílio e seus compostos	Câncer (pulmões); beriliose
Cálcio (carbonato e silicato sintético)	Irritação
Caulim	Pneumoconiose
Caprolactama, particulado	Irritação
Carvão, poeiras (antracito e carvão betuminoso)	Fibrose pulmonar; comprometimento da função pulmonar
Cimento Portland	Irritação; dermatite
Cobre (fumos, poeiras e névoas)	Irritação gastrointestinal; febre dos fumos metálicos
Estanho (metal, óxido e outros compostos inorgânicos)	Estanhose
Farinhas, poeiras	Asma; comprometimento da função pulmonar; bronquite
Ferro (óxido, poeira e fumos)	Pneumoconiose
Fibras sintéticas vítreas	
– Fibras de vidro (filamento contínuo)	– Irritação
– Fibras de lã (vidro)	– Irritação; danos aos pulmões
– Fibras de lã (rocha)	– Irritação; danos aos pulmões
– Fibras de lã (escória)	– Irritação; danos aos pulmões
– Fibras de vidro (finalidades especiais)	– Irritação; danos aos pulmões
– Fibras de cerâmica refratária	– Fibrose pulmonar; câncer
Grafite (todas as formas, exceto fibras)	Pneumoconiose
Grãos, poeiras (cevada, aveia, trigo)	Irritação; bronquite; comprometimento da função pulmonar
Madeiras, poeiras	
– Madeiras duras	– Câncer; irritação; mucoestase; dermatite
– Madeiras moles	– Irritação; dermatite; danos aos pulmões
Magnésio (fumos de óxido)	Irritação; febre dos fumos metálicos
Magnesita	Irritação; pneumoconiose
Mica	Pneumoconiose
Negro de fumo (*carbon black*)	Danos aos pulmões

Quadro 7.5 (Continuação)

Substância	Efeitos
Níquel e seus compostos	
– Elementar	– Pneumoconiose; dermatite
– Compostos insolúveis inorgânicos	– Câncer; danos aos pulmões; irritação; dermatite
– Subsulfetos	– Câncer; danos aos pulmões; irritação; dermatite
Particulados (insolúveis) não especificados de outra maneira	Danos aos pulmões
Sílica amorfa	
– Terra diatomácea (não calcinada)	– Irritação; pneumoconiose
– Sílica precipitada e sílica-gel	– Irritação
– Sílica, fumos	– Irritação; febre
– Sílica fundida	– Fibrose pulmonar
Sílica cristalina	
– Cristobalita	– Fibrose pulmonar; silicose
– Quartzo	– Fibrose pulmonar; silicose; comprometimento da função pulmonar; câncer
– Tridimita	– Fibrose pulmonar; silicose
– Trípoli	– Fibrose pulmonar
Silício, carbeto	Danos aos pulmões
Talco	
– Fibras que não contenham asbesto	– Danos aos pulmões
– Fibras que contenham asbesto	– Asbestose; câncer
Titânio, dióxido	Danos aos pulmões
Vanádio (pentóxido, poeiras e fumos)	Irritação; danos aos pulmões
Vegetais, névoas de óleos	Danos aos pulmões
Zinco, óxido	
– Fumos	– Danos aos pulmões; febre dos fumos metálicos
– Poeiras	– Danos aos pulmões

Fonte: adaptado de Salgado (2003).

Efeitos sobre o meio ambiente

As concentrações ambientais de material particulado, tanto fino quanto grosseiro, variam de localidade para localidade conforme o desenvolvimento tecnológico local.

Seu transporte, distribuição e transformação no meio ambiente se dão no ar e, consequentemente, na água e no solo. A deposição atmosférica de partículas no ecossistema ocorre pelos processos úmido (precipitações) e seco e pode afetar os vegetais.

As partículas atmosféricas e os gases se incorporam no interior das gotículas de água suspensas no ar e existentes nas nuvens, e sua precipitação como chuva ou neve influencia significativamente a extensão de seus efeitos biológicos. A concentração de materiais suspensos e dissolvidos é maior no início da precipitação e declina com sua duração, pois a chuva "lava" o ar, e a intensidade dessa chuva pode favorecer a infiltração desse material no solo.

Normalmente os primeiros efeitos perceptíveis da poluição são estéticos e podem não ser perigosos. Esses efeitos incluem a redução da visibilidade decorrente de pequenas partículas em suspensão no ar e o mau odor, semelhante ao de ovos podres, causado pelo ácido sulfídrico emanado por fábricas de celulose.

a) Vegetais

A formação de crostas de poeira nas folhas reduz a fotossíntese, a respiração e a transpiração e facilita a penetração de poluentes fitotóxicos, diminuindo o crescimento e a produtividade do vegetal e induzindo a queda prematura das folhas. A permeabilidade das folhas eleva-se com o aumento das concentrações de poeira e a diminuição do tamanho das partículas (Salgado, 2003).

Os poluentes atmosféricos podem levar à extinção de espécies, principalmente as do plâncton, com consequências em toda a cadeia alimentar, além de prejudicar a agricultura.

A poluição pode também exercer seus efeitos sobre os animais, causando perdas de biodiversidade, pela destruição ou alteração dos *habitats*. A deposição ácida e a poluição do ar causam o declínio de florestas, sedimentos e nutrientes, matam organismos em cursos d'água, e há indicações de que o estresse provocado pelos poluentes nas plantas as torna mais suscetíveis a danos provocados por insetos e outros patógenos (Nebel; Wright, 1998).

b) Materiais

Os materiais normalmente sofrem com a exposição às intempéries através de uma série de interações físicas, químicas e biológicas envolvendo a umidade, a temperatura, o oxigênio e vários tipos de agentes biológicos. De acordo com o material, a ação de degradação aumenta conforme sua exposição aos poluentes atmosféricos.

A poluição atmosférica danifica edifícios, monumentos e demais construções, ficando-se evidente que pedras de calcário, mármore e cimento carbonatado são os materiais mais suscetíveis. Os danos dos materiais inorgânicos ocorrem, inicialmente, com o desgaste da superfície e têm como fatores principais a umidade e a presença de sais.

Os metais, por exemplo, sofrem corrosão com sua exposição às intempéries. Sua exposição aos poluentes pode acelerar os processos de corrosão a partir de interações complexas com a superfície metálica e com o filme de corrosão do metal. A taxa de corrosão depende da taxa de deposição e da natureza do poluente, da variabilidade das reações eletroquímicas, da influência do filme de corrosão protetor do metal, dos efeitos dos poluentes ligados com a quantidade de umidade presente, da presença e concentração de outros eletrólitos na superfície, e da orientação da superfície metálica (Salgado, 2003).

A corrosão da maioria dos metais ferrosos (ferro, aço e ligas de aço) é aumentada com a elevação das exposições ao SO_2 e de sua taxa de deposição.

O Quadro 7.6 mostra alguns danos materiais provocados pela exposição aos poluentes atmosféricos.

QUADRO 7.6 Danos provocados pela poluição do ar em materiais

Tipo de material	Manifestação típica do dano	Poluente danificante	Fator ambiental
Vidros	Alteração da aparência	Substâncias ácidas	Umidade
Metais	Dano à superfície, perda do metal, embaçamento	Dióxido de enxofre; substâncias ácidas	Umidade; temperatura
Materiais de construção	Descoloração	Dióxido de enxofre; substâncias ácidas; partículas	Umidade
Pintura	Descoloração	Dióxido de enxofre; substâncias ácidas; partículas	Umidade; fungos
Couro	Desintegração da superfície, enfraquecimento	Dióxido de enxofre; substâncias ácidas	
Papel	Torna-se quebradiço	Dióxido de enxofre; substâncias ácidas	Luz solar
Tecidos	Redução de resistência à tensão; formação de manchas	Dióxido de enxofre; substâncias ácidas	Umidade; luz solar; fungos
Corantes	Desbotamento	Dióxido de nitrogênio e de enxofre; oxidantes	Umidade; luz solar
Borracha	Redução de resistência; enfraquecimento	Oxidantes	Luz solar

Fonte: Rancevas (2009).

c) Inversão térmica

A troca de calor acontece quando dois ou mais corpos com temperaturas diferentes são colocados em contato em um mesmo ambiente e, depois de um certo tempo, alcançam o equilíbrio térmico, ou seja, essa transferência de calor acontece até ser atingida uma igualdade térmica entre os corpos.

Quando se analisa o meio atmosférico, observa-se que a temperatura de uma massa de ar também transfere a energia, alterando sua intensidade conforme ação dos ventos, irradiação solar, umidade do ar, pressão atmosférica e altitude. Sabe-se também que, quanto mais se alcança a alta atmosfera, menor é a temperatura.

Por outro lado, na superfície da Terra, próximo ao solo, a temperatura varia de acordo com a condição climática e com o tipo de bioma e cobertura de solo local, podendo ser uma floresta, com todas as suas diversidades ecológicas, ou uma cidade, com todos os tipos de materiais estruturais que a formam. Cada material possui uma condição física de retenção e de perda de calor, demandando maior ou menor tempo para alcançar o equilíbrio térmico.

Durante o dia, desde o clarear, o Sol incide energia (calor) sobre a atmosfera e aquece a crosta terrestre. Esse calor é retido nos diversos tipos de materiais da superfície, como rios, plantas, minerais, asfaltos, concretos, vidros e plásticos. Conforme o Sol se põe e, por consequência, a irradiação solar diminui, a temperatura também decai. Os materiais da superfície do solo demandam algum tempo para perder o calor que vai se esvaindo, de acordo com as diversas condições de trocas térmicas, até atingirem o equilíbrio térmico. Esse processo faz com que a temperatura perto do solo seja maior. Por ser menos denso que o ar frio, o ar quente tende a subir e se resfriar conforme vai alcançando altitudes mais elevadas.

A *inversão térmica* dá-se quando uma camada de ar quente se sobrepõe a uma mais fria que está junto à superfície terrestre, impedindo que as correntes de convecção se formem. Essa situação impossibilita o resfriamento do ar, confinando uma camada de ar quente como uma situação "tampão" próxima ao solo, impedindo assim a convecção e a renovação do ar. Esse fenômeno natural passa uma sensação popularmente conhecida como "clima abafado".

Quando esse ambiente é carregado de poluentes atmosféricos, ocorre um agravante, pois o ritmo em que a poluição se dispersa no ar é retardado, fazendo com que ela se acumule próximo do chão. O fenômeno da inversão térmica pode manter-se ativo enquanto estiver sob o efeito de altas pressões, desde que os ventos tenham velocidades baixas.

A Fig. 7.8 esquematiza o processo de inversão térmica, enquanto a Fig. 7.9 mostra um nevoeiro derivado da poluição, chamado de *smog*, cercando a torre Eiffel, na França, durante uma inversão térmica.

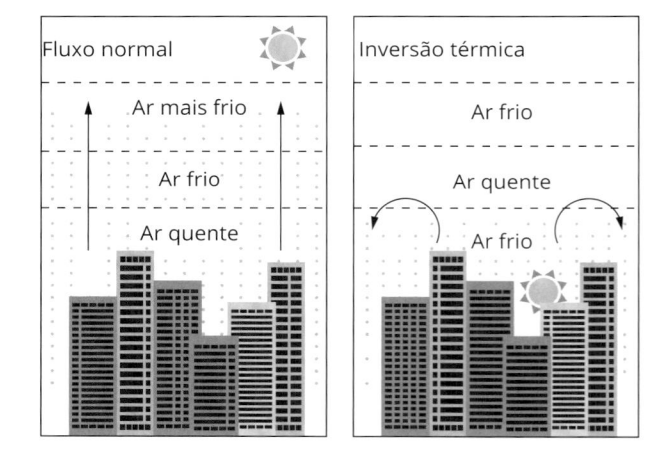

Fig. 7.8 *Esquema de uma inversão térmica*

d) Efeito estufa

É importante destacar que o efeito estufa, muitas vezes referido pela imprensa como o grande vilão da história, é na verdade benéfico para a vida na Terra, pois é ele que mantém as condições ideais para a manutenção da vida, com temperaturas mais amenas e adequadas. Porém, o excesso dos gases responsáveis pelo efeito estufa desencadeia um fenômeno conhecido como aquecimento global, esse sim prejudicial (Fig. 7.10).

A poluição dos últimos 200 anos tornou mais espessa a camada de gases existente na atmosfera.

FIG. 7.9 *Inversão térmica em Paris, França*
Fonte: ILJR (CC BY-SA 3.0, https://w.wiki/3LmN).

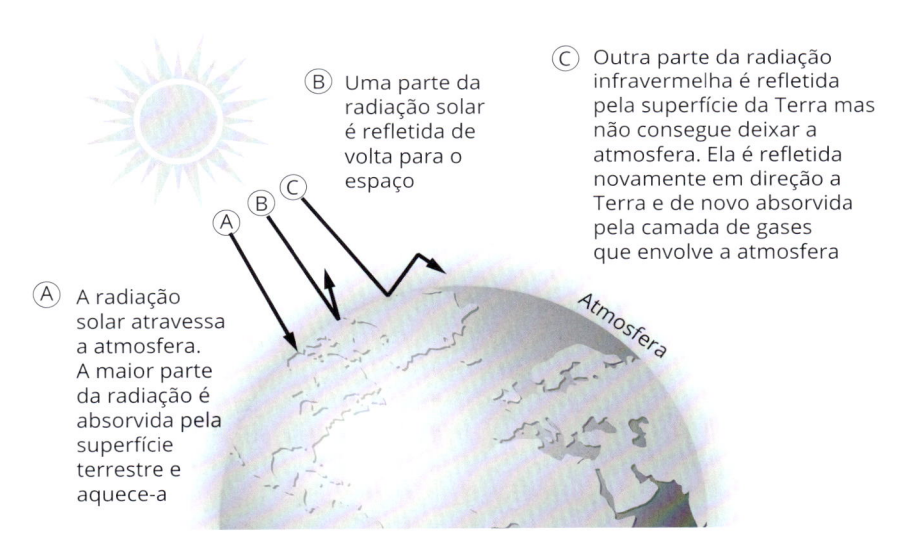

(A) A radiação solar atravessa a atmosfera. A maior parte da radiação é absorvida pela superfície terrestre e aquece-a

(B) Uma parte da radiação solar é refletida de volta para o espaço

(C) Outra parte da radiação infravermelha é refletida pela superfície da Terra mas não consegue deixar a atmosfera. Ela é refletida novamente em direção a Terra e de novo absorvida pela camada de gases que envolve a atmosfera

FIG. 7.10 *Efeito estufa*

Essa camada impede a dispersão da energia luminosa proveniente do Sol, que aquece e ilumina a Terra, e também retém a radiação infravermelha (calor) emitida pela superfície do planeta. O efeito do espessamento da camada gasosa é semelhante ao de uma estufa de vidro para plantas, o que originou seu nome. Muitos desses gases são produzidos naturalmente, como resultado de erupções vulcânicas, da decomposição de matéria orgânica e da fumaça de grandes incêndios.

Como já dito, sua existência é indispensável para a existência de vida no planeta, mas a densidade atual da camada gasosa é devida, em grande medida, à atividade humana. Em escala global, o aumento exagerado dos gases responsáveis pelo efeito estufa provoca o aquecimento global, que tem consequências catastróficas, como:

- o derretimento das calotas polares e geleiras e a consequente elevação do nível das águas dos oceanos e dos lagos, submergindo ilhas e amplas áreas litorâneas densamente povoadas;
- o superaquecimento das regiões tropicais e subtropicais contribui para intensificar

o processo de desertificação e de proliferação de insetos nocivos à saúde humana e animal;
- a destruição de *habitats* naturais provoca o desaparecimento de espécies vegetais e animais, com a multiplicação de secas, inundações e furacões, destruição e morte.

e) Chuva ácida

Em razão de a água ser um ótimo solvente, ao se precipitar a chuva "lava" o ar, o que faz com que os poluentes inicialmente presentes no ar passem para a água e atinjam o solo.

A chuva ácida se refere à precipitação atmosférica que apresenta pH baixo, incluindo chuva, nevoeiro, granizo e neve, e causa impactos aos materiais, à fauna e à flora. Esse fenômeno acontece geralmente pela emissão de gases e/ou particulados residuais da combustão, sobretudo dióxido de enxofre, dióxido de nitrogênio e monóxido de nitrogênio, provenientes de fontes fixas (indústrias) e móveis (carros). Esses poluentes, ricos em enxofre e nitrogênio, reagem com a água (hidrólise) na atmosfera e produzem ácidos fortes, como o ácido sulfúrico e o ácido nítrico, precipitando-se na forma de chuva ácida (Fig. 7.11).

Como impactos frequentes causados por essa chuva, registram-se a acidificação do solo e os prejuízos às plantas e aos animais, à vida dos rios e às florestas. Da mesma forma, edificações continuamente expostas em sua área de precipitação também são prejudicadas, apresentando corrosão em suas estruturas e descoloração, entre outros desgastes de materiais.

Uma vez que a água não necessariamente se precipita no mesmo local onde foi gerada, torna-se difícil localizar o agente poluidor, ou seja, quem emitiu o poluente.

7.4 Problemas causados pela queima de combustíveis

O processo de combustão promove uma reação de oxidação quando os compostos presentes nos diversos combustíveis (comburentes) reagem com

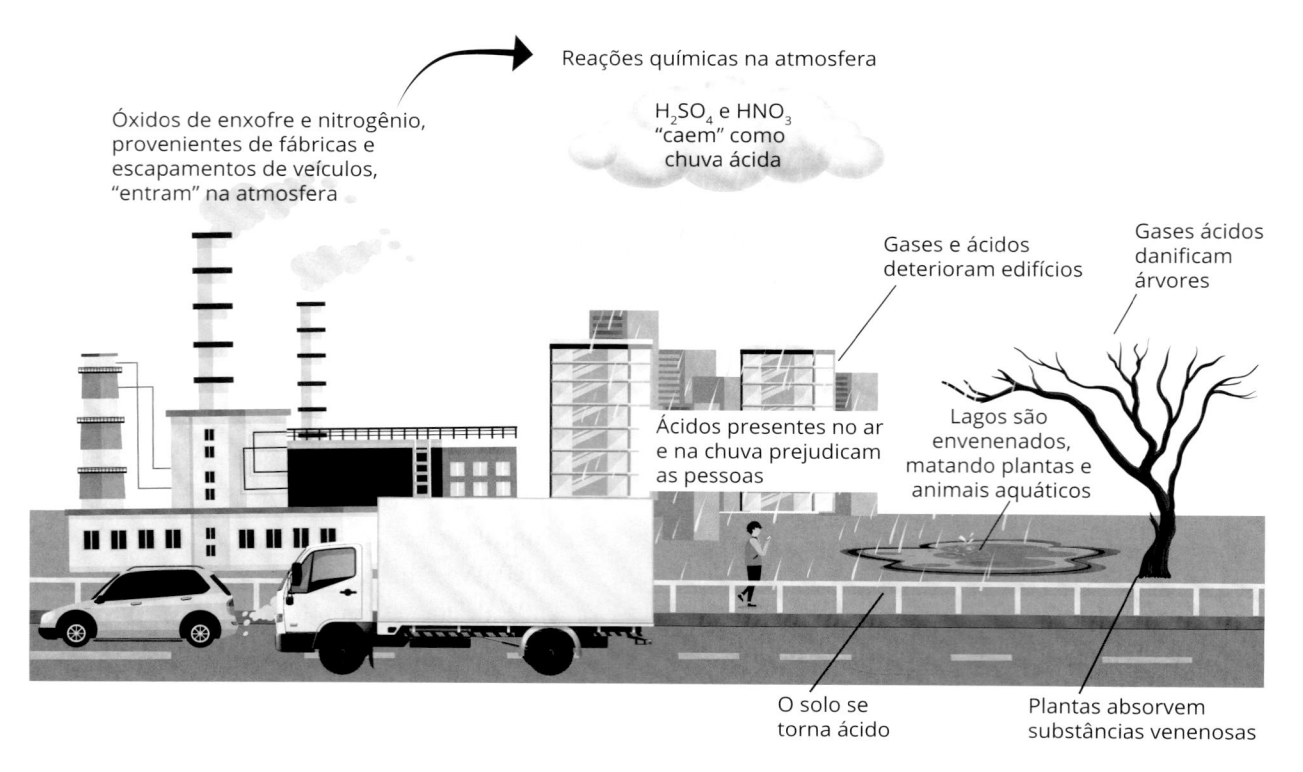

FIG. 7.11 *Chuva ácida*
Fonte: adaptado de Coelho (2013).

o oxigênio presente no ar. Entre esses compostos, o mais importante é o carbono (C), que, ao reagir de modo completo com o oxigênio, produz gás carbônico (CO_2), liberando C.

A combustão nunca é completa; por melhor que o combustível se misture com o comburente, sempre haverá uma parcela do carbono que não consegue se oxidar, dando origem à fumaça, que é constituída por aquelas partículas pretas muito pequenas que saem das chaminés e dos escapamentos dos veículos (Rancevas, 2009).

É possível haver também uma oxidação apenas parcial, originando-se o monóxido de carbono (CO), que pode, dependendo da concentração que alcançar, apresentar-se como um poluente terrível, com efeitos muitos graves ao organismo humano, pois tem a capacidade de ocupar o lugar do oxigênio transportado, pela hemoglobina do sangue, para os diversos órgãos do corpo humano, que necessitam de oxigênio para o desempenho de suas funções.

Devido à alta volatilidade, podem existir compostos nos combustíveis que são liberados antes de serem oxidados; são os denominados compostos orgânicos voláteis (COVs). Entre eles, destacam-se os hidrocarbonetos, como os presentes na gasolina dos veículos automotores, e os aldeídos, substância presente no álcool etílico, que durante algum tempo foi muito utilizado no Brasil por ocasião do programa alternativo de utilização do álcool em substituição à gasolina para economizar petróleo, na época com preço muito elevado.

São também formados, por oxidação completa ou não, os óxidos de enxofre (SO_x) e os óxidos de nitrogênio (NO_x). Os primeiros, por causa da existência do enxofre em alguns combustíveis, como é o caso dos óleos derivados do petróleo e do carvão mineral. Os segundos, principalmente, por sua presença no ar (comburente). Dependendo da concentração, todos esses óxidos podem causar danos diretos à saúde da população exposta a eles. Também podem provocar danos indiretos, contribuindo para a formação das chuvas ácidas, como já citado anteriormente, e para a formação de oxidantes fotoquímicos (poluentes secundários).

Com a crescente restrição dos níveis de emissão de material particulado pela legislação de muitos países, os fabricantes de veículos estão continuamente desenvolvendo métodos para reduzir a emissão de particulados, bem como dos outros poluentes provenientes da combustão, pelo aperfeiçoamento do processo que ocorre na máquina de combustão e pela tecnologia para a remoção do particulado dos compostos da exaustão após formados e antes que sejam liberados para a atmosfera.

Segundo Krona (s.d.), os principais efeitos dos combustíveis e dos produtos de sua combustão no meio ambiente são os seguintes:

- chuva ácida;
- aquecimento global, causado pelo efeito estufa oriundo de CO_2, N_2O, CH_4 (metano não queimado) etc.;
- neblina, que irrita os olhos, causada pela foto-oxidação dos vapores dos hidrocarbonetos não queimados em presença de NO_2 e da luz solar;
- toxidez, causada por CO, SO_2, SO_3, NO_2 e vapores de hidrocarbonetos não queimados;
- aumento de material particulado na atmosfera devido à emissão de fuligem (carbono não queimado).

7.4.1 Gasosos

Os combustíveis gasosos se misturam muito mais facilmente com o comburente (ar), proporcionando uma queima mais completa e, consequentemente, menor emissão de poluentes atmosféricos.

Os combustíveis derivados do petróleo são os mais impactantes, porém seus resíduos gasosos são os que menos promovem problemas de poluição do ar:

- apresentam combustão mais limpa;
- têm baixíssima presença de contaminantes;
- possuem baixo teor de enxofre, sendo que os existentes, em geral, referem-se à necessidade de incorporar mercaptanas na composição para que existam odores

característicos para a percepção, quando houver vazamento;
- não emitem particulados (cinzas);
- não exigem tratamento dos gases de combustão;
- apresentam rápida dispersão de vazamentos;
- podem ser explosíveis ao se acumularem em ambientes com pouca ventilação, o que pode ser considerado uma desvantagem.

Os principais combustíveis gasosos são:
- *gás natural* (PCS = 9.800 kcal/Nm³), que se utiliza atualmente como gás de rua e que vem alcançando cada vez mais o emprego industrial;
- *gás liquefeito do petróleo* (GLP), com emprego mais restrito às residências e ao comércio;
- *gás de nafta*, que corresponde ao gás de rua antigo, substituído paulatinamente pelo gás natural, pois tinha a desvantagem de possuir CO em sua composição, que pode ser uma substância extremamente tóxica a partir de determinadas concentrações.

7.4.2 Sólidos

Os combustíveis sólidos exigem maior quantidade de ar para a queima, que nesse caso é incompleta. Normalmente são usados a lenha, o carvão vegetal e o carvão mineral.

O carvão vegetal nada mais é do que uma lenha processada para a retirada de seus COVs, através de um processo denominado pirólise, altamente poluente, que consiste em uma queima realizada em atmosfera reduzida, ou seja, uma queima propositadamente incompleta.

Já o carvão mineral é um material vegetal soterrado pela natureza, processado ao longo de muitos anos, enriquecido lentamente em teor de carbono. Quanto maior esse teor, mais velho o carvão e mais alto seu PCS, podendo-se alcançar valores próximos a 10.000 kcal/kg para o então denominado carvão antracitoso.

7.4.3 Líquidos

Os derivados do petróleo são o óleo diesel, o querosene e a gasolina. Começando pelos líquidos mais pesados (mais densos), os óleos combustíveis podem ser obtidos com variações na composição de acordo com o tipo de petróleo de que são derivados, bem como de acordo com a variação dos processos de obtenção. O PCS, de modo geral, encontra-se próximo a 10.000 kcal/kg e o teor de enxofre pode variar de 0,5% a 6% em peso.

O diesel, muito usado na indústria e no transporte, é considerado um dos mais poluentes, apresentando hidrocarbonetos alifáticos e carbono, hidrocarbonetos policíclicos aromáticos e seus derivados alquílicos e alto teor de enxofre. Já o querosene atualmente vem sendo pouco usado como combustível, restrito apenas a alguns tipos de serviço. Por sua vez, a gasolina é o combustível mais comumente utilizado na frota brasileira de automóveis, sendo constituída basicamente por hidrocarbonetos e, em menor quantidade, por produtos oxigenados; contém compostos de enxofre, de nitrogênio e metálicos, todos em baixas concentrações.

O álcool etílico não é derivado do petróleo, mas possui a característica de ser um combustível renovável, pois pode ser obtido de produtos agrícolas, como a cana de açúcar e a beterraba. O PCS alcança valores na ordem de 7.200 kcal/kg. Com a implantação do Programa Nacional do Álcool, a indústria automobilística se empenhou na implementação de bons motores operados com esse combustível.

A grande vantagem do GLP e do gás natural em relação aos óleos combustíveis, decorrente da limpeza dos produtos da combustão, é a possibilidade de queimar esses gases em contato direto com o produto a aquecer. Outras vantagens são poder controlar a atmosfera do equipamento térmico e proporcionar uma fina regulagem de temperatura. Tornam possível ainda a geração de atmosferas neutras ou redutoras com ausência de fuligem, o que é impossível quando se utilizam óleos combustíveis. Essas características permitem a proteção contra a oxidação.

O GLP e o gás natural possibilitam também uma alta confiabilidade operacional, evitando paradas para manutenção e suas consequências, como perdas de produção, resfriamento e reaquecimento improdutivo. Seu uso em substituição aos óleos combustíveis proporciona, sem nenhuma dúvida, a redução do impacto ambiental relativo à utilização desses energéticos. É possível reduzir as emissões de CO, CO_2, NO_x e fuligem, além de eliminar as emissões de SO_x.

Como desvantagem, infelizmente, não há como eliminar a emissão de CO_2 e o eventual vazamento de metano (principal componente do gás natural) para a atmosfera sem queimar, o que contribui para o efeito estufa com uma intensidade 20 vezes superior à do CO_2.

Como já foi citado na seção 7.2.2, atualmente a meta é buscar novas alternativas de fontes energéticas cada vez mais limpas e menos impactantes. O combustível que parece ser a solução ecológica para o futuro é o hidrogênio, cujo produto da combustão é o vapor d'água. Porém, no momento, sua utilização esbarra em diversos problemas, como custo de produção, armazenagem e distribuição.

O estudo de fontes alternativas e limpas de energia se torna cada vez mais fundamental devido à necessidade de modificações do atual modelo de desenvolvimento econômico, a fim de que seja possível alcançar uma sociedade sustentável, reduzindo a grande demanda atual e a forte dependência dos combustíveis fósseis. Dessa forma, espera-se uma maior dinamização na matriz energética atual.

7.5 Padrões da qualidade do ar

O estabelecimento de um programa de controle da poluição do ar deve ter como objetivo garantir que as concentrações dos poluentes atmosféricos não sejam capazes de afetar a saúde humana nem causar danos à flora, à fauna e ao meio ambiente em geral. É preciso, portanto, controlar a emissão de tais gases e material particulado e aproveitar as condições de dispersão deles na atmosfera. O programa deve conter:

- a definição dos padrões de qualidade do ar a serem alcançados;
- o estudo das condições meteorológicas da área (temperatura, velocidade dos ventos, umidade relativa etc.);
- o monitoramento da qualidade do ar;
- o estabelecimento de órgão de controle da poluição, dispondo de recursos materiais e humanos para a execução de suas atividades;
- o estabelecimento de legislação específica, que possibilite a esses órgãos a execução de ações normativas e punitivas.

O padrão de qualidade do ar define as concentrações máximas de um componente gasoso presente na atmosfera de modo a garantir a proteção da saúde e do bem-estar das pessoas. É baseado nos efeitos produzidos por poluentes específicos e estabelecido em níveis que possam propiciar uma margem de segurança adequada (CIMM, s.d.).

O sistema de monitoramento da qualidade do ar por amostragens pode ser feito através de processos ativos ou passivos:

- *ativos*: recolhem amostra do ar poluído, analisam-na e a diagnosticam;
- *passivos*: ocorrem por processo de adsorção. Consistem na transferência de massa, em que o poluente fica retido na superfície de um material sólido, como o carvão ativado. Uma vez retido, consegue-se caracterizar o poluente presente por meio de análise química.

As plantas indicadoras são exemplo de *monitoramento ativo*, tendo em vista que suas folhas absorvem a poluição e é possível, assim, observar suas consequências.

7.5.1 Sistemáticas de controle da poluição do ar

As sistemáticas de controle de poluição adotadas podem ser resumidas em ações preventivas e corretivas.

Sistemática preventiva

Preventivas, como o nome diz, são ações com o objetivo de prevenir os impactos causados pelas emissões, tais como localização adequada das fontes poluidoras em relação às outras áreas, licenciamento dessas fontes de poluição, melhoria dos processos de combustão, redução da emissão de poluentes, entre outras.

Sistemática corretiva

Ações corretivas referem-se ao controle dos problemas existentes, percebidos nas vistorias dos agentes credenciados dos órgãos ambientais (por reclamações da população ou por percepções dos próprios agentes), que podem estar causando danos à saúde ou incômodos a essa população. São exemplos a remoção de fontes, a instalação de equipamentos de retenção de poluentes nas fontes, as punições legais etc.

Essas ações começam com um auto de infração com imposição de penalidade de advertência (AIIPA), que pode ser seguido por multas sucessivas até a paralisação das respectivas fontes de poluição, caso os problemas correspondentes não sejam controlados em níveis aceitáveis na visão do órgão ambiental responsável.

Os níveis de controle exigidos dependerão da existência ou não de padrões de emissão estabelecidos. Na ausência dos referidos padrões, outros critérios podem ser considerados. Esses níveis poderão também ser alcançados através de alterações dos diversos processos produtivos ou do desenvolvimento de processos alternativos que diminuam ou até mesmo impeçam a formação de poluentes.

7.6 Controle de poluição do ar

Como já foi visto, existe uma enorme gama de poluentes. Dessa forma, os equipamentos e as formas de controle devem ser adaptados para cada tipo de poluente, de acordo com sua origem (fontes estacionárias ou móveis) e sua classificação (origem, estado físico, composição, efeitos e danos causados).

Para escolher um adequado sistema de controle de poluentes atmosféricos, é necessário conhecer todas as características do poluente, de modo a melhor definir a tecnologia a ser empregada.

Os equipamentos de controle são inicialmente classificados em função do estado físico do poluente a ser gerenciado (sólido, líquido ou gasoso), sendo possível, dessa maneira, determinar o mecanismo que trará melhor eficiência ao processo, garantindo o enquadramento das emissões dentro dos padrões exigidos nas normas e leis vigentes, assim como um custo-benefício aceitável.

A seguir são listados alguns fatores para a escolha de um sistema de controle de poluição do ar (Portal São Francisco, s.d.):

- conhecer a fonte a ser controlada;
- levantar as exigências legais locais;
- registrar as características físicas e químicas dos contaminantes: concentração, tamanho das partículas, temperatura, umidade, viscosidade, combustividade, agressividade química, agressividade biológica, solubilidade;
- conhecer as condições do ar de transporte: temperatura, pressão, umidade;
- avaliar as possíveis alternativas de redução de emissão;
- possuir o grau de purificação e a eficiência desejados;
- listar os métodos de controle possíveis e suas respectivas reduções;
- fazer uma seleção preliminar de alternativas;
- realizar estimativa de custo;
- definir espaço físico necessário, facilidade de limpeza e manutenção;
- considerar método de eliminação, armazenagem e tratamento do material coletado;
- para a seleção final, é necessária a comparação entre as alternativas selecionadas previamente do ponto de vista técnico e econômico, para decidir qual será a mais conveniente para a fonte de emissão e a empresa.

No caso de poluição do ar em fontes estacionárias, pode-se dizer que, para propor uma forma eficiente de controle da poluição atmosférica, deve-se verificar quais são as ações corretivas, preventivas ou especiais dirigidas às fontes estacionárias pelos órgãos ambientais, podendo-se determinar a necessidade de controlar as emissões originadas nessas fontes através de modificações nos processos produtivos correspondentes ou através da instalação de sistemas de ventilação local exaustora (SVLEs) e com equipamentos de controle de poluentes atmosféricos (ECPs) (Rancevas, 2009).

7.6.1 Sistema de ventilação local exaustora (SVLE)

A ventilação pode ser definida como a movimentação intencional de ar de forma planejada a fim de atingir um determinado objetivo. Essa movimentação pode ser feita por meios naturais ou mecânicos.

Os sistemas de ventilação classificam-se como:
- ventilação geral (natural ou mecânica), que é aquela que ventila o ambiente como um todo, chamada de ventilação geral diluidora (VGD);
- ventilação local exaustora (VLE), que retira as substâncias emitidas diretamente do local de geração, conduzindo-as para a atmosfera externa.

O ar sempre se movimenta da zona de maior pressão para a zona de menor pressão, portanto, um projeto correto de diferenciais de pressão no sistema é de fundamental importância para seu funcionamento. Para tanto, é necessário:
- determinar a vazão de ar necessária e o esquema de distribuição do ar no recinto a ser ventilado;
- efetuar o projeto e o cálculo das redes e dos dutos;
- selecionar ventiladores ou qualquer outro sistema de movimentação de ar (convecção natural).

O SVLE tem a finalidade de evitar que partes da massa de poluentes aspirada e coletada nos ECPs implantados se dispersem no ambiente de trabalho e atinjam concentrações tais que ultrapassem os padrões de qualidade determinados pelos limites de tolerância (LTs ou TLVs) estabelecidos para cada um dos poluentes a partir de estudos toxicológicos ou epidemiológicos. Outra finalidade é evitar que partes da massa de poluentes aspirada e coletada nos ECPs alcancem concentrações no meio ambiente externo à fábrica tais que ultrapassem os padrões de qualidade estabelecidos para cada um dos poluentes.

Pode-se dizer que os padrões de qualidade estão para o meio ambiente externo às fábricas assim como os limites de tolerância estão para os ambientes internos, sendo que, em geral, os primeiros são mais restritivos, ou seja, são expressos por concentrações-limites menores que os últimos, buscando preservar a saúde de expostos em períodos muito maiores (até 24 h por dia), como é o caso de residentes idosos e crianças, que em geral também são, dentro das diversas faixas etárias da população, os mais suscetíveis às doenças respiratórias.

No projeto e no dimensionamento dos SVLEs, considera-se a necessidade de movimentação de grandes volumes de ar ambiente para o interior de captores, tubulações e acessórios, o que é proporcionado pelo estabelecimento de um diferencial de pressão entre o meio ambiente e aquele interior através da seleção adequada de um exaustor, com a energia necessária ao transporte das massas de ar correspondentes para que consigam vencer os obstáculos internos dos SVLEs (perdas de pressão estáticas ou perdas de cargas) (Rancevas, 2009).

7.6.2 Equipamento de controle de poluição do ar (ECP)

O controle de resíduos gasosos é mais difícil de ser realizado do que o controle de resíduos sólidos e líquidos. A redução da emissão atmosférica pode ser feita por meio das seguintes medidas:
- mudanças no processo industrial (por exemplo, trocas de solventes químicos, adoção de procedimentos com maior tecnologia);

- mudança no tipo de combustível;
- instalação de equipamentos de retenção de poluentes, sendo essa a opção mais utilizada.

Há vários equipamentos de coleta de particulados (secos ou úmidos) que envolvem mecanismos diversos, tais como difusão, impactação, sedimentação gravitacional, intercepção, força térmica, força eletrostática, entre outros. Também existem equipamentos de controle para gases e vapores, através de adsorção, absorção, incineração, tratamentos biológicos etc.

Todos os mecanismos de retenção de poluentes devem ser aplicados conforme a situação de projeto ou a realidade imposta para que cada um deles consiga um índice de remoção, ou seja, uma eficiência.

Cada equipamento proporciona um índice de eficiência de acordo com o poluente considerado. Esse índice pode ser calculado pela concentração de entrada do efluente (Ce; antes de passar pelo equipamento) menos a concentração de saída (Cs; depois de passar pelo equipamento).

Os equipamentos mais utilizados são:
- Material particulado:
    ◊ câmaras ou coletores gravitacionais;
    ◊ ciclones ou coletores centrífugos;
    ◊ filtros-manga;
    ◊ coletores inerciais;
    ◊ precipitadores eletrostáticos.
- Material particulado e gases:
    ◊ lavadores de gases.
- Gases:
    ◊ filtros absorventes;
    ◊ filtros adsorventes;
    ◊ condensadores;
    ◊ incineradores;
    ◊ catalisadores.

O Quadro 7.7 descreve os equipamentos de controle mais usuais e suas características conforme a Cetesb (2017b).

Coletor gravitacional (para material particulado)

Trata-se de um sistema de ventilação exaustora que possui uma câmara de sedimentação gravitacional cujo mecanismo aproveita a ação da gravidade sobre a partícula (eficiência de 10%). Como a câmara é um alargamento de duto, a velocidade do efluente gasoso diminui, ajudando a ação da gravidade, e as partículas sedimentam-se na superfície de coleta do equipamento (Fig. 7.12).

Além de requerer grande espaço, tem baixa eficiência para partículas pequenas, retendo no máximo aquelas maiores que 50 μm. Assim, normalmente esse equipamento é "pré-coletor", retendo as partículas maiores e deixando as menores para equipamentos sequenciais mais eficientes.

Como vantagens, pode-se mencionar o baixo custo, a baixa perda de carga e a resistência à corrosão e à temperatura (Reis Jr., s.d.).

Coletor centrífugo (para material particulado)

A coleta das partículas é feita pela ação da força centrífuga. Ao entrar no equipamento, o efluente gira em torno dele e depois volta para o outro cilindro (um cilindro externo para a entrada e outro interno para a saída). As partículas são arrastadas para a parede do equipamento e ficam presas, sendo coletadas pela agitação mecânica dessa parede.

Sua eficiência pode ser maior considerando partículas de mesmo tamanho e aumenta quanto maior for a força centrífuga. É mais eficiente que o coletor gravitacional, sendo que ambos são considerados equipamentos de média eficiência.

Vários conjuntos de ciclones trabalhando juntos constituem os chamados *multiciclones*, dimensionados de forma que a vazão total seja distribuída igualmente em todos eles (Fig. 7.13).

O ciclone é de fácil construção, possui baixo custo de material e de operação e tem ampla faixa de condições de operação. Normalmente é empregado na classificação de tamanhos de partículas, na coleta de partículas grossas, como aparelho de

QUADRO 7.7 Descrição sucinta das técnicas para o controle das emissões para a atmosfera

Técnica ou ECP	Poluente	Finalidade
Filtro de tecido	MP	Os filtros de mangas são feitos de tecido poroso ou feltro através do qual os gases são forçados a passar para que as partículas sejam removidas. A utilização de um filtro de mangas requer a seleção de um material de filtração adequado às características dos gases residuais e à temperatura máxima de operação
Lavador de gases	MP e SO_x	Os compostos gasosos são dissolvidos num líquido adequado (água ou solução alcalina). Pode efetuar-se a remoção simultânea de compostos sólidos e gasosos. A jusante do lavador, os gases libertados são saturados com água e é necessária uma separação das gotículas antes de descarregar os gases libertados. O líquido resultante tem de ser tratado por um processo de tratamento de águas residuais e a matéria insolúvel é recolhida por sedimentação ou filtração
Lavador de gases tipo Venturi	MP e SO_x	O lavador tipo Venturi é concebido para utilizar a energia a partir do fluxo de entrada de gás para atomizar o líquido a ser usado para absorver e abater os poluentes. Um lavador Venturi consiste em três seções: uma seção convergente, uma seção de garganta, e uma secção divergente. O fluxo de gás de entrada entra na seção convergente e, como a área diminui, a velocidade do gás aumenta (em conformidade com a equação de Bernoulli). A solução de lavagem é introduzida, quer na garganta, ou na entrada da seção convergente. O gás é forçado a mover-se a velocidades extremamente elevadas na seção pequena da garganta. Partícula e remoção de gás ocorrem na seção da garganta onde o fluxo do gás se mistura com a névoa da solução. A corrente de entrada em seguida sai através da seção divergente, onde é forçada a abrandar
Pré-aquecimento do ar de combustão	NO_x	O ar de combustão passa por um pré-aquecimento por meio de trocadores de calor antes de ser inserido na câmara de combustão
Precipitador eletrostático (ESP)	MP	Os precipitadores eletrostáticos funcionam de modo que as partículas são carregadas e separadas por influência de um campo elétrico. Podem funcionar numa gama variada de condições
Queimadores tipo $LowNO_x$	NO_x	A tecnologia dos queimadores baseia-se no princípio de redução das temperaturas máximas da chama, retardando, mas completando a combustão, e aumentando a transferência de calor (maior capacidade de emissão de chama). Pode ser associada a uma alteração do desenho da câmara de combustão do forno. Queimadores tipo Ultra-$LowNO_x$ (ULNB) incorporam a combustão por etapas (ar/combustível) e a recirculação dos gases de combustão. Os queimadores tipo seco com baixas emissões de NO_x (Dry $LowNO_x$ – DLNB) são utilizados para turbinas a gás
Recirculação dos gases de combustão	NO_x	Reinjeção dos gases do forno na chama, para reduzir o teor de oxigênio e, consequentemente, a temperatura da chama. Utilização de queimadores especiais que utilizam a recirculação interna dos gases de combustão para arrefecer a base das chamas e reduzir o teor de oxigênio na parte mais quente destas
Redução catalítica seletiva (SCR)	NO_x	Redução do NO_x para nitrogênio em um leito catalítico, por meio de reação com amoníaco (regra geral, solução aquosa, a uma temperatura ótima de operação entre 300 °C e 450 °C). Podem ser aplicadas uma ou duas camadas de leito catalítico a fim de se obter uma redução maior de NO_x
Redução não catalítica seletiva (SNCR)	NO_x	Redução de NO_x para nitrogênio, por meio de uma reação com amônia ou ureia a alta temperatura. Para otimizar a reação, a temperatura deve ser mantida entre 900 °C e 1.050 °C
Torre de carvão ativado	HCT (COVs)	Filtragem de carbono é um método de filtragem que utiliza um leito de carvão ativado para remover os contaminantes e impurezas, utilizando absorção química. O carvão ativado funciona por meio de um processo chamado de adsorção, em que as moléculas poluentes no líquido a ser tratado ficam presas no interior da estrutura dos poros do substrato de carbono

Fonte: Cetesb (2017b).

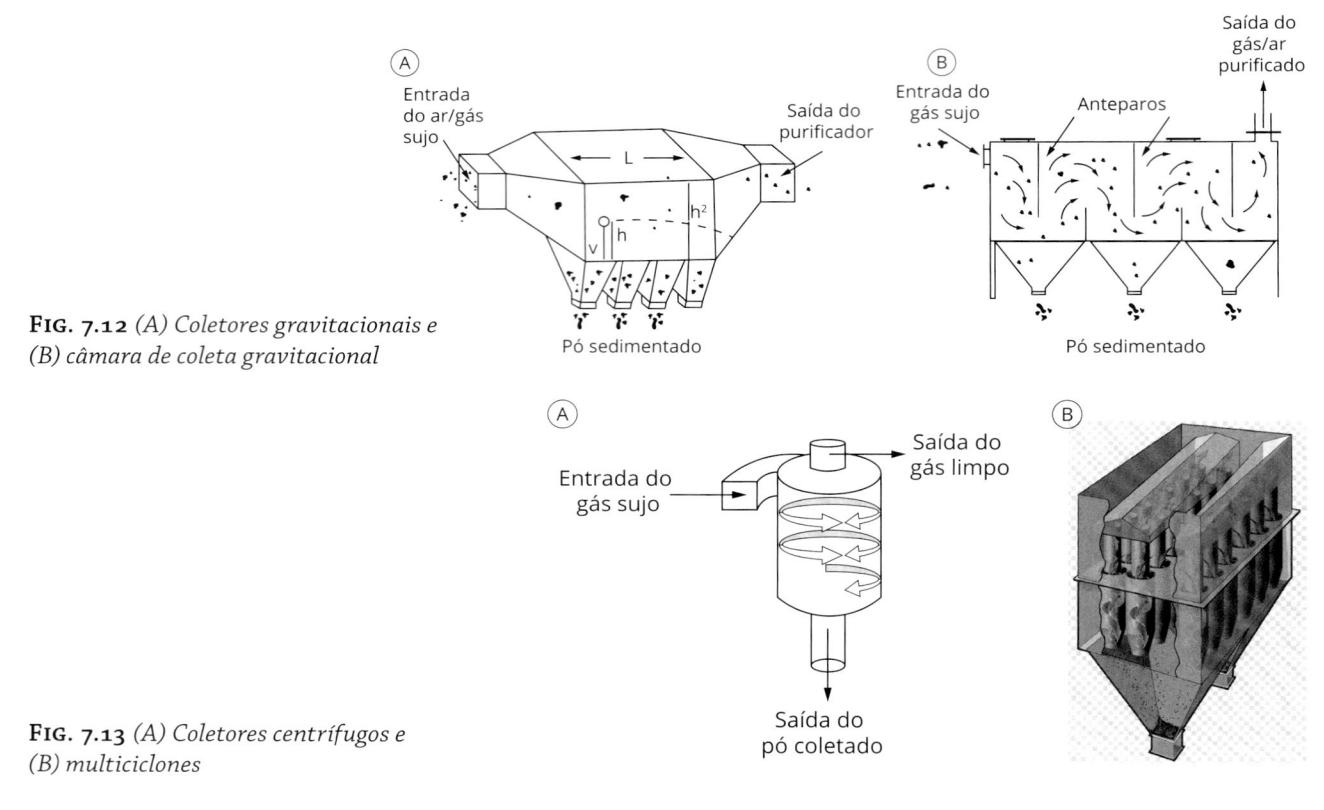

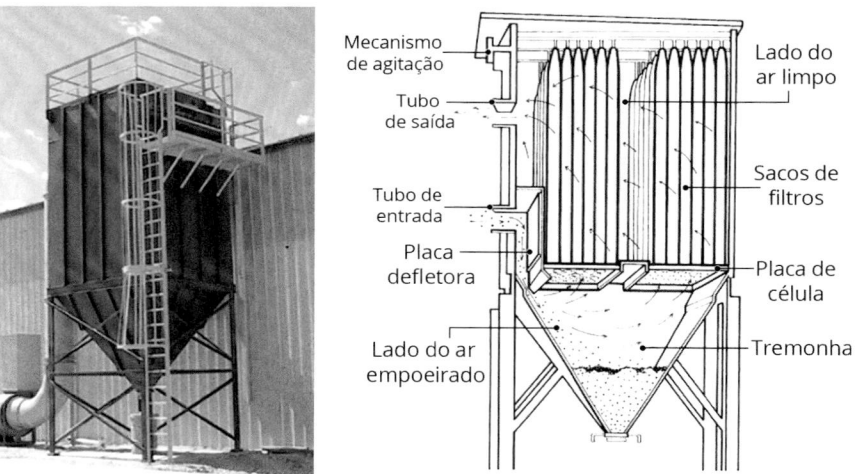

Fig. 7.12 (A) Coletores gravitacionais e (B) câmara de coleta gravitacional

Fig. 7.13 (A) Coletores centrífugos e (B) multiciclones

Fig. 7.14 Filtro-manga
Fonte: Reis Jr. (s.d.).

limpeza prévia, no controle de poluição e como coletor de produtos após secadores de leito fluidizado, pneumáticos ou *spray dryer*.

Filtro-manga (para material particulado)

Consiste em um sistema de filtros de pano em que o efluente inicialmente passa por um sistema de sedimentação das partículas maiores e, em seguida, por um duto de pano (mangas) onde ficam retidas as partículas menores. O sistema funciona por sucção e a coleta é feita pela superfície da manga. Quando o filtro fica sujo, o sistema perde a ação filtrante, sendo necessária sua limpeza (Fig. 7.14).

Como vantagens, é possível citar a alta eficiência (até 99,9%), a perda não excessiva de carga, a retenção de material particulado grosso e fino, com grande diversidade de pós, o material coletado seco e de fácil gestão, a não existência de problemas com corrosão e ferrugem e as diversas configurações possíveis.

Já como desvantagens, há o grande espaço requerido para tratar grandes vazões, o alto custo, a baixa resistência a altas temperaturas, o empastamento devido a poluentes condensáveis e pegajosos e a possibilidade de entupimento (Reis Jr., s.d.).

Precipitador eletrostático (para material particulado)

Tem a finalidade de carregar eletrostaticamente as partículas do efluente gasoso e, trabalhando com carga/coleta, segura até mesmo as partículas pequenas. Funciona carregando o material particulado com eletrodos, estabelecendo uma diferença de potencial grande e gerando campos eletromagnéticos, ionizando as partículas. Através do choque entre as partículas, carrega as moléculas, que em seguida passam por uma placa coletora (Fig. 7.15).

Possui alta eficiência (acima de 90%) para a remoção de partículas da faixa de 0,01 μm a 1 μm, não gasta muita energia e possui operação silenciosa. Trata grandes vazões a altas temperaturas e sua operação e manutenção são baratas, podendo-se lavar ou substituir os filtros.

Como desvantagens, pode-se mencionar seu custo inicial elevado e o fato de requerer grande espaço físico (Reis Jr., s.d.).

Coletor úmido ou lavador de gases

Esse coletor pode ser gravitacional ou inercial. Com o princípio de ser "lavado", o gás é forçado a passar por um ambiente fechado onde recebe gotas de água por aspersão, que vão reter as partículas sólidas. Os lavadores tipo Venturi requerem coletores inerciais ligados em série para coletar as partículas mais as gotículas de água no fluxo gasoso (Fig. 7.16).

Devido à dissolução de gases e vapores na água, é necessário um tratamento químico complementar acompanhado de filtragem, decantação ou destilação para lidar com a água que resulta desse processo, a qual pode vir a ser reutilizada e reciclada. Para melhorar a eficiência, aumenta-se o tempo de detenção do gás com a água e o meio filtrante. Os gases eliminados ficam saturados de umidade (*dew point*), e pode-se observar uma pluma visível de vapor d'água na chaminé.

Sua eficiência chega a 99,5% de remoção de material particulado e 80% a 95% de remoção de dióxido de enxofre.

Como vantagens, pode-se mencionar sua capacidade de coletar partículas e gases ao mesmo tempo, seu baixo custo inicial e seu tamanho em geral pequeno. Como desvantagens, há grande consumo de água, geração de resíduos e baixa eficiência para partículas menores que 1 μm (Reis Jr., s.d.).

Filtro absorvente/lavador de gases (gases e vapores)

A absorção de gases é efetuada pelo contato do fluxo gasoso com gotas de líquido, através de *sprays*, colunas de enchimento ou outros equipamentos. Para cada tipo de gás, deve ser usado um líquido em particular.

É a transferência de massa de um poluente gasoso para um líquido, de forma que o líquido "absorve" a massa sólida. Essa transferência depende de um contato entre as duas partes, que

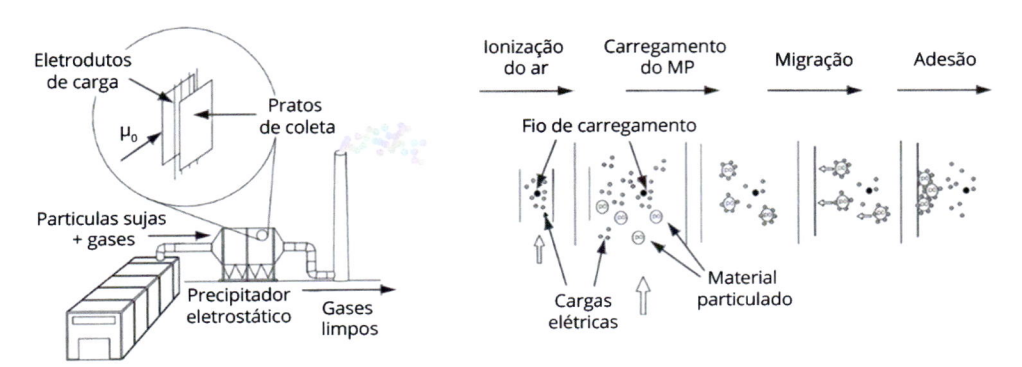

FIG. 7.15 *Croqui de um precipitador eletrostático*
Fonte: Reis Jr. (s.d.).

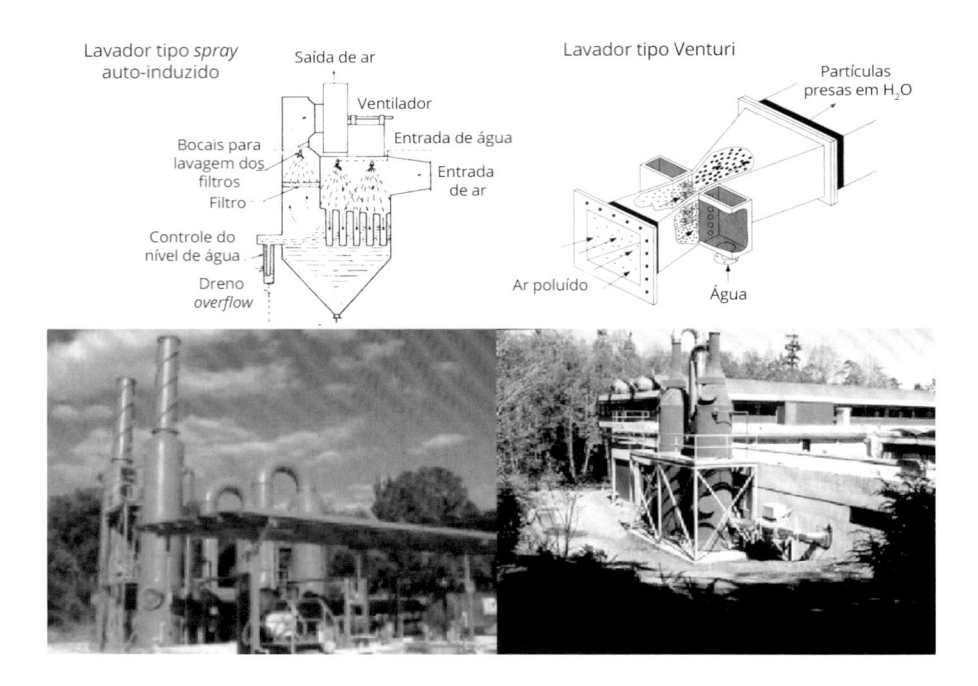

FIG. 7.16 *Coletores úmidos ou lavadores de gases*
Fonte: Reis Jr. (s.d.).

pode ser por absorção física, quando há a dissolução do poluente no líquido, dependendo de sua solubilidade, ou por absorção química, quando ocorre uma reação com o líquido, dependendo da velocidade dessa reação (Fig. 7.17).

A taxa de transferência na interface gás-líquido é função de:
- solubilidade do gás no líquido ou reatividade;
- área disponível para o contato gás-líquido;
- concentração do poluente na fase gasosa e na fase líquida;
- vazão do gás em relação à vazão do líquido.

Filtro adsorvente (gases e vapores)

A adsorção refere-se ao transporte de massa de fase gasosa para a superfície de um sólido poroso. Os materiais mais utilizados são carvão ativado (muito adotado para compostos causadores de odor), sílica-gel e alumina.

A torre de adsorção é um equipamento que atua na separação dos poluentes através de um processo de difusão, com o transporte do gás para a superfície de um material sólido (portanto, adsorvente), sendo retido por ações físicas.

Existe ainda a adsorção química, com alterações e reações químicas no leito. Podem também ser usadas peneiras moleculares (aluminossilicatos de sódio, potássio e cálcio) (Fig. 7.18).

O carvão ativado pertence ao grupo de sólidos não polares e é o material mais utilizado na prática devido à sua versatilidade, disponibilidade e custo. É produzido pelo aquecimento de sólidos orgânicos (carvão, coco, madeira dura etc.) a cerca de 600 °C, em atmosfera redutora, com a posterior

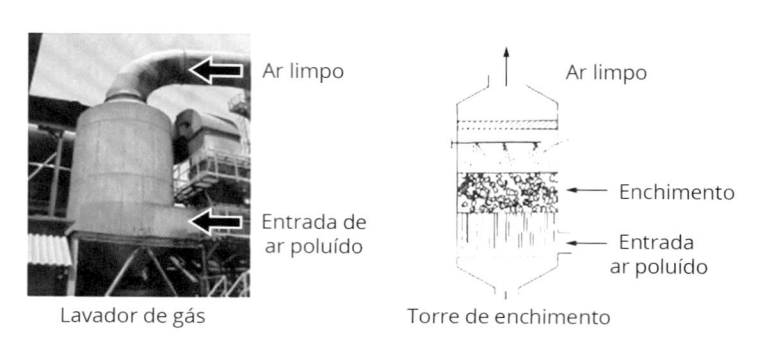

FIG. 7.17 *Torres de absorção*
Fonte: Barreto Neto (s.d.).

passagem de vapor d'água ou gás carbônico a altas temperaturas.

Condensador

Nesse processo, converte-se um gás em líquido pelo resfriamento do efluente gasoso ou pelo aumento de sua pressão. Normalmente, obtém-se a diminuição da temperatura fazendo o efluente gasoso passar por um trocador de calor (processo de refrigeração) (Fig. 7.19). O efluente não se mistura com o agente condensador.

As principais razões para o uso de condensadores são a recuperação de produtos com valor econômico, a redução no volume dos efluentes e a remoção de componentes condensáveis que possam causar corrosão nos equipamentos.

Incinerador

O efluente gasoso entra no compartimento para preaquecer e segue para a câmara, onde um combustível auxiliar eleva a temperatura, produzindo a queima do poluente. Esse aumento de temperatura ocorre por queima de combustível no início do processo (por exemplo, gás natural), que não causa resíduos, sendo que o resto do processo trabalha sozinho (Fig. 7.20).

A pós-queima dos resíduos de um processo industrial elimina as partículas orgânicas e os resíduos de combustível não queimados. Possui eficiência próxima a 100% se operado corretamente, sendo que a queima dos gases pode ser usada como fonte de energia. A maioria dos compostos orgânicos se decompõe entre 650 °C e 825 °C. Dessa forma, considera-se que a pós-queima colabora para a conversão de um ar poluído em um composto menos poluente ou não poluente.

Como vantagens, é possível mencionar a produção de energia que pode ser reutilizada no processo industrial e a alta eficiência no controle de gases, vapores e partículas orgânicas. Como desvantagem, apresenta custo operacional elevado (Reis Jr., s.d.).

Catalisador

Esse equipamento é basicamente uma câmara através da qual o poluente combustível, gás ou vapor, é forçado a passar. A substância responsável pela catalisação aumenta a taxa de reação (ou combustão) sem participar do processo. A combustão catalítica ocorre no interior do catalisador, sem chama e a temperaturas relativamente baixas (300-400 °C), e é usada principalmente para a remoção de compostos de carbono (aldeídos e hidrocarbonetos não queimados) e NO_x ($NO_x \rightarrow N_2 + O_2$) (Reis Jr., s.d.) (Fig. 7.21).

FIG. 7.19 *Condensadores*
Fonte: Mendes (2017).

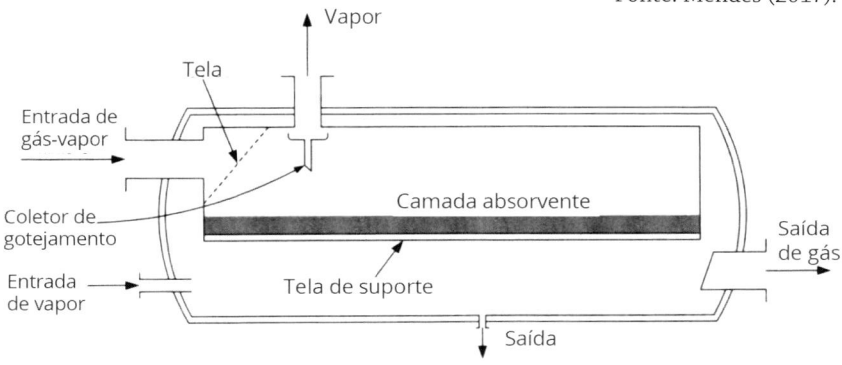

FIG. 7.18 *Filtros adsorventes*
Fonte: Reis Jr. (s.d.).

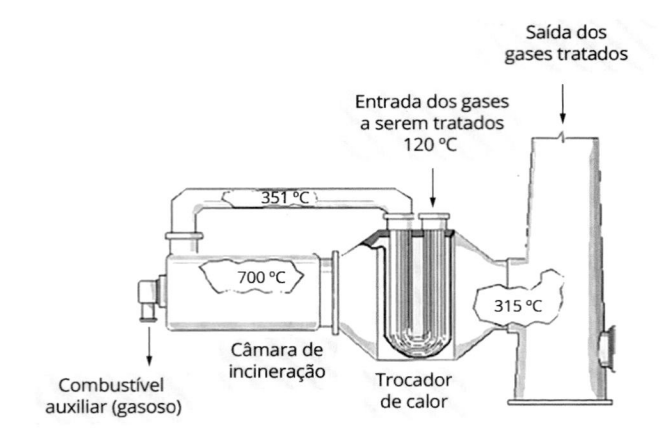

FIG. 7.20 *Incineradores*
Fonte: Cetesb (2017b).

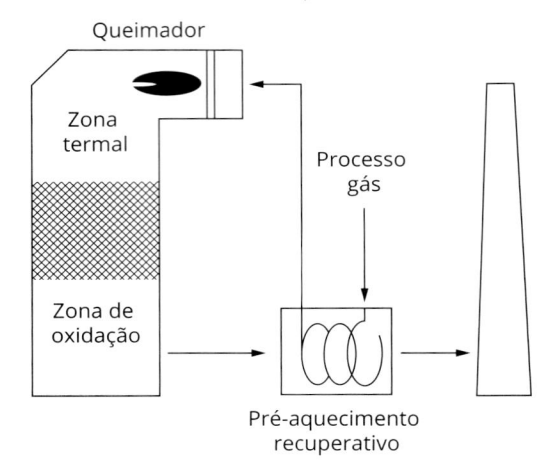

FIG. 7.21 *Catalisador*
Fonte: Reis Jr. (s.d.).

Referências bibliográficas

ABAS – ASSOCIAÇÃO BRASILEIRA DE ÁGUAS SUBTERRÂNEAS. *Águas subterrâneas*: o que são? [s.d.]. Disponível em: <https://www.abas.org/aguas-subterraneas-o-que-sao/>. Acesso em: jan. 2015.

ABCON – ASSOCIAÇÃO BRASILEIRA DAS CONCESSIONÁRIAS PRIVADAS DE SERVIÇOS PÚBLICOS DE ÁGUA E ESGOTO; SINDCON – SINDICATO NACIONAL DAS CONCESSIONÁRIAS PRIVADAS DE SERVIÇOS PÚBLICOS DE ÁGUA E ESGOTO. *O setor de saneamento no Brasil*. [s.d.]. Disponível em: <https://www.abconsindcon.com.br/sobre/>. Acesso em: jun. 2021.

ABNT – ASSOCIAÇÃO BRASILEIRA DE NORMAS TÉCNICAS. *NBR 10004*: resíduos sólidos – classificação. Rio de Janeiro, 2004.

ABNT – ASSOCIAÇÃO BRASILEIRA DE NORMAS TÉCNICAS. *NBR 10157*: aterros de resíduos perigosos – critérios para projeto, construção e operação – procedimento. Rio de Janeiro, 1987.

ACQUA ENGENHARIA. *Projetos desenvolvidos*. [s.d.]. Disponível em: <http://www.acquaeng.com.br/projetos.html>. Acesso em: 25 fev. 2002.

AEG – APARÊNCIAS DO ESPAÇO GEOGRÁFICO. *Água*: fonte de vida e fonte de conflitos. 1º ago. 2012. Disponível em: <http://aparenciadoespaco.blogspot.com.br/2012/08/agua-fonte-de-vida.html>. Acesso em: ago. 2013.

AESBE – ASSOCIAÇÃO BRASILEIRA DAS EMPRESAS ESTADUAIS DE SANEAMENTO. *A nova lei do saneamento*. jun. 2020. Disponível em: <https://aesbe.org.br/a-nova-lei-do-saneamento/>. Acesso em: jun. 2021.

AGÊNCIA IBGE NOTÍCIAS. *Primeiros resultados definitivos do Censo 2010*: população do Brasil é de 190.755.799 pessoas. Rio de Janeiro, 29 abr. 2011.

ANA – AGÊNCIA NACIONAL DE ÁGUAS. *Água na indústria*: uso e coeficientes técnicos. Brasília, 2017a. Disponível em: <https://arquivos.ana.gov.br/imprensa/noticias/20170920_AguanaIndustria-UsoeCoeficientesTecnicos-VersaoFINAL.pdf>. Acesso em: nov. 2019.

ANA – AGÊNCIA NACIONAL DE ÁGUAS. *Atlas esgotos*: despoluição de bacias hidrográficas. Brasília, 2017b.

ANA – AGÊNCIA NACIONAL DE ÁGUAS. *Conjuntura dos recursos hídricos*: informe 2016. Brasília, 2016.

ANA – AGÊNCIA NACIONAL DE ÁGUAS. *Conjuntura dos recursos hídricos no Brasil 2017*: relatório pleno. Brasília, 2017c.

ANA – AGÊNCIA NACIONAL DE ÁGUAS. *Disponibilidade e demandas de recursos hídricos no Brasil*. Brasília, 2007. (Cadernos de Recursos Hídricos, 2).

ANA – AGÊNCIA NACIONAL DE ÁGUAS. Divisão hidrográfica do CNRH. In: ANA – AGÊNCIA NACIONAL DE ÁGUAS. *Atlas geográfico digital de recursos hídricos do Brasil*. Brasília, 2013. Disponível em: <http://portal1.snirh.gov.br/arquivos/atlasrh2013/1-I-TEXTO.pdf>.

ANA – AGÊNCIA NACIONAL DE ÁGUAS. *Drenagem e controle de salinidade na irrigação*. [s.d.]. Disponível em: <https://capacitacao.ana.gov.br/conhecerh/bitstream/ana/2130/1/Drenagem_e_controle_de_salinidade.pdf>. Acesso em: mar. 2021.

ARAÚJO, C. B. C. et al. Utilização de método não destrutivo (MND) para drenagem urbana em vias de grande fluxo: estudo de caso da travessia da BR – 116, km 5,52. In: REUNIÃO DE PAVIMENTAÇÃO URBANA, 20., Florianópolis, 28-30 jun. 2017.

AZEVEDO, M. A. *Integrando água e planejamento urbano*: um estudo sobre intervenções mitigadoras de enchentes na Grande Tijuca. Monografia (TCC)

– Universidade Federal do Rio de Janeiro, Rio de Janeiro, 2015.

BARRETO NETO, A. A. *Equipamentos de controle de poluição atmosférica*. Material do curso de Pós-Graduação em Engenharia Sanitária e Ambiental. Espírito Santo: Cefet-ES, [s.d.]. Disponível em: <www.funcefetes.org.br/showfile.asp?id=Pol_Atmosferica_Aula5_Equipamento_de_ controle. pdf&idCliente=133>. Acesso em: 2008.

BENINI, R. M. *Cenários de ocupação urbana e seus impactos no ciclo hidrológico da Bacia do Córrego do Mineirinho*. Dissertação (Mestrado) – Escola de Engenharia de São Carlos da Universidade de São Paulo, São Carlos, 2006.

BIDONE, F. R.; TUCCI, C. E. M. Microdrenagem. In: TUCCI, C. E. M.; PORTO, R. L.; BARROS, M. T. (Org.). *Drenagem urbana*. Porto Alegre: Editora da UFRGS, 1995. p. 77-105.

BRANCO, S. M. Água, meio ambiente e saúde. In: REBOUÇAS, A. C.; BRAGA, B. P. F.; TUNDISI, J. G. (Coord.). *Águas doces do Brasil*: capital ecológico, uso e conservação. São Paulo: Escrituras, 1999.

BRASIL. Congresso Nacional. Senado Federal. *Educação ambiental*. Brasília, 2015. Disponível em: <https://www2.senado.leg.br/bdsf/bitstream/handle/id/509141/educacao_ambiental_1ed.pdf?sequence=1>.

BRASIL. Lei nº 12.305, de 2 de agosto de 2010. Institui a Política Nacional de Resíduos Sólidos; altera a Lei nº 9.605, de 12 de fevereiro de 1998; e dá outras providências. *Diário Oficial da União*, 3 ago. 2010.

BRASIL. Ministério da Educação e do Desporto. Coordenação de Educação Ambiental. *A implantação da educação ambiental no Brasil*. Brasília, 1998.

BRASIL. Ministério da Saúde. *Portaria de Consolidação nº 5, de 28 de setembro de 2017*. Consolidação das normas sobre as ações e os serviços de saúde do Sistema Único de Saúde. 2017.

BRASIL. Ministério das Relações Exteriores. *A Rio+20 e seus resultados*. [s.d.-a]. Disponível em: <http://antigo.itamaraty.gov.br/pt-BR/politica-externa/desenvolvimento-sustentavel-e-meio-ambiente/131--a-rio-20-e-seus-resultados>.

BRASIL. Ministério das Relações Exteriores. *Brasil*: informações gerais sobre aspectos geográficos. [s.d.-b]. Disponível em: <http://www.mre.gov.br/mdsg/textos/brinfg-p.htm>. Acesso em: 21 ago. 2001.

BRASIL. Ministério das Relações Exteriores. *Recursos hídricos*. [s.d.-c]. Disponível em: <http://antigo.itamaraty.gov.br/pt-BR/politica-externa/desenvolvimento-sustentavel-e-meio-ambiente/176--recursos-hidricos>.

BRASIL. Ministério do Meio Ambiente. *Águas subterrâneas e o ciclo hidrológico*. [s.d.-d]. Disponível em: <http://www.mma.gov.br/agua/recursos-hidricos/aguas-subterraneas/ciclo-hidrologico.html>.

BRASIL. Ministério do Meio Ambiente. Conselho Nacional de Recursos Hídricos. Resolução nº 32, de 15 de outubro de 2003. *Diário Oficial da União*, 17 dez. 2003.

BRASIL. Ministério do Meio Ambiente. *Fontes fixas*. [s.d.-e]. Disponível em: <https://antigo.mma.gov.br/cidades-sustentaveis/qualidade-do-ar/fontes-fixas.html>. Acesso em: fev. 2021.

BRASIL. Ministério do Meio Ambiente. *Histórico brasileiro*. Brasília, [s.d.-f]. Disponível em: <https://antigo.mma.gov.br/educacao-ambiental/política-nacional-de-educacao-ambiental/historico-brasileiro.html>.

BRASIL. Ministério do Meio Ambiente. *Histórico mundial*. Brasília, [s.d.-g]. Disponível em: <https://antigo.mma.gov.br/educacao-ambiental/política-nacional-de-educacao-ambiental/historico-mundial.html >.

BRASIL. Ministério do Meio Ambiente. *Sistema Nacional do Meio Ambiente*. Brasília, [s.d.-h]. Disponível em: <https://antigo.mma.gov.br/governanca-ambiental/sistema-nacional-do-meio-ambiente.html>.

BRAVO, R. M. S. et al. Gerenciamento de resíduos gerados em atividades e serviços relacionados às instalações administrativas de uma operadora de telefonia móvel. *Anais do 4º Fórum Internacional de Resíduos Sólidos*, 13 ago. 2017.

CARVALHO, B. *Glossário de saneamento e ecologia*. Rio de Janeiro: Associação Brasileira de Engenharia Sanitária e Ambiental, 1981.

CASAN – COMPANHIA CATARINENSE DE ÁGUAS E SANEAMENTO. *ETE – Estação de tratamento de esgotos sanitários*. [s.d.]. Disponível em: <https://

www.casan.com.br/menu-conteudo/index/url/ete-estacao-de-tratamento-de-esgotos-sanitarios>. Acesso em: fev. 2021.

CETESB – COMPANHIA AMBIENTAL DO ESTADO DE SÃO PAULO. *Conheça os diferentes tipos de água*. 20 mar. 2017a. Disponível em: <https://cetesb.sp.gov.br/blog/2017/03/20/conheca-os-diferentes-tipos-de-agua/>.

CETESB – COMPANHIA AMBIENTAL DO ESTADO DE SÃO PAULO. *Padrões de qualidade do ar*. [s.d.-a]. Disponível em: <https://cetesb.sp.gov.br/ar/padroes-de-qualidade-do-ar/>. Acesso em: fev. 2021.

CETESB – COMPANHIA AMBIENTAL DO ESTADO DE SÃO PAULO. *Poluentes*. [s.d.-b]. Disponível em: <https://cetesb.sp.gov.br/ar/poluentes/>. Acesso em: fev. 2021.

CETESB – COMPANHIA AMBIENTAL DO ESTADO DE SÃO PAULO. *Poluição do ar*: gerenciamento e controle de fontes. São Paulo, 2017b. Disponível em: <https://cetesb.sp.gov.br/posgraduacao/wp-content/uploads/sites/33/2017/11/Apostila-Poluição-do-Ar-Gerenciamento-e-Controle-de-Fontes.pdf>. Acesso em: fev. 2021.

CETESB – COMPANHIA AMBIENTAL DO ESTADO DE SÃO PAULO. *Qualidade do ar no Estado de São Paulo 2016*. São Paulo, 2017c. Disponível em: <https://cetesb.sp.gov.br/ar/wp-content/uploads/sites/28/2013/12/relatorio-ar-2016.pdf>. Acesso em: fev. 2021.

CETESB – COMPANHIA AMBIENTAL DO ESTADO DE SÃO PAULO. *Qualidade do ar no Estado de São Paulo 2018*. São Paulo, 2019. Disponível em: <https://cetesb.sp.gov.br/wp-content/uploads/2019/07/Cetesb_QualidadeAr_2018R.pdf>. Acesso em: fev. 2021.

CICLO do nitrogênio. *Só Biologia*, [s.d.-a]. Disponível em: <https://www.sobiologia.com.br/conteudos/bio_ecologia/ecologia26_1.php>. Acesso em: fev. 2021.

CICLO do oxigênio. *Só Biologia*, [s.d.-b]. Disponível em: <https://www.sobiologia.com.br/conteudos/bio_ecologia/ecologia27_2.php>. Acesso em: fev. 2021.

CIMM – CENTRO DE INFORMAÇÃO METAL MECÂNICA. *Controle de poluentes atmosféricos*. [s.d.]. Disponível em: <https://www.cimm.com.br/portal/material_didatico/3672-controle-de-poluentes-atmosfericos>. Acesso em: fev. 2021.

COELHO, P. Chuva ácida: causas, consequências e medidas de prevenção. *Engquimicasantossp*, 15 nov. 2013. Disponível em: <https://www.engquimicasantossp.com.br/2013/11/chuva-acida.html>. Acesso em: fev. 2021.

CONAMA – CONSELHO NACIONAL DO MEIO AMBIENTE. Resolução nº 491, de 19 de novembro de 2018. Dispõe sobre padrões de qualidade do ar. *Diário Oficial da União*, 21 nov. 2018.

CORPE – CONSELHO CONSULTIVO DA RESERVA BIOLÓGICA DAS PEROBAS. *Organograma do ICMBio*. 1º mar. 2010. Disponível em: <https://conselhoperobas.blogspot.com/2010/03/organograma-do-icmbio.html>.

COSTA, R. H. P. *Ciências do Ambiente (Ciamb)*. Material do curso de Hidráulica e Saneamento Ambiental. São Paulo: Departamento de Hidráulica e Saneamento da Faculdade de Tecnologia do Estado de São Paulo, 2019.

DAESCS – DEPARTAMENTO DE ÁGUA E ESGOTO DE SÃO CAETANO DO SUL. *DAE ensina*: a água no Brasil. [s.d.]. Disponível em: <http://www.daescs.sp.gov.br/index.asp?dados=ensina&ensi=brasil>>. Acesso em: abr. 2015.

DERISIO, J. C. *Introdução ao controle de poluição ambiental*. São Paulo: Oficina de Textos, 2017.

DIAS, G. F. *Educação Ambiental*: princípios e práticas. São Paulo: Gaia, 1992. 224 p.

DINÂMICA AMBIENTAL. A importância da fiscalização ambiental no Brasil e o que fazer quando minha empresa é autuada. 29 jan. 2018. Disponível em: <https://www.dinamicambiental.com.br/blog/meio-ambiente/importancia-fiscalizacao-ambiental-brasil-empresa-autuada/>.

DINÂMICA AMBIENTAL. Entenda o que é Sisnama e as obrigações do órgão. 29 dez. 2017. Disponível em: <https://www.dinamicambiental.com.br/blog/meio-ambiente/entenda-sisnama-obrigacoes-orgao/>.

eCYCLE. *O que é economia circular?* [s.d.]. Disponível em: <https://www.ecycle.com.br/2853-economia-circular.html>.

EMRICH, A. L. Novo marco do saneamento. *INCT – ETES Sustentáveis*, 23 jul. 2020. Disponível em: <https://etes-sustentaveis.org/marco-regulatorio-saneamento/>. Acesso em: jun. 2021.

EOS CONSULTORES. *Quais são os tipos de empresas de saneamento básico?* 21 maio 2019. Disponível em: <https://www.eosconsultores.com.br/empresas-de-saneamento-basico/>. Acesso em: jun. 2021.

FEAM – FUNDAÇÃO ESTADUAL DO MEIO AMBIENTE (Minas Gerais). *Atlas de vulnerabilidade a inundações*. 2014. Disponível em: <http://feam.br/biblioteca/atlas-de-vulnerabilidade-a-inundacoes>. Acesso em: 2014.

FLORES, C. Classificação de agentes químicos. *Saber SST*, 7 nov. 2016. Disponível em: <https://www.sabersst.com.br/classificacao_agentes_quimicos/>. Acesso em: fev. 2021.

FUNASA – FUNDAÇÃO NACIONAL DE SAÚDE. *Manual de saneamento*. Brasília, 2007.

FUNASA – FUNDAÇÃO NACIONAL DE SAÚDE. *Sistemas de esgotamento sanitário*. 24 jul. 2017. Disponível em: <http://www.funasa.gov.br/sistemas-de-esgotamento-sanitario>.

GARCIA, P. D. Ambientes costeiros. In: TELLES, D. D. (Org.). *Ciclo ambiental da água*: da chuva à gestão. São Paulo: Blucher, 2013. p. 415-432.

GIUDICE, S. L. *Sistemas produtores de água na RMSP*. Associação dos Engenheiros do DAEE (AEDAE-ESP), 2015. Disponível em: <http://www.aedaeesp.com.br/index.php?option=com_content&view=article&id=222:sistemas-produtores-de-agua-na-rmsp&catid=39:artigos-tecnicos&Itemid=58>. Acesso em: maio 2015.

GOMES, J. L.; BARBIERI, J. C. Gerenciamento de recursos hídricos no Brasil e no Estado de São Paulo: um novo modelo de política pública. *Cadernos EBAPE.BR*, v. II, n. 3, dez. 2004.

HERBÁRIO. *Poluição*. 2007. Disponível em: <http://www.herbario.com.br/cie/ecol/eco10.htm>. Acesso em: 2007.

IBAMA – INSTITUTO BRASILEIRO DO MEIO AMBIENTE E DOS RECURSOS NATURAIS RENOVÁVEIS. *Sobre o Ibama*. 2019. Disponível em: <https://www.gov.br/ibama/pt-br/acesso-a-informacao/institucional/sobre-o-ibama>.

IBGE – INSTITUTO BRASILEIRO DE GEOGRAFIA E ESTATÍSTICA. *Censo 2010*. Rio de Janeiro, 2010.

KAFRUNI, S. Economia circular está presente em 76,4% das indústrias brasileiras. *4Elementos*, 24 set. 2019. Disponível em: <https://blogs.correiobraziliense.com.br/4elementos/2019/09/24/economia-circular-esta-presente-em-764-das-industrias-brasileiras-diz-cni/>. Acesso em: mar. 2021.

KOZUF, C. Fontes fixas de poluição atmosférica e tratamento de resíduos. *Foxwater*, [s.d.]. Disponível em: <https://www.foxwater.com.br/231/fontes-fixas-de-poluico-atmosferica-e-tratamento-de-residuos>. Acesso em: fev. 2021.

KRONA, F. C. *Redução do impacto ambiental pelo uso de GLP e gás natural nas indústrias*. [s.d.]. Disponível em: <http://www.krona.srv.br/display06.htm>. Acesso em: 2007.

LEÃO, A. L. C.; SILVA, L. M. A. *Fazendo educação ambiental*. Recife: CPRH, 1995.

LOPES, J. C. J. *Resíduos sólidos urbanos*: consensos, conflitos e desafios na gestão institucional da Região Metropolitana de Curitiba/PR. Tese (Doutorado) – Universidade Federal do Paraná, Curitiba, 2007.

LORENA, S. Ozônio. *InfoEscola*, [s.d.]. Disponível em: <https://www.infoescola.com/compostos-quimicos/ozonio/>. Acesso em: fev. 2021.

LUCAS, A. H. et al. Avaliação da construção e operação de técnicas compensatórias de drenagem urbana: o transporte de finos, a capacidade de infiltração, a taxa de infiltração real do solo e a permeabilidade da manta geotêxtil. *Engenharia Sanitária e Ambiental*, Rio de Janeiro, v. 20, n. 1, jan./mar. 2015.

MACHADO, G. B. Recuperação ambiental de lixões. *Portal Resíduos Sólidos*, [s.d.]. Disponível em: <https://portalresiduossolidos.com/recuperacao-ambiental-de-lixoes/>. Acesso em: mar. 2021.

MACHADO, M. L. O.; MORINI, M. A. *Apostila de Química Ambiental*. Material do curso técnico em Química. São Paulo: ETEC Lauro Gomes, [s.d.].

MARTINELLI Jr., L. C. *Refrigeração e ar-condicionado – parte 4: psicrometria*. 2002. Disponível em: <http://www.univasf.edu.br/~castro.silva/disciplinas/FT/Psicrometria2.pdf>. Acesso em: fev. 2021.

MENDES, C. G. N. et al. Tratamento de esgoto. *Biblioteca Didática de Tecnologias Ambientais* (FEC/Unicamp), 2005. Disponível em: <http://www.fec.unicamp.br/~bdta/esgoto/mapadosite.html>.

MENDES, P. R. A. *Controle de poluição de fontes fixas*: equipamentos de controle. Material do curso de Engenharia Ambiental. Lorena: EEL/USP, 2007. Disponível em: <https://edisciplinas.usp.br/pluginfile.php/4455790/mod_resource/content/0/Aula%206_Controle%20de%20polui%C3%A7%C3%A3o%20de%20fontes%20fixas%20e%20m%C3%B3veis%20Equipamentos%20de%20Controle.pdf>. Acesso em: fev. 2021.

METCALF & EDDY. *Wastewater engineering*: treatment, disposal and reuse. 3. ed. New York: McGraw-Hill, 1991. 1334 p.

NEBEL, B. J.; WRIGHT, R. T. *Environmental Science*: The Way the World Works. Upper Saddle River, NJ: Prentice Hall, 1998.

NETTO, A.; FERNANDEZ, M. F.; ARAÚJO, R.; ITO, A. H. *Manual de hidráulica*. 8. ed. São Paulo: Blucher, 1998. 669 p.

NUVOLARI, A. (Coord.). *Esgoto sanitário*: coleta, transporte, tratamento e reúso agrícola. 2. ed. São Paulo: Blucher, 2011. 562 p.

O ECO. *O que faz o Ministério do Meio Ambiente*. 15 jun. 2014a. Disponível em: <https://www.oeco.org.br/dicionario-ambiental/28419-o-que-faz-o-ministerio-do-meio-ambiente/>.

O ECO. *O que é evapotranspiração*. 13 nov. 2014b. Disponível em: <https://www.oeco.org.br/dicionario-ambiental/28768-o-que-e-evapotranspiracao/>. Acesso em: jan. 2015.

OGA, S.; CAMARGO, M. M. A.; BATISTUZZO, J. A. O. *Fundamentos da toxicologia*. 4. ed. São Paulo: Atheneu, 2014.

OLIVEIRA, R. A. *Sistema de água 1*. Material do bacharelado em Engenharia Ambiental e Sanitária. Ji-Paraná: Universidade Federal de Rondônia, 2015. Disponível em: <http://www.engenhariaambiental.unir.br/admin/prof/arq/Aula4_Captacao1.pdf>. Acesso em: abr. 2015.

ONNIG, J. Recursos naturais: questão comentada. *Blog pessoal*, 17 out. 2012. Disponível em: <https://professorjamesonnig.wordpress.com/2012/10/17/vestibulares-questao-comentada-2/>.

ONU – ORGANIZAÇÃO DAS NAÇÕES UNIDAS. *Resolution nº 64/292*: The Human Right to Water and Sanitation. New York, 28 July 2010a.

ONU – ORGANIZAÇÃO DAS NAÇÕES UNIDAS. *Resolution nº 15/9*: Human Rights and Access to Safe Drinking Water and Sanitation. New York, 6 Oct. 2010b.

PEREIRA, P. C.; SILVEIRA, A. P. Processos de tratamento de água. In: TELLES, D. D. *Ciclo ambiental da água*: da chuva à gestão. São Paulo: Blucher, 2013.

POLUIÇÃO do ar 1. *Revista Cultura e Cidadania*, 16 jul. 2012. Disponível em: <https://revistaculturacidadania.blogspot.com/2012/07/artigos-poluicao-do-ar-1.html>. Acesso em: fev. 2021.

PORTAL SÃO FRANCISCO. *Ar*. [s.d.]. Disponível em: <https://www.portalsaofrancisco.com.br/meio-ambiente/ar>. Acesso em: fev. 2021.

PORTO, M. et al. *Macrodrenagem*. Material da disciplina Águas em Ambientes Urbanos. São Paulo: Universidade de São Paulo, 2014.

PROBLEMAS e consensos na Conferência sobre Desenvolvimento Sustentável Rio+20. *Em Discussão!*, ano 3, n. 11, jun. 2012. Disponível em: <https://www.senado.gov.br/noticias/Jornal/emdiscussao/rio20/a-rio20/problemas-e-consensos-na-conferencia-sobre-desenvolvimento-sustentavel-rio20.aspx>.

PROGRAMA PRÓ-CIÊNCIA. *Qualidade de água*. [s.d.]. Disponível em: <http://educar.sc.usp.br/biologia/prociencias/qagua.htm>. Acesso em: 22 out. 2002.

RANCEVAS, S. *Introdução ao controle da poluição do ar*: conceitos, definições, poluentes atmosféricos, combustíveis, fatos históricos e generalidades. Apostila de poluentes atmosféricos do curso de especialização em Tecnologias Ambientais. São Paulo: Fatec-SP, 2009.

RARES, C. S. *Buscando as condições naturais da água de riachos de baixa ordem do Parque Estadual da Cantareira (SP)*. Dissertação (Mestrado) – Programa de Pós-Graduação em Ciência Ambiental, Instituto de Energia e Ambiente, Universidade de São Paulo, São Paulo, 2013.

REBOUÇAS, A. C.; BRAGA, B. P. F.; TUNDISI, J. G. (Coord.). *Águas doces no Brasil*: capital ecológico, uso e conservação. São Paulo: Escrituras, 1999.

REIS Jr., N. C. *Equipamentos de controle de poluição do ar*. Material do curso de especialização em Poluição do Ar. Espírito Santo: Ufes, [s.d.]. Disponível em: <http://www.inf.ufes.br/~neyval/Rec_Atm(moduloVI).pdf>. Acesso em: fev. 2021.

REZENDE, O. M. *Avaliação de medidas de controle de inundações em um plano de manejo sustentável de águas pluviais aplicado à Baixada Fluminense*. Dissertação (Mestrado) – Programa de Pós-Graduação em Engenharia Civil, Universidade Federal do Rio de Janeiro, Rio de Janeiro, 2010.

ROSA, D. J. M. *Sistemas fotovoltaicos domiciliares de dessalinização de água para consumo humano*: um estudo de sua viabilidade e configurações. Tese (Doutorado) – Programa de Pós-Graduação em Energia da Universidade de São Paulo, São Paulo, 2013.

ROZENTHAL, B. A. *Osmose reversa no tratamento de água*. Rio de Janeiro: Instituto Brasileiro de Petróleo, 1996.

SABESP – COMPANHIA DE SANEAMENTO BÁSICO DO ESTADO DE SÃO PAULO. *Tratamento de água*. [s.d.]. Disponível em: <http://site.sabesp.com.br/site/interna/Default.aspx?secaoId=47>.

SALGADO, P. E. T. *Informações gerais e ecotoxicológicas de material particulado*. Salvador: Centro de Recursos Ambientais, 2003. (Série Cadernos de Referência Ambiental, 14).

SANASA – SOCIEDADE DE ABASTECIMENTO DE ÁGUA E SANEAMENTO. *O ciclo da água*. 19 out. 2006. Disponível em: <http://www.sanasa.com.br/noticias/not_con3.asp?par_nrod=544&flag=TK>.

SANESUL – EMPRESA DE SANEAMENTO DE MATO GROSSO DO SUL S.A. [s.d.]. Disponível em: <http://www.sanesul.ms.gov.br/conteudos.aspx?id=1>. Acesso em: 2015.

SANTOS, M. S.; YAMANAKA, H. T.; PACHECO, C. E. *Bijuterias*. São Paulo: Cetesb, 2005. (Série P + L).

SANTOS, V. S. Poluição do ar e a saúde pública. *Mundo Educação*, [s.d.]. Disponível em: <https://mundoeducacao.uol.com.br/saude-bem-estar/poluicao-ar-saude-humana.htm>. Acesso em: mar. 2021.

SÃO PAULO (Prefeitura). *Avenida Pompéia recebe obras de micro drenagem*. 23 nov. 2015. Disponível em: <https://www.prefeitura.sp.gov.br/cidade/secretarias/obras/sp_obras/noticias/?p=207143>. Acesso em: jan. 2021.

SBQ – SOCIEDADE BRASILEIRA DE QUÍMICA. Fatores ambientais que afetam a precipitação úmida. *Química Nova na Escola*, v. 21, maio 2005.

SILVA FILHO, C. *Reciclagem*: visão geral da cadeia de negócios. Seminário. abr. 2011. Disponível em: <https://slideplayer.com.br/slide/1701945/>. Acesso em: dez. 2019.

SILVA, G. A.; SIMÕES, R. A. G. Água na indústria. In: REBOUÇAS, A. C.; BRAGA, B. P. F.; TUNDISI, J. G. (Coord.). *Águas doces no Brasil*: capital ecológico, uso e conservação. São Paulo: Escrituras, 1999.

SINGH, R. A Review of Membrane Technologies: Reverse Osmosis, Nanofiltration and Ultrafiltration. *Ultrapure Water*, Littleton, v. 14, 1997.

SMA – SECRETARIA DO MEIO AMBIENTE DO ESTADO DE SÃO PAULO. *Oficina de educação ambiental para gestão*. [s.d.].

SNIS – SISTEMA NACIONAL DE INFORMAÇÕES SOBRE SANEAMENTO. *Diagnóstico dos serviços de água e esgotos – 2014*. fev. 2016. Disponível em: <http://www.snis.gov.br/diagnostico-anual-agua-e-esgotos/diagnostico-ae-2014>. Acesso em: jun. 2021.

SNIS – SISTEMA NACIONAL DE INFORMAÇÕES SOBRE SANEAMENTO. *Diagnóstico dos serviços de água e esgotos – 2018*. dez. 2019. Disponível em: <http://www.snis.gov.br/diagnostico-anual-agua-e-esgotos/diagnostico-dos-servicos-de-agua-e-esgotos-2018>. Acesso em: jun. 2021.

SOUZA, E. Novo marco regulatório do saneamento. *Deloitte*, [s.d.]. Disponível em: <https://www2.deloitte.com/br/pt/pages/public-sector/articles/marco-regulatorio-saneamento.html>. Acesso em: jun. 2021.

SOUZA, L. Gasto de água na indústria e na agropecuária. *NovaEscola*, 1º maio 2010. Disponível em: <https://novaescola.org.br/conteudo/3057/gasto-de-agua-na-industria-e-na-agropecuaria>.

SUDERHSA – SUPERINTENDÊNCIA DE DESENVOLVIMENTO DE RECURSOS HÍDRICOS E SANEAMENTO AMBIENTAL (Paraná). *Manual de drenagem urbana*: Região Metropolitana de Curitiba – PR. Curitiba: SUDERHSA; CH2M Hill, 2002.

TASSI, R. et al. Preferências da população de diferentes estratos sociais no manejo das águas pluviais urbanas. *Ambiente Construído*, Porto Alegre, v. 16, n. 3, p. 39-52, jul./set. 2016.

TAVANTI, D. R. *Desenvolvimento urbano de baixo impacto aplicado ao processo de planejamento urbano*. 169 f. Dissertação (Mestrado) – Universidade Federal de São Carlos, São Carlos, 2009.

TELLES, D. D. Água na indústria e pecuária. In: REBOUÇAS, A. C.; BRAGA, B. P. F.; TUNDISI, J. G. (Coord.). *Águas doces no Brasil*: capital ecológico, uso e conservação. São Paulo: Escrituras, 1999.

TELLES, D. D.; COSTA, R. H. P. G. *Reúso da água*: conceitos, teorias e práticas. 2. ed. revisada e ampliada. São Paulo: Blucher, 2010.

TOMAZ, P. *Previsão de consumo de água*. São Paulo: Hermano & Bugelli, 2000. 250 p.

TUCCI, C. E. M. Drenagem urbana. *Ciência e Cultura*, v. 55, n. 4, Oct./Dec. 2003. Disponível em: <http://cienciaecultura.bvs.br/scielo.php?script=sci_arttext&pid=S0009-67252003000400020>. Acesso em: 2005.

TUCCI, C. E. M. *Gerenciamento de drenagem urbana*. Porto Alegre: Departamento de Hidromecânica e Hidrologia de Pesquisas Hidráulicas (UFRGS), 2001.

TUCCI, C. E. M.; BERTONI, J. C. *Inundações urbanas na América do Sul*. Porto Alegre: Associação Brasileira de Recursos Hídricos, 2003.

TUNDISI, J. G.; TUNDISI, T. M.; ROCHA, O. Limnologia de águas interiores: aspectos, conservação e recuperação de ecossistemas aquáticos. In: REBOUÇAS, A. C.; BRAGA, B. P. F.; TUNDISI, J. G. (Coord.). *Águas doces no Brasil*: capital ecológico, uso e conservação. São Paulo: Escrituras, 1999.

UNESCO – UNITED NATIONS EDUCATIONAL, SCIENTIFIC AND CULTURAL ORGANIZATION. *The Belgrade Charter*: a framework for environmental education. 22 Oct. 1975. Disponível em: <https://unesdoc.unesco.org/ark:/48223/pf0000017772>.

UNESCO – UNITED NATIONS EDUCATIONAL, SCIENTIFIC AND CULTURAL ORGANIZATION. *Intergovernmental Conference on Environmental Education, Tbilisi, USSR, 14-26 October 1977*: final report. Paris, Apr. 1978. Disponível em: <https://unesdoc.unesco.org/ark:/48223/pf0000032763>.

UNIÁGUA – UNIVERSIDADE DA ÁGUA. *Água no planeta*. [s.d.]. Disponível em: <http://www.uniagua.org.br/aguaplaneta.htm>. Acesso em: 2005.

UNIVASF – UNIVERSIDADE FEDERAL DO VALE DO SÃO FRANCISCO. *O que é economia circular?* 10 out. 2018. Disponível em: <https://portais.univasf.edu.br/sustentabilidade/noticias-sustentaveis/o-que-e-economia-circular>.

VIANA, E. *Aterro sanitário*: conceito e infraestrutura – métodos de disposição no solo. Material da disciplina Poluição do Solo. São Paulo: Escola de Artes, Ciências e Humanidades da Universidade de São Paulo, 24 abr. 2018. Disponível em: <https://edisciplinas.usp.br/pluginfile.php/4526216/mod_resource/content/2/Aterro%20Sanit%C3%A1rio%20-%20conceito%20e%20infraestrutura.pdf>.

VON SPERLING, V. M. *Introdução à qualidade das águas e ao tratamento de esgotos*. 2. ed. Belo Horizonte: Departamento de Engenharia Sanitária e Ambiental/UFMG, 1996. v. 1, 243 p.

WATANABE, R. M. *Drenagem urbana*. 2021. Disponível em: <http://www.ebanataw.com.br/drenagem/drenagem.htm>.